本书系中共中央宣传部2015年中国特色社会主义理论体系研究中心重大课题"弘扬核心价值观与继承传统文化研究"（2015YZD12）、2016年教育部人文社会科学重点研究基地重大项目"社会主义核心价值观社会认同伦理研究"（16JJD720016）的阶段性成果

道德·价值·文化丛书

论中国价值文化发展

江畅／著

科学出版社
北京

图书在版编目（CIP）数据

论中国价值文化发展 / 江畅著 .—北京：科学出版社，2018.1
（道德·价值·文化丛书）
ISBN 978-7-03-055646-2

Ⅰ. ①论… Ⅱ. ①江… Ⅲ. ①社会主义建设-价值论-研究-中国 Ⅳ. ①D616

中国版本图书馆 CIP 数据核字（2017）第 288485 号

丛书策划：侯俊琳 樊 飞
责任编辑：樊 飞 / 责任校对：何艳萍
责任印制：张欣秀 / 封面设计：无极书装

科学出版社出版
北京东黄城根北街 16 号
邮政编码：100717
http://www.sciencep.com

北京虎彩文化传播有限公司 印刷
科学出版社发行 各地新华书店经销
*

2018 年 1 月第 一 版　开本：720×1000　1/16
2020 年 1 月第三次印刷　印张：23 1/2
字数：480 000
定价：119.00 元
（如有印装质量问题，我社负责调换）

"道德·价值·文化丛书"

编 委 会

主　编　江　畅　戴茂堂
副主编　李家莲　方　熹
编　委　（以姓氏拼音为序）

陈道德	陈　俊	陈　山	陈占友	方德志
冯　军	冯显德	高乐田	高涌翰	侯忠海
黄文红	黄　妍	江传月	江　峰	李斌斌
李　莉	林季杉	刘　丹	罗　超	倪　霞
强以华	阮　航	史　军	舒红跃	孙友祥
谭　洁	陶文佳	万明明	王义芳	王　振
吴晓云	吴秀莲	伍志燕	夏建华	肖　雄
谢　军	熊在高	徐　瑾	颜昌武	严　炜
杨爱琼	杨　丹	杨海军	姚才刚	余卫东
余　燕	曾丽洁	张光华	张立波	张　能
张　淑	张媛媛	周海春	周鸿雁	周　涛
周　勇				

前言

在人类急剧全球化和中国加速现代化的时代背景下，中国价值文化①正经历着艰难的历史转换，并在不断探寻新的发展道路，其构建也步入了前所未有的自觉且不断强化的过程。正是为了适应这种构建的需要，本书在拙著《论价值观与价值文化》（科学出版社，2014年）和《论当代中国价值观》（科学出版社，2016年）的基础上着眼于历史发展对当代中国价值文化进行了深化和扩展研究。《论价值观与价值文化》主要研究以社会主义核心价值观为核心内容的当代中国价值观及其构建本身的必要性、基本内涵和中国特色，试图从理论和实践的结合上揭示中国主流价值文化构建的必要性、目标、任务和路径，以为我国文化强国建设提供一种可供参考的理论方案。《论当代中国价值观》在前一部著作对当代中国价值观及其构建本身进行系统探讨的基础上，试图对当代中国价值观作全景式的讨论，表达当代中国价值观对一般价值、人类价值、中国价值、人生价值的基本观点，以便人们对当代中国主流价值文化有一个完整的把握。这部著作则试图在前两部著作的基础上进一步对中国价值观从传统到当代的转换、当代中西方价值观的异同、中国和人类未来发展所需要的价值观作历史反思和前景展望，从历史演进的视野探讨当代中国价值观的生成过程、现实状况和构建方向，以对当代中国和人类价值文化发展提出一些预言式设想。

如果我们把中国改革开放以来致力于构建的主流价值观看做是当代中国价值观，那么这种构建已经近四十年了。党的十六届六中全会以来，这种构建越来越自觉、主动，自党的十八大开始达到高潮。目前，以社会主义核心价值观建设为中心的当代中国价值观构建出现了三种新的重要动向：一是努力在传统文化中寻求核心价值观的文化底蕴和滋养，使当代中国价值观与传统文化相对接；二是推动人类命运共同体建设和人类共同价

---

① 按照笔者的界定，价值文化并不是文化体系中一个特定层次或特定子系统，它是根本的总体的价值观念即价值观的现实化，也就是价值观现实化为社会制度、行为方式和物质实体，并渗透到社会心理和社会意识形态之中（参见江畅：《论价值观与价值文化》，科学出版社2014年版，第18页）。因此，价值文化实际上包含社会主流价值观及其现实化这两个层次的内容。

值体系构建，使当代中国价值观与当代世界文明相对接；三是着眼于党中央提出的"两个一百年"目标实现后中国特色社会主义建设反观当代中国价值观构建，使当代中国价值观与中国社会未来发展相对接。这三种新动向的共同特点在于，它们将当代中国价值观构建置于中国和人类历史发展的进程中进行，努力使它既具有牢固的民族文化根基，以凸显其中国特色，又具有高远的世界文明视野，以推动它走向世界。正是在适应和促进这些新动向的过程中，笔者对当代中国价值文化及其构建进行了一些新的探索，收集在本书中的33篇论文就是笔者近几年新探索的主要成果。这些论文发表在不同期刊和已出版的著作之中，其中有一些被文摘类期刊转载，产生了较大的影响。虽然这些论文所表达的是笔者个人的学术观点，但它们不仅反映了当代中国价值观构建的最新动向，而且其中不少内容已经被汇入当代中国价值观和当代中国特色社会主义理论之中。因此，将这些论文结集出版对于进入当代中国价值观及其构建研究的前沿、深化对其内容的理解会有所裨益。

本书分为三个部分，它们分别重点讨论中国价值文化从传统到当代的转换及其结果、当代中国价值文化与当代西方价值文化的异同，以及中国和人类价值文化的未来发展。所涉及的问题不只是当代中国价值观，还包括它的理论构建和现实构建，因而属于当代中国价值文化的范畴。由于考虑到了它与西方价值文化的关系以及人类价值文化的未来发展，所涉及的问题又具有一定的世界意义。

※ ※ ※

"从传统到当代"部分主要提出研究中国价值观从传统到当代转换的重要性及主要思路，阐述当代中国价值文化应当从传统价值文化中吸取的一些重要内容，对当代中国价值观及幸福观的一般性问题进行了概述，并探讨当代中国价值观认同以及文化自信需要重视的关键问题。这部分涉及的问题主要有以下五个方面：

第一，提出应加强当代价值观与传统文化关系的研究并对如何对传统价值观进行创造性转化和创新性发展作了概要性阐述。笔者认为，核心价值观与传统文化的关系问题是涉及传统文化创造性转化和创新性发展、核心价值观建设的重大理论和现实问题。然而，目前学界对这一问题的研究不尽如人意。因此，需要加强对这一重大问题的学术研究。这是一个十分复杂的问题，我们要围绕中国价值观的历史演进与现代变革、核心价值观的传统文化根基与意蕴、传统价值观的创造性转化与创新性发展、马克思主义与中国价值观从传统到现代的转换、中国价值观的比较优势与国际竞争力以及传统价值观对当代中国价值观的影响等六个方面展开研究。为了取得良好的研究效果，我们要有明确且正确有效的研究思路。

实现传统文化及其价值观的创造性转化和创新性发展是当代中国的重大时代课题。笔者提出，要从理论上回答这一重大课题，需要解决何谓传统价值观、为什么要对传统价值观进行创造性转化和创新性发展、这种转化和发展意味着什么、如何实现这种转化和发展以及怎样认识和处理实现这种转化和发展与坚持和发展马克思主义的关系等重要问题。实现传统价值观的创造性转化和创新性发展，是为了使我们正在建设的当代中国价值观植根于中国文化传统，从传统文化中汲取滋养，从而使当代中国主流价值观更具有中国特色，更具有浓厚的文化根基和底蕴。但是，建设当代中国主流价值观必须坚持和发展马克思主义。

第二，对当代价值文化如何与传统文化相融合，以及当代价值文化应从传统文化中吸取一些什么内容作了初步探讨。笔者认为，儒家道德主义的主旨在成人，即成为君子、豪杰和圣人，马克思恩格斯的社会主义（简称"马恩社会主义"）关心的是人获得解放和全面而自由发展，实质上也是成人。两者具有一致性和相通性，因而可以融合，而中国当代社会发展也需要两者相融合。两者融合的立足点是马恩社会主义，而融合的结果是作为再创性思想理论形态的中国社会主义。由于近代以来中国长期面临着艰巨的革命任务，以及特殊历史条件下对传统文化特别是儒家道德主义长期持否定态度，因而马恩社会主义与儒家道德主义的融合问题一直到改革开放特别是实行市场经济体制后才被提上议事日程。党的十八大提出培育和践行社会主义核心价值观，这标志着这种融合已经有了良好开端并取得了实质性进展。

中华民族精神包含着丰富的道德意蕴，其核心内容是"成人"精神。传统道德存在着一些自身的局限，而且到后来走向绝对化、极端化。在传统道德走向衰败的过程中，它迎来了新的历史性机遇，经过辛亥革命、新中国成立、实行改革开放和实行市场经济体制这四大历史事件，传统道德正在从传统走向现代。在构建现代道德的过程中，要弘扬传统道德中的诸多过去被忽视的有价值的内容，同时在弘扬这些内容的过程中需要创新。要在弘扬中创新，在创新中弘扬，从而构建以马克思主义为指导、根植于中国传统文化的社会主义道德。

中华民族素有"礼仪之邦"的美称，笔者对如何实现传统礼仪的创造性转化作了探讨。礼仪是要求人们通过一定的礼仪形式表达对他者的以友善为前提的尊重态度的道德规范。礼仪可以而且应当转化为人们的内在信念和内在品质，成为人格的组成部分，因而与人的作为整体的好生活有着深刻的内在关联，属于好生活的值得钦佩或道德高尚的层面。无论在西方传统社会还是在中国传统社会，礼仪甚至被看做是好生活的内在规定性和外在标志。然而，市场经济的兴起和发展斩断了礼仪以及道德规范与好生活的内在关联，并导致了许多严重后果。在人类社会从现代转向后现代的今天，需要重构礼仪与好生活的关系，使以礼仪为标志的道德重新回到人类生活之中，成为好生活的重要组成部分。

第三，对国家治理从传统到当代的转换及其实现条件作了专门的阐述。在构建价值文化方面，国家治理具有决定性的意义，同时国家治理又是价值文化构建的结果。国家治理体系和治理能力的现代化是在党的十八届三中全会通过的《中共中央关于全面深化体制改革若干重大问题的决定》中第一次明确提出来的，然而这个问题自改革开放之初就已逐渐凸显出来，党和国家一直以来都在通过改革开放致力于国家治理的现代化，在实行市场经济体制之后，这一问题日益紧迫地摆在了全党和全国人民面前。经过新中国成立后六十多年的建设，特别是经过三十多年的改革开放形成的国家治理体系和治理能力具有中国特色和独特优势，同时也具有相当程度的现代性和先进性。这种治理体系和治理能力尚处于走向现代化的进程中，还不能说它已经是现代化的，而且由于种种原因，它还存在着诸多与我国现代化建设事业和社会未来发展不相适应的方面，"还有许多亟待改进的地方"。因此，我们要通过全面深化改革改进和完善它，推动其现代化。推进国家治理现代化是完善和发展中国特色社会主义事业的必然要求，是实现社会主义现代化的应有之义，是顺应人民群众对美好生活向往的现实需要，是使我们党科学执政、民主执政、依法执政，使我们党治国理政更加科学、更加完善、更加成熟从而达到更高水平的根本大计。

中国主流价值文化构建是与全面深化改革同步的，而全面深化改革的总体目标是在坚持和健全社会主义制度的同时实现国家治理体系和治理能力的现代化，因而构建主流价值文化与实现国家治理现代化存在着深刻的内在关联。构建主流价值文化并不等同于国家治理现代化，但后者是前者的关键内容和最重要条件，因此有必要弄清楚两者之间的关系，从而自觉地将两者有机地结合起来整体推进。国家治理现代化必须以主流价值观为依据并接受其规导，以实现社会终极价值目标为旨归，实现国家所有行政职能现代意义的最优化。对于国家治理现代化而言，正确合理的主流价值观是前提，也是根本，它不正确不合理，就谈不上国家治理的现代化。任何自觉构建的国家治理体系总是以某种价值观作为依据和原则，这种价值观通常是一个国家的主流价值观，主流价值观对国家治理体系的构建和运行或发挥功能起着规范和引导作用。然而，国家治理现代化对于构建主流价值观又具有决定性的意义。构建主流价值文化既要对学生和公众进行宣传、教育，更要使其道德化、法制化、政策化，而这"三化"需要通过国家治理现代化来实现，而对主流价值观的宣传教育也需要现代化的国家治理才能加以实现。所以，在构建主流价值观的各种主要途径中，国家治理现代化无疑是最重要的关键性途径。

第四，以中国价值观从传统到当代转换为视角，对当代中国价值观和道德观的一般含义和意义作了更明确的阐述。笔者认为，当代中国价值观是指改革开放以来中国致力于构建的以社会主义核心价值观为核心内容的主流价值观体系，它是中国价值观的当代形态。早在2003年，我国学界就已经使用了"当代中国价值观"这一术语，但作为一个学理性概念，"当代中国价值观"是在党的十六届六中全会以后出现的。党的十八大后，这一概念受到了学界的重视。这一概念的提出和凸显具有历史必然性，反映了我国社会实践的需要。提出"当代中国价值观"概念的真实意图和实质意义是主张构建当代中国价值观，而这是培育和践行社会主义核心价值观的必然要求。"当代中国价值观"的概念体现了我国主流价值观对非主流价值观的包容和引导，而且有助于使之得到海内外中华儿女的广泛认同，有利于当代中国主流价值观的国际传播。

在我国，长期以来人们把道德理解为调整人与人之间关系的一种特殊的行为规范的总和，而其本质在于它是一种社会意识，是社会意识中的一种特殊规范体系。这种对道德的褊狭理解使受教育者所理解的道德不正确，甚至导致了受教育者对道德反感、抵触。因此，有必要对道德及其教育的含义加以澄清，使道德教育者和被教育者全面理解道德和道德教育，从而从根本上改善我国的道德教育。针对道德规范论观点，笔者提出，道德本质上是人类的智慧，是作为最佳人类生存方式的实践智慧。它是一个由道德认识、道德情感、道德品质和道德行为构成的复杂社会现象，也是以一定善恶观为指导，以追求善（包括德情、德性、德行）为指向的社会价值体系，社会可以通过这一体系来规范和引导人们。对人们进行道德教育，就是要通过教育使人们正确认识道德及道德对于好生活的意义，掌握如何成为道德之人的路径和方法。

当代中国价值文化的基础和重点是社会道德体系构建，伦理学工作者在这方面承担着理论构建的重任。在这方面，中国著名伦理学家罗国杰教授以其终身的努力给我们做出了示范。罗国杰教授最突出的学术贡献在于他以敏锐的目光和不懈的努力最终构建起了一种具有普遍影响的社会主义道德理论体系。他勇于担当并自觉承担社会道德体系理论构建的社会责任的精神给我们以深刻启迪。我国全面深化改革必将要求构建与之相适应的道德体系，以为通过改革所建立的社会体制提供道义辩护和道德支持；我国培育和践行社会主义核心价值观也需要将其内容和要求转化为道德，使之对人们起到约束和引导作用；我国目前道德状况堪忧的问题更使得道德体系构建成为迫切的需要。我国道德体系的实践构建需要理论构建提供依据和指导，因此，伦理学理论工作者要向罗国杰先生学习，不辱使命，勇于担当，努力完成我国道德体系理论构建面临的各项任务。

第五，根据第二十四届世界哲学大会"学以成人"的主题，对全球化和市场化背景下人应成为什么样的人进行了系统探讨。在人类一体化和市场化交互作用的背景下讨论"成人"问题的意义重大。人因生来是"未确定的"而需要完成，真正的人不是自然生长的,而是人为造就的,人即是"成为之人"。人必须成为,不得不成为,真正的人无一不是成为的,不成为无以成人。真正的人是成为之人,而且是应成为之人。对于应成为之人是哪种人有种种不同看法,可归结为四种基本观点:把应成为的人看作其行为总是导致了有利的结果的人是结果主义的共同特点;道义主义认为那种把利他(包括他人和社群)作为人生追求的人才是应成为的人;完善主义的应成为之人的突出标志是人性得到了充分的实现;圣洁主义所追求的通常是达到超凡脱俗境界、成神成佛成仙的人。所有关于人应成为的那种人的观点都是在特殊的社会环境中提出的,今天这种社会环境已经改变或者正在迅速地改变,因而对应成为之人的认识也必然会趋同,各国确立的应成为之人的标准也会趋同,人类也将在应成为之人上形成共识,并将会构建应成为之人的共同标准。应成为之人是在人的发展过程中到了一定阶段之后才长成的,其主要标志或集中体现是人格的形成,但"成人"是一个终生的过程。在任何时候,我们都已经成为人,同时又正在成为人。影响应成为之人的因素很多,不同时代、不同社会不尽相同,但人性、家庭、学校、社会环境、个人修为仍是影响应成为之人的相互作用的五种主要因素,而哲学是其中的一种特殊因素。哲学家提供的应成为之人的标准和理论不尽相同,甚至差异很大,但一般都承认人是人为造就的产物,是超越感性欲望满足而有更高追求的人,是人性自我实现并且对社会有益之人,其决定性因素是个人修为,一个人只有不断自我完善才能成为真正的人。

※ ※ ※

"比较和借鉴"部分从提出需要重视文化自检切入强调当代中西价值文化比较的重要性,进而从构建的背景、历程、基础、内容、性质、路径与方式几个方面对当代中西价值文化进行初步的比较,并从比较中得出当代中国价值文化构建值得重视的几个结论性意见。当代中西价值文化的重要差异之一是对德性和道德问题的理解,因此,在这部分收入了笔者与当代美国著名伦理学家迈克尔·斯洛特关于德性和道德问题的两篇对话,以及笔者对斯洛特的道德情感主义提出了商榷意见。这几篇文章在一定意义上代表了当代中西学者在道德和价值问题上的共识与差异。这部分主要涉及以下四个方面的问题:

第一,强调我们需要文化自信,但同时也需要文化自检,而当代西方价值文化是我国进行文化自检的重要参照,因而要高度重视对当代中西价值文化进行比较。笔者提出,我们需要文化自信,也需要文化自检,即文化的自我检视、自我检验。文化检视是文化存在和发展的真正动力和源头活水,也是文化自信稳固、持久的基础。我们必须将文化自信建立在文化自检的基础上,使之与文化自检有机统一起来并相互促进,共同推进中华文化的伟大复兴和现代化。通过检视我们发现,当代中国文化拥有诸多优势，但也存在一些不足。当代中国文化建设的主要任务是充分发挥当代中国文化的优势，着力解决所存在的突出问题，克服其不足，将我们的文化自信建立在强大的文化实力的基础之上。

当代中国主流价值文化是在西方资本主义价值文化对整个世界具有强势影响的背景下进行构建的，因此，我们不能掠过西方资本主义价值文化，相反要自觉主动地学习、借鉴这种价值文化及其构建的经验教训。只有通过学习和借鉴，我们才有可能构建成超越西方资本主义价值文化的具有中国特色的社会主义价值文化，才能对我国主流价值文化的优势和不足有清醒的认识，我们的主流价值文化构建才能避免走弯路。为此，我们要全面认识当代西方价值文化及其构建，正确评价它的历史地位和现实状况，承认其中有诸多值得我们学习和借鉴的有益内容。我们应当既坚持我们应有的立场又克服盲目自信，既不搞全盘西化也不盲目抵制当代西方价值文化，而必须在学习、借鉴的基础上超越它，使我们所构建的中国价值文化成为当代人类最先进的价值文化。

第二，讨论当代中西价值文化的异与同。当代中西价值文化构建是在不同的历史背景下进行的。古希腊文化、古罗马文化、古希伯来文化和意大利早期的市场文化是西方近现代主流价值文化的文化渊源，这些文化中的自由主义、共和主义、法治主义、利己主义、科学主义和理性主义等构成了近现代主流价值文化的基调。近现代西方价值文化对西方传统文化不是简单的继承关系，而是在新的历史条件下，不仅对其进行兼收并蓄，而且对其转换和开新，使之成为一种新的价值文化，即资本主义价值文化。中国近现代价值文化的构建是在一种完全不同于西方的非常特殊的文化和时代背景下进行的。中国近代没有西方近代早期那样的市场经济对新的价值观的必然要求，但西方列强的入侵在加快了旧的专制主义价值文化瓦解的同时，也促使中国人在救亡图存的压力下寻求新的价值观取代旧的价值观，构建新的价值文化。由于中国缺乏思想家所提供的新的价值观作依据，因而近现代中国不得不在西方思想库中寻求思想观念，出现了所谓的"西学东渐"。近现代中国价值观之争主要是西方不同价值观的中国拥护者在中国舞台上的论争。

两种构建的历程也非常不同。西方价值文化的构建可追溯到文艺复兴时期，启蒙运动时期达到高潮，最后通过资产阶级革命得以从多种价值观理论中确立自由主义价值观作为主流价值观。20世纪后，这种价值观有了一些调整，但没有实质性的变化。西方价值观构建所针对的基督教神学价值观以及天主教会的统治、封建庄园制和等级制，是对基督教神学价值观的革命性变革。中国价值观构建的源头虽然可以追溯到马克思、恩格斯所创立的科学社会主义，但真正自觉的构建是从中国共产党成立开始的。新中国成立之后，中国共产党确立了马克思列宁主义的社会主义价值观在中国内地的主导地位，在实行改革开放，特别是自党的十六届六中全会之后，中国共产党领导中国人民自觉构建社会主义核心价值体系和价值观。这是一种与改革开放前"苏俄式"的社会主义价值观不完全相同的中国特色社会主义价值观。

虽然中西价值文化构建的历史背景和历程极不相同，但在价值文化需要建立在市场经济基础上并且应当包含市场经济这方面，中西价值文化构建逐渐形成了共识。西方市场经济的兴起和发展是迫使以西方资产阶级为代表的西方社会自觉构建资本主义价值文化并使之成为西方社会的主流价值文化的根本推动力量，西方近现代主流价值观念及其结构就是西方社会适应市场经济运行和发展的需要构建起来的。我国市场经济虽然起步相当晚，但发展迅速，为中国主流价值文化的构建提供了强大的动力。有了市场经济的基础和推动作用，我们就有了对中国主流价值文化最终形成的信心。反过来看，我们要加快构建我国主流价值文化的步伐，也必须大力发展市场经济，要把市场经济发展作为构建中国主流价值文化的一项基础性、根本性的任务加以重视。

经过长达几百年的构建，西方价值观已经成为一种系统、完整、成熟、现实化的价值观，其内容极其丰富；中国价值观构建的时间较短，尚处于构建之中，但已初具雏形，它的核心内容是社会主义核心价值观。就其内容而言，当代中西价值文化在终极价值目标上同中有异，西方的原本是个人幸福，但最终异化成了资本增值，而中国的是国家富强、民族振兴和人民幸福；在核心价值理念方面异中有同，利益、市场、科技、环保、责任、自由、平等、公正、民主和法治是西方的十大理念，其中的自由、平等、公正、法治和民主也被中国作为核心价值，只是其含义与西方已经有了实质性的区别；在基本价值原则方面则存在着根本区别，当然其中也许存在着某种共同因素，但几乎没有完全相同的原则。当代中西价值文化在性质上是两种根本不同、甚至是对立的价值文化，一种是资本主义价值文化，一种是中国特色社会主义价值文化。此外，当代中西价值文化在构建的路径和方式方面也存在着诸多差异。

第三，阐明通过比较和借鉴所获得的主要启示。通过从不同维度和不同层次对中西价值文化的比较分析，可以给我们今后如何构建超越于西方价值文化的先进价值文化以诸多启示。其中特别重要的有下述四个方面：一是要构建科学正确合理的先进价值观，西方价值观构建的问题所导致的社会全面异化的教训告诉我们，要高度重视中国价值观的理论构建，使之具有充分的科学性、正确性和合理性，成为先进的价值观；二是要做到思想家与政治家各负其责，在构建过程中发挥重要作用的思想家和政治家分工明确，各负其责，分别从理论上和实践上完成各自的构建任务;三是要有调控地发展市场经济,只有以市场经济为基础并适应市场经济要求构建的价值体系才可能是先进的价值体系,但不能仅仅以市场经济为基础构建价值文化,否则所构建的价值文化就会是资本化的;四是要注重制度化和法律化建设,当价值文化构建内容和方案确定之后,一个关键的环节就是要使构建的内容和方案法制化。

第四,从当代视野就德性和道德问题与西方学者对话。2015年和2016年,应湖北大学高等人文研究院和哲学学院邀请,美国当代道德情感主义代表人物、迈阿密大学哲学系迈克尔·斯洛特教授来武汉讲学。讲学期间,笔者就德性和道德的有关问题与他进行了对话,通过对话,双方增进了了解,深化了交流,为更深层面的学术交往与合作打下了良好基础。笔者和斯洛特先生的学术观点在诸多方面是一致的,但笔者不赞同他把道德的基础归结为共感的道德情感主义观点。

德性论与德性伦理学的关系、品质与人格的关系、德性品质来自何方、社会是否存在德性等问题,是伦理学德性论需要回答的一些基本理论问题。笔者与斯洛特教授就这些问题进行了交流和讨论,并形成了一些共识,比较一致地认为,伦理学研究的内容不只是德性问题,尽管德性问题是其中的一个重要问题;德性是品质的德性,而品质与人格相关联;德性的内容主要来自人的内在的善良因素;社会像个人一样也存在德性问题。当然,在对德性的基础是人性还是人性中的共感、对人格如何理解等问题上,双方也存在着不尽一致的看法。

道德的心理基础是人性,对人性的不同理解会催生对德性之心理基础的不同看法。讨论德性的人性基础是第二次对话的第一个焦点问题。在此基础上,这次对话还讨论了道德品质的心理基础和道德行为的心理基础这两个问题。对话显示,斯洛特的情感主义德性伦理学是在西方哲学背景下吸收并创新中国哲学尤其是中国阴阳哲学思想的理论后果,对于德性的心理基础到底能不能仅仅建立在情感基础上这个问题,中西哲学家今后还需要进一步探索。

关于德性乃至道德的心理基础是什么的问题,存在着理性主义与情感主义的分歧,然而这两派观点都有偏颇。笔者认为,道德的根基实际上在于人性,道德的不同方面则分别根源于人性的理性、情感、意志和行为等潜能,而不同潜能现实化所形成的不同现实能力,构成了道德不同方面的心理基础。其中道德品质(包括德性)的心理基础是意志,道德品质的形成是人作为综合调控机能的意志活动积淀的结果。道德情感主义错误地把情感看做是德性乃至道德的根源,问题的症结在于它将道德情感等同于道德。

※ ※ ※

"未来之走向"部分着眼于中国和人类社会未来发展前景讨论当代中国价值文化包括中国特色社会主义的构建,以及构建过程中应当重点关注的问题。这部分提出了如何将马克思主义（科学社会主义）与中国传统文化特别是儒家道德主义相融合的问题，认为马克思主义中国化，不仅要重视马克思主义与中国实际相结合，还要重视与传统文化相融合，相融合的结果就是作为中国特色社会主义基础理论的儒学社会主义。本部分重点关注五个问题：

第一，阐述把马克思主义与传统文化融合起来构建中国特色社会主义基础理论的必要性、可能性和路径问题。笔者认为，从理论上看，中国特色社会主义基础理论是以科学社会主义与儒家道德主义融合为基础、吸收全球化时代人类先进思想文化所构建的思想理论体系。它是中国特色社会主义理论中的基础理论部分，对其中的应用理论有规导作用。构建这种理论是完善中国特色社会主义理论体系、为中国长期稳定发展提供思想理论基础和依据、传承和弘扬优秀传统文化以及中华文化走向世界的需要。科学社会主义与儒家道德主义具有非对立性、相似性和互补性，因而融合是可能的，这种融合的结果可相对于"科学社会主义"称之为"儒学社会主义"。要在实现这种融合的基础上构建中国特色社会主义基础理论，中国学术界和理论界的研究者需要共同努力、协作攻关。

为实现共产主义理想而奋斗是中国共产党的"初心"，在中共中央确立的"两个一百年"奋斗目标接近实现的时候，尤其需要我们根据马克思恩格斯的共产主义理想谋划中国的未来发展。马恩的社会理想是针对市场经济以及与之相应的资本主义制度的弊端和不可克服的根本性问题提出来的。在新的历史条件下，我们应把马恩的共产主义理想植根于中国文化，实现马克思恩格斯的共产主义与儒家道德主义之间的现代融合，确立以"成人"为旨归的中国社会主义理想，构建超越西方现代价值观的具有人类先进性的主流价值观，明确国家治理现代化对于实现中国社会主义理想和主流价值观现实化所具有的决定性意义。

第二，提出应当重视核心价值观社会认同的伦理研究问题。使核心价值观内化为精神追求和外化为自觉行动的前提是核心价值观得到普遍的社会认同，而这个问题就其根本性质而言也是一个道德问题，需要从伦理的角度给予重点关注。如何使核心价值观道德化，特别是如何重建道德的权威性，使道德渗入社会生活和人们心灵，从而通过道德的途径实现核心价值观的社会认同，这是核心价值观伦理研究所要解决的中心问题。就我国目前的情况而言，通过核心价值观道德化推进其社会认同需要根据核心价值观的精神和要求构建与之相一致并使之得到贯彻的道德体系，从道德的不同维度研究回答核心价值观的道德化及相应的社会认同问题，针对核心价值观社会认同及其道德化过程中面临的难题提供重点治理的有效对策。此外，还要引进和创新一些使核心价值观得到认同的新方式、新路径。

第三，从中国社会未来发展反观我们应当构建什么样的当代中国价值文化。中国文化从辛亥革命前后就开始由传统向现当代转化，但自觉提出对传统文化进行创造性转化和创新性发展是在党的十八大以后。对传统文化特别是传统儒家思想实行创造性转化，事关传统文化在新的历史传统下能否得以传承和怎样得以传承，也事关当代中国价值观建设和我国文化的未来发展。然而，这一创造性转化面临着市场经济与社会主义意识形态和制度体系之间的张力关系这一难题。要解决这一难题，我们必须明确传统文化创造性转化的方向，这一方向就是构建一种市场经济和科技创新在经济领域充分发挥作用、人民具有主体地位、法律在社会生活中具有最高权威、以每个人全面而自由发展为旨归、生活充满真情友爱的和谐主义文化。和谐主义是这种文化的总体价值取向和一般价值原则。

中国共产党在坚持马克思主义的社会理想、汲取传统文化滋养和借鉴西方现代文明的基础上把人民幸福确立中国社会发展的终极目标，就是要把人民幸福作为中国特色社会主义建设的中心任务。确立这一目标不仅对于中国社会发展意义重大，而且对于整个人类社会发展、对于人类命运共同体建设也有深远意义，它是中国为确立人类社会发展终极目标提供的中国方案。人民幸福是一种国家社会成员普遍全面而自由发展的生活状态，达到这种生活状态需要具备一定的社会条件和个人条件。要创造这些条件，现阶段需要着重做好五项工作：即调整社会发展的战略目标，完善主流价值体系，提升国民整体素质，推动人类命运共同体建设，推进社会善治。

第四，研究当代中国价值文化构建需要特别给予重视的几个问题。当代中国价值文化构建的一个难题是其价值观的社会认同问题，而解决这一难题的关键是要解决它的道义性认同问题。笔者认为，社会价值观的社会认同有合理性认同和道义性认同两种不同类型。道义性认同更多地取决于公众对国家治理公正性的感知，因而不同于依赖于冷静的理性分析的合理性认同，但在价值观社会认同中具有关键性的意义。价值观得到道义性认同需要满足三个条件：即价值观在理论上合理，它被融入国家治理，国家治理是公正的。创造这些条件是推进价值观道义认同的主要途径，也是价值观建设的三项重要任务。这三个条件在我国都不充分具备，尤其是第二、第三两个条件。我们只有努力创造这些条件，才能使社会主义核心价值观真正得到普遍的社会认同。

把人民幸福作为"中国梦"的实质内容之一，得到了全国人民的普遍认同和热烈拥护，但对什么是幸福、如何获得幸福，人们尚缺乏共识，一些人的幸福观甚至存在某种偏差。笔者认为，幸福观是当代中国价值观的重要内容，建设主流价值观需要建设主流幸福观。针对当前我国公众中流行的资源占有幸福观和物质享受幸福观，笔者提出幸福的真实含义在于人的自由而全面发展。这是一种作为整体的生活的美好，它意味着人的潜能得到尽可能充分的开发和发挥，人的生存需要、发展需要（特别是精神需要）和享受需要能得到尽可能好的满足。而要获得幸福，第一要把全面而自由发展作为人生的终极目的，而不迷恋于那点可怜的感性欲望满足；第二次要使资源的占有服从于、服务于幸福，而不让自己成为外物及其占有欲的奴隶；第三要凭借自己的努力、通过贡献他者（包括他人和社群）实现自我和获得幸福，而不是通过对他者的索取甚至损害获得幸福；第四要不断通过伦理反思和人格修养提升人生境界，而不满足于现状，停滞不前。笔者提出，当代中国人的幸福观还需要构建，这种构建要体现社会主义核心价值观的精神和要求，弘扬和更新优秀传统幸福观，反映和回应人类共同价值，而且要由全社会共同构建。

党的十八届五中全会强调，实现"十三五"时期发展目标，破解发展难题，厚植发展优势，必须牢固树立并切实贯彻创新、协调、绿色、开放、共享五大发展理念，并且指出这是关系我国发展全局的一场深刻变革。习近平总书记强调，在五大发展理念中，创新发展理念是方向、是钥匙，要瞄准世界科技前沿，全面提升自主创新能力，力争在基础科技领域作出大的创新、在关键核心技术领域取得大的突破。同时，创新发展居于首要位置，是引领发展的第一动力。①党和政府确立的建设创新型国家和实现创新发展的重大战略，需要全民普遍具有创新素质作为基础和前提。进入21世纪以来，中央一系列有关文件和政策的出台激发了全民的创新意识，增强了国家整体的创新能力，但是培育全民创新品质的问题尚未提上议事日程。创新素质包括创新意识、创新能力和创新品质三个基本方面，其中创新品质具有根本性的意义。因此，在当前加强创新型国家建设和创新发展成为第一要务的情况下，需要加大培育国家和人民创新品质的力度，以全面提高全民族的创新素质。

第五，指出要努力构建其他国家和人民想要拿回去的那种价值文化，以文化实力增强中国话语权，承担作为大国构建人类共同价值体系应有的责任。实施中华文化走出去战略，存在着让什么样的中华文化走出去，走出去的主要目的又是什么的问题。本文认为，应当走出去的文化并不是所有的中华文化，而主要是当代中国主流文化，这种文化走出去的主要目的是让别国感到它是先进的文化，而愿意与之交流、融合、互鉴，从而实现中外双方文化的共同进步和繁荣。当代中国主流文化是以当代中国主流价值观为核心内容的，建设当代人类先进的中华文化的前提是要构建当代人类先进的中国价值观。有了这种价值观，以之为核心内容的中华文化走出去，就会从自己想要"走出去"转变为别国想要"拿回去"。

中国话语与中国话语权是相互关联的两个不同概念，前者的主要形态是中国理

---

① 《习总书记"下团组"漫评②：创新发展理念是方向是钥匙》，中国经济网，2016年3月6日，http://www.ce.cn/xwzx/gnsz/szyw/201603/06/t20160306_9308768.shtml。

论，其核心内容是中国价值，而后者是指中国话语对世界上其他国家的影响力。当前中国已有自己的话语，但中国话语为世界上其他国家接受的不够多，尤其是与西方国家相比较存在着较大的差距。其原因主要在于中国话语尚未获得充分的实践证明。增强中国话语权的根本路径在于中国话语的正确性、先进性得到实践的检验。

全球化已经使全人类成为了一个命运共同体，然而人类的实际状况却是国家的有政府和世界的无政府。这种格局已经导致了严重的后果，并将威胁整个人类的生存和发展。因此，构建人类共同价值体系并在此基础上形成人类利益共同体势在必行且十分紧迫。人类共同价值体系应该是以人类普遍幸福为终极目标，以和平、发展、合作、共赢、公正、和谐为核心理念，以人类利益至上、尊重国家主权、维护基本人权、恪守和平底线、协商解决冲突为基本原则的世界和谐主义价值体系。构建这一体系面临着经济、文化、政治和军事等方面的阻力和难题，而其根源是国家至上主义和国家利己主义。要从根本上解决这一难题，需要普遍确立人类利益至上观念，加快世界管理机构建立，并处理好人类共同价值体系与国家价值体系、个人价值体系的关系。

※ ※ ※

本书是笔者作为首席专家的中共中央宣传部2015年度中国特色社会主义理论体系研究中心重大课题"弘扬核心价值观与继承传统文化研究"（2015YZD122016）、2016年教育部人文社科重点研究基地重大项目"社会主义核心价值观社会认同伦理研究"（16JJD720016）的阶段性成果之一，也是笔者作为清华大学道德与宗教研究院研究员、中国人民大学伦理学与道德建设研究中心研究员、北京师范大学中国特色社会主义价值观协同创新中心研究员、湖南中国特色社会主义道德文化协同创新中心首席专家、马克思主义理论与中国实践湖北省协同创新中心研究员、中华文化发展协同湖北省创新中心和湖北文化建设研究院研究员的一项研究成果。本书的出版得到了湖北省教育厅"十三五"省属高校优势特色学科群"中国文化传承与发展"、湖北大学哲学学院湖北省重点特色学科哲学学科和湖北省道德与文明研究中心项目经费的资助，得到了科学出版社的大力支持，责任编辑樊飞先生为本书的出版提供了全力帮助，在此一并深表谢忱！

目录

前言 /i

"从传统到当代"篇

加强核心价值观与传统文化关系的研究 /2
对传统价值观创造性转化和创新性发展的思考 /12
儒家道德与中国社会主义精神 /26
中华民族精神的道德意蕴及其弘扬与创新 /40
全面理解道德和道德教育 /53
我国的道德观念亟须更新 /58
自觉承担当代中国道德体系理论构建的责任 /62
——罗国杰伦理学贡献的启示
礼仪与好生活的关系及其后现代重构 /71
中国治理体系的历史演进及其现代化的必要性 /80
国家治理现代化及其与主流价值文化构建的关系 /92
"当代中国价值观"概念的提出、内涵与意义 /108
"成人"与人之为人 /119

"比较与借鉴"篇

文化自信与文化自检 /140
应当重视中西主流价值文化比较 /150
中西价值文化构建背景、历程与基础之比较 /163
中西价值文化内容的异与同 /177

中西价值文化的不同性质及比较优势 /189

中西价值文化的不同构建路径与方式 /205

中西价值文化比较的启示 /213

寻求中西德性问题的共识 /225
　　——江畅教授与斯洛特教授关于德性伦理学的对话

道德的心理基础 /233
　　——关于情感主义伦理学的对话

德性之心理基础 /242
　　——兼评道德情感主义

"未来之走向"篇

应当重视中国特色社会主义基础理论构建 /252

应重视核心价值观社会认同的伦理研究 /264

中国文化的创造性转化及愿景 /274

人民幸福与中国社会发展 /284

我们需要什么样的幸福观 /300

构建当代中国人的幸福观 /304

努力使创新成为国家和人民的优良品质 /307

中国话语与中国话语权之辨析 /315

论中华文化"走出去"与当代中国价值观构建 /322

人类共同价值体系的构建 /330

德性伦理学复兴与当代人类社会 /340

主要参考文献 /344

人名术语索引 /348

丛书编后记 /352

"从传统到当代"篇

加强核心价值观与传统文化关系的研究[*]

近年来，传承和弘扬优秀传统文化已经成为全社会的共识。传承和弘扬传统文化涉及如何认识和处理社会主义核心价值观与传统文化的关系问题。据我们了解，目前学术界对核心价值观研究高度重视，也形成了一大批学术成果。另一方面，改革开放以来对传统文化研究也兴起了热潮，这方面的学术成果也与日俱增。然而，学界对核心价值观与传统文化之间的关系研究重视不够，这方面的研究成果相对较少，有分量的研究成果更少。传承和弘扬传统价值观具有多方面的意义，但最重要的意义在于为核心价值观建设服务，使核心价值观具有传统文化的根基和底蕴。这就涉及传统文化与核心价值观的关系问题。如果不研究和回答这一问题，传承和弘扬传统文化就会失去目的和方向，核心价值观也不可能真正植根于传统文化，并从传统文化中获得滋养。研究传统文化本身和研究核心价值观本身都是十分重要的，但这两方面的研究不能代替两者之间的关系研究。只有将两者关联起来研究，才能为传统文化创造性转化和创新性发展、为核心价值观建设提供理论依据和学术支撑。基于这种考虑，本文特别提出加强研究核心价值观与传统文化关系问题的重要性，并对这一问题研究的基本思路以及所涉及的关键性问题、重点难点问题提出一些初步的看法，以期引起学界对这一问题的重视和研究。

一、核心价值观与传统价值观关系问题研究的现状和问题

自党的十六届六中全会提出"建设社会主义核心价值体系"以来，特别是党的十八大提出"培育和践行社会主义核心价值观"以来，国内学界兴起了研究核心价值体系和核心价值观的热潮。然而，我们通过检索发现，有关从核心价值观、核心价值体系与传统文化关系角度的研究成果也相当少。

在中国学术期刊网络出版总库中，以"核心价值观"和"传统文化"为主题进行检索的结果共有记录815条；以"核心价值观"和"传统文化"为关键词进行搜索，共有记录126条；以"核心价值观"和"传统文化"为篇名进行检索，共有记录72条。就是说，这些年来，涉及核心价值观与传统文化的文章只有72篇。

就著作而言，在各高校图书馆以及大型网上书店以"核心价值观"和"传统文化"为关键词进行检索，相关著作仅有5本。它们是：居云飞编著《兴国之魂：社会主义核心价值观与中华优秀传统文化》（中国社会科学出版社，2014年）；钟永

---

* 原发表于《文化发展论丛》（中国卷，2015），社会科学文献出版社2016年版。

圣著《传承与复兴：社会主义核心价值观的中华传统文化解读》（中国青年出版社，2015年）；肇庆市炎黄文化研究会编著《薪火筑梦：肇庆市"中华优秀传统文化与社会主义核心价值观"座谈会文章选》（暨南大学出版社，2015）；《月读》编辑部编著《生生不息——从传统经典名句领悟社会主义核心价值观》（中华书局，2015年）；翟小宁编著《美德的种子——一本中国传统文化与社会主义核心价值观内容精彩对接的青少年读物》（新华出版社，2015年）。

自十六届六中全会提出社会主义核心价值体系以来（2006～2015年），在国家社科基金重大项目中，以"核心价值观"和"核心价值体系"为研究主题的项目共有10项，但将核心价值观与传统文化结合起来研究的项目仅有一项，即《我国传统价值观涵养社会主义核心价值观研究》（15ZDA037）。此外，《弘扬中华优秀传统文化与实现中国梦研究》（14ZDA009）一项与此也有些关系。

传统价值观是传统文化的核心内容，传统文化的创造性转化和创新性发展关键在于传统价值观。然而，据我们了解，到目前为止，国内学界研究传统价值观的创造性转化和创新性发展问题的成果甚少。根据知网的搜索，有关传统文化创造性转化的文章只有30多篇，有关传统文化创新性发展的学术文章不到30篇，同时涉及这两个方面的只有10多篇。其中涉及传统价值观的创造性转化和创新性发展的文章总共只有几篇。

目前学界对核心价值观与传统文化分别进行研究所取得的成果蔚为大观，应该充分肯定，这为下一步的研究打下了良好的理论基础。而且，学界关于二者关系的看法也大体一致。学者们基本上认同，核心价值观的发展离不开传统文化的养分，传统文化依托核心价值观得以升华和创新，对传统文化进行合理的继承是弘扬和践行社会主义核心价值观的重要途径，两者是相互联系的辩证体、相互交融的有机体以及相互共生的统一体。但是，从前面检索的数据可以看出，有关核心价值体系和核心价值观与传统文化关系的研究成果相对匮乏，研究状况总体上看不尽如人意。

（1）成果数量相当少。从文献数量上我们可以看出，学界虽然对于核心价值观的研究不少，主要集中在对它的整体性研究、分功能性研究以及根据具体问题而应用的研究。对于中国传统文化的研究更是不胜枚举，成果也相对成熟、完善。但是将两者结合起来进行研究却少之又少。尤其是在近些年社科基金重大课题中，主题相近的仅有《我国传统价值观涵养社会主义核心价值观研究》和《弘扬中华优秀传统文化与实现中国梦研究》两项。中国传统文化对于社会主义核心价值观的构建具有极其重要的意义，我们绝不能忽视。

（2）缺乏宏观、系统、深入的研究。目前的研究成果大多集中在期刊文献中，由于篇幅限制、学者学术层次等原因，课题的研究程度基本上是或抽象概括、或泛泛而谈、或蜻蜓点水。例如，《薪火筑梦：肇庆市"中华优秀传统文化与社会主义核心价值观"座谈会文章选》一书只是肇庆市炎黄文化研究会主办的以中华优秀传统文化与社会主义核心价值观为主题的学习座谈会的文章结集。同时,还有些著作并非理论性研究。例如《生生不息——从传统经典名句领悟社会主义核心价值观》(中华书局,2015)和《美德的种子》(新华出版社,2015)主要是通过对古代诗词、名句的阅读来使读者领悟、践行社会主义核心价值观,受众定位为青少年,理论深度不够。

(3)缺乏权威研究成果。这里的"权威"既包括权威学者,也包含权威课题。前文统计过,在近年来的国家社科基金重大课题中,与核心价值观和传统文化分别相关的仅有9个,而与二者皆相关的仅有1个。同时,陈秉公教授主持的国家社科基金重大项目(2015)《我国传统价值观涵养社会主义核心价值观研究》所研究的基本问题是"我国传统价值观涵养社会主义核心价值观的基本理论和实践问题"。主要解决五个问题:一是我国传统价值观与社会主义核心价值观的本质定位问题;二是科学地确立以我国传统价值观涵养社会主义核心价值观的"基本任务"问题;三是科学地阐释区分我国传统价值观中"主流的积极因素"和"非主流的消极因素"的原则和标准问题;四是确立我国传统价值观涵养社会主义核心价值观的内容体系问题;五是科学阐释我国传统价值观涵养社会主义核心价值观的路径方法选择问题。由此可见,传统文化对核心价值观的意义、二者之间的关系以及在弘扬核心价值观中如何继承传统文化等问题并非该课题的重点,对此并无系统研究。同时,根据检索到的相关文献,大多是高校教师、博士研究生或硕士研究生的所著,该课题的研究亟须相关方面的学术带头人积极、深入地参与。

中华传统文化在五千年的发展历程中积累了大量的思想精华,为中华民族的现代化提供了文化滋养,这是国家富强与民族振兴的力量源泉。社会主义核心价值观以马克思主义为指导,植根于中华传统文化的沃土之中,从传统文化中吸取思想精华,既是对中国传统文化的传承与升华,也是使核心价值观具有更深厚的传统文化底蕴。深入认识传统文化的意义,充分发掘传统文化与社会主义核心价值观的内在关系,把传统文化中的优秀成果转化为社会主义核心价值体系的内容和形式,在中华民族伟大复兴中形成文化先行战略,是当代我国文化强国建设和实现中华民族伟大复兴过程中面临的重大理论和实践课题。这个问题的实质是核心价值观如何与传统文化融合的问题,或者说是如何使核心价值观深深扎根于我国优秀传统文化沃土、如何使传统文化特别是其价值观在当代实现创造性转化和创新性发展的问题。因此,我国学术界和理论界应当展开对这一重大理论和实践问题的深入研究。

习近平指出:"培育和弘扬社会主义核心价值观必须立足中华优秀传统文化。牢固的核心价值观,都有其固有的根本。抛弃传统、丢掉根本,就等于割断了自己的精神命脉。博大精深的中华优秀传统文化是我们在世界文化激荡中站稳脚跟的根基。""我们决不可抛弃中华民族的优秀文化传统,恰恰相反,我们要很好传承和弘扬,因为这是我们民族的'根'和'魂',丢了这个'根'和'魂',就没有根基了。"习近平同时还明确指出,传统文化在其形成和发展过程中,不可避免会受到当时人们的认识水平、时代条件、社会制度的局限性的制约和影响，因而也不可避免会存在陈旧过时或已成为糟粕性的东西。这就要求人们在学习、研究、应用传统文化时坚持古为今用、推陈出新，结合新的实践和时代要求进行正确取舍，而不能一股脑儿都拿到今天来照套照用。要求坚持古为今用、以古鉴今，坚持有鉴别的对待、有扬弃的继承，而不能搞厚古薄今、以古非今。他特别强调传统文化的创造性转化和创新性发展。2014年2月17日，他在省部级主要领导干部学习贯彻十八届三中全会精神全面深化改革专题研讨班开班式上的讲话中明确指出："要加强对中华优秀传统文化的挖掘和阐发，努力实现中华传统美德的创造性转化、创新性发展。"[①] 随后，在纪念孔子诞辰2565周年国际学术研讨会暨国际儒学联合会第五届会员大会开幕会上的讲话中他又明确指出，要努力实现传统文化的创造性转化、创新性发展，使之与现实文化相融相通，共同服务以文化人的时代任务。[②] 习近平的重要讲话深刻揭示了优秀传统文化对于培育和践行核心价值观的根本意义，充分阐释了传承和弘扬传统文化对于实现中华民族伟大复兴"中国梦"不可替代的价值，同时也阐明了我们对待传统文化的应有态度，深刻揭示了社会主义核心价值观和当代中国主流文化与传统价值观对接、融合的根本路径和基本方法。习近平的讲话为研究和回答核心价值观与传统文化和传统价值观的关系问题提出了要求、指明了方向。笔者认为，学术界应当根据习近平讲话精神，深入研究传统文化与核心价值观之间的关系，特别是传统文化和价值观的创造性转化和创新性发展这一传统文化与核心价值观关系中的关键问题，为传统文化和传统价值观的当代转换提供理论依据和学理支持。

二、关于核心价值观与传统文化关系研究架构的设想

我们认为，核心价值观与传统文化的关系问题包含着两层含义：其一，从中国文化历史发展的角度看，核心价值观与传统文化的关系问题是传统文化如何在当代社会主义中国传承和开新、实现创造性转化和创新性发展，以使之永葆青春活力、永远屹立世界民族之林的问题。其二，从当代中国特色社会主义建设事业的角度看，核心价值观与传统文化的关系问题是我们所要建设的核心价值观如何深深扎根于中华民族和中国博大精深文化的沃土，从中获得充分的滋养，从而使之在古老的中华大地和亿万炎黄子孙心中生根开花结果，成为当代中华民族和中国人民的共同信念和精神家园的问题。解决前一问题是当代中国人的历史使命，其意义在于使源远流长的中华文化在我们这一时代实现大繁荣大发展；解决后一问题是当代中国的

---

① 《习近平在省部级主要领导干部学习贯彻十八届三中全会精神全面深化改革专题研讨班开班式上发表重要讲话》，新华网，2014年2月17日，http://news.xinhuanet.com/photo/2014-02/17/c_119374303.htm。

② 参见《习近平在纪念孔子诞辰2565周年国际学术研讨会暨国际儒学联合会第五届会员大会开幕会上的讲话》，《人民日报》，2014年9月25日第2版。

现实责任，其意义在于使当代中国国家富强、民族振兴、人民幸福，使中国永远告别遭侵略、受蹂躏的屈辱历史，实现中华民族的伟大复兴。从理论上回答这个一体两面的问题，就是本课题所要解决的总体问题。

围绕核心价值观与传统文化的关系问题，我们认为需要着重研究相互关联的五个方面的内容：

（1）中国价值观的历史演进与当代变革。主要研究自古以来中国价值观演进的不同阶段的划分及其依据；不同历史时期价值观历史背景、现实基础、文本资源、基本内容、主要特征、历史地位；导致不同历史时期价值观更替演进的原因及其理论和实践得失；中国价值观近代的转换和当代变革的原因、特点、实质、影响；中国价值观的整体面貌、总体特征、民族精神和文化个性；核心价值观在中国价值观中的历史地位以及对传统价值观的继承性和变革性等。这部分主要讲清楚核心价值观提出的历史必然性和历史规律性，阐明核心价值观的提出是传统文化发展的自然历史过程的必然结果，同时也是中国文化的一次重大发展和跃升。

（2）核心价值观的传统文化土壤、根基、元素和精神。主要研究核心价值观何以在具有悠久历史文化的当代中国孕育、提出和弘扬；核心价值观与传统文化共同的"根"和"魂"何在；核心价值观在哪些方面弘扬了优秀传统文化等问题；如何进一步发掘和整理传统文化，甄别其精华与糟粕，其中特别重要的是作出判断的标准是什么；如何使传统文化的精华进一步融入核心价值观之中；如何清除传统文化的糟粕对培育和践行核心价值观产生消极影响等问题。这部分主要讲清楚能够成为核心价值观理论和实践构建的"根"和"魂"的是传统文化中的哪些内容。

（3）传统价值观的当代创造性转化和创新性发展。主要研究对传统文化进行创造性转化和创新性发展历史必然性和现实基础，创造性转化和创新性发展的含义与实质，实现创造性转化和创新性发展的指导思想、时代背景、现实基础和世界视野等；研究如何借助传统文化的资源，丰富核心价值观的内容，构建体现中国特色的核心价值观完整理论体系，包括价值体系、规范体系、导向体系，并构建系统的方法论体系，使核心价值观更具有理论根基和逻辑力量，更具有实践性；研究如何使具有传统根基和底蕴的核心价值观制度化、道德化和政策化以及如何使之更具有主导力和引导力，更具有凝聚力和吸引力，更为贴近人心，具有更强的影响力和感召力。这部分主要讲清楚传统文化的积极内容被充实到核心价值观以后核心价值观的丰满、完整的内容体系的问题，使得核心价值观具有中国特色、中国底蕴、中国内容、中国话语体系；同时回答核心价值观实践构建的问题，使得核心价值观能够成为民族的、科学的、大众的文化的核心和灵魂。

（4）马克思主义中国化、时代化和大众化与传统文化的传承和开新、核心价值观建设有机结合和统一。核心价值观的社会主义性质和中国特色既是由其马克思主义性质决定的，也是由其中国传统文化底蕴决定的，因此要研究马克思主义、传统文化与核心价值观的关系问题。主要研究：在建设核心价值观的过程中，马克思主义和传统优秀文化各自的地位和作用是什么；如何在实现传统文化的现代转换和建设核心价值观中充分有效地发挥马克思主义的指导作用；传统文化的现代转换和建设核心价值观对马克思主义"三化"提出了什么新的要求等问题。这部分主要讲清楚马克思主义、传统文化与核心价值观之间的关系问题，阐明核心价值观的源与流以及三者之间的内在统一。

（5）中国价值观的国际竞争力、影响力，以及作为整体的中国价值观的比较优势。主要研究中国优秀传统文化何以对亚洲乃至世界的影响力经久不衰；如何增强以核心价值观为核心内容的当代中国价值观的国际竞争力和影响力；怎样着眼于国际影响力和竞争力来实现传统文化的现代转换和进行核心价值观建设；如何使核心价值观及其构建与当代世界文明对接并使之成当代人类最先进的价值等问题。这部分要解决核心价值观如何能够代表人类文明发展方向的问题，阐明核心价值观的未来前景和长远生命力。

除了以上主要研究内容，为了了解传统文化对当代中国公众影响的状况，还需要对这方面的情况展开调查研究。主要调查研究方面：我国公众对传统文化的基本态度和认同程度；公众主要认同哪些传统文化内容，对其中的哪些内容不认同甚至持批判否弃态度；传统文化对当代中国社会和公众有没有消极影响，有哪些消极影响及影响的程度；公众对传承和弘扬传统价值观有何意见建议等。这些调查数据和研究成果可以作为本课题研究的参考依据之一。

根据以上所列需要研究的主要内容，核心价值观与传统文化的关系问题可主要围绕以下六个问题展开研究：①中国价值观的历史演进与当代变革问题；②核心价值观的传统文化根基与意蕴问题；③传统价值观的创造性转化与创新性发展问题；④马克思主义与中国价值观从传统到现代转换问题；⑤中国价值观的比较优势与国际竞争力问题；⑥传统价值观对当代中国价值观的影响问题。这六个问题都是围绕弘扬核心价值观与继承传统文化的关系这一课题主题展开的，而且它们之间存在着不可分割的内在联系。

中国文化及其中国价值观源远流长，在几千年的漫长历史过程中，中国价值观经历过从兴旺到衰退再到兴旺、从统一到分裂再到统一、从开放到封闭再到开放的复杂历史演进过程。自鸦片战争以后，中国传统价值观受到严重冲击，辛亥革命特别是中国共产党成立后，标志着中国价值观开始发生革命性变革。中华人民共和国成立后，特别是实行改革开放后，中国共产党领导中国人民自觉构建社会主义核心价值观，中国价值观正在发生着从传统到当代的转换。中国价值观的不同历史形态有其独特的内容和个性特征，它们对中国价值观和中国文化都作出了特定的贡献。中国价值观的历史演进有其自身的规律，正是在这种历史演进中积累了丰富的中国价值观历史资源，它们为当代核心价值观提供了深厚的文化滋养。研究中国价值观的历史演进与当代变革问题,主要致力于揭示中国价值观的历史演进及其规律并明确核心价值观的历史方位及其继承性和变革性,阐释不同历史时期、不同价值观形态给我们留下的丰富遗产,总结中国价值观构建的历史经验和教训,为传统价值观的现代转换和核心价值观构建提供支持。

研究核心价值观的传统文化根基与意蕴问题,主要是要研究党中央提出的核心价值观如何植根于传统文化以及它包含了哪些传统文化意蕴,这种根基和底蕴对于核心价值观的确立与建设具有何等重要的意义,以及如何进一步使核心价值观的传统文化根基更牢固、意蕴更丰富。要使核心价值观的根基更牢固、意蕴更丰富,那就需要对传统文化作更深入的辨析,以发现传统文化中还有哪些优秀的内容可以被吸纳到核心价值观之中。传统文化是良莠混杂交织的,因此在辨析的过程中要发现其糟粕和过时的因素。

将核心价值观植根于传统文化并从中吸取滋养是极其重要的,但建设核心价值观不是传统文化的简单延续或传承,而是依据马克思主义的立场、观点和方法,并根据中国特色社会主义建设实践对传统价值观进行变革,着眼于当代世界文明的发展总趋势,使之获得创造性转化与创新性发展,实现中国价值观的历史性跨越,并使之成为当代人类先进的价值观。研究传统价值观的创造性转化与创新性发展问题,就是要研究并力图回答如何实现这种历史性跨越。

传统价值观的现代转换和核心价值观建设都是在马克思主义指导下进行,那么就存在着如何加强马克思主义对转换和建设的指导作用,如何在这种转换和建设中进一步使马克思主义中国化、时代化和大众化的问题,因此我们要研究马克思主义与中国价值观从传统到现代转换这一问题来着重回答上述问题。

建设核心价值观的一个重要方面是要增强当代中国价值观的国际竞争力和影响力,而传统价值观不仅在中国延续了两千多年,而且对东南亚国家文化也产生了深刻的影响,还有许多观点和观念对世界其他国家产生了重要影响。在相当长一段历史时期,中国价值观是有相当强的竞争力和影响力的。因此,有必要总结历史经验,并借鉴这种经验提升当代中国价值观的国际影响力。研究中国价值观的比较优势与国际竞争力问题,就是为了从历史和现实结合的角度研究如何增强当代中国价值观国际影响力和竞争力的问题。

关于研究传统价值观对当代中国价值观影响问题的必要性及意图,前面已经有明确交代,这里不再赘述。

三、展开核心价值观与传统文化关系问题研究的主要思路

核心价值观与传统文化关系问题是一个十分复杂的问题,为了顺利展开研究并

取得良好的研究效果，我们要有明确且正确有效的研究思路。

1）研究所要达到的主要预期目标问题

研究核心价值观与传统文化之间关系问题的目的是比较系统地从理论与实践的结合上回答如何使核心价值观与传统文化无缝对接和深度融合，如何使弘扬核心价值观与继承传统文化有机统一和内在贯通，如何使核心价值观建设与传统价值观现代转换相互促进和相得益彰。因此，这一研究要通过对这些问题的回答，力图使核心价值观奠基于传统文化的沃土，充分吸收优秀传统文化的滋养，从而不仅使核心价值观在融入文化传统的基础上开创新的文化传统，而且使核心价值观成为既具有中国文化传统特色又体现时代精神、既具有浓厚的文化传统底蕴又朝着整个人类文明开放、既具有独特民族性又具有人类先进性的中国价值观。

具体地说，这一研究要从理论上阐明或回答以下问题：中国价值观的历史演进及当代变革，核心价值观在中国价值观演进中的历史地位及对传统价值观的继承性和变革性；核心价值观在传统文化中有何根基，其传统文化的底蕴何在，使人们坚信核心价值观是有深厚的传统意蕴的，以及传统文化宝库中还有哪些优秀的内容需要进一步融入核心价值观，哪些糟粕的内容仍然在当代发挥着消极影响，如何肃清这种消极影响并有效防范其死灰复燃；在培育和践行核心价值观的过程中如何实现传统价值观的创造性转化和创新性发展，并使两者良性互动、相互促进；如何加强马克思主义对传统价值观的现代转换和核心价值观的指导作用，并在这个过程中进一步促进马克思主义的中国化、时代化和大众化，促进中国特色社会主义理论的创新发展和进一步完善；如何认识和评价中国传统文化的比较优势和增强当代中国价值观的国际竞争力和影响力。

这是一个相当庞大的理论工程，但在这些方面有所作为、有所建树，提供一批有理论价值和应用价值的著作、论文和研究报告，可以为党和政府的有关决策提供参考。

2）研究的关键性问题、重点难点问题

为了达到上述预期目标，我们要抓住关键问题，突出重点问题，突破难点问题。我们认为，研究核心价值观与传统文化之间关系所解决的关键性问题是传统文化的优劣辨析问题。如果将辛亥革命以前的中国文化划为传统文化的话，中国传统文化延绵数千年，其内容博大精深、丰富多彩且良莠兼具。传统文化既包括物质文化、观念文化（包括理论学术）、制度文化和行为文化等基本层次和不同维度，涉及主导文化和非主导文化、主文化和次文化、汉民族文化和少数民族文化等复杂情形，而且伴随着历史变迁文化也变化不断，其间还有佛教文化的传入和中国化、少数民族文化与汉文化的冲突与融合。对于如此庞大复杂的文化体，要分辨其中内容的优劣真伪是一项工程浩大的工作。更为棘手的是，即使是优秀文化也不是那么清纯的，而常常是与糟粕关联在一起的。本文要继承的传统文化是优秀的传统文化，核心价值观要从中吸收的也是其精华。因此，怎样从浩瀚的传统中辨别其优劣并剔除传统文化中过时的不合理的内容是本课题需要解决的关键性问题。为处理好这一关键问题，本文拟采取以下三种主要措施：一是以传统观念文化的理论学术文化为主要研究对象，着重辨析其中的优秀内容，同时根据需要适当参考其他类型的文化；二是以历史唯物主义为指导根据建设核心价值观的需要进行辨别取舍；三是从中国特色社会主义建设事业整体以及当代人类发展的总趋向着眼、从确定核心价值观完善发展需要着眼，辨识并吸收传统文化中的优秀内容。当然，这些措施的实施难度也是很大的，不过笔者将努力做出有益的尝试。

核心价值观与传统文化之间关系所要研究的重点问题是传统价值观的创造性转化和创新性发展如何与核心价值观建设对接或统一起来的问题。前面已经说过，核心价值观与传统价值观的关系涉及两个方面，既涉及传统价值观的创造性转化，又涉及从传统文化中吸取滋养丰富完善核心价值观，既使它与传统文化对接又使它开创一种新的文化传统。前者涉及文化传统的传承，后者涉及核心价值观建设。这看起来是两个问题，而且也有可能分离开，但也可以使两者成为同一个要解决的问题。本文要将这一问题作为重点问题加以研究，着重解决如何使传统价值观的创造性转化和创新性发展的问题成为核心价值观建设的核心问题，或如何使核心价值观建设着重解决使传统价值观实现创造性转化和创新性发展的问题，从而从理论上解决两者的有机统一问题。就是说通过使传统价值观创造性转化和创新性发展来加强核心价值观建设，同时通过加强核心价值观建设来实现传统价值观创造性转化和创新性发展。

核心价值观与传统文化之间关系研究面临的难点问题是传统文化、马克思主义与核心价值观的关系问题。核心价值观从根本上说是中国化马克思主义的核心价值观，但是，马克思主义是一种不同于传统文化和思想体系的思想体系，即使是中国化的马克思主义也和传统思想体系存在着本质的区别。如果这样，那么应该怎样认识核心价值观与传统文化的关系，以及这两者与马克思主义的关系问题。这不仅是一个难题，而且是一个敏感的问题。对于这一难题，本文的初步看法是，应当承认核心价值观作为一种马克思主义价值观是与传统价值观有本质区别的，正因为如此，习近平提出要对传统文化实行创造性转化，但是马克思主义和核心价值观不是历史虚无主义的，而是承认一种价值观存在着历史继承性，承认其生长的文化土壤，充分肯定任何一种先进的价值观都应当汲取人类一切优秀的文化成果，更不用说作为其生长土壤的本土的优秀文化成果。因此，只要我们坚持历史唯物主义观点，这个难题就可以破解。

3）有所创新和突破的问题

为了达到上述预期目标，我们还要在问题选择、学术观点方面以及研究方法、分析工具、话语体系等方面有所突破和创新，使我们的成果真正成为既具有科学性、合理性又具有可操作性的精品力作。

我们关于核心价值观与传统文化之间关系问题的研究，在问题选择、学术观点上可以在以下五个方面有所突破和创新：其一，传统文化需要继承什么和剔除什么的问题。对于这个问题，我们应在普遍承认的合理内容的基础上，进一步清理传统文化中还有哪些合理内容特别是其基本精神需要核心价值观批判性地继承和弘扬。其二，根据什么来区分传统文化的精华与糟粕问题，我们在对传统价值观的精华与糟粕做出区分的过程中要以马克思主义为指导并根据当代中国特色社会主义实践进行判断。其三，衡量中国传统文化的精华与糟粕以及建设核心价值观的国际视野问题。对传统价值观精华与糟粕的判断除了要以马克思主义为理论标准和中国特色社会主义实践为实践标准之外，我们还要从传统价值观和核心价值观国际比较优势、国际竞争力来加以对照，这样我们就可以进一步扬长避短，同时也有助于我们补齐我国价值观和文化的"短板"，使我国的价值观和文化立于不败之地。其四，传统在今天中国社会的影响状况问题。在传统文化是优是劣以及哪些优哪些劣方面除了要尊重研究者的意见，还要适当听取社会公众的看法，而且要了解它对今天中国社会和公众实际影响的状况，并据此判断其优劣的总体状况以及优劣所在。其五，传统文化的现代转换和核心价值观的构建这个两位一体的任务需要从中国历史发展的规律、从当代中国特色社会主义建设实践需要、从马克思主义"三化"（中国化、时代化和大众化），以及当代人类文化和文明发展的现状和总趋势进行总体观照。研究传统文化现代转换和核心价值观建设这样的复杂问题，忽视上述任何一个方面都是有问题的，都会得出导致严重实践后果的错误结论。

　　核心价值观与传统文化之间关系研究虽然是一种理论研究，但仍可以在研究方法、分析工具、话语体系等方面有所突破和创新。主要有以下三个方面：一是可以将文献研究、理论分析与调查数据结合起来。在项目设计的时候本文特别设立了一个传统文化对当代中国人价值观影响的状况调查，试图通过调查数据了解传统文化在今天的影响力，以及其中存在的问题和给我们的启迪。我们相信，调查数据可能给我们的研究结论提供更有说服力的支持。二是可以在马克思主义特别是历史唯物主义的指导之下，从多角度研究分析传统价值观的现代转换与核心价值观构建及其相互问题，这种多角度体现在两个方面：学科的多角度，包括价值哲学、伦理学、社会学、历史学、文献学、心理学、教育学等；视野的多角度，包括中国历史发展的视野、当代中国社会实践的视野、当代人类文明发展趋势的视野、价值观演进更替兴衰的视野、中外价值观比较的视野等。三是不仅要致力于当代中国特色社会主义价值观的理论体系建设，而且要致力于中国特色社会主义价值观的话语体系建设。这种话语体系不只是中国传统的，更不是西方的，而是兼具当代中国特色、马克思主义、人类普遍共识、继承中国传统优秀文化遗产的综合性话语体系，这一话语体系不仅适应当代中国人心理，也具有当代整个人类的普适性，它力图克服过分强调当代中国价值观的中国特色话语的偏颇，充分考虑向世界各国传播、扩展其国际影响的可行性。

对传统价值观创造性转化和创新性发展的思考*

习近平在纪念孔子诞辰 2565 周年国际学术研讨会暨国际儒学联合会第五届会员大会开幕会上的讲话中明确提出了要"努力实现传统文化的创造性转化、创新性发展"①这一重大时代课题。讲话发表以来，学界对这一课题进行着热烈的讨论。学者们一方面充分肯定这一课题是我国走向现代化和实现中华民族伟大复兴征程中不可回避的重大理论和现实问题，它既是事关中华传统文化在新的历史传统下能否得以传承和怎样得以传承的问题，也是事关当代中国价值观的根基和底蕴的问题；另一方面也深感这是一个难度极大的问题，所涉及的诸多问题需要学界共同攻关并达成共识。传统价值观是传统文化的核心内容，因此，本文试图从价值观的角度对传统文化创造性转化和创新性发展所面临的几个问题作些分析，以期引起学界聚焦于这些问题的共同研究和讨论。

一、何谓传统价值观的问题

对于价值观的理解，学者们有种种不同的看法。笔者曾提出这样一种看法，即："价值观实际上是一种价值观念，是那种根本的总体的价值观念。这种价值观念不是一种单一的价值观念，而是一种价值观念的体系，或者说观念的价值体系。"②根据这种对价值观的理解来审视中国传统社会（指辛亥革命前的中国社会）的价值观，我们不难发现中国传统社会的价值观情形非常复杂，这就涉及我们今天所说的"传统价值观"是在什么意义上的传统价值观。这是我们今天谈传统价值观创造性转化和创新性发展时面临的第一个需要回答的问题。

纵观数千年的中国传统社会，价值观可谓是形形色色，难以数计。如果不考虑历史上各少数民族的价值观，仅就华夏民族主体而言，可称得上具有比较完全意义的价值观至少有如下主要类型：

（1）在社会占主导地位的价值观。这种价值观主要有两种形态：一是春秋战国以前的夏商周（西周）时代的主导价值观。这几个朝代的主导价值观也不尽相同，但今天已经无法作细致的分辨，我们大致上可以把这几个朝代的主导价值观看作是一种形态。这段时期的社会主导社会价值观是与当时的封建宗法制度相适应的，因

---

* 原发表于《当代中国价值观研究》，2016 年第 1 期。
① 见《人民日报》，2014 年 9 月 25 日第 2 版。
② 江畅：《论价值观与价值文化》，科学出版社 2014 年版，第 21 页。

而这种价值观大致可称之为"封建宗法主义价值观"。二是西汉开始的中国皇权时代占统治地位的皇权专制主义价值观。自西汉至辛亥革命这段漫长的时期，其间虽然经历了无数次的朝代更替，也出现过多次分裂战乱时期，但占主导地位的价值观总体上看是一致的，可被看做是一种独立的价值观形态。这种价值观虽然所依据的是儒家价值观（包括先秦儒家和汉儒），但与儒家的价值观特别是原初儒家价值观有很大的差异。其根本差异在于它是与皇权专制主义制度相一致的，因而可称之为"皇权专制主义价值观"。在这种价值观的形成过程中，汉儒董仲舒发挥了关键性的作用。

（2）学理性的价值观。这种类型的价值观比较多，其中特别重要的是两个时期出现的价值观：一是春秋战国时期的多元价值观。这是一个"礼崩乐坏"的时期，以前社会占主导地位的价值观分崩离析，出现了"诸子百家"的价值观。其中有影响的至少有儒家价值观、道家价值观、墨家价值观、法家价值观。这几家都有比较完整系统的价值观。二是宋明时期形成的理学价值观和心学价值观。以"二程"朱熹为代表的理学和以陆九渊、王阳明为代表的心学虽然继承了儒家的传统，但已经与原初儒学有了很大的区别，它们有自己的一套价值观。它与先秦儒家之间的差别从根本上说在于，它的根基和目的指向是皇权专制主义而不是封建宗法主义。

（3）宗教价值观。这种类型的价值观当中最有影响的是道教价值观和中国化佛教价值观。以道家思想为基础和依据建立的道教，是中国土生土长的宗教，它有一整套自己的价值观。这种价值观虽然源自道家思想，但与道家有了很大的不同，它是一种宗教价值观。自汉代印度佛教就开始传入中国，到唐代流传达到顶峰，在这个过程中佛教逐渐中国化，其主要标志着禅宗的创立，于是形成了具有中国特色的佛教价值观。

由以上所列可以看出，中国传统社会的主要价值观包括：两种社会占主导地位的价值观形态，即春秋战国以前的封建宗法主义价值观和汉代开始确立的皇权专制主义价值观；至少六种具有理论形态的价值观，即儒家、道家、墨家、法家、理学、心学价值观；两种宗教观，即道教价值观和中国化佛教价值观。笔者认为，以上这十种价值观都应当属于我们今天所说的传统价值观的范畴。所有这些价值观不仅在中国传统社会程度不同地发生过影响，而且其中的一些因素已经积淀成了中华民族和中国人的心理构成成分，是中华文化和民族精神的基因，至今还在对中国社会潜在地发生着作用。因此，我们在回答"传统价值观"是在什么意义上的传统价值观这一问题时必须明确以下四点：

第一，传统价值观并不等于儒家价值观。今天我们许多人一谈到传统价值观，想到的就是儒家价值观，特别是先秦儒家的价值观。从中国传统社会价值观构成的情况看，在先秦时期，儒家价值观只是诸子价值观中的一种，并无特殊的地位，只是西汉时期"罢黜百家，独尊儒术"之后，儒家价值观才成为了社会占统治地位的意识形态。而且基于儒家价值观形成的社会占主导地位的皇权专制主义价值观，与先秦儒家的价值观相去甚远，其核心内容已经发生了根本性的转换。这就是说，即使我们以具有完整系统形态的皇权专制主义价值观作为传统价值观的代表，也不能说这种价值观是真正意义的儒家价值观。

第二，传统价值观并不等于学理性的价值观。今天我们谈到传统价值观时，常常想到的是儒、道、墨、法家的学理性价值观，或者还加上理学心学价值观（这两种价值观通常被归入儒家价值观），而较少看到传统社会占主导地位的封建宗法主义价值观和皇权专制主义价值观。一般来说，学理性价值观由于得到了理论的论证，通常比较完整系统，具有一定的理想化色彩，因而一般来说有更多的合理成分；而社会占统治地位的价值观是现实化的价值观，在传统社会它是与自然经济、封建制度或专制制度血肉相连的，因而弊端和缺陷较多且明显。而且，社会占主导地位的价值观会通过制度、法律、政策等途径对社会生活产生深刻影响，而这是一般学理性价值观所无法比拟的。因此，将传统价值观等同于传统学理性价值观就有可能将传统价值观美化，以为它就如同学理价值观阐述的那样美好；而另一方面，又会使我们忽视对传统价值观存在的问题及其消极影响以应有的重视。

第三，学理性的价值观也并不等于以儒家为代表的价值观。如前所述，中国传统社会的学理性价值观有很多种，其中有较大影响的有六种，除了理学价值观和心理学价值观与儒家价值观有直接渊源关系以外，道家、墨家、法家价值观与儒家价值观的旨趣和内容有着根本性的差别，我们不能说儒家价值观是这些价值观的代表。而且源自早期儒家价值观的理学、心学价值观与原初儒家价值观也有着相当大的差异，其突出表现在于这两种价值观并没有包含早期儒家价值观的基本内容，而对早期儒家的某种思想作了突破其限度的发挥，因而成为了早期儒家价值观在新的历史时期的变体。两者之间的关系有点类似西方的柏拉图主义与新柏拉图主义、康德主义与新康德主义的关系。它们是两个价值观体系，而不是一种价值观发展的两个不同阶段。因此，我们不能以早期儒家价值观作为中国传统学理性价值观的代表，我们只能说，儒家价值观自西汉开始成为中国学界的"显学"，其他价值观被它所遮蔽或被边缘化。

第四，传统价值观并不等于世俗的价值观。谈传统价值观常常忽略了传统的宗教价值观，这也是我们理解传统价值观时常常发生的一种偏差。无论是道教价值观还是中国化佛教价值观，都是中国传统社会价值观总体中的一个重要组成部分，它们对中国传统社会乃至今天中国社会都有相当大的影响，而且在过分世俗化和市场化的今天，传统的宗教价值观有相当多的内容是值得吸取和发扬的。因此，我们讨论和研究传统价值观不应该忽略传统价值观的这一部分。

综合以上的简要阐述，我们可以得出这样的基本结论：今天我们所说的传统价值观不是传统社会的某一种价值观，而是指传统社会中存在过的对中国传统社会发生过重要影响并且有记载的各种价值观,其中特别重要的是以上所述的10种价值观。值得注意的是,这些价值观对当代中国还在或隐或显地发生着影响,因而更不能抓住一点不及其余。我们客观地、历史地面对这些价值观,无疑可以从中发现并吸取更丰富的合理因素和优秀内容。

二、为什么要对传统价值观进行创造性转化和创新性发展的问题

上述传统社会存在的价值观中有一些在当代中国社会得到了直接的传承,甚至得到了某种发展。中国化佛教价值观和道教价值观在当代中国佛教界和道教界被延续下来,虽然改革开放之前的几十年受到了较大冲击,但毕竟未被摧毁。应该说这两种宗教价值观被传承下来了。儒家价值观的命运要比宗教价值观悲惨得多,从新文化运动到改革开放前,曾经一再受到批判和清算,在中国内地基本上没有了明显的影响力。不过,在海外华人学者中得到了传承并被转换成了新儒学。改革开放以后,新儒学重新进入中国内地,甚至成为了当代中国的显学之一。显然,今天我们说的传统价值观的创造性转化和创新性发展肯定不是上述三种价值观意义上的传承与开新,而是指传统价值观如何与当代中国主流价值观相对接相融合,从而转化为当代中国的主流价值观或转化成为其中的有益成分。社会主义核心价值观是当代中国主流价值观的核心内容。因此,上述问题也就成为了传统价值观如何要创造性地转化为以社会主义核心价值观为核心内容的当代中国主流价值观,并在这种主流价值观的总体框架下得到创新性发展的问题。

那么,为什么要对传统价值观进行创造性转化和创新性发展呢?这是一个十分复杂的问题,也是我们要实现传统价值观创造性转化和创新性发展必须给予回答的难题。这个问题至少隐含着以下三个问题:

第一,我国正在建设的主流价值观尚未充分地吸收传统价值观的合理的、有价值的内容。我们正在建设的以社会主义核心价值观为核心内容的主流价值观是改革开放后特别是党的十六届六中全会(2006年)才明确提上议事日程的。而在实行改革开放之前,我国对传统文化不仅是封闭的,而且是持彻底批判和完全否定的态度,导致绝大多数国民乃至社会的精英群体(包括政治家)对传统价值观不甚了了,而且持本能的反感态度。改革开放以后,经过了一个相当长的时间,传统文化才逐渐进入人们的生活。可以说,一直到党的十六届六中全会明确提出建设社会主义核心价值体系的时候,国人对传统文化的了解还十分有限,以致党中央在规定社会主义核心价值体系的内容时只提到了"以爱国主义为核心的民族精神"。党的十八大提出培育和践行的社会主义核心价值观,其中传统价值观的内容也体现得不够充分。习近平同志主政中共中央之后,清楚地意识到了这种状况,所以他开始高

度重视这一问题。

第二，我国传统价值观有值得转化和发展的内容。关于这一点，习近平在2014年"五四"青年节与北京大学师生的座谈会的讲话中作了清楚的阐述。他说，中华文明绵延数千年，有其独特的价值体系。中华优秀传统文化已经成为中华民族的基因，植根在中国人内心，潜移默化影响着中国人的思想方式和行为方式。今天，我们提倡和弘扬社会主义核心价值观，必须从中汲取丰富营养，否则就不会有生命力和影响力。比如，中华文化强调"民惟邦本""天人合一""和而不同"；强调"天行健，君子以自强不息""大道之行也，天下为公"；强调"天下兴亡，匹夫有责"，主张以德治国、以文化人；强调"君子喻于义""君子坦荡荡""君子义以为质"；强调"言必信，行必果""人而无信，不知其可也"；强调"德不孤，必有邻""仁者爱人""与人为善""己所不欲，勿施于人""出入相友，守望相助""老吾老以及人之老，幼吾幼以及人之幼""扶贫济困""不患寡而患不均"，等等。习近平指出，像这样的思想和理念，不论过去还是现在，都有其鲜明的民族特色，都有其永不褪色的时代价值。这些思想和理念，既随着时间推移和时代变迁而不断与时俱进，又有其自身的连续性和稳定性。我们生而为中国人，最根本的是我们有中国人的独特精神世界，有百姓日用而不觉的价值观。我们提倡的社会主义核心价值观，就充分体现了对中华优秀传统文化的传承和升华。①

第三，我国正在建设的主流价值观需要吸收传统。习近平指出："培育和弘扬社会主义核心价值观必须立足中华优秀传统文化。牢固的核心价值观，都有其固有的根本。抛弃传统、丢掉根本，就等于割断了自己的精神命脉。博大精深的中华优秀传统文化是我们在世界文化激荡中站稳脚跟的根基。"②"我们决不可抛弃中华民族的优秀文化传统，恰恰相反，我们要很好传承和弘扬，因为这是我们民族的'根'和'魂'，丢了这个'根'和'魂'，就没有根基了。"③习近平的重要讲话深刻揭示了传统优秀文化对于建设当代中国价值观的根本意义，充分阐释了传承和弘扬传统文化对于实现中华民族伟大复兴"中国梦"不可替代的价值，这为研究和回答核心价值观与传统文化的关系问题提出了要求、指明了方向。

实际上，传统价值观创造性转化和创新性发展问题包含着两层含义：其一，从中国文化的历史发展角度看，这个问题是传统价值观如何在当代社会主义中国传承和开新、实现创造性转化和创新性发展，以使之永葆青春活力、永远屹立世界民族之林的问题。其二，从当代中国特色社会主义建设事业的角度看，这个问题是我们

---

① 习近平：《青年要自觉践行社会主义核心价值观——在北京大学师生座谈会上的讲话》，《人民日报》，2014年5月5日第2版。

② 《习近平论中国传统文化——十八大以来重要论述选编》，《党建》，2014年第3期，第9页。

③ 中共中央文献研究室：《习近平关于实现中华民族伟大复兴的中国梦论述摘编》，中央文献出版社2013年版，第33页。

所要建设的核心价值观如何深深扎根于中华民族和中国博大精深文化的沃土，从中获得充分的滋养，从而使之在古老的中华大地和亿万炎黄子孙心中生根开花结果，成为当代中华民族和中国人民的共同信念和精神家园。解决前一问题是当代中国人的历史使命，其意义在于使源远流长的中华文化在我们这一时代实现大繁荣大发展，从而使它更好地传承下去；解决后一问题是当代中国的现实迫切需要，其意义在于使我们正在建设的主流价值观普遍认同，从而使之转化为我国公众的共同理想、信念和基本遵循。这是一个一体两面的问题，弄清楚了这个一体两面的问题，我们对为什么要进行传统文化创造性转化和创新性发展的问题就容易理解了。不过，需要注意的是，解决后一个问题更现实、更迫切，这也许是党中央特别强调传统文化创造性转化和创新性发展的初衷和主旨。

三、如何理解传统价值观创造性转化和创新性发展的问题

今天我们广泛谈论传统价值观的创造性转化和创新性发展，但对创造性转化和创新性发展这两个概念研究不够，似乎也没有形成共识，而这种共识是研究进一步问题的前提。因此，我们需要对传统价值观创造性转化和创新性发展的内涵加以界定和阐述。习近平提出要努力实现传统文化的创造性转化和创新性发展，实际上提出了两个方面的不同要求：一方面要对传统文化进行创造性转化；另一方面要对传统文化进行创新性发展。这里我们从这两个方面作些分析。

笔者认为，"传统价值观的创造性转化"指的是传统价值观的一种革命性的变革，即从中国传统价值观转变为中国当代价值观。如前所述，传统价值观是一个集合概念，那么，我们要实现这种创造性转化的是所有传统价值观还是其中的一种或几种呢？在笔者看来，要实现这种创造性转化的只能是传统社会占主导地位的价值观，即从汉代到辛亥革命前传统社会的主导价值观。之所以如此，是因为传统宗教价值观是社会特殊群体的价值观，它们一直被延续下来，党和国家不可能也不应该要求这样的价值观实行创造性转化；儒家价值观（包括理学、心理价值观）在今天的新儒家中已经得到了转化或者正在进行转化，党和国家也不应该干预这种转化。至于先秦其他价值观（道家、墨家、法家等）作为一种价值观体系在历史上早已丧失了生命力，只是其中的内容仍然具有历史遗产的意义。与以上诸种价值观不同，汉代以后的皇权专制主义价值观虽然自鸦片战争以来屡遭重创，其主导地位到辛亥革命被推翻，但直到中国特色社会主义价值观在中国确立之前，一直没有一种价值观完全取而代之。而且这种价值观丧失其主导地位之后，由于种种原因在新中国成立之前在社会生活中实际发生着主导作用，而在新中国成立之后至今仍然对人们的观念发生着潜在的影响。从这个角度看，中国特色社会主义价值观是与传统皇权专制主义价值观相承接的。因此，我们有理由认为，当前我们要进行创造性转化的就

是皇权专制主义价值观。

有人可能认为这种皇权专制主义价值观是完全过时的、落后的价值观,应当完全被否弃。不可否认,皇权专制主义价值观在性质上与中国特色社会主义价值观是完全不同的,也是总体上与市场经济、民主政治和现代法治不相适应的,而且在内容上也有许多陈旧的甚至糟粕的东西。然而,也正是因为如此,我们要对它进行创造性转化,即进行革命性的变革。笔者认为,对传统主导价值观进行创造性转化比简单地否弃它要理性得多,而且对当代中国主流价值观的建设也有益得多。其理由有三:

首先,皇权专制主义价值观是以儒家价值观为依据建设起来的,也是先秦诸子价值观中唯一一种被上升为主流价值观的价值观。它既显示了儒家价值观的优势,也暴露了它的缺陷和问题。以积极的态度对待这种价值观,对它进行创造性转化,有助于认清儒家价值观这一传统社会中最有竞争力的价值观的真正精华和糟粕,从而使其中有价值的内容得到弘扬,其糟粕得以剔除。显然,不考虑传统主导价值观这一被统治者倡导和践行的价值观,我们是很难做到这一点的。

其次,皇权专制主义价值观在中国传统社会占主导地位长达两千多年,其根基如此巩固,也许是其他任何社会的主导价值观都很难与之相提并论的。这一历史事实本身就表明,这种价值观有其历史的必然性和某种合理性,因而不能全盘予以否定,而要认真总结其经验和教训。可以说,对它进行创造性转化就是为此目的。

最后,皇权专制主义价值观是被现实化为社会价值体系和文化的价值观,而且影响深远,不仅在内容上,而且在话语体系上,特别是在建设途径和方法方面有诸多值得吸收和借鉴的东西。当然,这些东西都有时代的局限甚至思想上的悖谬,然而这正是我们不能全盘传承它,而必须对它进行创造性转化的原因。

此外,历史事实也反复证明,简单否弃传统主导价值观并不能真正否弃它,这样做的结果只会适得其反,它会从深层次上潜在地影响人们的心理和生活。这也许正是自辛亥革命到改革开放一直反传统而传统阴魂不散的原因。

与"传统价值观创造性转化"不同,"传统价值观的创新性发展"则不是指传统社会占主导地位的价值观的变革或转型,而是指不同价值观中一切有价值的、合理的东西的修正、更新或补充。因此,创新性发展不是革命性变革,而是改良性完善。创新性发展的情形比较复杂。就范围而言,创新性发展主要包括三个方面:一是价值话语,包括语词、概念、命题乃至整个话语体系。例如,朱熹总结的"朱子八德",即"孝悌忠信礼义廉耻",就都是民族特色鲜明的价值观范畴。传统价值观中这方面的遗产十分丰富,也极具中国特色,因而特别值得进行创新性发展。弘扬和创新传统价值观的话语体系是当代主流价值观建设面临的急迫任务。二是一些价值观念的一般的抽象的含义。例如,"己所不欲,勿施于人""仁者爱人"等价值命题的一般含义具有普适性。然而,由于种种原因,特别是现代文明的一些偏颇使得人们遗忘了这些重要的命题,因而需要弘扬它们。创造性转化的意思有如冯友兰先生所说的"抽象继承",即继承传统观念的一般含义,而改变其具体内容和实质性含义。三是一些价值观念的合理内容。例如,"天人合一""先天下之忧而忧,后天下之乐而乐"等观念,其基本内容是合理的,也是现代人所缺乏的,因而值得进行创新性发展。

就性质而言,创新性发展至少也有三个方面:一是价值观内容的实质性更新,如"爱国"的观念。传统价值观中的"国"虽然也有居民的基本生活共同体的意义,但其实质是封建统治者或专制统治者的"家天下"。我们对这种意义的"国"就要进行创新性发展,使之转化为人民当家做主的"共和国"。这是一种创新。由于在传统价值观中没有共和国的观念,共和国是近现代创造的或从外域借鉴的,因而用"共和国"的"国"取代"家天下"的"国"就是一种实质性的内容创新。二是价值观内容的扩展、补充、丰富,使其具有新的内涵。例如,传统价值观所说的"仁爱",主要涉及的是君臣、父子、夫妻、兄弟、朋友这"五伦"之间的关系。如果我们将仁爱的范围扩展到"五伦"之外,如扩展到陌生人之间、人和动物之间等,那么这就是对仁爱的一种创新性发展。三是创新性发展也包含从无到有的发展,即增添传统价值观所没有的新内容。例如,党的十八大报告中提出"自由""平等""民主""法治"等价值理念在传统价值观中基本上是没有的。这些理念的提出相对于传统价值观而言,就是一种创新性发展。当然,这种创新性发展不在我们这里所讨论的范围。

根据上述理解,对传统价值观进行创造性转化和创新性发展就是要在对传统价值观中那些有价值的、合理的内容进行辨析的基础上,对需要进行创造性转化的内容进行革命性变革,从而使当代中国主流价值观与传统价值观对接,承接其架构和范式;而对需要进行创新性发展的内容进行改良性完善,并使得完善的内容融入到当代中国主流价值观体系之中,从而增加当代中国主流价值观的传统内涵和底蕴。

四、如何实现传统价值观创造性转化和创新性发展的问题

除了道教、中国化佛教和儒家价值观之外的其他价值观,今天看来都不可能在整体上被传承,而只能传承其中有价值的、合理的内容,因为这些价值观在性质上是与当代中国主流价值观即中国特色社会主义价值观迥然不同的。即使今天得到直接传承的道教、中国化佛教和儒家价值观也由于与当代中国主流价值观性质根本不同而不可能成为主流价值观。当然,它们一方面可以作为非主流价值观与主流价值观共存共荣,其前提是要服从于和服务于主流价值观;另一方面,主流价值观也要从这些非主流价值观中吸取有益内容来丰富、完善和发展自己,使自己更具有包容性、更有感召力和影响力。实际上,我们今天谈传统价值观的转化和创新是在当代中国主流价值观建设的意义上讲的,而不是仅从上述不同价值观自身的转化和创新

而言的。这一点是明显且必须明确的。那么，我们现在面临的问题是，如果不考虑宗教价值观近现代的传承，不考虑儒家价值观20世纪20年代以来的复兴，从建设社会主义核心价值观的角度看，或者从更大范围看，即从当代中国主流价值观建设的角度看，传统价值观的不同形态中的哪些内容可以而且需要进行创造性转换和创新性发展呢？或者说，我们可以而且应该从传统价值观中吸取什么内容呢？这个问题就涉及一个更深层次的问题，即传统价值观创造性转化和创新性发展的根据是什么的问题。只有回答了这个问题，我们才能从传统价值观中发掘和整理我们可以而且需要进行创造性转换和创新性发展的内容。

传统价值观创造性转化和创新性发展的根据问题就是我们今天以什么为根据来衡量和判断诸种传统价值观中的哪些内容可以而且需要转化和创新的问题。那么，以什么为根据或者说根据是什么呢？笔者认为，根据有相互联系的三个方面，即当代中国主流价值观建设的理论需要，当代中国公众价值认同的心理需要和当代中国特色社会主义建设事业的实践需要。

当代中国主流价值观就是以社会主义核心价值观为核心内容的中国特色社会主义价值观。中国特色社会主义价值观是正在建设过程中的国家价值观，这种价值观包含社会主义的内容，也包含中国特色的内容。其中中国特色的内容既包括中国自古以来各种价值观中被历史和实践证明是具有民族特色的有价值的、合理的内容，也包括当代中国特色社会主义理论和实践具有当代中国特色的内容。根据中国特色社会主义价值观的这种结构，建设这种价值观需要创造性转换和创新性发展传统价值观的内容，就是中国自古以来各种价值观中被历史和实践证明是具有民族特色的内容。这部分内容就是习近平所说的"我们民族的'根'和'魂'"。当代中国特色社会主义价值观之所以需要这部分内容，就是因为这部分内容是我们民族的"根"和"魂"，当然也是当代中国特色社会主义价值观的"根"和"魂"。丢了这个"根"和"魂"，当代中国特色社会主义价值观就没有根基了，当然也就不会有生命力和影响力。

如果我们把一种社会价值观看作是由目标系统、手段系统、规则系统和控制系统四个方面的观念构成的话，那么，我们就可以从这四个方面考察传统价值观中可以而且需要创造性转化和创新性发展的内容，或者说可以作为当代中国特色社会主义的"根"和"魂"的内容。例如，就目标系统的观念而言，有"大同""天人合一""和谐"等观念。这是从形式的角度看转化和创新。从内容的角度看，要对需要转化和创新的传统价值观作更深入的研究，但有几个方面的内容是值得特别提出来的：一是由中华民族地理条件、人种特性、历史起源等与中国人血肉不可分离的因素决定的某些民族性格，而这样的民族性格隐含着相应的价值观念，如"天人合一""自强不息""勤劳节俭"的观念。这种观念不一定为某种传统价值观所推崇，但它隐含在不同的传统价值观之中，成为不言而喻的共识和共同追求。二是各种传统价值观传统共同推崇并且已经深入到中国人血脉之中的内容,如爱国主义。这种价值观应该是各种价值观共同推崇并且几千年来为炎黄子孙普遍认同的。三是某一种或几种价值观推崇而为其他某种价值观反对但已经成为中华民族的共同信念的内容,如仁爱。仁爱作为一种价值观念是为儒家所推崇的,墨家反对这种观念而推崇兼爱,但仁爱自古以来一直为中华儿女所珍视和追求。四是某种或某些价值观提出的在传统社会并没有得到普遍认同或践行而在今天认为是值得弘扬的有价值的内容,如墨家的"兼相爱,交相利"、道家的"为而不争"等观念。当然,所有这些方面也并非可以直接移植到当代中国主流价值观,而是需要进行创造性转化和创新性发展的。

当代中国公众价值认同的心理需要也是我们可以并且需要对哪些传统价值观进行创造性转化和创新性发展的重要根据。我们建设中国特色社会主义价值观的终极目的是要使它得到社会公众的普遍认同。只有得到公众的普遍认同,这种价值观才能转化成公众的共同理想、信念和基本遵循。党中央提出建设社会主义核心价值体系和核心价值观以来,社会主义核心价值观正在深入人心,但是社会公众的认同广度和深度还远远不够。其原因很复杂,如提出核心价值观的时间比较短,人们有一个理解、消化和确认的过程。但有一点是值得注意的,那就是核心价值观无论在表述上还是在内容上与公众心理上的契合度不够高。那么,如何提高这种契合度呢?这就需要给核心价值观注入传统文化特别是传统价值观的因素。社会公众的心理并不只是在他们出生之后在家庭、学校和社会的教育和环境中形成的。在这些条件影响下形成的心理当然是公众心理的主要方面,但它只是其中的一个层次,而且是相对浅表的层次。这个层次的心理通常是人们能够自觉意识到的。除此之外,还有一种更深的层次,即民族性格和民族文化积淀的因素,即深层的心理因素。这种深层心理因素包含了民族认同的需要。这个层次是人们通常意识不到的,但会对人的认识、情感、意志和行为发生深刻影响。当一种价值观能唤醒并满足一个人的这种深层的民族认同需要时,它就会得到这个人由衷的心理认同。社会主义核心价值观要真正深入人心,其表述和内容必须与这种心理需求相契合,而不与之相矛盾和冲突,从而在人们的心理深层引起共鸣,满足人们的这种潜在心理需要。

那么,核心价值观的这些因素从哪里获得呢?一个主要的源泉就是传统价值观。各种传统价值观在中国历史上不同时期、不同范围、不同程度发生过影响,它们会作为历史文化因素逐渐积淀在一代又一代人的心理底层,以至构成了当代人的潜在心理需要。因此,我们在建设以核心价值观为核心内容的当代主流价值观的过程中,需要从传统价值观这一源头去寻找已经积淀成为当代公众的心理因素,并通过创造性转化和创新性发展使这种因素与当代主流价值观中的其他因素相一致、相协调,从而形成对当代中国公众有心理穿透力的当代主流价值观。从传统价值观中找到这些还在发生着作用的深层心理因素并使之转化和发展,这也是一项需要深入细致研究的工作。这里需要指出的是，这些心理因素并不一定都是积极的，都是能与当代主流价值观中的其他因素相一致的，有些（如"权高于法""长官意志"等）不仅不一致，甚至是与之冲突的。这就需要在与传统价值观的观照中对当代公众心理进行分析，找出这些因素，然后剔除那些与时代不相适应、与核心价值观的其他要素相冲突的因素，而对其他体现民族认同需要的因素以及其他有价值的因素进行创造性转化，并在核心价值观框架下获得创新性发展。

中国特色社会主义建设事业严格说来应该是中国特色社会主义价值观的现实化过程。然而实际情况是，我们不是先建立了主流价值观，然后根据这种价值观进行建设事业，而是两者差不多同时进行的。① 因此，对传统价值观进行创造性转化和创新性发展不仅要根据当代中国主流价值观建设的理论需要，而且要根据当代中国建设的实践需要。党的十八大报告指出，当代中国特色社会主义建设事业是一种全面建设，包括经济建设、政治建设、文化建设、社会建设、生态文明建设以及党的建设。根据这种全面建设的要求，传统价值观有许多内容是可以而且需要创造性转化和创新性发展的。就经济建设而言，传统儒家和墨家价值观的义利观都是可以转化和发展的。例如，传统儒家的"重义轻利""君子喻于义"等观念可转化和发展为非经济领域的价值观念，而墨家的"交相利"的观念可转化为经济领域的价值观念。就政治建设而言，传统价值观的"民惟邦本""天下为公"等观念也可以转化和发展为当代中国价值观。至于文化、社会、生态文明等方面建设，传统价值观可资创造性转化和创新性发展的内容更是不胜枚举。当前我国市场经济迅速发展导致了整个社会生活日益严重的市场化、资本化、享乐化等问题，在这种情况下尤其需要通过创造性转化和创新性发展传统价值观一些相应内容来克服这些问题，以使我们的社会生活健康美好。

如果认同上述三个方面是我们衡量和判断传统价值观的哪些内容可以并且需要进行创造性转化和创新性发展的根据，那么就可以以此为根据对传统价值观进行发掘和整理。不过，这是一项工程浩大的任务，这里不可能进行具体讨论。

五、怎样认识和处理传统价值观创造性转化和创新性发展与坚持和发展马克思主义的关系问题

马克思主义是当代中国主流意识形态的理论基础，也是中国特色社会主义建设的指导思想，研究传统价值观的创造性转化和创新性发展问题，必须正确认识和处理马克思主义与传统价值观和当代中国价值观特别是社会主义核心价值观的关系问

---

① 关于我们价值文化的双重构建，笔者曾多次讨论过，主要的可参阅拙作《论价值观与价值文化》（科学出版社2014年版）第45～48页。

题。笔者曾在《当代中国价值观的源与流》[①]一文中专门讨论过三者之间的关系问题，笔者仍然坚持该文提出和阐述的基本观点。这里着重对传统价值观创造性转化和创新性发展与坚持和发展马克思主义之间的关系问题作一些进一步的讨论。

当代中国正在建设的主流价值观作为中国特色社会主义价值观，是与改革开放前的传统社会主义价值观一脉相承的，本质上是一致的。它的思想来源和理论依据是马克思主义，这一点是历史事实，也是我们今天必须明确的。改革开放前的传统社会主义价值观是封闭性的，不仅对国外特别是西方封闭，而且对传统文化也是封闭的。自改革开放开始，我国不仅对国外打开了大门，也对传统文化打开了大门。我们越来越清醒地意识到，马克思主义中国化不只是要与中国实际相结合，也必须与中国文化传统相结合。实际上，中国当代社会现实是中国文化传统的延续，当代中国实践也在创造着中国文化传统。显然，试图将当代中国现实与中国文化传统割裂开来，既不可能，也会使马克思主义丧失民族文化的根基和血脉，从而没有了活力源泉。因此，当前我国建设主流价值观着力弘扬中国传统优秀文化，努力将当代中国价值观融入到中国悠久的文化传统之中，使之实现伟大的复兴，这是必要的，而且是意义重大的。当代中国价值观与传统社会主义价值观的重要区别之一，在于它在对传统文化开放的过程中正在融入中国文化传统，开始自觉地从优秀传统文化中汲取滋养。当前我国的主流价值观构建的重要任务之一就是要使当代中国价值观真正植根于中国文化传统的沃土之中，使它在其中生根、开花、结果。

然而，我们也切忌忘记和忽视我们正在构建的中国特色社会主义价值观的真正源头是马克思恩格斯创立的马克思主义，而且我们进行传统价值观的创造性转化和创新性发展也必须以马克思主义为指导，以马克思主义的立场、观点和方法为依据。马克思主义从在中国传播到成为国家主导意识形态的过程，是马克思主义与中国实际相结合的过程，是马克思主义中国化时代化大众化的过程，也是马克思主义在中国逐渐取得胜利的过程。把马克思主义与中国实际结合起来建设的中国特色社会主义，已经显示出并将进一步显示出资本主义所无可比拟的优越性。在整个中国特色社会主义建设和中国特色社会主义价值观建设过程中，都必须毫不动摇地坚持和发展马克思主义，使我国建设的主流价值观真正是马克思主义的、科学社会主义的。

无论是国内还是国外，有不少人认为马克思主义产生于19世纪，今天已经过时。还有些人认为马克思预言资本主义必然灭亡，然而到一百多年后的今天也没有灭亡，从而怀疑马克思主义的正确性。我们知道，西方今天占统治地位的自由主义，一般认为产生于17世纪的英国思想家洛克。自由主义虽然经历了从自由放任主义到国家干预主义的转变，但它的基本立场、基本观点、基本原则没有变。马克

---

① 该文发表于《光明日报》，2015年2月11日第13版《理论周刊》。

思的社会主义产生于 19 世纪，比自由主义还要晚两个世纪，我们没有理由说它今天必定过时。至于说资本主义到今天尚没有灭亡，并不能表明马克思恩格斯预言的破产。虽然今天的资本主义不一定通过无产阶级革命和无产阶级专政进入社会主义社会，但它的发展方向，乃至整个人类社会的发展方向，都必将是马克思所预示的以人的全面而自由发展为原则的自由人联合体。今天我国建设主流价值观之所以要坚持马克思主义，就是要使中国走出一条不同于资本主义的社会主义道路，从而达到马克思恩格斯所设想的人类理想境界。对于已经走上社会主义道路的中国而言，不可能也不应该像苏俄那样回头再走资本主义之路。

今天我们倡导弘扬传统文化，并致力于传统价值观的创造性转化和创新性发展，是为了使我们正在建设的当代中国价值观植根于中国文化传统，从传统文化中汲取滋养，从而使当代中国主流价值观更具有中国特色，更具有浓厚的文化根基和底蕴。但是，有一些人误以为我们是要丢掉或否定马克思主义，回到传统价值观，特别是回到孔子的价值观，并利用各种机会推动儒学主流意识形态化。特别是自改革开放以来，我国社会转型时期出现了不少社会问题。在这种情况下，一些学者认为马克思主义已经过时，社会主义价值观已经失效，而且西方文化也已经衰落且不适用于中国，因而主张用传统文化特别是传统儒家思想来解决当代社会问题。有学者甚至提出复兴孔子学说是解决当代中国问题的唯一出路："孔子思想（不是儒家学说）的复兴，可能会为中国未来文化建设提供一个最健康、最扎实及最平衡的基础。"① 笔者认为，这些看法和做法是很值得质疑的。前文已说过，先秦儒家价值观是当时所有价值观中最具有竞争力的价值观，也是对此后的中国影响最大的学理性价值观。但是，即使在皇权专制主义时代采纳这种价值观作为主导价值观的时候，也对它作了相当大的修正，因而皇权专制主义价值观与先秦儒家价值观有了重大的甚至根本性的区别。这一历史事实告诉我们，先秦儒家价值观是生长在先秦以自然经济为基础的封建宗法社会基础之上并与之相适应的，它并不适应或不完全适应皇权专制社会。如果这样，我们更没有理由认为，它能适应今天以市场经济为基础的自由民主社会。我们不能否认儒家特别是孔子思想中具有不少超时代和普适性意义的内容，需要通过创造性转化和创新性发展将其纳入当代中国主流价值观，但这绝不意味着我们要从马克思回到孔子，从社会主义回到封建主义或专制主义。

笔者认为，当代中国价值观要融入中国文化传统，要传承和弘扬优秀传统价值观，这是不可否认的，也是当前已经普遍形成的共识。但是，在认识和处理当代中国主流价值观与传统价值观的关系上，必须明确：第一，当代中国价值观融入中国文化传统，并不是融入中国旧的文化传统，而是融入对旧文化传统实行创造性转换、创新性发展形成的新文化传统。第二，当代中国价值观传承和弘扬中国优秀传

---

① 胡国亨：《独共南山守中国——戳破西方文化优越的神话》，中文大学出版社 1995 年版，序言 XIV。

统文化，并不是要回归到中国传统文化，也不是要把传统文化嫁接到现代文明上，而是要在传承、弘扬的过程中利用优秀传统文化资源。第三，当代中国价值观要利用的中国传统文化资源，不只是儒家思想，而是中国进入文明社会以来逐渐形成的传统文化。

  建设当代中国主流价值观所要坚持的基本立场是马克思主义价值观，而不是任何一种传统价值观。只有坚持和发展马克思主义，中国特色社会主义价值观才能最终形成，也才有可能成为当代人类最先进的价值观。马克思主义是一种世界性思潮，是今天世界最有影响力的两大思潮之一。中国是信奉马克思主义的国家，而中国是世界上人口最多的国家，也是社会主义事业最兴旺发达的国家。因此，当代中国不仅有解决本国社会主义现代化问题的责任，而且也肩负着研究解决现代人类面临的世界性问题的重大使命。从这种意义上看，我们要把当代中国主流价值观作为具有世界意义、全人类意义的价值观来建设，使之成为当代人类最先进的价值观。这种价值观要能以其先进性与西方自由主义价值观相抗衡、相竞争，不仅不被自由主义价值观所战胜，相反要通过超越它而最终战胜它。我们要真正做到这一点，必须在当代坚持和发展马克思主义。

儒家道德与中国社会主义精神*

我们所说的"社会主义核心价值观"实际上是"中国社会主义核心价值观"的简称。它的本质是社会主义，但它又不等同于马克思恩格斯的社会主义[①]，而应是将马恩社会主义引入中国并植根于中国思想文化的土壤所形成的中国社会主义。这种思想文化"土壤"的内核是儒家的道德主义。因此，中国社会主义从思想文化上看理应是马恩社会主义与儒家道德主义的融合。在相当长的一个时期，我们谈马克思主义与中国实际相结合，而不谈马克思主义与中国思想文化特别是儒家道德主义相融合。但今天看来，这种融合不仅必要，而且事关重大，因为只有实现了这种融合，才能形成中国社会主义。而这种社会主义才是本原意义上的真正属于中国的社会主义，才是我们所要建设的社会主义。当然，这种融合并未完全形成。实际上，马克思主义与儒家道德主义有着内在一致性，正是这种一致性为两者已有的融合和进一步的融合提供了可能。马克思主义之所以能走进中国、社会主义之所以能成为中国的意识形态和社会制度，原因就在于此。因此，在构建社会主义核心价值观以及以其为核心的当代中国价值观的过程中，我们需要从本源上挖掘和阐扬作为马恩社会主义与儒家道德主义相融合的中国社会主义的基本精神，使之真正成为中国社会主义的思想基因，成为当代中国价值观构建和社会主义建设的精神源泉。本文试图从马恩社会主义的目标和儒家道德主义的主旨阐述中国社会主义的本义或基本精神，并在此基础上考察中国社会主义发展过程中对这种基本精神缺乏自觉意识的原因，论证回归和弘扬它的重要性和基本路径。

一、儒家道德主义的旨趣：成为仁者

道德在儒学（主要是先秦儒学）中居于核心地位，是其主旨、中心和愿景。由于道德在儒学中的地位如同快乐在快乐主义、功利在功利主义中的地位一样，因而我们可以参照人们通常将边沁、密尔的学说称为功利主义那样而将儒学称为道德主义。为了与其他道德主义相区别，我们可以称之为"儒家道德主义"或简称为"儒家道德"。《汉书·艺文志》中说，儒家"游于六经之中，留意于仁义之际，祖述尧

---

* 原发表于《思想理论教育》，2017年第2期；中国人民大学复印报刊资料《中国特色社会主义理论》，2017年第5期转载。

① "马克思恩格斯的社会主义"（简称"马恩社会主义"）指马克思恩格斯本人的社会主义思想，以区别于其他各种名目的"社会主义"，如空想社会主义、苏俄社会主义等。马恩社会主义大致上相当于马恩的马克思主义，不过更突出了马恩思想的核心内容。

舜，宪章文武，宗师仲尼，以重其言，于道最为高"，这段话是对儒家学说全面而深刻的概括。这里需要特别指出的是，儒学是道德主义，而不是伦理主义。据笔者考察，先秦儒学所关注的主要不是伦理规范（"五伦"）问题，而是更广泛的道德问题，而重点是成人即成为仁者（孔子称之为"仁人志士"，实即道德之人）的问题。据《孟子》记载，"五伦"是在上古时期提出的，圣人舜"使契为司徒，教以人伦"，古代设立庠、序学校，"皆所以明人伦也"。在《尚书·舜典》中，已有"慎徽五典"的说法，即要以五种德性教导臣民。由此看来，"五伦"的问题在孔子之前很早就已经提出，早期儒家不过是在周礼之中强调了这"五伦"，并且根据新的时代要求赋予了一些新的含义并使之具体化。①

与以前的道德相比较，儒家道德使以前的礼在仁和义的基础上统一起来，使三者浑然一体，从而给礼提供了理论依据和学理论证，并将三者落实到个人、统一于个人，建立了一整套个人修身学说，通过个人"成人"来成就仁、义、礼，从而实现家齐、国治、天下平。从儒家整个道德体系来看，仁是核心，义、礼是实现仁的内在和外在的保证（以义正我，以礼制我）。那么，仁是谁的仁呢？或者说，仁的主体是谁呢？仁的主体是人，应是无异议的。广义上的仁就是今天所说的道德。②因此，成为仁者也就是成为道德之人。在儒家看来，仁者或道德之人是真正意义的人，也是人应该成为的人。因此，在儒家那里成为仁者也就是成人，成仁、成为道德之人与成人是同义的。儒家重视仁实质上是重视作为其主体的人成为仁者，仁、义、礼都指向这一目的，也落实于这一目的，整个儒家道德是为了实现这一目的构建起来的。正是在这种意义上我们说，成人是儒家道德的旨趣或意旨，而儒学体系（至少是先秦的儒学体系）就是旨在成人而构建起来的道德理论体系。这个体系主要包括两个方面：一是既然要成为仁者，那么这里所说的"仁"意味着什么，意即什么样的人才是仁者；二是怎样才能成为仁者。

"仁在儒家伦理思想中是一个涵义极其丰富的概念，其内容有广狭之分。广义的仁是一个全德之辞，几乎可以概括所有的德目；狭义的仁即五常之一，主要是以人与人之间相亲相爱的道德感情为主要内涵的道德规范。"③作为儒学核心的仁是广义的仁，而这种仁就其内容本身而言体现为"五常"，而主要是仁、义、礼。

"五常"中的仁的基本含义是爱人，这是仁者首要之德，即"仁者爱人"（《孟

---

① 顺便指出，儒学中包含的"五伦"思想经过董仲舒的神学化、神秘化后成为了皇权专制主义时代的主导道德体系，到程朱理学达到完善。而儒学包含的其他道德思想在很大程度上被后来的儒家和统治者所忽视，直到陆王心学那里才部分地得到发扬光大（主要是心性学说）。

② 参见唐凯麟、张怀承：《成人与成圣：儒家伦理道德精神精粹》，湖南大学出版社1999年版，第168页。一些儒者也将"义"等同于道德，如孟子所说的"舍生取义"就是在将义等同于道德的意义上使用的，正因为如此，人们常将儒家的道德称为"仁义"道德，不过从总体上看，仁在儒家整个道德体系中具有更根本、更核心的地位。

③ 唐凯麟、张怀承：《成人与成圣：儒家伦理道德精神精粹》，湖南大学出版社1999年版，第168页。

子·离娄下》）。爱人首先指爱亲人，孝敬父母，尊敬兄长，"孝弟也者，其为仁之本与"（《论语·学而》）；其次指爱他人，"博施于民而能济众"，即孔子所要求的"己欲立而立人，已欲达而达人"（《论语·雍也》）。仁者的最高境界是"先天下之忧而忧，后天下之乐而乐"。在儒家看来，所有人都爱人，社会就会出现人与人相亲相爱的"大同"情景。一个人要成为爱人的仁者，他必须推己及人，即"己所不欲，勿施于人"（《论语·颜渊》）。

　　对于儒家来说，仁是道德的情感体现，而义是道德的行为准则，它们从不同方面体现了道德的要求。孟子认为仁是道德之居所，而义是走向道德之路径。"居恶在？仁是也；路恶在？义是也。"（《孟子·尽心上》）董仲舒解释说，仁的实质是爱人、安人，义的实质则是正我，"以仁安人，以义正我"（《春秋繁露·仁义法》）。正我旨在安人，因此，道德之人要"居仁由义"（《孟子·尽心上》）。就义而言，道德之人的最高境界是因拥有"集义所生"的"至大至刚"、"塞于天地之间"的"浩然之气"（《孟子·公孙丑上》），而成为"富贵不能淫，贫贱不能移，威武不能屈"的"大丈夫"。

　　礼是仁义的具体规范，仁义是礼的内在实质，礼是仁义的外在保证，它们构成了儒家道德体系的基本结构框架。儒家根据仁义的要求构建了一个庞大、完善的礼的体系，它所处理的是君臣、父子、兄弟、夫妇、朋友五种基本道德关系即"五伦"。儒家特别强调礼的意义，认为礼是实现仁的根本路径，"一日克己复礼，天下归仁焉"（《论语·颜渊》）；也是立人之本，人"兴于《诗》，立于礼"（《论语·泰伯》），"不学礼，无以立"（《论语·季氏》），"治人七情，修十义，讲信修睦，尚辞让，去争夺，舍礼何以治之？"（《礼记·礼运》）。因而儒家要求人们的一切言行都要符合于礼，做到"非礼勿礼，非礼勿听，非礼勿言，非礼勿动"（《论语·颜渊》），以至达到自然而然的自由程度，这就是"从心所欲不逾矩"。

　　对于儒家来说，成为仁者就是成为达到"五常"要求之人。达到这种要求的人就被认为是君子。君子就是仁者，就是道德之人，这就是儒家的理想人格。儒家对君子有种种规定和描述，概述之，其要义就是"自强不息"（《周易·乾卦》）和"厚德载物"（《周易·坤卦》）。前者是就君子自己而言的，后者是就君子对他者而言的。但是，儒家并不到此为止，还进一步在理想的人格中划分了君子、豪杰（志士）和圣人三个不同层次。豪杰和圣人都是君子，但他们不是普通的君子，而是达到了更高的境界：豪杰比一般君子更具有雄壮、伟岸的色彩，他们是"无求生以害仁，有杀身以成仁"（《论语·卫灵公》）、"舍生而取义"（《孟子·告子上》）的志士仁人；圣人则是尽善尽美、至善至美的最高范型："洋洋乎发育万物，峻极于天。优优大哉！礼仪三百，威仪三千，待其人然后行。"（《礼运·中庸》）圣人是最高的人格，修养成了这样的人格，就达到了儒家所说的"内圣"，而达到了"内圣"就可以成王，即可以成为"以天下为己任"的君王，治理国家和天下。圣人有"不忍人之心",担任君王就会有"不忍人之政",即实行仁政(《孟子·公孙丑上》),就会"为政以德","道之以德,齐之以礼"。如此,就可实现"大道之行"的"大同"社会,夏商周三代杰出君主在位的时代就是如此(《礼记·礼运》)。

在儒家看来,"人皆可以为尧舜"(《孟子·告子下》),关键在于个人的修为,用孔子的话说就是"为仁由己"(《论语·颜渊》)。因此,儒家特别强调修身,认为"自天子以至庶人,壹是皆以修身为本"(《礼记·大学》)。为此,儒家为人们成人成圣设计了一个路线图,这个路线图就是《大学》中提出的"三纲领八条目"。"三纲领"即"明明德""亲民""止于至善"。"三纲领"就是修身的内在目标,达到了这个目标就会成为圣人。为达到"三纲领"的目的,需要通过格物、致知、诚意、正心、修身、齐家、治国、平天下八个步骤。在这八个步骤中,修身是关键,即所谓"修身为本"。修身是为了齐家、治国,最终达到明明德于天下的目的,而修身则需要通过格物、致知、诚意和正心四个环节。这里的治国、平家下则是修身的外在目标,即"经世致用"。当一个人成为圣人了,他也就成为了或应该成为"经世致用"的君王。"三纲领八条目"这种内圣外王的修身路线,是与孔子思想完全一致的,或者说是对孔子思想的阐发和弘扬。"子路问君子。子曰:'修己以敬。'曰:'如斯而已乎?'曰:'修己以安人。'曰:'如斯而已乎?'曰:'修己以安百姓。'"(《论语·宪问》)由此不难看出,对于儒家道德来说,"三纲领八条目"集中体现了传统道德强调成性与成人相统一、养性与修身、内圣与外王相协调的特点,而这是与孔子的思想完全一致的。

二、马恩社会主义的目标:使人类获得解放

马克思恩格斯在批判地继承空想社会主义理论并在深刻批判资本主义制度和文化的基础上建立了他们的社会主义理论。这一理论与他们的哲学、政治经济学一起构成了马恩的马克思主义。大约三十年前,笔者就提出马克思主义的思想实质和核心是人类的解放和自由,从根本上说,马克思主义是关于人类解放和自由的科学思想体系。[①]今天看来,这种观点还是成立的。马克思主义及作为其核心的社会主义,其主旨就是使人获得解放,使人获得全面而自由的发展,并建立使人获得全面而自由发展的自由人联合体。

从马克思主义建立的出发点和目的来看,它是为了使无产阶级从资产阶级的压迫下解放出来,从而实现全人类的解放。在马恩看来,资产阶级作为第三等级的先进代表,利用第三等级的力量推翻了僧侣和贵族,取得了政治统治权,从而使自己

---

① 江畅:《马克思主义是人道主义吗?——论马克思主义的思想实质和核心》,《社会科学》,1987年第1期。

获得了解放，然而没有使无产阶级获得解放。因此，被压迫的无产阶级面临的问题是推翻资产阶级统治，使自己获得解放，也就消灭了自己。而一旦无产阶级消灭了自己，全人类也就获得了解放。于是，如何使无产阶级得到解放从而解放全人类，就成为了他们终生孜孜不倦探索的问题。

早在1843年，马克思就谈到，对德国来说，彻底的革命，普遍的人的解放，不是乌托邦式的梦想，相反，毫不触动大厦支柱的革命，才是乌托邦式的幻想。他宣称："德国人的解放就是人的解放。这个解放的头脑是哲学，它的心脏是无产阶级。哲学不消灭无产阶级，就不能够成为现实，无产阶级不把哲学变成现实，就不可能消灭自身。"① 在《1844年经济学-哲学手稿》中，马克思第一次以共产主义为出发点和目的，对人类解放问题进行了系统的研究，指出共产主义是对私有财产即人的自我异化的积极的扬弃，而这种扬弃"是人的一切感觉和特性的彻底解放"。② 《共产党宣言》更明确宣称："共产党人可以把自己的理论概括为一句话：消灭私有制。"③ 消灭私有制和阶级后建立起来的社会"将是这样一种联合体，在那里，每个人的自由发展是一切人的自由发展的条件"④。在《资本论》中，马克思强调共产主义将是"以每一个个人的全面而自由发展为基本原则的社会形式"⑤。后来恩格斯在《社会主义从空想到科学的发展》中指出，使人成为自己的社会生活的主人，从而成为自然界的主人，成为自己本身的主人——自由的人，就是人类解放的事业。⑥ 这种解放事业需要通过无产阶级革命和无产阶级专政实现，而"无产者在这个革命中失去的只是锁链。他们获得的将是整个世界。"⑦ 由此可见，马恩理论研究的出发点和目的始终是人类的解放，是人的全面而自由发展。这是通过共产主义运动和共产主义社会实现的，因而马克思主义也就是关于共产主义的学说。由此可见，马恩的社会主义就是关于人类解放的学说。

从马克思主义的基本内容和体系结构来说，它也是以人类的解放为其核心的。通常认为，马克思主义是由哲学、政治经济学和科学社会主义三个部分组成。就按这种划分，其中的每个部分都是以解决人类的解放和自由问题为指向，都是围绕这个问题展开的。

马恩研究哲学的目的就是为给人类解放和自由提供论证。马克思主义哲学在其

---

① ［德］马克思：《〈黑格尔法哲学批判〉导言》，《马克思恩格斯文集》1，人民出版社2009年版，第18页。
② 参见［德］马克思：《1844年经济学哲学手稿》，《马克思恩格斯文集》1，人民出版社2009年版，第189～190页。
③ ［德］马克思：《共产党宣言》，《马克思恩格斯文集》2，人民出版社2009年版，第45页。
④ ［德］马克思：《共产党宣言》，《马克思恩格斯文集》2，人民出版社2009年版，第53页。
⑤ ［德］马克思：《资本论》第一卷，《马克思恩格斯文集》5，人民出版社2009年版，第683页。
⑥ ［德］恩格斯：《社会主义从空想到科学的发展》，《马克思恩格斯文集》3，人民出版社2009年版，第566页。
⑦ ［德］马克思：《共产党宣言》，《马克思恩格斯文集》2，人民出版社2009年版，第66页。

创始人马克思那里是一种以实践性为特征的历史唯物主义。在马克思看来，人的本质在其现实性上是一切社会关系的总和。要使异化了的人的本质复归，使人获得解放和自由以成为完善的人，就"必须推翻那些使人受屈辱、被奴役、被遗弃和被蔑视的东西的一切关系"①。这样，马克思就从他的以实践为基础的历史唯物主义得出了要使人获得解放和自由就必须改变现存社会关系的结论。马克思的实践哲学一方面强调正确理论对于改变现存社会关系的重要作用，另一方面则直接诉诸改变现存社会关系的实践行为。"哲学家们只是用不同的方式解释世界，问题在于改变世界。"②于是，马克思的哲学就由实践性引出了革命性，这种革命性就在于，只有通过革命的实践活动才能解决人的解放和自由问题，才能实现人的全面而自由发展。

马克思研究资本主义经济的目的同样是为了给人的解放和自由提供论证。他的经济学说一方面证明了剩余价值的创造者（无产阶级）在经济利益上是和资产阶级根本对立的，其结果必然是无产阶级起来革命，剥夺剥夺者，因而无产阶级是资产阶级的掘墓人，是实现人类解放的主要社会力量；另一方面还证明了产生剩余价值的资本运动必然导致资本主义固有矛盾激化，其结果必然是资本主义生产关系瓦解，代之以适应生产力发展的生产资料公有制，这种以公有制为基础的生产关系以及资本主义提供的大生产方式和积累的社会财富，正是人类解放和自由的社会条件。

至于马克思主义关于阶级、革命和无产阶级专政学说，马恩更明确指出它们并不是目的本身，而是借以实现伟大目标的手段。早年马克思就明确指出："革命之所以必需，不仅因为没有任何其他的办法能推翻统治阶级，而且还因为推翻统治阶级的那个阶级只有在革命中抛弃自己身上的一切陈旧的肮脏的东西，才能建立社会的新基础。"③他后来又说"至于不可避免的共产主义革命就更不用说了，因为它本身就是个人自由发展的共同条件。"④在《共产党宣言》中，马恩指出："工人革命的第一步就是使无产阶级上升为统治阶级，争得民主。"⑤无产阶级革命是要建立无产阶级专政，而"这种专政是达到消灭一切阶级差别，达到消灭这些差别所由产生的一切生产关系，达到消灭和这些生产关系相适应的一切社会关系，达到改变由这些社会关系产生出来的一切观念的必然的过渡阶段"⑥。

马克思注意到人类解放不是观念上的，而是现实的，它受制于经济社会发展。"只有在现实的世界中并使用现实的手段才能实现真正的解放"，"'解放'是一种历史活动，不是思想活动，'解放'是由历史的关系，是由工业状况、商业状况、农

---

① ［德］马克思：《〈黑格尔法哲学批判〉导言》，《马克思恩格斯文集》1，人民出版社2009年版，第11页。
② ［德］马克思：《关于费尔巴哈的提纲》，《马克思恩格斯文集》1，人民出版社2009年版，第502页。
③ ［德］马克思：《德意志意识形态》，《马克思恩格斯全集》第三卷，人民出版社1972年版，第78页。
④ ［德］马克思：《德意志意识形态》，《马克思恩格斯全集》第三卷，人民出版社1972年版，第516页。
⑤ ［德］马克思：《共产党宣言》，《马克思恩格斯文集》2，人民出版社2009年版，第52页。
⑥ ［德］马克思：《共产党宣言》，《马克思恩格斯文集》2，人民出版社2009年版，第52页。

业状况、交通状况促成的"①。马恩充分肯定资本主义生产对人类的贡献,并认为人类的解放必须以资本主义生产创造的物质条件为基本前提。而且人的解放又会极大促进生产力的发展和社会产品的极大丰富。到了共产主义的高级阶段,社会分工消失,人们自觉地将劳动作为生活的第一需要,尽其所能地为社会作贡献,社会因而生产力高度发达,物质生活富足充裕。"在迫使个人奴隶般地服从分工的情形已经消失,从而脑力劳动和体力劳动的对立也随之消失之后;在劳动已经不仅仅是谋生的手段,而本身成了生活的第一需要之后;在随着个人的全面发展,他们的生产力也增长起来,而集体财富的一切源泉都充分涌流之后",人的需要的充分满足和人的全面发展也就成为了可能。

通过把无产阶级从资本的压迫中解放出来从而解放全人类,使所有人获得自由,并利用资本主义创造的物质条件,凭借人获得解放和自由而激发的活力带来的快速增长的社会财富,使人在获得自由的同时获得全面发展,这就是马恩社会主义给人类描绘的人类发展的美好前景和实现这种美好前景的现实道路。

三、中国社会主义精神:儒家道德与马恩社会主义的融合

马恩社会主义是在 19 世纪末传入中国、20 世纪初在中国得到传播的,1921 年中国共产党成立标志着马恩社会主义和列宁主义开始与中国实际相结合,客观上也开始了与中国文化相融合。20 世纪 20 年代以后活跃在中国政治舞台上的国民党和共产党都接受了新文化运动"打倒孔家店"的影响,对汉代以后在中国传统社会占主导地位的儒家道德主义持完全否定的态度。信仰马列主义并以之为指导思想的中国共产党把马列主义作为最先进的思想运用于指导所领导的中国革命和建设,在长期革命和建设的过程中历经曲折最终实现了马列主义与中国实际的结合。但是,由于长期对传统思想文化持否定态度,特别是集中精力致力于革命和建设而没有自觉地在理论和实践上将马恩社会主义与中国传统思想文化相融合,这种局面一直到改革开放后才开始改变。不过,在马列主义与中国实际相结合的过程中,产生了毛泽东思想,毛泽东思想中包含了丰富的传统思想文化因素,因而可以说,马恩社会主义很早就在客观上已经开始与中国传统思想文化融合的过程,只是缺乏自觉而已。

今天反思中国近代以来从救亡图存、新民主主义革命到社会主义革命和建设的历史经验教训,我们感到马恩社会主义与中国传统社会长期占统治地位的儒家道德主义之间相融合具有必要性和可能性。

一种外来思想文化只有当它与所进入民族的思想文化相融合,从中吸取滋养,才可能扎根于所进入的民族并发扬光大,否则它就可能始终都是一种外来的文化,

---

① [德]马克思:《德意志意识形态》,《马克思恩格斯文集》1,人民出版社 2009 年版,第 527 页。

不能成为所进入民族文化的主流文化或有机组成部分。历史上这样的事例很多。基督教原本是犹太教中的一个教派，它之所以后来不仅进入了西方世界，而且在西方世界占统治地位一千多年，就是因为基督教在早期传播的过程中大量吸收了古希腊、古罗马思想文化的养分，充分实现了基督教原始教义与西方古典思想文化的融合。基督教中人人皆兄弟的平等、博爱等基督教核心思想观念都来自于古希腊和古罗马。佛教自汉代就开始流入中国，但真正成为中国传统文化有机组成部分的佛教是禅宗。禅宗之所以能如此，是因为它大量吸收了中国本土的思想文化，其"心性本净""佛性本有""自性具足""见性成佛"等主张显然吸收了道家哲学"自足其性""任性逍遥"等观念。与之形成对照的是，基督教早在元朝就开始传入中国，而且自鸦片战争开始西方国家的基督教组织采取了诸多措施在中国传播基督教，但由于它始终没有真正与中国本土文化相融合，因而直至今天它仍然基本上是一种外来文化，不是中国本土文化的有机组成部分。不可否认，马恩社会主义在传入中国不久就开始了与中国实际相结合的进程并取得了丰硕成果，但是，尚未完全与中国传统思想文化相融合，马恩社会主义在中国较多停留在政治层面，没有完全变成全民族的理想信念、思想观念、风俗习惯、话语行为，融入人们的日常生活。新中国成立以来不断运用政治力量加以推行，但效果未尽人意，原因也许就在这里。

马恩社会主义关于社会主义的构想是框架性的，并没有使这种构想具体化为完整的社会价值体系。当它进入中国后，要成为指导中国社会发展的思想理论，本身也需要从中国思想文化中吸取滋养来使之丰满和完善并可以践行。由此看来，给马恩社会主义注入中国思想文化的元素，使之与中国传统思想文化特别是儒家道德主义融合起来，使这种融合的成果成为新时代中华民族的思想文化，是坚持和发展马克思主义，坚定不移地走社会主义道路面临的重大课题。我们有理由相信，如果将马恩社会主义与中国传统思想文化进一步融合起来，完成中国社会主义的建构，中国社会的发展将会更稳健、更协调、更可持续。

近一个世纪以来，马恩社会主义与中国实际结合所取得的重大历史成就表明，马恩社会主义是适合中国国情的，它可以回答和解决当代中国面临的时代问题和发展问题，有可能与中国历史文化实现更有深度、更富有成果的融合。从以上我们对儒家道德主义和马恩社会主义的分析不难发现，两者之间在深层次上存在着一致性和相通性。首先，两者关注的焦点都是人的完善和发展问题，即"成人"的问题。儒家道德主义重视的是人的道德人格完善的问题，而马恩社会主义关注的焦点是人从资本的奴役下解放出来而获得全面而自由发展，但人的完善、发展是两者的共同轴心，从这种意义上看，它们都是人本主义或人道主义的。其次，两者都认为人的完善和发展不是一种自然而然的过程，而是自我建构或造就的结果。儒家道德主义特别强调修身对于人格完善的意义，把修身作为成人之本；而马克思主义认为人的全面而自由发展是通过阶级斗争摆脱资本的奴役以及社会异化的结果。而且，马克思还设想了未来如何通过教育造就全面发展的人。"未来教育对所有已满一定年龄的儿童来说,就是生产劳动同智育和体育相结合,它不仅是提高社会生产的一种方法,而且是造就全面发展的人的唯一方法。"① 从这种意义上看,马恩社会主义和儒家道德主义都具有建构主义特点。第三,两者都认为个人的完善和发展离不开共同体,而共同体的和谐又离不开个人的完善和发展,两者互为因果、良性互动。儒家道德的整体主义价值取向是十分明显的,甚至比较极端,它把为了整体的完善和和谐看做是个人"成人"的指向,看做是个人人生的追求和责任;马恩社会主义在承继启蒙思想家自由平等思想的同时强调群体对于个人的意义,主张建立自由人的联合体,而这种共同体以"每个人的自由发展是一切人的自由发展的条件"为基本原则。从这种意义上看,两者都持整体主义的价值取向。

一般来说,指导一个国家、一个区域或整个人类的思想理论② 有三种形态:一是原创性思想理论,这是在人类历史上破天荒地提出的对一个国家、一个地区或整个人类长期有重要影响的思想理论。例如,耶稣的思想、释迦牟尼的思想、孔子的思想,马克思恩格斯的思想(本原初的马克思主义);二是再创性思想理论,这是对某种原创性思想理论有重大突破或者将原创性思想理论与其他某种原创性思想理论相融合,并对一个国家、一个地区或整个人类长期有重要影响的思想理论。前者如凯恩斯主义、美国的实用主义(它是欧洲自由主义、共和主义与美国人实用观念相结合创立的)、东正教、基督教新教等;三是应用性思想理论,即将原创性思想理论或再创性思想理论应用于一个国家、一个地区提出的思想理论,这种思想理论一般只在一段时间起作用而不会有长期影响。例如,罗斯福新政、里根主义、撒切尔主义。中国社会主义属于再创性思想理论,它是马恩社会主义与儒家道德主义融合所形成的社会主义思想理论。从这种意义上看,中国社会主义也可称为儒家社会主义。

当然,从中国社会发展需要的角度看,马恩社会主义与儒家道德主义融合的立足点应是马恩社会主义而不是儒家道德主义。马恩社会主义是市场经济条件下现代工业大生产的产物,它既肯定现代大工业的历史进步性和对于人的全面而自由发展的意义,又看到了市场经济以及完全适应市场经济建立起来的资本主义的历史局限和内在缺陷,并在此基础上指出了如何走出市场经济和资本主义困境的出路,这种出路就是超越资本主义的社会主义。这种出路代表了人类未来发展的正确方向,可以为当代中国发展指引方向。与马恩社会主义不同,儒家道德主义是建立在自然经济(小农经济)基础上的,并且其中的一些内容(主要是规范体系)为皇权专制主义所利用,并被尊奉为传统社会的意识形态和价值体系。从人类历史发展的过程看,这种自然经济和传统农业生产方式已经基本上被市场经济和现代工业生产方

---

① [德]马克思:《资本论》第一卷,《马克思恩格斯文集》5,人民出版社 2009 年版,第 556~557 页。
② 有些思想未必成为了理论,如耶稣的思想、释迦牟尼的思想、孔子的思想等,因此这里使用"思想理论"一词。

式所取代，正在退出历史舞台。因此，生长在这种自然经济基础上并与之相适应的儒家道德虽然有诸多合理内容，而且已积淀成为中华民族传统文化的主体部分，但并不能代表当代中国社会未来的发展方向。因此，我们所说的马恩社会主义与儒家道德主义融合，是立足于马恩社会主义的融合，而不是相反。两者之间的关系是土壤与禾苗的关系，马恩社会主义之"苗"要植根于儒家道德主义及所有传统思想文化，从这种"土壤"中吸取养分，两者融合所形成的是马恩社会主义的中国形态，即中国社会主义，而不是儒家道德主义的现代复兴。

马恩社会主义与儒家道德主义融合主要体现在我们要给马恩社会主义注入中国传统思想文化特别是儒家道德主义元素，使之深深地植根于中国思想文化传统，从而真正地成为中国的社会主义，成为中华民族的思想文化。当然，这种"注入"是一种化学反应式的融合，而不只是在其中增加一些内容，因此这种注入本身也是创新，特别是要用马恩社会主义以及当代先进的思想文化对中国传统思想文化内容进行创造性转化和创新性发展。从儒家道德的角度看，可以注入马恩社会主义的中国思想文化的元素很多，其中最重要的是要注入中国的道德内涵。从前文可以看出，马恩社会主义强调人的全面而自由发展，这里所说的"全面发展"无疑包含着人的道德发展和完善，但马恩对此没有阐明，更没有给予应有的强调。当然，马恩对社会主义的构想是框架性的，不可能对其中的道德因素给予更多的考虑，而且他们认为道德是由社会的经济关系决定的，不同社会、不同阶级有不同的道德，不存在普遍、永恒的道德，因而他们也不可能为未来社会做出道德谋划。但是，当马恩社会主义进入中国时，就需要注入中国的道德元素。儒家道德是中国长期占统治地位的道德，其中有不少过时落后的内容，但确实有一些因素已经成为中华民族精神的元素甚至基因，成为中国人的性格和深层心理结构，并且会长期与中华民族相伴相随。这些因素在今天看来至少有以下四个方面，它们都可以融入马恩社会主义。

第一，一个人要成人，首先必须成为道德之人。人的解放是从受压迫和奴役中解放，不是从道德中解放，道德可能成为压迫和奴役人的力量，但那种道德是异化了的道德，真正的道德是人生活的智慧，是人之所以为人的根本规定性。这样的道德内涵正是儒家道德主义所阐明的。把这些道德内涵注入马恩社会主义，会使它更具体、更丰富，可以与中国文化传统对接。作为两者融合的结果，中国社会主义就不仅要强调每一个人的全面而自由发展，而且要强调一个人要成为全面而自由发展之人，首先必须是道德之人。只有成为道德之人，才能成为真正的自由人，成为了道德之人、自由之人才可能获得全面发展。

第二，人的禀赋不同，人的发展因而会存在着差异，需要给人们指出发展的阶梯。儒家道德虽然肯定人皆可以为尧舜，但充分考虑到了人禀赋差异，因而一方面给人们指出了"修齐治平"发展的完整路线图，另一方面又将人格划分了小人、君子、豪杰、圣人等不同层次，认为一个人只要不是小人，他就"成人"了，就是道德之人，至于能否成为豪杰、圣人，那则看各人的造化。每一个人都成为全面而自由发展的人当然是最理想的，但是，即使社会财富充分涌流，由于个人禀赋和作为有差异，因而并不是每一个人都能成为全面而自由发展的人。因此，中国社会主义可以借鉴儒家道德人格的思想，将理想人格划分为作为基本层次的"道德之人"、中间层次的"自由之人"和高级层次的"全面发展之人"三个层次。它们大致上与儒家道德的君子、豪杰、圣人人格相对应。"道德之人"是每一个人都应成为的人，"自由之人"是只有成年人才能成为的人，而"全面发展之人"是在人格各方面得到充分发展，达到尽善尽美、至善至美的人，这种最高境界通常只有成熟的人通过长期修炼才能达到。

第三，一个人要"成人"，关键在于自己的修养。"成人"，不管是成为全面而自由发展的人，还是成为圣人或君子，都不是一个自然而然的过程，甚至最终也不能靠教育，而要靠自己的修养。儒家深刻认识到了这一点，因而他们极其重视修身，并且提供了各种各样的路径和方法，如"慎独""致良知""知行合一""穷则独善其身，达则兼济天下"（《孟子·尽心上》）等。这些路径和方法大多具有普遍意义，中国社会主义应需要吸取这些合理内容，为人们成就"全面而自由发展"之人提供基本遵循。

第四，个人"成人"需要不同类型的共同体培育，而各种共同体只有由具有理想人格的人构成才能达到和谐和完善，两者处于相互生成、良性互动之中。马恩社会主义针对资本主义社会资本对人的奴役强调社会应当成为自由人的联合体，这无疑是正确的，但人不只是社会人，还是家庭人，家庭是人"生于斯，死于斯"的真正家园。特别重视家庭对于人生存和"成人"的意义，将家与国、天下联系起来，这是儒家道德乃至整个中国传统文化的一个突出特点。因此，在中国的文化背景下，尤其要重视家庭共同体的意义。家庭是血缘纽带联系着的生活共同体，其中的成员虽然都具有独立人格和自由权利，但彼此之间的依赖远远超过其他共同体。在当代中国，共同体包括家庭、各种组织或社团、国家和世界。只有承认这些不同的共同体是"自由人联合体"的不同形式，"自由人联系体"才具有了丰富的内涵，才是与实际生活对接的。因此，中国社会主义要在肯定共同体本质上应是自由人联合体的前提下，充分考虑人们生活共同体的各种类型和不同意义，尤其要重视家庭作为社会基本单元的作用。

综上所述，在马恩社会主义之中注入儒家道德因素所形成的中国社会主义，是以追求人的全面而自由发展为终极目标，引导人们通过教育和自我修养从道德之人、自由之人到全面发展之人不断进步，积极构建和完善每个人"成人"所需要的和谐的家庭、组织（团体）、国家以至世界共同体的思想理论。使每一个社会成员在各种和谐共同体中通过教育和自身修养成长为道德之人并不断追求自由和全面发展，这就是中国社会主义的基本内涵，其中"成人"，即成为道德之人、自由之人、全面发展之人，是其基本精神或基因。当然，按照马恩的设想，社会主义是建立在生产力高度发达和物质财富充分"涌流"的基础之上的，而要做到这一点，发展生产力是中国社会主义题中应有之义。在中国进入发达国家行列之前，发展生产力具有十分紧迫的任务，但发展生产力不能成为目的本身，它不过是使社会成员"成人"的社会条件，这种社会条件本身也需要通过社会成员"成人"来创造。

四、中国社会主义精神的回归与弘扬

马恩社会主义之所以能中国化并成为当代中国主流意识形态，是因为它与儒家道德存在着根本的一致性，两者之间有着深度的可契合性，而且在客观上也实现了一定程度的融合。但是，在马恩社会主义中国化的过程中，我们在相当长的时间内对此缺乏自觉意识，而这与这个时期中国面临着马恩设计社会主义时所未曾预料的两个特殊情况直接相关。

其一，自马恩社会主义中国化开始，中国所面临的主要问题是救亡图存、民族独立和振兴，以及被压迫劳动阶级的解放，个人的解放、自由和全面发展问题不可能被提上议事日程。马恩对社会主义的设计是以资产阶级已经扫除了一切封建主义残余，取得了政治统治，资本主义发展已经提供了相当发达的物质文明为前提的，而在中国致力于马恩社会主义中国化的中国共产党，自成立之日起所面临的主要任务是领导中国人民推翻压在中国人民头上的三座大山（即帝国主义、封建主义和官僚资本主义），进行民主革命。1922年召开的中国共产党第二次全国代表大会通过的《中国共产党宣言》明确规定，党的最低纲领就是党在民主革命阶段的主要纲领，即"消除内乱，打倒军阀，建设国内和平；推翻国际帝国主义的压迫，达到中华民族完全独立；统一中国为真正的民主共和国。"而"渐次达到一个共产主义社会"被规定为党的最高纲领。新中国成立之后，中国共产党面临着如何改变一穷二白面貌、实现国家富强的紧迫问题。这个问题不解决，就根本谈不上人的解放、自由和全面发展问题。经过大约半个世纪的曲折历程，直到实行市场经济体制之后，这一问题才逐渐得到了比较好的解决。

其二，马恩社会主义开始中国化的时候，中国刚刚推翻皇权专制主义统治，面临着"同传统观念实行彻底决裂"的任务，因而当时不可能在马恩社会主义这种最先进的思想与儒家道德主义这一皇权专制主义时代占统治地位的意识形态之间寻求融合。1911年辛亥革命后，国内掀起了影响巨大的"新文化运动"，其主旨之一是"提倡新道德，反对旧道德"，而"旧道德"指的就是以孔子学说为代表的儒家传统道德。在20世纪70年代初全国范围内还开展了大规模的"批林批孔"运动。在这种对传统思想文化持严厉批判、否定态度的情况下，人们不可能冷静下来考虑将马恩社会主义与被认为是落后甚至反动的中国传统思想文化相融合、相对接，相反以为对传统的东西否定得越彻底越有利于先进思想占领一切阵地，以至人们的灵魂深处。

上述两种情况的出现有其历史必然性，但它也确实导致了马恩社会主义中国化长期存在的两个问题：一是我们只注意到了如何建立新民主主义社会和社会主义社会甚至共产主义社会，而忽视了人的解放、自由和全面发展问题。在过去的几十年，我们常常将建立社会主义和共产主义本身当作了目的，而忽视了社会主义和共产主义本身就是人的解放、自由和全面发展，是两者之间的相互生成、良性互动。没有了人的解放、自由和全面发展，根本不可能有社会主义和共产主义。当然，人的解放和自由，尤其是人的全面发展存在着程度的问题，有一个从低级到高级的过程，但它们是社会主义和共产主义题中应有之义，否则我们所建设的就不是真正意义上的社会主义和共产主义。因此，过去要求人们为了社会主义、共产主义而不惜牺牲自己一切的许多做法都不是真正社会主义、共产主义的。二是我们注意到了马恩社会主义与中国实际相结合，而忽视了它与传统思想文化相融合。过去几十年我们一直把马恩社会主义当成最先进的思想理论，而把儒家道德主义当作是落后的思想理论，甚至认为马恩社会主义与中国实际结合越有广度、越有深度越好，以至儒家道德主义地盘就越小越好。把马恩社会主义与中国实际相结合确实形成了指导中国革命和建设取得胜利的思想理论，但今天反思起来可以发现，所有这些理论都是马恩社会主义在中国的运用，是应用性的思想理论，它们是在中国大地上产生的，但却不是与传统思想文化相承接的，不是与中国本土思想文化发生化学反应式融合的结果。因此，它们对于中国本土文化仍然是外在的、外来的。这两个问题的存在导致了一个长期难以解决甚至难以解释的问题：虽然我国有强大的思想政治教育队伍，而且不断开展各类思想政治教育活动，但马恩社会主义（马克思主义）及其与中国实际相结合的产物——中国不同形态的马克思主义长期难以入心入脑。

促使中国人意识到马恩社会主义中国化存在的问题，意识到马恩社会主义不仅要与中国实际相结合，而且要与中国传统文化特别是儒家道德主义相融合，是改革开放的时代，是实行市场经济体制带来的中国社会深刻变化。改革开放使中国人思想解放，观念更新，特别是使西方思想文化在中国得到广泛的传播，使传统文化重新登上中国历史舞台。这一切促使中国人反思和重新认识西方文化和传统文化以及中国社会发展的过去、现状和未来，并对之有了更为冷静、理智的态度。市场经济带来的中国迅速富强和经济上日益强大，使马恩社会主义所追求的人的全面而自由发展具备了良好的物质基础；而市场经济导致的严重社会问题一方面使克服人的日益物化、引导人们追求全面而自由发展的问题严峻地提了出来，另一方面也使人们意识到要克服市场经济发展导致的问题需要借助传统文化的资源，需要将马恩的理想植根于传统思想文化的沃土，使马恩社会主义中国文化化。这种反思和重新认识的最重要成果就是党的十八大提出培育和践行社会主义核心价值观。社会主义核心价值观的提出集中体现了把马恩社会主义与中国实际相结合、与中国传统思想文化特别是儒家道德相融合，并借鉴人类特别是西方优秀思想文化成果的努力和所取得的初步成果。

从马恩社会主义与儒家道德主义相融合的角度看，社会主义核心价值观对中国社会主义形成的贡献至少有以下三个方面：第一，它把国家富强、民族振兴和人民幸福有机统一起来作为社会主义的终极价值目标，体现了儒家道德所倡导的在追求"齐家、治国、平天下"过程中实现个人自我发展和幸福的主导观念，也体现了马恩社会主义人的全面发展要建立在物质文明高度发达的基础之上，而个人的发展主要不在于物质需要的满足，而在于人的整体幸福的基本价值取向。这种终极价值目标克服了以前将"巩固无产阶级专政"、发展生产力、实现"四个现代化"、实现"共同富裕"等作为终极价值目标的局限或偏颇，为中国社会发展确立了正确的发展方向。它是真正意义上的中国马克思主义的终极价值目标，它把儒家道德主义的"家国"情怀与马恩社会主义的"人的全面而自由发展"融合为一体。第二，它把儒家道德主义所倡导的一些得到中国历代广泛认同的道德德目纳入其中作为核心价值理念，使它更具有中国文化特色。在社会主义核心价值观中，像爱国、敬业、诚信、友善、和谐、文明等价值理念都是中国传统文化特别是儒家道德所极力推崇和倡导的，虽然它们的具体内涵有所变化，但一般含义是一致或相通的。第三，它吸收了一些源自西方但得到世界各国普遍公认的价值理念，使它与世界文明发展无缝对接，显现出它的现代性和人类性。自由、平等、民主、公正、法治这样一些理念是中国传统不充分具备的，但却得到人类普遍公认。马恩社会主义曾揭露过这些理念在资本主义社会的欺骗性，但并不否认这些理念本身的价值。过去我们对这些理念持简单的否定态度，今天我们将它们纳入社会主义核心价值观，表现出中国社会主义的开放性和包容性。我们也看到，社会主义核心价值观是以人民为主体地位的，党的十八大报告强调要使之成为全党全国人民的共同信念的八个"基本要求"的第一条，就是"必须坚持人民主体地位"。这一基本价值立场既体现了马恩社会主义提出的建立自由人联合体的要求，又与儒家道德坚持的整体本位价值取向相契合。这种融合显然是一种综合创新。

总而言之，社会主义核心价值观所体现的不再是本原的马恩社会主义，也不是本原的儒家道德主义，而是两者相融合并根据当代中国实际和当代人类文明走向综合创新所形成的中国社会主义。当然，中国社会主义如同社会主义核心价值观一样，尚处于构建之中，还需要随着理论和实践的发展进一步丰富和完善，但我们有理由相信，既然我们已经走上了正确的道路，中国社会主义必将以新的理论形态和实践成就彰显于世。

中华民族精神的道德意蕴及其弘扬与创新*

中华民族精神是中华民族五千多年来逐渐积淀和凝聚的中华民族赖以生存发展的灵魂和精气，是源远流长、博大精深的中华文化的内在气质和个性特征的集中体现。中华民族精神的内容丰富而深刻，可以从不同角度和不同层面对它进行概括和提炼，但不可否认的是，道德是中华民族精神的核心和精髓，也是它区别于其他民族精神的鲜明特色。在一定意义上可以说，中华民族精神是一种道德精神，是以崇尚高尚道德人格和追求崇高道德境界为取向的价值理性。中华民族精神形成于先秦，经过此后两千多年来中华各民族精神融合以及对其他外域民族文化的吸收，中华民族精神的内涵不断丰富、完善。改革开放以来，特别是实行市场经济以来，中华民族精神面临着前所未有的历史际遇。伴随中国的对外全面开放和市场经济迅猛发展，中国国际地位和威望的显著提升，以及世界经济全球化、政治多极化、价值和文化多元化、人类一体化时代的到来，中华民族精神特别是其道德意蕴面临着许多新情况、新问题、新考验，有机遇也有挑战。因此，如何在新的时代背景下弘扬（传承和创新）中华民族精神的道德意蕴，通过这种弘扬来凸显中华民族精神和文化的中国特色、中国风格、中国气派、中国力量和中国魅力，对于当代中华民族和中华儿女是一个全新的重大理论和实践课题。

一、中华民族精神的道德意蕴

中华民族精神的内涵非常丰富，学界有种种不同概括。其中比较权威的看法有：中国文化传统的基本精神在于刚健有为、和与中、崇德利用、天人协调、自强不息、兼容并包、以德育代替宗教①；"中国文化的基本精神是以人文主义为内核的"，体现为"自强不息""正道直行""贵和持中""民为邦本""平均平等""求是务实""豁达乐观""以道制欲"八个方面②；中华民族精神包括"重德精神""自强精神""宽容精神""爱国精神"四个方面，并以"自强精神"为核心③。所有这些概括虽然不尽相同，但不难看出，道德不仅渗透于中华民族精神之中，而且是其中的主线和内核。冯天瑜先生更直截了当地把体现中华民族精神的文化视为"伦理型

---

* 原发表于《武汉科技大学学报》（社会科学版），2017年第4期；中国人民大学复印报刊资料《伦理学》，2017年第10期转载。

① 张岱年：《论中国文化的基本精神》，《中国文化研究集刊》第1辑，复旦大学出版社1984年版。

② 李宗桂：《中国文化概论》，中山大学出版社1988年版，第348～363页。

③ 方立天：《民族精神的界定与中华民族精神的内涵》，《哲学研究》，1991年第5期。

文化"。他指出:"中国是在血缘纽带解体不充分的情况下步入阶级社会的,加之聚族而居的生活方式延传不辍,使宗法制度形就而神存,'六亲'(父子、兄弟、夫妇)、九族(父族四、母族三、妻族二)构成社会关系的基轴,血亲意识形成普遍的伦理道德,甚至上升为法律条文(如'不孝'成为犯法的'首恶'),长久地左右着社会心理。"① 他将这种伦理型文化概括为"法祖尊统"、"教民追孝"、"人文史乘"、"灵肉不二"、"取义成仁"和"'五伦''三纲'分梳"六个方面。冯先生是从中国文化生成的角度来归纳中国文化的基本内涵的,实际上纵观中国文化,伦理道德② 特别是儒家的伦理道德是贯穿自古以来中国文化的核心内容和基本精神。"中华民族精神的特质,就凝聚了儒家伦理道德的精华。"③ 对此,有学者可能有不同看法,这里限于篇幅不作详细的论证,但有一点应该是大家都认同的,就是中国文化的中华民族精神包含丰富的道德意蕴。这里我们着重阐述这一点。

中华民族精神的道德意蕴体现在自古以来中国文化体系的各个方面(包括物态文化、制度文化、行为文化和心态文化)之中,尤其凝聚在典籍文本之中。它像中国文化和中华民族精神一样,本身是一个巨大的宝库,是成体系的意识形态,从不同角度观察和研究,可能得出不尽相同的结论。不过,如果我们将中华民族精神的道德意蕴视为一种内含于中华民族精神之中的成体系的道德精神(简称"中华民族道德精神")并从这个角度考察它的话,那么,我们可以发现这是一种以"成人"为基本价值取向和核心内容的道德精神体系。它是围绕着"成人"以至"成圣"展开并运行的,其中的道德价值、道德品质、道德情感、道德规范等道德要素,以及中华民族自古以来的社会理想、价值追求和行为范式,可以根据这种道德精神得到解释和辩护。

中华民族道德精神强调"成人"是以对人在宇宙中的特殊位置的认识为前提的。对于这一点,古代思想家虽有不同表述,但都是给予充分肯定的。在他们看来,人虽乃一物,在宇宙中不过沧海一粟,但人有优越于万物的特殊性质,老子说得最明白:"故道大,天在,地大,王(即人——引者注)亦大。域中有四大,而王居其一焉。"(《老子·二十五章》)宋代的周敦颐也说:"二气交感,化生万物,万物生生,而变化无穷焉,惟人得二气之秀而最灵。"(《太极图说》)人的这种特殊性在于人有道义、"五常"等道德,道德使人成为万物之灵长。对此荀子有众所周知的经典表达:"水火有气而无生,草木有生而无知,禽兽有知而无义,人有气有生有知亦且有义,故最为天下贵也。"(《荀子·王制》)朱熹指出,正是"五常"把

---

① 冯天瑜:《中国文化生成史》下册,武汉大学出版社2013年版,第499页。
② "伦理"和"道德"是两个相互关联而不尽相同的概念。不过,在笔者看来,"道德"是比"伦理"更宽泛的概念,大致上可以说,"道德"涵盖了"伦理"。因此,本文一般都使用"道德"概念,其中包含了"伦理"。
③ 唐凯麟、张怀承:《成人与成圣:儒家伦理道德精神精粹》,湖南大学出版社1999年版,第135页。

人与其他事物区别开来，使人成为最卓越的："人为最灵，而备有五常之性，禽兽则昏而不能备，草木枯槁则又并与其知觉者而亡焉。"（《答余方叔》）不过，人的这种特殊性质并非已经完成的，而是需要人的造化、作为或"修身"，人的一生就是一个不断成为人的过程。这即是《战国策》中谈到的"返璞归真"（《齐策四》），老子要求的"见素抱朴，少私寡欲"（《老子·第十九章》），孟子所期望的"求其放心"（《孟子·告子章句上》），荀子所说的"化性而起伪"（《荀子·性恶》），也是今天中国人追求的"全面而自由发展"。

中华民族道德精神的核心内容是"成人"，那么，"成人"意味着什么呢？一般来说，"成人"主要意指成为道德之人，即成为品质高尚、人格完善、气节刚健的人，道德的使命就是引导和激励人们成为这样的人。对于什么样的人是道德之人，传统社会和现代社会赋予了不同的含义，传统社会所强调的是人成为道德之人，而现代社会重视人的全面发展，不过在人的全面发展中，成为道德之人具有首要的甚至决定性的意义，这即是所谓"德才兼备，以德为先"。

传统社会占主导地位的道德观念是儒家的"成人"观念。按照儒家的观点，"成人"有不同的层次，即人可以达到三种不同的层次：君子、豪杰和圣人。君子是相对于小人而言的。在西周时期，君子为贵族的通称，而小人则指细民（平民百姓）。春秋之后，由于礼崩乐坏，君子与小人逐渐成为有德者和无德者的称谓。经孔子大力倡导和阐释之后，君子便定型为儒家推崇的道德人格。根据孔子的论述，君子就是遵循礼，追求、成就仁德之人，具有克己复礼、恭敬谦让、诚信和顺、仁为己任等显著特点。孔子一生以恢复周礼为己任，要求人们知礼、守礼、复礼民，所以他设计的君子人格是一种"温、良、恭、俭、让"的"文质彬彬"的人格范型，缺乏豪迈激越的精神。针对这一局限，亚圣孟子以推行王道于天下为己任，要求人们知义、求义、履义，为儒家的理想人格赋予了雄壮、伟岸的色彩，这就是儒家的豪杰人格。"力勇过人谓之豪，行智非凡谓之杰。"[①] 与君子恭谦守礼、注重内在修养的形象不同，豪杰具有独立、尊严的人格，胆识超人、直道而行的气概和刚毅、浩大的品格，并且追求济世利民。在儒家的学说中，豪杰具有义以为尚、特立独行、刚毅浩然、自强任道的人格特征。君子和豪杰可称为"贤人"，它们或多或少有一些不完善之处，圣人则是儒家理想人格尽善尽美、至善至美的最高范型，是最完善的理想人格，也是人生在世可能达到的最高境界。如果说君子立于礼，豪杰沛于义，那么圣人则与仁为一体，充满了儒家所力倡的仁爱精神，具有谐天至善、民胞物与、法天立道、继往开来等人格特征。

在这三种人格理想中，君子和圣人这两种不同层次的人格在传统社会得到了普遍的认同。其中《周易》中描述的"君子以自强不息"和"君子以厚德载物"成为

---

① 唐凯麟、张怀成：《成人与成圣：儒家伦理道德精神精粹》，湖南大学出版社1999年版，第106页。

了中国传统道德人格的经典表达，并且成为了整个中华文化和中华民族精神世代相传的道德基因。

君子、豪杰和圣人是中华民族道德精神中的人格理想，"成人"就是要成为这样的人。那么，如何成为这样的人呢？"成人"不仅要有"人"的范型，还要有"成"的路径和方法。关于这一点如同关于人格理想一样，传统社会占主导地位的观点也是儒家的，这就是强调修身作为通向理想人格的根本路径和方法。这就是《大学》中所说的"自天子以至于庶人，壹是皆以修身为本"。在春秋以后两千多年的传统社会，儒家学者提出了许多修身的方法，但其基本方法还是《大学》中提出的"三纲领八条目"。"三纲领"即"明明德""亲民""止于至善"。在传统道德看来，任何人都禀受于天，至灵而不污染的本性，它能够与天地相沟通。"明明德"就是肯定人类与生俱有灵明的德性，要加以彰明，使之自觉。在明晓自身本性的善德之后，还要帮助其他人去除污染心灵的东西，使他们同样能够达到与自己同样心灵纯洁的境界，这就是"亲民"。亲者新也，日新又新，亲民就是要使自己无时无刻不在行善之途上前进，永远做个新人。"明明德"和"亲民"的一切方向是"止于至善"。"至善"是指心灵获得最大程度的自由，达到自然与事物发展相统一的境界。显然，以"止于至善"为方向或目标，等于是永无止境的期许。为达到"三纲领"的目的，需要通过八个步骤——格物、致知、诚意、正心、修身、齐家、治国、平天下。在这八个步骤中，修身是关键，即所谓"修身为本"。修身是为了齐家、治国，最终达到明明德于天下的目的，而修身则需要通过格物、致知、诚意和正心四个环节。显然，对于传统道德来说，"八条目"就是一个人从常人成长为圣人的"成人"路线图。"三纲领八条目"集中体现了传统道德强调成性与成人相统一、养性与修身相协调的特点。

"成人"是传统道德的核心内容，围绕"成人"构建起了一整套完整的道德体系。这个道德体系包括两个方面或两个层次：一是修己成人，二是经世致用。两者之间的逻辑关系是：修身成人，成人济世。修己成人涉及的是个人道德。首先，个人要通过修身培养"五常"的德性品质，即仁、义、礼、智、信。"仁"是处理人际关系的情感要求，核心内容是"仁者爱人"；"义"是处理人际关系的价值准则，包括"事之宜""天理之所宜""心之制、事之宜"；"礼"是处理人际关系的行为模式，其作用是"和为贵"；"智"是处理人际关系的智性原则，包括明辨是非善恶和克制情欲泛滥；信是处理人际关系的精神纽带，要求义理为宗，人己不欺。其次，个人要通过修身养成推己及人的思维方法。在儒家看来，人与天地万物具有共同的本质，尽心可以知性知人知天，因此，道德思维并非遵循某种既定的外在原则，而是尽心、扩充本心，并推己及人。孔子主张的"忠恕之道"就是推己及人的基本方法，它要求"己欲立面是方人，己欲达而达人"，"己所不欲，勿施于人"。后来的儒家在这种方法之外又补充了"致良知"（王阳明）、"以情挈情"（戴震）。在传统道德看来，修己成人绝不是为了独善其身，而是要经世致用，把个人养成的道德落实到社会生活之中。这就是孔子所说的"修己以敬""修己以安人""修己以安百姓"，也即后来所进一步明确的"修、齐、治、平"。对于儒家来说，修己成人并不是成为君子或豪杰就止步了，而是以成就圣人人格为理想追求。儒家从孟子开始就"言必称尧舜"，宣称"人皆可以为尧舜"。每一个人都和圣人一样，生来就具有至善的本性，只要不懈进行道德修养，保存并不断扩充这一本性，就能成为圣人。同时，成为圣人的过程也是一个由内向外发散的过程，最终达到"明明德于天下"，"以天下为己任"的崇高人生境界。这就是儒家的所谓"内圣外王之道"。如是，养性与修身、成人与成圣、内圣与外王就有机统一起来，个人道德与社会道德就融为一体，构成了独具中国特色的中华传统道德精神体系。

中华传统民族精神中以"成人"为核心内容的道德意蕴，在中华人民共和国成立以后得到了传承和创新，新时代的民族精神同样包含着丰富的道德意蕴。中国共产党历来把"德智体（美）"全面发展作为培育社会主义新人的理想人格，其中"德"是摆在首位的；并且把"德才兼备，以德为先"作为选择干部和人才的基本标准。核心价值体系和核心价值观是一个国家民族精神的核心内容，在党的十六届六中全会提出的社会主义核心价值体系中，将爱国主义的民族精神、社会主义荣辱观作为其中的重要内容；党的十八大倡导的社会主义核心价值观中包含了"爱国、敬业、诚信、友善"的价值理念。所有这些方面集中体现了当代中华民族精神对传统民族精神的弘扬，与近现代西方社会要求政府在道德问题上保持中立立场形成了鲜明的对照。中华民族正在从传统社会走向现代社会，传统民族精神中的道德内涵必定会相应发生改变。这主要体现在：首先，当代社会占主导地位的道德是社会主义道德，而传统社会占主导地位的道德是儒家的道德及其被政治化所形成的专制主义道德；其次，当代中国强调人的全面而自由发展，道德是其中的首要方面，但不是传统社会那样将人的发展等同于人的道德发展；再次，当代中国道德虽然强调人在道德方面不断进步，追求成为共产主义者，但已经没有了传统道德的那种"君子""豪杰""圣人"等不同层次的理想人格；最后，当代社会强调领导干部德才兼备，而不只是考虑道德人格，"内圣"与"外王"不再具有必然联系。

二、传统民族精神道德意蕴的现代际遇与转换

中国传统社会严格说来是指辛亥革命前的中国社会，但通常也指秦汉至辛亥革命前的这一历史时期，中华传统民族精神指的就是中国传统社会长期积淀、凝聚的民族精神。中华传统道德精神作为中华传统民族精神的核心内容同中华传统精神一

样古老。按郭齐勇教授的看法，中华文化的根源在六经（《诗》《书》《礼》《乐》《易》《春秋》）之中。① 不言而喻，中华民族精神作为中华文化的灵魂，其根源也自然在六经之中。六经是诸子百家共有的精神源泉，也是凝聚中华民族精神的史诗性元典。

远在上古时期，先民们就已开始了对伦常道德的追求。《孟子》记载，上古时候，人们"逸居而无教，则近于禽兽"，圣人舜"使契为司徒，教以人伦"。在《尚书·尧典》中，已有"慎徽五典"的说法，即要以五种德性教导臣民。据《左传》解释，"五典"就是"父义、母慈、兄友、弟恭、子孝"。据孟子说，古代设立庠、序、学校，"皆所以明人伦也"。一旦"人伦明于上，小民亲于下"就能实现国治天下平的理想社会。后来，孔子提出"君君、臣臣、父父、子子"，增加了君臣关系。最后，孟子进一步概括了传统社会里君臣、父子、兄弟、夫妇、朋友五种基本关系（"五伦"）及其处理这些关系道德准则，即"父子有亲，君臣有义，夫妇有别，长幼有序，朋友有信"。（《孟子·滕文公上》）"五伦"是先秦时期乃至后来整个中国传统社会关注解决的基本关系，中国传统道德正是为处理好这些关系构建起来的。

先秦儒家最早直接面对这些关系问题，构建了早期儒家的道德思想体系，这一体系为中国传统道德奠定了思想基础和基本精神。孔子伦理思想的核心是仁，仁的本义是人与人之间相亲相爱，因而爱人是仁的核心精神。孔子是在此意义上把仁作为最高的道德范畴，同时又把礼作为仁的具体行动范畴，并由此构成了一个道德思想体系。孔子逝世之后，孟子着重弘扬了孔子仁学的道义内容，他沿着孔子孝悌为仁之本、注重生命价值的思想，提出了亲亲仁民，以仁义为生命旨归的思想。仁义是孟子学说的核心内容，而"显义"是他的突出特色："生亦我所欲也，义亦我所欲也，二者不可得兼，舍生而取义者也。"（《孟子·告子上》）仁是对他人的亲切关怀，义是对他人的尊敬，它们就是从家庭亲情中萌生、引申、扩展出来的，即所谓"老吾老，以及人之老；幼吾幼，以及人之幼"（《孟子·梁惠王上》）。他认为，仁是人的安宅之所，义是人的所由之路，人们应当居仁由义。西汉的董仲舒以先秦儒家思想为主干，融合先秦阴阳家、法家和黄老之学等理论，将先秦儒家的天人合一思想改造为天人感应学说，以天有阴阳说明人有德刑、君臣、父子、夫妇、男女区分的必然性，以天道尊阳抑阴说明人群主德抑刑以及君尊臣卑、父尊子卑、夫尊妇卑、男尊女卑的合理性，从而使儒学神秘化。到宋明时期，宋明理学以性命义理为核心，在改造儒家伦理道德学说的基础上把传统社会的基本道德原则抽象为天理，并把天理规定为宇宙万物统一的最高本体，在高度思辨的哲学层面上重新确立了儒家伦理道德的绝对权威，充分论证了它的必然性和合理性，从而完成了中国古代社会对传统伦理道德的最终论证。至此，儒家伦理道德思想最终定型，并被正式确定

---

① 郭齐勇：《中华优秀传统文化是社会主义核心价值观的土壤与基础》，《光明日报》，2014年4月2日第13版。

为官方意识形态，直到近代以前，这一儒家伦理道德思想在中国社会生活中的主导地位再也没有被动摇过。

儒家伦理道德的产生、发展、演变，从理论上反映了中国传统发展的起伏、兴旺和衰竭，传统社会建立在血缘家庭和小农自然经济的基础之上，儒家伦理道德的核心内容和基本精神是与传统社会相适应的。伴随着中国社会从传统社会向近代社会的转变，以儒家为代表的中国传统道德受到严重冲击和严厉批判，中华传统道德精神也面临着新的历史际遇，发生了至今仍然持续着的从传统向当代的转换。在这种转换过程中形成的或正在形成的中华民族道德精神，无疑也是中华民族道德精神的重要组成部分。今天我们弘扬中华民族精神的道德意蕴，不能不考虑这种历史性的剧烈变化，又能简单地将中华民族精神及其道德精神等同于中华传统民族精神及其道德精神。我们只有弄清楚了中华民族道德精神从传统到现代转变的原因、内容得失的时候，才能明确今天我们弘扬中华民族道德精神的方向和取舍，从而使弘扬更加自觉和理性。

在宋明达到鼎盛时期之后，儒家伦理道德伴随着社会批判思潮的兴起开始发生了蜕变，中国传统道德也相应开始走向衰落。这种蜕变和衰落当然是中国传统社会走上末路的必然结果，但是这时占统治地位的儒家伦理道德对于中国传统社会走向末路发挥了不可忽视的重要作用，在一定意义上说，儒家伦理道德是传统社会走向灭亡的重要精神推动力量。从理论上看，传统社会占统治地位的儒家伦理道德存在着一些致命的局限和缺陷，而且随着它的发展演进，其问题日益严重。

先秦儒家讲成人，这里的人主要是类、群体或整体，成人归根到底是成为整体中有价值的部分，从而成就整体，而不是独立自主的个体。道德的关注点是伦类、伦常，一切道德要求都是为了维护伦常秩序，而不是促进个体、个性的发展，每个人都得从由道德纲常所规定的特定道德关系中获得自己的规定和价值。道德的意义主要在于使人们更自觉自愿地融入整体，服从于和服务于整体，直至成为"明明德于天下"的圣人。宋明理学更在天理的名义下赋予伦常以绝对的意义，把一切具有个体和个性特征的东西（包括思想观念）和感性需要都斥之为恶，将公私关系、义利关系直接等同于善恶关系，个体及其利益被道德纲常所消解、埋没和压抑。在这种绝对的群体价值取向之下，个人就再也没有活力，没有了能动性和创造性，社会停滞当然也就是不可避免的了。

中国传统社会是一种家国同构体，以群体为价值取向。最基本的群体是家庭，而最重要的群体是国家，国家是家庭的扩大，家庭是国家的缩小。社会最基本的伦常就是从血缘家庭关系直接引申出来的："有男女然后有夫妇，有夫妇然后有父子，有父子然后有君臣，有君臣然后有上下，有上下然后礼义有所错。"（《周易·序卦传》）这就是先秦儒家最为重视的"五伦"的道德思维逻辑。这种逻辑所产生的就是以家庭为本位，以修身为根本，以"齐治平"为目标，以"三纲五常"为保障的道德体系。在这种体系中，"忠孝"有着特殊的地位，在家尽孝，在国尽忠，两者本质上是一致的。此种道德体系到宋明时期发展到了极致，成为了愚忠愚孝。孔子讲"君使臣以礼，臣事君以忠"（《论语·八佾》），这一思想到董仲舒那里发展成为"三纲"，而自宋明开始更出现了"君要臣死，臣不得不死；父要子亡，子不得不亡"的说法①和实例。这种绝对专制主义的道德观念是与人性相违背的，它必定会导致社会正常秩序的破坏和国家的灭亡。

儒家伦理道德具有偏激的道义论倾向，它以道德理性规定人的本性，轻视人的感性存在与物质需要。孔子以"克己复礼"为毕生使命，认为私利没有存在的理由，因为"天无私覆，地无私载，日月无私照"（《礼记·乐记》），因而主张"君子喻于义，小人喻于利"（《论语·里仁》）。董仲舒则把道德与功利对立起来，认为道德的意义就在于匡扶正义而不是为了功利，"夫仁者，正其谊而不谋其利，明其道而不计其功"（《汉书·董仲舒传》）。朱熹将古代儒家圣贤的思想进一步解读为"圣人千言万语只是教人存天理，灭人欲"（《朱子语类》卷第十一），认为"人欲自去，天理自明"（《晦庵集》卷第五十五）。宋明理学把义利之辨、理欲之别规定为善恶的分野，强调以义斥利，以理窒欲，从而把禁欲主义道德推向了极端。对功利的追求是人类活动的根本动力，对于道德而言，问题不在于是否追求功利，而在于如何追求功利。如果为了防止通过不道德的途径追求功利而过分贬低甚至否定功利本身的意义，那么道德就不再是人更好地生存的智慧，而会成为妨碍人类正常生存和社会健康发展的障碍。

宋明时期儒家伦理道德极端禁欲主义问题表明，这种伦理道德已经走到了它的尽头，这种伦理道德与社会生活的恶性互动，也预示着传统社会也已经走向了末路。明清之际的一些思想家已经开始意识到儒家伦理道德的问题，试图对它进行总结批判并提出了一些具有启蒙意义的主张。但是，在明清小农经济和闭关锁国的历史条件下，思想家不可能找到从根本上突破儒家伦理道德局限的道路。自鸦片战争开始，中国逐渐陷入被动挨打、丧权辱国的悲惨境地。这样一种屈辱状况使中国人更清楚地意识到传统伦理道德和社会制度的没落腐朽性，彻底失去了对它的希望，因而主张通过革命摧毁它，于是终于爆发了辛亥革命。在西方列强入侵中国的同时，也打开了古老中国的大门，西方当时先进的思想文化和伦理道德也逐渐进入了中国，开始了"西学东渐"的过程，对中国传统道德批判和重构也由此启程。

辛亥革命后，中国对传统伦理道德批判和转换经历了一个漫长的历程，直至今天尚在进行中。在这个过程中，出现过四次高潮或重大节点：

---

① 据有的学者考证，儒家正宗典籍中并没有发现这一说法。这句话最早出现在明代陈仲琳的小说《封神演义》中，而在清代小说与戏曲中更为常见。《封神演义》中的表述为："君叫臣死，不敢不死；父叫子亡，不敢不亡。"类似的表述还有："君教臣死，臣不死不忠；父教子亡，子不亡不孝。"（《西游记》）显然，这句话所表达的道德观念在明代已经比较普遍流行了。

第一次是发生在20世纪初的"新文化运动"。这是一些受过西方教育的人发起的"反传统、反孔教、反文言"的思想文化革新和文学革命运动。这次运动的矛头直指儒家伦理道德，旗帜鲜明地打出了"打倒孔家店"的口号。这次运动激烈抨击统治中国两千多年的传统道德，将"民主"和"科学"引进中国，促进了当时国外先进思想文化在中国的传播，是中国近代发生的第一次真正意义上的启蒙运动。虽然这次运动对传统道德采取了比较简单否定的做法，但它正式开启了中华传统道德向现代道德的转换。

第二次是1949年中华人民共和国成立。辛亥革命后，中国先是陷入了军阀混战，后又发生了国共两党之争，其间还爆发了长达14年的抗日战争。1949年，中国共产党领导中国人民推翻了"三座大山"，建立了中华人民共和国，并在全国确立了以马克思主义为理论基础的社会主义道德。这是一种"以为人民服务为核心，以集体主义为原则，以爱祖国、爱人民、爱劳动、爱科学、爱社会主义为基本要求"[①]的道德。它的提出和构建是针对传统道德的。这种对传统道德的否定在"文化大革命"期间达到了极致，当时提出的"破四旧"（旧思想、旧文化、旧风俗、旧习惯）所涉及的几乎都是传统道德。社会主义道德相对于传统道德来说是一种全新的道德，它的确立是传统道德向现代道德转换的决定性一步。但是，建国后确立的社会主义道德不仅是否定传统道德的，也是对国外封闭的，因而这种道德也逐渐出现了教条化和虚伪化。

第三次是改革开放。实行改革开放国策，将建国后封闭的国门重新打开，外国特别是西方的文化和道德观念全方位的进入中国，同时也从根本改变了与传统文化和道德"彻底决裂"的态度，传统文化包括道德观念在中国大陆得到广泛传播。近现代西方和传统中国的文化及道德观念为社会主义道德的改进和完善提供了新的动力和源泉，也对它产生了冲击。

第四次是市场经济的兴起和发展。为了迅速改变经济社会落后的面貌，中国引进了市场经济体制。市场经济在本质上既是与作为传统道德经济基础的自然经济对立的，也是与马克思恩格斯设想的作为社会主义道德基础的有计划的产品经济（计划经济）相冲突的。这样，过去认为那已经是先进的社会主义道德不仅面临着西方和传统思想文化的挑战，又面临着市场经济的严峻挑战。在这些挑战面前，当代中国正在采取使社会主义道德既与市场经济对接又与传统文化对接的对策，以形成一种与完全建立在市场经济基础上的近现代西方道德不同的中国特色社会主义道德。这种道德像西方道德一样以市场经济为基础，但它并不是完全顺从市场经济的，而是以马克思主义为指导、根植于中国传统文化的社会主义道德。

不难看出，中华传统道德现代转换过程中所经历的四次高潮，实际上也是这种

[①] 《中共中央关于加强社会主义精神文明建设若干重要问题的决议》，新华网，2004年11月29日。

转换的特有历史际遇。正是这些重大的历史际遇使中华传统道德的现代转换走向深入和更高的层次，也使得对中华民族道德精神的认识进入了一个全新的视野并达到了一个全新的高度。

三、中华民族精神道德意蕴的弘扬与创新

中华传统道德精神的现代转换并未完成，那种既与传统文化对接又市场经济对接的社会主义道德尚在建构之中。要完成这一历史性任务，必须弘扬中华民族已有的道德精神并在弘扬的过程中创新。

实行市场经济体制以来，中华民族道德精神的弘扬和创新问题日益严重摆在中国人的面前。我国市场经济兴起和发展的时间不长，但它使中国社会发生了前所未有的深刻变化。一方面，市场经济使中国生产力和科学技术迅速发展，物质文明高度繁荣，中国正在成为经济、技术和国防的强国。另一方面，市场经济也正在使中国社会生活日益市场化、资本化，利益最大化原则从经济生活进入社会生活，大有取代道德原则之势。中国在成为世界第二大经济体的同时存在着美国著名社群主义哲学家桑德尔所说的从"拥有一种市场经济"最终滑入"成为一个市场社会的危险"。在桑德尔看来，市场经济与市场社会之间的区别在于："市场经济是组织生产活动的一种工具——一种有价值且高效的工具。市场社会是一种生活方式，其间，市场价值观渗透到了人类活动的各个方面。市场社会是一个社会关系按照市场规律加以改变的社会。"[①]市场社会的最重要表现就是整个社会生活市场化，市场规则成为社会普遍通行的规则，道德规则被排斥甚至退隐或边缘化。就当前中国而言，社会生活市场化的突出表现是将利益的获得或资源的占有以及感性欲望的满足作为人生活的唯一追求。为了占有更多的资源，一些人唯利是图、不择手段，甚至不顾礼义廉耻。在这种情况下，作为中华民族道德精神核心内容的"成人"精神正在丧失，人们正在越来越世俗化、市场化的同时逐渐沦为物欲的奴隶，成为只有物质追求和满足向度的"单向度的人"。面对这种严重的态势，我们必须加强道德建设，大力弘扬中华民族道德精神。

中华民族道德精神极其丰富，而且随着时代的变化而不断变化，特别是还在发生着从传统到现代的转换。那么，什么是中华民族道德精神中经久不衰、历久弥新的精髓或内核，是今天值得弘扬和应该弘扬的呢？笔者认为，这就是中华民族道德精神中一以贯之的"成人"精神以及整体本位精神。前文所述表明，"成人"是中华道德精神的基本价值取向和核心内容，也是最具中华民族特色的道德精神。虽然

---

① ［美］桑德尔：《金钱不能买什么——金钱与公正的正面交锋》，邓正来译，中信出版社2012年版，引言 XVIII。

中国传统道德与现代道德对于成为什么样的人、怎么样成人存在着不同的看法，但在把"成人"作为道德乃至整个社会的终极指向，规范和引导人们追求"成人"这一点上，两者是完全一致的。同样，中国传统道德与现代道德所说的整体性质有所不同，传统道德所说的国家是专制主义的国家、王朝的国家，而现代道德所说的国家是社会主义的国家、人民的国家，但是它们在个人与整体的关系上，都采取整体主义取向。由于我国在构建社会主义道德的起始阶段对传统道德持完全否定态度，一直到改革开放后才开始强调对优秀传统道德的弘扬，因而今天的社会主义道德虽然继承了传统道德重视成人和整体本位的基本精神，但没有吸收多少传统道德的合理内容。今天我们弘扬中华道德精神，当然要弘扬其中的社会主义内容，更需要弘扬其中的优秀传统内容，以使今天的社会主义道德更丰富，更具有民族特色，更具有深厚的文化土壤。

笔者认为，从当代中国道德构建和当代中国社会现实需要来说，中华传统道德中有五种精神尤其值得弘扬。当然，这些精神也要根据时代精神和世界潮流加以创新，使之与时代、与现实、与世界对接，从而实现在创新中弘扬，在弘扬中创新。

第一，成为有道德的完整之人。传统道德所理解的人是作为整体的人，包括对利益的追求和对道德的追求。虽然传统道德特别是宋明及以后的道德有贬抑欲望的缺陷，但总体上看还是肯定物质利益对于人的必要性和追求物质利益的合理性，只是强调对物质利益的追求在任何情况下都要通过道德的方式，要符合道德的要求。道德对于人来说具有首要的意义，成人就是成为有道德的完整的人。这就是孔子所说的："富与贵，是人之所欲也，不以其道得之，不处也；贫与贱，是人之所恶也，不以其道得之，不去也。君子去仁，恶乎成名？君子无终食之间违仁，造次必于是，颠沛必于是。"（《论语·里仁》）后来《增广贤文》将孔子的这一思想概括为"君子爱财，取之有道"。弘扬传统道德的成为有道德的完整之人，有助于今天把人理解为"经济人"，把感性欲望的满足理解为幸福的普遍偏向。在弘扬传统道德追求有道德的完整之人的过程中，也要清除其中包含的一些消极因素，特别是对欲望及其满足的简单否定，肯定正常的感性欲望追求的自然合理性，从道德上确立正常健康人格的构成要素，赋予"有道德的完整之人"现时代的含义。

第二，道德人格君子、豪杰、圣人有不同层次。传统道德虽然认为"人皆可以为尧舜"，但在实际的道德设计中还是考虑到了人在道德完善和可能达到的境界方面会存在着差异，因而设计了三种不同层次的人格。这表明传统道德是务实的，有可操作性的。虽然传统道德所设计的不同道德人格的含义今天看来有不少已经过时，甚至有一些消极落后的东西，但是这种务实的道德精神是值得当代中国道德认真吸取的。新中国成立以后的很长一段时期，我们所设计的人格标准是清一色的，笼统要求人们具有"大公无私""全心全意为人民服务""为了集体利益不惜牺牲个人的利益乃至生命"，没有考虑到人们道德进步的阶梯，没有考虑到不可能达到这些崇高要求的实际状况。其结果，一些人只是口头上认可这种崇高的人格，实际上却连起码的道德人格都不具备。改革开放以来，过去这种崇高的道德要求开始有了松动，但至今没有在道德上区别不同的人格层次。正是针对这种情况，前一些年有学者提出"底线伦理"的概念。这一概念确实可以起到弥补当代道德的缺陷，但"底线伦理"不过是一种最低限度的道德要求，不能作为一种道德人格。为此，我们需要借助传统道德有关道德人格的资源，在对传统道德人格实行创造性转化的基础上提供当代中国道德的道德人格范型。笔者初步提出一种两层次道德人格的设想，一是普通的道德之人（简称为"道德常人"），二是精英道德之人（简称为"道德精英"）。前一种人格大致上对应于传统道德的"君子"，而后一种人格大致上对应于传统道德的"圣人"。这两种人格的主要差异在于，道德常人具备基本的道德素质，他们能按照社会规范行动，并接受社会的价值引导；而道德精英则不仅具备基本的道德素质，接受社会的规范和引导，而且具有道德反思、批判和构建能力，简言之，具有道德智慧。道德常人是所有人都应该具备的道德人格，道德精英则只有少数道德天才在接受了完整充分的道德教育并通过自己持之以恒的道德修养才会具备的。

第三，道德之人的根本规定性是爱人。孔子的学说是仁学，他把仁看做是道德的核心，而人的基本含义和要求就是爱人。孟子将孔子的这种思想概括为"仁者爱人"（《孟子·离娄下》）。对于孔子和早期儒家来说，道德之人的基本标志就在于他爱人。不过，这种爱人不同于墨子所说的"兼爱"，也不同基督教主张的"博爱"，而是有差等的爱，即一个人首先爱自己的亲人，然后再推而广之。这就是孔子的弟子有子所说的："君子务本，本立而道生。孝悌也者，其为仁之本与！"（《论语·学而》）在传统道德看来，如果社会的所有人都爱人，社会就会成为人与人相亲相爱的"大同社会"。过去，我们对孔子爱有差等的观点持否定态度，认为对所有人都应一视同仁的爱。然而，值得注意的是，伴随着20世纪80年代西方关怀（关爱）伦理学的兴起，由近及远的有差等的爱越来越得到学界和社会的普遍认可。因此，今天我们必须重新审视孔子的仁者爱人和爱有差等的思想。爱有等差是人之常情，而且孔子也不因为爱亲人而否认对陌生人的爱。孔子说："弟子入则孝，出则弟，谨而信，泛爱众而亲仁。"其意思就是说，人在家的时候孝顺父母，外出敬爱年长的人，做事谨慎，说话诚信，广泛地亲爱大众，亲近有道德的人。我们可以对孔子的仁爱思想进行现代的改造，将关爱或关怀作为道德的根本要求和道德之人的根本规定性。

第四，成为道德之人的根本在于修身。中华传统道德的最突出特点之一就是高度重视修身，认为一个人只有不断修养才能成为道德之人，因此特别强调修己的重要性。"自天子以至于庶人，壹是皆以修身为本。"（《礼记·大学》）而且，传统道德提供了既完整系统又丰富多彩的修身方法。其中，人们熟悉的有"格物、致知、诚意、正心"的方法,"慎独"的方法,"致良知"和"知行合一"的方法,"先苦其心志,劳其筋骨,饿其体肤,空乏其身,行拂乱其所为"(《孟子·告子下》)大大丈夫训练方法等。所有这些方法都是当代道德可以借鉴甚至可以运用的方法。然而,当代道德对修身重视得相当不够,存在着两个方面突出的问题:一是重视道德教育,而不重视道德修养。社会为了加强道德教育,采取了各种措施,而不怎么鼓励和引导人们进行道德修养,接受了道德教育的人缺乏对道德修养重要性的认识,缺乏修养方法的训练和实践。二是将道德教育与政治思想教育混在一起。道德与政治是两种不同的社会控制机制,两者的教育内容和方式也有很大的不同。一般来说,政治教育本质上是一种灌输,不怎么重视修养,而修养则是道德教育的根本任务,道德教育本质上是一种训练,即修养的训练,道德教育如果不能使受教育者意识到修养的重要性和学会修养方法那是完全失败的。将两者混在一起的另一个问题是导致一些人将道德教育看做是说教,政治教育带有灌输的性质,因而会被认为是说教,而道德教育本质是实践,将两者混在一起,而且更重视政治教育,道德教育也就成了说教。

第五,道德之人的价值为整体作贡献。传统道德的价值取向或指向是十分明确的,那就是为了整体,即"齐家、治国、平天下"。就是说,人们之所以要成为道德之人,是因为只有成为道德之人才能为整体作贡献。一个道德之人,特别是圣人,是内圣外王的人,是可以实现"立德、立功、立言"的"三不朽",可以"为天地立心,为生民立命,为往圣继绝学,为万世开太平"(《宋元学案·横渠学案》)的人。传统道德对道德之人的这种定位也值得当代道德吸收,当代道德虽然也强调道德的集体取向,但比较简单,没有像传统道德那样,给人们对整体作贡献指出明确的路线图。当然,传统道德在对道德之人的价值定位上也有其局限。这种局限主要体现在不重视甚至忽视道德对于个人自我实现、个人成为独立自主个体的意义,没有解决甚至没有提出如何通过为整体作贡献来实现自己作为个体的价值。传统道德存在的这种局限和问题也是当代道德重视不够和解决不好的问题。如何解决道德在个人自我实现与个人社会贡献之间的有机统一问题,是需要当代道德在继承传统道德的基础开拓创新的问题。

全面理解道德和道德教育*

道德教育的内容是道德，如果我们在道德的理解上发生偏差，那么道德教育的效果再好也是有问题的。然而，我国长期以来对道德的理解比较褊狭，因而我国的道德教育一直以来也有相当大的局限，其后果导致了受教育者所理解的道德不正确，甚至导致了受教育者对道德反感、抵触。因此，有必要对道德及其教育含义加以澄清，使道德教育者和被教育者全面理解道德和道德教育，从而从根本上改善我国的道德教育。

一、道德不等于行为规范，而是价值体系

在我国，关于道德的主导观点认为道德是调整人和人之间关系的一种特殊的行为规范总和，而其本质在于它是一种社会意识，是社会意识中的一种特殊规范体系。这种观点可称之为关于道德的规范论观点。这种观点的实质在于把道德理解为行为规范，与其他的行为规范（如法律）的不同之处在于它是一种诉诸传统习惯、社会舆论和内心信念来实现的非制度化的内在规范。这种规范论认为道德是行为规范并没有错，问题在于道德不只是行为规范，其本质不是规范。

道德是什么？道德是人类借以更好的生存的智慧，因而它是人类的生存方式，是智慧的生存方式。一个人可以邪恶、欺骗、奸诈、忘恩负义地生活在世界上，醉心于感官欲望的满足，也可以善良、诚实、正直、感恩地生活在世界上，追求人格的完善和崇高。前一种人有坏品质、坏人格，而后一种人有好品质、好人格。作为社会和世界成员的个人和共同体可以唯利是图、不择手段地相互伤害从而导致"人对人是狼"的战争状态，也可以相互关爱、互利共赢地生活从而营造一个"我为人人，人人为我"的和谐美好的人间天堂。前一种行为所形成的社会和世界是一种坏社会、坏世界，作为后一种行为结果的社会和世界则是一种好社会、好世界。人类可以唯我独尊、肆意妄为地对待地球和地球上的生物，也可以敬畏自然，友好地善待自然和生态。前一种做法的结果是一种坏生态、坏自然，后一种态度的结果是一种好生态、好自然。当人类个体普遍具有好品质、好人格，人类生活的共同体社会和世界是好社会、好世界，人类的共同家园是好生态、好自然时，人类就过上了好生活。

然而，无论是从本性看还是从历史看，人类并不能自然而然地具有好品质、好人格，拥有好社会、好世界、好生态、好自然，相反常常会走向其反面。人类之所

---

* 原发表于《中国德育》，2017年第1期。

以需要道德，就是因为道德可以使人类拥有好品质、好人格、好社会、好世界、好生态、好自然，从而使人类过上好生活，避免人类过上坏生活。道德所谋求的就是好生活。正因为如此，在人类历史上，道德虽屡遭破坏甚至被边缘化，但不可能持续地、永久地被摒弃。道德是与人类相伴随的，是人之所以为人的根本规定性，是人类应有的生存方式。因此，道德本质上是人类的智慧，是作为最佳人类生存方式的实践智慧。

作为人类智慧生存方式的道德不只是一种行为规范，而是一种价值体系，其中包括行为规范。

首先，道德涉及对什么是道德的（善的）、什么是不道德的（恶的）以及什么是最高的善（至善）的认识，这就是道德价值问题。对什么是善的、什么是至善的不同认识，就形成了不同的善恶观。善恶观就是道德价值观，它是人们进行道德判断、道德评价和道德选择的依据，规定着人们对什么是善的、什么是恶的、什么是至善的看法，因而它从根本上决定着个人和社会的道德状况。

其次，人的情感存在着善恶问题，这即是道德情感问题。一个人的情感可能是道德的（善的，与德性、德行相应，可称之为"德情"），如友爱、关爱、仁爱、博爱等，也可能是恶的，如仇恨、妒忌等，而基本的道德情感是良心，当然还有一些可善可恶和无所谓善恶的情感。情感并不是天然是善的，而是需要人的控制或者通过培养才会成为善的，而使人的情感成为善的或控制在善的范围对于个人更好生存、对于社会和谐都是十分重要的。

再次，人的品质也存在着善恶问题，这即是道德品质问题。一个人的品质可能是善的，如勇敢、节制、公正等，也可能是恶的，如怯懦、放纵、偏私等。善的品质被称为德性或美德，而恶的品质则被称为恶性。品质是人格道德不道德的决定因素，品质是德性的，人格才是道德的。与情感和行为不同，德性只有通过培养（包括教育和修养）才能形成，而不能通过当下的控制获得。

最后，人的行为同样存在善恶问题，这即是道德行为问题。道德的（善的）行为被称为德行（善行），而不道德的（恶的）行为被称为恶行。与情感和品质不同，社会总会为人们的行为规定善恶标准，这种标准具体体现为道德义务，符合道德义务的行为就是正当的，而违背道德义务的行为则是不正当的。因此，正当与否是行为善恶与否的一般标准。道德行为直接关系到社会的秩序是否正常、是否和谐美好。德行可能是遵循义务而产生的，亦即按社会的行为规范（义务）行事产生的，可能是出于善的情感产生的，也可能是出于善的品质（德性）产生的。

由以上简述可见，道德是一个由道德认识、道德情感、道德品质和道德行为构成的复杂社会现象，也是以一定善恶观为指导，以追求善（包括德情、德性、德行）为指向的社会价值体系，社会可以通过这一体系来规范和引导人们。显然，道德不等于行为规范，其本质不是非制度性的规范，而是人类谋求更好生存的智慧。

对人们进行道德教育，就是要通过教育使人们正确认识道德及道德对于好生活的意义，掌握如何成为道德之人的路径和方法。

二、道德教育的终极目的和任务

道德不是人与生俱来的，而是后天获得的。人在出生的时候虽然具有道德的禀赋，但这时的人只是自然之人，要使人从自然之人转变为道德之人必须通过道德教育，道德教育是使人成为道德之人的主要途径。不可否认，道德教育最终要通过个人修养对个人发生作用，个人只有通过自己的道德修养才能成为道德之人，但道德修养必须通过道德教育实现。道德教育的这种作用决定了道德教育的终极目的是使人成为道德之人。

道德是一个由多因素构成的复杂体系，而不只是行为的规范，因此，道德教育就不是人们通常所认为的那样，是告诉和训练人们应该怎样行动的"养成"教育，而是告诉和训练人们应该成为什么样的人、应该过什么样的生活的"成人"教育。

由于道德是一种由多因素构成的复杂体系，因而道德教育的内容既可以从不同方面来看，也可以从不同维度来看。从不同方面看，道德教育主要包括道德认识特别是善恶观教育、道德情感教育、道德品质教育、道德行为教育，并且这四个方面的教育是相互关联、有机统一的；从不同层次看，道德教育包括道德意识教育、道德知识教育、道德智慧教育，这是一个由浅入深的过程。道德意识、道德知识和道德智慧贯穿于道德认识、道德情感、道德品质、道德行为各个方面，并且使道德成为一个整体。从这两个维度对人们进行作为整体的道德教育，这才是全面的道德教育。

从道德教育内容的这两个维度看，道德教育面临着两方面的任务：一是要使人成为具有素质的普通道德之人，或者说"道德常人"；二是要使人成为具有道德智慧的精英道德之人，或者说"道德精英"。用中国传统文化的话语来说，前一种人是"君子"，而后一种人是"圣人"。道德教育的基本任务就是要使全社会所有人成为符合社会道德规导要求的合格的社会公民，从这个意义上看，道德教育的过程也就是社会化的过程，社会化过程的重要内容就是道德化。因此，使人成为"君子"是道德教育的基本任务。但是，道德教育不仅要使一代又一代的社会成员成为"君子"，而且还要努力培育社会的道德精英。道德精英是社会最高道德水平的标志，反映了一个社会在道德方面所达到的最高水准，同时也是社会的道德标杆，他们是其他人学习、借鉴、仿效、追求的榜样。社会的所有人都能成为道德常人，而只有少数人才能成为道德精英。这样的道德精英必须通过更充分、更完整的道德教育才能生成。因此，培养道德精英，使人成为"圣贤"不仅是道德教育的任务，而且是道德教育的高级任务。

道德教育所要培养的这两种人的主要差异在于，道德常人具备基本的道德素质，他们能按照社会规范行动，并接受社会的价值引导；而道德精英则不仅具备基本的道德素质，接受社会的规范和引导，而且具有道德反思、批判和构建能力，简言之，具有道德智慧。道德常人具有英国著名道德哲学家黑尔（R. M. Hare, 1919～2002）所说的常识道德思维，而道德精英不仅具有道德常识思维，而且具有黑尔所说的道德批判思维。从这种意义上看，道德精英也可以说社会道德的先进分子或道德"先知"，他们更具有道德洞察力和道德构建力，会根据时代和社会生活的变化敏锐地觉察到新生长的道德因素，并率先践行这种新的道德。因此，道德精英也是道德教育内容与时俱进的源泉。道德教育与道德精英处于相互作用的关系之中，道德精英需要道德教育培育才能生成，而道德精英的生成又会不断推进道德教育内容的更新和进步。如果一个社会的道德教育不能培养出道德精英，或者不能从道德精英的所作所为汲取活力，这种道德教育就会逐渐沦为落后于时代和生活的说教。

需要注意的是，这里所说的道德精英不同于我国一直以来所推崇和宣传的"道德模范"。我国颂扬的"道德模范"大多是优秀的道德常人，他们与其他人的区别只在于他们更忠实地接受社会的道德规导，而不是因为他们的道德水平达到了智慧的层次。道德精英则不同，他们具有"道德模范"所不具有或不充分具有的道德反思、批判能力，以及相应的道德洞察力和构建力，因而有可能会在骨子里突破一些社会的道德常规。就是说，道德精英可能不是"道德模范"。当然，他们作为道德智慧之人是会处理好勇于道德创新与遵守道德常规的关系的。对于道德教育来说，所需要着力打造的是道德精英而不是"道德模范"，至于一个社会需要树立什么样的道德模范则是另一回事。

三、道德教育的逻辑顺序和操作顺序

道德教育包含着丰富而深刻的内容，那么，对人们进行道德教育就存在着从何处入手、如何展开的问题。或者说，对人们进行道德教育存在着一种逻辑顺序，这种顺序是与正常人的"知情意行"活动结构相一致的，因而是最便于人们接受的。道德教育的逻辑顺序大致包括几个环节：

（1）启发人们的道德意识，即通过教育使人们认识到道德对于人生和社会的重要意义。只有当一个人认识到道德的意义时他才会追求做道德之人，因而启发道德意识是道德教育的第一步。

（2）传授正确的善恶观，并分析其他各种不正确的善恶观的问题在哪里，使受教育者有充足理由确信所传授的善恶观的正确性。这一步的主要任务是使受教育者树立正确的善恶观。

（3）传授道德知识，包括道德认识、道德情感、道德品质、道德智慧和道德人格方面的知识，以及道德教育、道德修养方面的知识，将道德作为一种知识体系传授给受教育者，使他们对道德有全面系统的认识。

（4）传授所有社会的道德规范和道德理想及其理由，使受教育者熟知所在社会道德规导的要求，形成对社会规导的信念。

（5）培养和锻炼根据善恶观、道德知识和社会规导在不同情境下进行道德判断、评价和选择的能力。这个阶段的任务主要不是讲授，而是营造情境和创造条件使受教育者在复杂的情况下能作出正确的道德判断、评价和选择。

（6）培养和锻炼受教育者的道德意志能力，一方面使受教育者逐渐形成道德行为习惯，并进而形成德性品质和道德人格，自觉克服和防范各种恶性；另一方面使受教育者逐渐形成道德情感，特别是关爱或友爱情感，强化良心以及责任感、义务感、公正感和荣辱感，始终恪守道德底线。这一步实质上是引导受教育者进行道德修养的过程，通过这个过程，增强受教育者开发和运用道德智慧的自觉性和能力，使之追求成为道德智慧之人。

以上六个环节是道德教育的逻辑进程。当然，这一进程的各个环节并不是彼此孤立的，而是相互关联的，在推进这一过程中也不是必须严格按照这一顺序进行，而应在突出重点的同时兼顾其他方面。

如果道德教育始终面对的是正常成人，道德教育按照以上逻辑顺序进行会更有成效。但是，道德教育从孩子出生后不久就已经开始，至少要持续到受教育者学校教育结束为止。在这一漫长的过程中，由于人有一个成长过程特别是心理成熟过程，也就是说，人在接受道德教育的一开始并不是一个正常的人，"知情意行"不是同时一应俱备的，因而实际实施的道德教育不可能完全按以上逻辑顺序进行。如果考虑道德教育必须与人的心理成熟过程相一致，道德教育的过程似乎是一种与以上逻辑顺序基本相反的过程。在受教育者道德成熟之前，道德教育首先要从培养和锻炼受教育者的道德意志能力开始，特别是要从养成道德习惯和德行品质、培养道德情感开始；然后依次传授社会的道德规导、道德知识、善恶观以及道德意识。尽管如此，道德教育者仍然必须意识到道德教育的逻辑进程。因为只有这样，我们才会知道我们在一定时期实际进行的道德教育在人的道德形成中的地位和作用，才能着眼于使受教育者成为完整的道德之人来根据其心理成熟的实际状况实施道德教育。在这种意义上可以说，道德教育的逻辑进程是一个人成为道德之人必须完成的总体结构图，而其实际进程则是走完这一路程的具体路线图。

不言而喻，道德教育的实际顺序也不是彼此截然分离的，而是相互关联的，只是不同阶段有所侧重而已。一般来说，小学阶段及以前重要的是培养和锻炼受教育者的道德意志能力，并使他们了解社会的规导；中学阶段重点是传授系统的道德知识和善恶观，并不断增强受教育者的道德意识；大学阶段则要提高受教育者的道德反思和批判能力，通过反思和批判自觉构建自己的道德体系，培养道德智慧，使自己成为道德之人和智慧之人。

我国的道德观念亟须更新[*]

生活在当代的中国人，普遍感到当前我国的道德状况不太令人满意，甚至令人担忧。客观地说，我国目前发生的这样那样的道德问题与这种社会的深刻而急剧变化有着密切的关联。但是，我国的社会转型和全面深化改革是在党和政府领导下有序进行的，在道德方面似不应发生如此之多的乱象。

我们认为，当前我国社会道德问题如此突出的一个关键性原因在于，社会推行的道德与深刻变化的社会体制和社会生活不相适应，而推行的道德在观念上存在着诸多陈旧、褊狭的方面，因而社会倡导的道德得不到社会的认同。其结果出现了公众实际奉行的道德五花八门、良莠不齐，甚至将只应适应于市场经济的利益最大化原则当成了道德的基本原则。当前我国道德的混乱状况，影响了人们的正常生活，甚至动摇了人们对中国特色社会主义的信念，其后果极其严重。由此看来，更新现行道德观念，构建与全面深化体制改革相适应的当代中国道德观念和道德体系，是摆在全党和全社会面前的一项十分紧迫的任务。

从我国经济社会生活变化的走向和当代人类道德观念更新的趋势看，并根据近几十年来世界学术界研究的最新成果，我国的道德观念在以下五个方面需要更新：

第一，改变道德只是行为规范的观念，确立道德是价值体系的观念。

在我国，关于道德的主导观念认为，道德是调整人和人之间关系的一种特殊的行为规范总和，而其本质在于它是社会意识中的一种特殊规范体系。这种观念的实质在于，它把道德理解为行为规范，与其他的行为规范（如法律）的不同之处在于它是一种诉诸传统习惯、社会舆论和内心信念来实现的非制度化的内在规范。这种规范论认为道德是行为规范并没有错，问题在于道德不只是行为规范，其本质不是规范。

道德是什么？道德是人类借以更好地生存的智慧，因而它是人类的生存方式，是智慧的生存方式。作为人类智慧生存方式的道德不只是一种行为规范，而是一种价值体系，其中包括行为规范。道德涉及对什么是道德的（善的）、什么是不道德的（恶的）以及什么是最高的善（至善）的认识，人的情感、品质、行为都存在着善恶问题。总之，道德是一个由道德认识、道德情感、道德品质和道德行为构成的复杂社会现象，也是以一定善恶观为指导，以追求善（包括德情、德性、德行）为指向的社会价值体系，社会可以通过这一体系来规范和引导人们。

---

[*] 原文发表于湖北大学高等人文研究院、中华文化发展湖北省协同创新中心、湖北文化建设研究院编《资政建言》，2017年第5期。

显然，道德不等于行为规范，其本质不是非制度性的规范，而是人类谋求更好生存的智慧。

第二，改变国家是道德立法者、人民是道德守法者的观念，确立所有道德主体都既是道德立法者又是道德守法者的观念。

在我国，人民是社会的主体，国家治理包括道德治理必须以人民为中心。国家所推行的道德必须充分体现人民的意愿和意志，有效地维护社会成员的权利和利益，而且国家作为道德主体本身也要受道德的约束。否则，所推行的道德体系就不能得到社会成员的普遍认同。同样，假如国家推行的道德体系，作为国家代表的官员不能模范地遵守，所推行的道德也不能得到社会成员的普遍认同。

我国目前推行的道德之所以不能得到普遍认同和遵守，一个重要原因是道德的立法者与守法者分离。在我们的思想观念中，一方面把国家看作是道德立法者，而不是道德立法者的代表者，不是道德的守法者；另一方面把社会成员只看作是道德守法者，而不同时把他们看作是道德的立法者。因为有这样一种观念，道德立法者的代表者就有可能不考虑他们所代表的社会成员的意愿和意志，不考虑他们的实际情况，所确立的道德就有可能脱离社会成员的实际，不能很好地反映他们的利益诉求。如此，社会成员就会把道德看作是从外面强加给自己的、让自己作出牺牲的东西，也就不会自觉自愿地信奉和遵从它。

要改变我国目前道德问题严重的局面，必须从根本上改变把国家看作是道德的立法者，而把人民看作是道德守法者的观念，确立国家是道德立法者的代表者，人民是真正的道德立法者，它们同时也都是道德守法者的观念，使所推行的道德真正体现人民的意愿和意志。

第三，改变道德意味着自我牺牲的观念，确立道德是有利于人更好生存的生存智慧的观念。

在传统社会，道德发生了异化，作为人类使自己生存得更好的生存方式变成了控制人、甚至奴役人的工具，其突出的体现就是它要求人们一味地作出自我牺牲。不可否认，在某些特殊情况下，例如在战争年代，在某些危急的处境下，道德要求行为者为了他人或共同体的利益作出个人的牺牲。但是，在平常的日常生活中，它不是要求人们牺牲自我利益或生命，而是告诉人们怎样才能更好地实现自己的利益。

道德承认人们追求自己利益和权利的合理性，但告诉人们这种追求有两种方式：一种是不道德的方式，即唯利是图、不择手段的方式。人们按照这种方式行事，不仅会伤害他人和共同体，而且最终会伤害自己。因为如果每一个体都无所顾忌地行事，必然导致人与人之间的相互伤害，最终行为者自己也必然会受到伤害。与不道德的方式不同，道德方式要求人们在追求自己利益和权利的时候不能伤害他人和共同体，这是道德的底线要求。在此基础上，道德还引导人们在不伤害他人和共同体的情况下还要有利于他人和共同体,实现利益共进和共赢;引导人们在无损于人、有益于人的基础上追求通过他人利益的最好实现来实现自己的利益。

道德的意义就在于,它不仅告诉人们什么是道德上好的(善的),而且告诉人们怎样更好,怎样最好。其一般原则依次是无损于人、有益于人和服务他人。无损于人是最低的、起码的道德要求,而服务他人则是最高的道德原则。这一最高原则要求人们为他人和社会提供优质服务,对他人和社会负责,以他人和共同体的利益为重,必要时勇于牺牲自身利益。不过,这一原则并不是对个体追求自己利益的否定,因为这种要求是对所有社会成员而言的,而不只是对某一部分社会成员而言的,每一个个体都有可能成为这一要求的付出者,也有可能成为这一要求的受惠者。这种要求归根到底是为了社会个体的利益,只不过不是仅仅为了某一个或某一些特殊的个体。

如前所述,道德的根源在于人谋求生存得更好的本性,道德从根本上说就是生存得更好的方式。正是在这种意义上,我们说道德是人生存的智慧,而不是自我牺牲。作为生存智慧的道德不是冷酷无情的,而是人性化、人道化、人情化的。只有这样的道德才会得到社会成员的普遍认同和信奉。

第四,改变个人与他人、个体与社群在利益上相互对立的观念,确立它们可以实现价值共赢的观念。

在以自然经济为基础的传统社会,人们的生存资源有限,因而个人与他人、个体与社群在利益问题上必定是此消彼长、相互对立和冲突的关系。正因为如此,传统道德为了维护社会秩序和统治者的利益,要求人们作出自我牺牲。伴随着市场经济的发展,人们渐渐发现,个人与他人、个体与社群的关系并不一定必然是相互矛盾的,而完全可以达成一致和实现共赢。例如,一个厂商完全可能通过使他的顾客的利益得到最好的实现来实现自己的利益,他越是把顾客当作"上帝","上帝"就越是惠顾他。

现代社会生活实践越来越表明,不仅市场经济中的人际关系是互利共赢的,而且整个社会生活中的人际关系都可以如此。一个具有优良品质、高尚人格的人,他就会有良好的人脉关系,而良好的人脉关系有助于他在事业上取得成功。当我们破除了个人与他人、个体与社群相互对立的观念的时候,我们就不会再把道德理解为自我牺牲了,而会把它看作是实现个人与他人、个体与社群各方共赢的最佳方式。

第五,改变道德教育是养成教育的观念,确立道德教育是"成人"教育的观念。

由于道德是一种由多因素构成的复杂体系,因而需要对人们进行作为整体的道德的全面道德教育。因此,道德教育就不是人们通常所认为的那样,只是告诉和训练人们应该怎样行动的"养成"教育,而是告诉和训练人们应该成为什么样的人、应该过什么样的生活的"成人"教育。

具体地说，道德教育面临着两方面的任务：一是要使人成为具有道德素质的普通道德之人，或者说"道德常人"；二是要使人成为具有道德智慧的精英道德之人，或者说"道德精英"。用中国传统文化的话语来说，前一种人是"君子"，而后一种人是"圣人"。道德教育的基本任务就是要使社会所有人成为符合社会道德规导要求的合格的社会公民。但是，道德教育也要努力培育社会的道德精英。道德精英是社会最高道德水平的标志，反映了一个社会在道德方面所达到的最高水准，同时也是社会的道德标杆，他们是其他人学习、借鉴、仿效、追求的榜样。

道德教育所要培养的这两种人的主要差异在于，道德常人具备基本的道德素质，能按照社会规范行动，并接受社会的价值引导；而道德精英则不仅如此，而且具有道德反思、批判和构建能力，简言之，具有道德智慧。社会的所有人都能成为道德常人，而只有少数人才能成为道德精英。这样的道德精英必须通过更充分、更完整的道德教育才能生成。因此，培养道德精英是道德教育的高级任务。

需要注意的是，这里所说的道德精英不同于我国一直以来所推崇和宣传的"道德模范"。我国颂扬的"道德模范"大多是优秀的道德常人，他们与其他人的区别只在于他们更忠实地接受社会的道德规导，而不是因为他们在道德水平上达到了智慧的层次。道德精英则不同，他们具有"道德模范"所不具有或不充分具有的道德反思、批判能力，以及相应的道德洞察力和构建力，因而有可能会突破一些社会的道德常规。对于道德教育来说，所需要着力打造的是道德精英而不是"道德模范"，至于社会需要树立什么样的道德模范则是另一回事。

自觉承担当代中国道德体系理论构建的责任*

——罗国杰伦理学贡献的启示

罗国杰先生是我国伦理学的开拓者、奠基者和一代宗师，他为当代中国伦理学工作者树立了高山仰止的丰碑并提供了不辱使命的强大动力。今天我们纪念罗国杰先生，最重要的是学习他勇于担当的胆识、开拓进取的精神和坚忍不拔的品格，在中华民族伟大复兴和社会主义现代化建设新的历史背景下，自觉承担构建我国新时期道德理论体系理论构建的历史责任，为中国特色社会主义建设事业做出更大的贡献。

一、罗国杰伦理学的贡献及其启示

罗国杰先生学贯中西，学识渊博，对我国伦理学的贡献是巨大的、多方面的。其中特别值得重视的是他以敏锐的目光，深刻洞察到新中国成立以后我国道德体系及其构建所需要的理论支撑，在极其艰难的环境中长期致力于社会主义道德体系及其建设的理论构建，并最终构建起了适应计划经济条件下的我国社会主义道德建设需要的道德理论体系——马克思主义伦理学。在自20世纪60年代初提出到21世纪我国实行市场经济体制30年间，这一体系为我国道德建设提供了理论依据、学术论证和合理性的辩护，也是实行市场经济体制以来我国社会主义道德建设的重要理论凭借和学术资源。

罗国杰先生伦理学体系的形成经历了一个极其艰难曲折的过程，这一成就是他以超凡的洞察力、理论勇气和不屈不挠的毅力不懈追求和探索的结果。

1952年6月至9月，我国大规模调整了全国高等学校的院系设置，把"中华民国"时期的英、美式高校体系改造成苏联式高校体系，综合性高校严重削弱，理工分家并大力发展独立建制的工科院校，历史悠久的名牌高校被拆散，私立高校、教会高校退出历史舞台。与此同时，过去高校的一些人文社会学科被撤销，其中伦理学、社会学等学科被视为"伪科学"而被赶出了高校和学界。然而，新中国成立以后到20世纪初我国十分重视道德建设，特别是重视对人民群众进行共产主义和社会主义道德教育。虽然当时也有对共产主义和社会主义道德教育方面的理论研究，但由于没有伦理学作为理论支撑和学术依据，当时的道德建设在相当大的程度上是

---

* 原发表于《价值论与伦理学研究》（2016年卷），社会科学文献出版社2016年版。

盲目的，其合理性和正当性没有得到必要的论证和辩护，人们对共产主义和社会道德多有疑虑，难以在全社会形成道德和价值共识。在这样的历史背景之下，罗国杰先生1960年自中国人民大学哲学系毕业留校后，旋即推动中国人民大学哲学系伦理学教研室的组建，并组织教研室的教师编写制订了一个《马克思主义伦理学教学大纲》。在根据中国人民大学第9次科学讨论会专家的意见进行修改完善后，该大纲在《教学与研究》杂志（1962年第4期和第5期）上公开发表，并在我国理论界和高校产生了重大影响。该大纲虽然是一个教学大纲，但它提供了一个共产主义和社会主义新道德的理论体系的框架，是我国社会主义道德建设的第一次系统的理论构建，为当时和后来我国道德建设提供了初步的理论论证和支持。

然而，《马克思主义伦理学教学大纲》公开发表后，一系列政治运动使进一步的伦理学理论构建工作受到严重影响。特别是1966年开始的"文化大革命"给中国人民大学带来了深重的灾难，大批干部、教师遭到批斗，各级党政组织陷于瘫痪，全部教学、科研工作被迫停止，直至1970年10月中国人民大学被解散。在这个过程中，中国人民大学的伦理学教学和研究也无法正常进行以致最后中止。1978年，中国人民大学及其哲学系恢复，罗国杰先生回到中国人民大学哲学系重建伦理学教研室，重新开展伦理学的教学和研究，并组织教研室教师在《马克思主义伦理学教学大纲》的基础上编写了《马克思主义伦理学》教材。该教材1980年由中国人民大学出版社作为校内试用教材出版，后经过修改和补充于1982年由人民出版社正式公开出版。该书不仅是一部马克思主义伦理学教材，而且是一部系统阐述马克思主义伦理学的学术专著，是对我国社会主义道德体系的第一次理论构建，同时也是新中国成立后的第一部以伦理学命名的伦理学著作。这部著作的出版以及作为教材对中国人民大学哲学系不同层次和类型学生的教育产生了广泛而深刻的影响，同时它也为改革开放以来我国的道德建设提供了理论指导、论证和辩护，其思想成为了当代中国主流道德观。

1989年，罗国杰先生组织编写的《伦理学》教材由人民出版社出版。该教材根据我国改革开放新的社会实践和我国经济、政治、文化等各方面的深刻变化，在吸收我国伦理学理论研究新成果的基础上，对《马克思主义伦理学》进行了重大修订，甚至可以说是重新编写。"本书依据我国社会主义初级阶段的实际国情，依据经济体制改革和政治体制改革后所出现的新利益关系的新变化，力求客观地分析我国现阶段的道德关系，注意目前广大人民的道德水平及其不同层次，对有关马克思主义伦理学的重大理论问题，试图进行新的概括、新的论证、新的分析和新的突破。"[①]这部著作的出版，标志着罗国杰伦理学体系构建的最终完成。这一体系适应了我国改革开放和社会主义现代化建设的需要，是对改革开放后十年我国道德体系

---

① 罗国杰：《伦理学》，人民出版社1989年版，序第1页。

构建经验的历史性总结,也为我国后来的道德建设发展提供了依据和指明了方向。从理论上看,《伦理学》是阐述改革开放条件下我国社会主义道德建设的理论道德体系。但是,它并不是一部纯粹意义上的伦理学规范论著作,而是一部以道德规范问题为主旨和中心,同时兼及道德品质问题和道德价值问题的系统伦理学著作。它是我国现实的社会主义道德体系在伦理学理论上的概括和提升,它所构建的马克思主义伦理学体系是新中国成立以来道德体系理论构建的里程碑。

需要指出的是,罗国杰先生所领导的学术团队关注的重心是我国道德体系特别是道德规范体系的构建,而他本人则更重视道德品质(德性)问题的研究,并且建立一种他自己称之为"新德性论"的伦理思想体系。这一体系具有六大特点:具有为人类理想社会——社会主义和共产主义而献身的精神;强调和重视社会中的每个人都应抱有崇高的"道德理想",都应该具有达到这种崇高理想的追求;具有先进的社会主义的要求;主张动机和效果辩证统一;极端注重人的道德修养,提出"修身""慎独",把个人的"自我完善"看做是道德行为的重要方面;重视一个人对他人、对集体、对国家、对民族所应负的道德责任。[1]罗国杰先生之所以特别重视德性问题,是因为他认为德性论比功利论更具有提升人的道德素养和道德人格的内容,而且伦理学是对人的道德品质和思想素质的塑造最为重要的科学,其功能在于它的形成、教育、塑造和升华人的道德人格的力量。应该说,"新德性论"更体现了罗国杰先生的学术个性,以及他对伦理学和我国道德建设的独特贡献。

罗国杰先生不懈奋斗的历程和杰出的学术贡献给我国当代伦理学理论工作者许多重要启迪。

首先,勇于担当,自觉承担社会道德体系理论构建的社会责任。现代社会道德体系的构建需要伦理学理论的指导,道德体系的实践构建需要与之相应的理论构建。理论构建是一项极其艰苦的工作,需要一代又一代伦理学理论工作者具有对国家、人类高度负责的精神进行不懈的学术探索。只有这样,伦理学理论研究才能适应时代和实践的需要。罗国杰先生给我们的重要启示在于,在任何情况下都要咬住青山不放松,矢志不渝地致力于根据社会道德实践的要求不断进行实践创新和理论创新,为社会道德建设提供理论支持。

其次,精诚合作,充分发挥学术团队的集体智慧推出学术成果。为社会道德体系构建提供理论支持是一项宏大的学术工程,需要发挥伦理学界学人的集体智慧才能完成。罗国杰先生不是一个书斋式的学者,他不仅长期承担繁重的行政工作,而且始终注重组织学术团队,发挥集体的力量从事学术研究和创新。他的许多学术成果都是集体智慧的结晶,他不仅带领中国人民大学的伦理学团队,而且带领中国伦

---

[1] 参见罗国杰:《学术自述》,《伦理学探索之路:罗国杰自选集》,首都师范大学出版社2011年版,第11~17页。

理学界完成了一项又一项伦理学学术理论成果,为中国伦理学事业奠定了坚实的基础,也为我国社会主义道德体系的理论和实践构建提供了丰富的学术资源。罗国杰先生给我们的重要启示是,伦理学理论工作者要有宽阔的胸襟,博采众长,协同攻关,推出精品力作,不断提升伦理学理论的社会影响力,为我国道德体系构建提供强有力的理论支持。

再次,与时俱进,不断修订和完善已经形成的道德理论体系。20世纪以来的中国,处于社会急剧变革的社会转型时期,社会实践持续的深刻变化要求道德理论不断创新。特别是改革开放以来,中国社会的道德生活发生着翻天覆地的变化,亟须道德理论的解释和指导。罗国杰教授从事伦理学教学和研究50多年,始终关注社会生活和实践的变化,不断适应变化的情况修订和完善自己的道德理论,而这正是他学术生命常青的源泉之所在。他的这种与时俱进的治学精神也给我国今天的伦理学理论工作者不断推进中国特色社会主义道德理论发展和完善以重要的启示。

最后,教书育人,精心培育国家道德建设所需要的理论人才。中国特色社会主义道德体系的实践构建和理论构建是一个历史过程,需要一代又一代人的共同奋斗才能持续进行。罗国杰先生毕生都把道德理论构建与伦理学人才培养有机地结合起来,既培养了一批又一批国家需要的伦理学人才,又通过教学推进了思想理论的系统化和大众化。在从事理论研究的过程中,注重伦理学理论的传播,重视不同层次的伦理学人才的培养,为我国道德体系理论构建的人才辈出提供保证,使中国伦理学事业不断兴旺发达,这也是罗国杰先生给我们的有益启示。

二、从理论上构建当代中国道德体系势在必行

在我们缅怀罗国杰先生的学术贡献和他的人格力量的时候,我们会深深感到他给我们的一种重大的学术责任感和强大推动力,这就是:继承他的遗志,秉承他的风范,自觉承担起当代中国道德体系理论构建的重大历史使命,全力推进中国特色社会主义事业不断从胜利走向更大的胜利。

自20世纪90年代以来,我国社会主义市场经济的兴起和发展,客观上要求我国全面改革与之不相适应的各种体制机制。为适应这种历史发展的要求,党的十八届三中全会作出了《中共中央关于全面深化改革的若干重大问题的决定》。全面深化改革将会给我国社会带来更深刻的变化,这就要求构建与之相适应的道德体系,使其为变化的社会体制提供道义辩护和道德支持。我国现行的道德作为一种完整系统的社会道德体系,是在继承革命战争年代优良的革命道德的基础上,适应社会主义计划经济构建起来并与之相适应的社会主义道德。在改革开放之前的三十年,这种道德体系对于计划经济体制的建立和运行起到了极其重要的维护和保障作用,对于建立在计划经济之上的整个社会生活秩序,对于我国人民社会主义道德品质和人

格的塑造也具有决定性的意义。但是,实行市场经济体制以来,经济体制以及与之相适应的其他社会体制的变化,使过去基于计划经济形成的道德体系明显地与之不完全相适应。恩格斯指出:"人们自觉地或不自觉地,归根到底总是从他们阶级地位所依据的实际关系中——从它们进行生产和交换的经济关系中,获得自己的伦理观念。"① 当社会经济关系发生了变化时,道德必须作与之相适应的变化,否则它就会对社会关系变化起阻碍作用。因此,在我国当前情况下,需要构建与我国市场经济以及正在全面深化改革的社会体制相适应的道德体系。②

全面深化体制改革乃至整个社会主义现代化建设需要价值观指导,为此党的十八大提出了培育和践行社会主义核心价值观的战略性任务。培育和践行核心价值观从实质上讲就是使核心价值观现实化,使之成为社会的现实价值体系和社会公众的内心信念及行为准则。核心价值观现实化最常见的、也是社会普遍重视的路径,是学习、教育、宣传或传播等。这当然十分重要,但仅此还不够,还需通过将核心价值观的内容和要求转化为社会的道德、法制(法律和制度)、政策等社会控制机制对人们起约束和引导作用,使人们在一定意义上不得不培育和践行核心价值观。道德、法制和政策这三种现代社会的主要控制机制,在使核心价值观现实化方面发挥着不同的作用,而且相互补充、相互促进,其中道德具有法制和政策所不可替代的作用和优势。首先,道德在人们的个人生活和社会生活中无所不及,将核心价值观转化为道德,就可以使之深入人心,贯穿整个社会生活及其过程;其次,道德不仅包括规范体系和机制,而且包括导向体系和机制,它在规范人们行为的同时引导人们追求更高的理想,因此将核心价值观转化为道德可以使之成为人们的理想、信念和追求,并且能使人自觉地遵循体现核心价值观的法制、政策的规范要求;最后,道德诉诸多种手段(如舆论、教育、修养,以及良心、责任感、义务感、风俗习惯等)使人们遵循社会规范并追求社会理想,因此道德可以更有效地将核心价值观内化。要将核心价值观转化为道德,或者说使之道德化,关键在于构建与核心价值观相一致的道德体系。③

改革开放以来,特别是在市场经济兴起和发展的过程中,我国社会的道德问题相当突出,道德状况令人担忧。导致这种状况的原因是十分复杂的。客观地说,我国目前发生的这样那样的道德问题与我国社会深刻而急剧的变化有着密切的关联。《中共中央关于构建社会主义和谐社会若干重大问题的决定》指出:"我国已进入改革发展的关键时期,经济体制深刻变革,社会结构深刻变动,利益格局深刻调整,思想观念深刻变化。这种空前的社会变革,给我国发展进步带来巨大活力,也必然

---

① [德]恩格斯:《反杜林论》,《马克思恩格斯文集》第9卷,人民出版社2009年版,第99页。
② 参见江畅、范蓉:《论当代中国道德体系构建》,《湖北大学学报》(哲学社会科学版),2015年第1期。
③ 参见江畅、张媛媛:《论核心价值观的道德化》,《中原文化研究》,2015年第6期。

带来这样那样的矛盾和问题。"[①]当前我国社会道德问题如此突出，也与社会推行的道德同人们实际奉行的道德脱节，与现行的道德规范体系同深刻变化的社会体制和社会生活不相适应密切相关。近些年来，我国一直致力于经济、政治、文化、社会、生态文明等各方面的体制改革，并且提出了培育和践行社会主义核心价值观的重大战略任务，然而对我国现行社会道德体系的更新和重构还缺乏清晰的意识。因此，在全面深化体制改革和构建中国特色社会主义价值体系的过程中，道德体系的更新和重构尚未被提到议事日程。如此一来，被推行的道德由于与变化的社会生活以及人们的价值追求不相适应而没有为社会成员普遍认同和遵循，一些人由于对社会倡导的道德缺乏认同感而接受了一些不正确的道德观，甚至将只适应于市场经济的最大利益化原则当成了道德的基本原则。社会道德体系不适应变化的社会生活必定会影响其对社会生活的规范力、指导力，以及对人们的感召力，在这种情况下，一些人难免会在道德观念和道德行为方面发生偏差。这就是我国过去一段时间道德失序和道德状况令人担忧的症结之所在。当前我国道德领域尚存的一些问题和混乱，影响了人们的正常生活，甚至动摇了人们对中国特色社会主义的信念，其后果极其严重。从这个角度看，更新道德观念，构建与全面深化体制改革相适应的当代中国道德体系，是摆在全党和全社会面前的一项紧迫任务。正如《中共中央关于深化文化体制改革、推动社会主义文化大发展大繁荣若干重大问题的决定》所指出的，"一些领域道德失范、诚信缺失，一些社会成员人生观、价值观扭曲，用社会主义核心价值体系引领社会思潮更为紧迫，巩固全党全国各族人民团结奋斗的共同思想道德基础任务繁重"[②]。

  当代中国道德体系构建既包括实践构建也包括理论构建。理论构建需要以实践构建作为基础，实践构建则需要理论构建提供理论依据和指导。没有系统、完整的道德理论，实践构建就会是盲目的，容易发生偏差。当前我国社会道德生活中存在的各种问题，我国道德实践构建效果欠佳，在相当大的程度上同缺乏与新情况相适应的道德理论提供指导有关。在现代文明日益发达的今天，道德建设必须有正确的道德理论作指导，社会现实的道德体系应当是理论道德体系的现实化。因此，在当前情况下，虽然道德体系的理论构建和实践构建不可偏废，实践构建不可能也不应该等待理论构建完成再进行，但理论构建无疑具有先导性，这是摆在我国道德体系构建面前更突出、更迫切的任务。伦理学理论工作者是我国道德体系理论构建的主力军，因而伦理学理论工作者责任重大，使命光荣。我们要以罗国杰先生为榜样，不辱使命，勇于担当，通力合作，负重前行，为当代中国道德体系的理论构建作出自己的贡献。

---

  ① 《中共中央关于构建社会主义和谐社会若干重大问题的决定》，《人民日报》，2006年10月19日第1版。
  ② 《中共中央关于深化文化体制改革、推动社会主义文化大发展大繁荣若干重大问题的决定》，《人民日报》，2011年10月27日。

三、当代中国道德体系理论构建面临的任务

改革开放以来,特别是实行市场经济体制以来,我国伦理学工作者在伦理学学科建设和伦理学理论研究方面取得了巨大成就,为当代中国道德体系的理论构建奠定了良好的基础。今天,我们纪念罗国杰先生,就是要像他那样关注我国的道德建设,关怀人们的品质和人格,坚持不懈地致力于道德理论体系构建和伦理学教育,从不同的角度共同完成当代中国道德体系理论构建面临的任务。

我们认为,当代中国道德体系的理论构建面临着以下五大任务。不言而喻,它们是相互关联的,而其成果将共同构成当代中国道德的理论体系。

第一,从理论上确立当代中国道德的基本价值取向和一般道德原则。对于一个社会道德体系来说,其价值取向及其以基本价值取向为依据确立的一般道德原则是根本性的。改革开放以来,特别是实行市场经济体制以来,我国社会的利益主体和社会成员类型均已呈现多元化。在今天的中国,个人是利益主体和社会成员,企业、事业单位和各类社会团体等组织也已成为了利益主体和社会成员,当然,还有国家这种特殊的利益主体。这种情况虽然不同于改革开放前,但这并非异常,而是我国现代化的必然结果,是现代化国家普遍存在的现象。这种现象就是美国著名民主理论家罗伯特·达尔(Robert A. Dahl,1915～2014)所说的"多元政体"。多元政体中存在着大量的社会群体和组织享有充分的自治,他称这种大量组织的自治为"多元主义"或"社会的和组织的多元主义"。① 在这种情况下,道德的价值取向不能只考虑其中的某一种利益主体或某一类社会成员,而必须统筹考虑各类利益主体和各类社会成员。那么,与这种新情况相适应的基本道德价值取向应当是什么,应该确立什么样的一般道德原则,就需要伦理学工作者从理论上给予有说服力的正确回答。不能提供得到充分论证的理论方案,社会就难以形成共识,道德建设也会缺乏理论依据和支持而陷入混乱或失效。

第二,从理论上构建当代中国道德价值体系。道德价值体系是社会道德体系中的基础结构。严格说来,道德体系中的价值取向和一般道德原则也属于道德价值体系的内容,只是因为这一问题涉及道德体系的根本和全局,因此才将其作为一个重大任务单列出来。道德价值体系的基本范畴是善和恶,其核心内容是善恶观,道德价值体系就是以善恶观为核心内容的结构。我国社会的利益主体、社会成员的多元化以及与之相应的价值多元化,使得伦理学理论工作者重新审视我们过去的善恶观,并在此基础上确立与时代和国情相适应的新的善恶观成为必要。这种善恶观极其重要,它规定着道德价值取向和一般道德原则,决定着整个道德体系的性质。道德价值体系的核心是善恶观,但不只是善恶观,除善恶观之外,还有将善恶观具体

---

① [美]达尔:《民主及其批评者》(下),曹海军、佟德志译,吉林人民出版社2011年第2版,第283页。

化到社会生活各个领域的道德价值原则标准。例如，家庭领域、职业领域、公共生活领域、隐私生活领域的道德价值原则和标准，都属于道德价值体系的范畴。从我国目前的情况来看，这些领域的道德价值原则和标准都程度不同地存在，但不完整系统，更没有得到充分有力的论证，因而比较缺乏公认度和影响力。因此，根据我国的现状和未来走向确立正确的善恶观并构建相应的道德价值体系，是我国伦理学理论工作者面临的任务。

第三，从理论上构建当代中国道德规范体系。长期以来，道德规范被认为是道德体系的主干部分，甚至被等同于道德。随着西方德性伦理学的复兴，人们越来越清醒地意识到道德体系与道德规范体系并不等同。道德规范体系只是道德体系中的一个组成部分，甚至也不是其中最重要的组成部分，因为在现代法治国家，道德规范体系中的很大一部分内容已经被法制化。当然，这种变化并不否定道德规范体系对于道德体系的必要性，因为法制规范不可能像道德规范那样无所不在，也不可能像道德规范那样具有自律性。在我国现行的道德体系中，道德规范体系当属最完整的，但仍然存在着不少问题，需要更新和调整。其中最突出的问题是所确立的道德价值取向和基本规范原则与我国改革开放以来已发生深刻变化的社会生活不相适应，许多人不愿意接受甚至抵制这种取向和原则，道德规范因而丧失了必要的约束力。另一方面，还存在着将道德规范原则泛化为道德一般原则的问题。道德规范原则只适用于人们的涉及他人的行为领域，而并不适用于人生活的所有领域，而道德一般原则则适用于人生活的所有领域，将道德规范原则泛化为一般道德原则就会引起人们对道德规范原则甚至整个道德的反感。一般来说，道德规范原则出于维护社会秩序和共同体利益的需要主要考虑整体的和他人的利益，而道德一般原则则还需要考虑道德个体自身的完善和自由而全面发展，特别是将道德一般原则运用于人格、品质、情感领域时，也许需要更多地考虑个体如何更好地生存。由此看来，道德规范体系也需要从理论上更新和调整，一方面使之更完整、更系统，另一方面使之不僭越，使之与道德价值体系、道德品质体系和道德情感体系相互补充，相互凭借，协调一致。

第四，从理论上构建当代中国道德品质体系或德性体系。道德品质体系所直接涉及的是一个人做什么样的人的问题，这在传统社会的道德体系中具有十分突出的地位。近代以来，为适应市场经济发展给人以最大自由空间的需要，社会只重视人们是否遵循规范（主要是法律规范），而不关心人们的品质状况，道德品质淡出了道德体系，在社会生活中被边缘化。自新中国成立以来，我国始终十分重视道德品质（品德）的培育，但它主要不是属于道德体系，而是属于政治体系。德育被摆在培育接班人的首位，而不是摆在培育健康人的首位。因此，德育被作为政治思想课的一个部分，而不是作为伦理学课的一部分，从事德育教学和研究的人也大多是思想政治课教师，而不是伦理学教师。同样，品德也被作为选拔党政干部的首要标准，即所谓"德才兼备，以德为先"。由此看来，我国的道德理论构建首先面临着一个如何使道德品质问题回归到道德领域的问题。但是，我国的道德品质体系构建并不只是这样一种回归，而是内容十分丰富的。品质与人的生活、人格关系十分密切，那么就存在品质与人格关系的问题。如果品质对于人格有决定性的影响，那么，社会主义道德体系需要什么样的品质和人格？品质不仅涉及与他人、群体（共同体）、环境的关系，也涉及与品质具有者自身的关系，那么，从构建我国当代道德体系的角度看，一个人在所有这些方面应该具备什么样的德性？而且，德性包括基本的和派生的，那么，哪些德性对于一个人来说是基本的，哪些是派生的？这些基本问题以及其他相关问题都需要伦理学理论工作者做出回答。

第五，从理论上构建当代中国道德情感体系。在人类文明史上，社会的道德体系通常将情感问题作为个人私生活问题而较少涉及，或者只是将其纳入行为领域，由道德规范来加以调节。实际上，人的情感存在着道德问题，或者说，人的有些情感是可善可恶的，也是可以提升的。事实证明，通过道德情感教育和修养可以培养出高尚的、持久的道德感情，例如可以培养人的友爱、关爱、仁爱、博爱的感情。而没有这种教育和培养，这些感情就不会生长起来。更为重要的是，情感是人的一种能量、一种需要，它需要宣泄，需要满足。在得不到正常的、道德的宣泄和满足的情况下，它就可能发生变态或者恶化，这样的情感就会成为影响人们心理健康以至影响社会安定的负面的、消极的因素。为了正确引导人们情感的宣泄和满足，提升人们情感的层次，就需要构建社会的道德情感体系。在我国现行的道德体系中，似乎缺乏道德情感体系的部分。虽然我们讲"爱国主义"，讲"五爱"，但这些主要都是道德规范，而不是真正意义上的道德情感要求。实际上，道德情感体系除了个人对他人以及个人对家庭、对国家、对人类等方面的道德情感之外，还包括良心以及与之相关的正义感、责任感、义务感、荣辱感等方面的内容。[①] 在我国新的历史条件下，所有这些情感在社会道德体系中处于什么地位、它们彼此之间的关系如何以及它们与其他道德要素的关系是什么等问题，都需要我们加以研究，使之为社会道德情感体系构建提供理论依据和方案。

---

① 关于道德情感体系的结构，可参见江畅、张媛媛：《试论当代中国道德情感体系构建》，《道德与文明》，2016年第1期。

礼仪与好生活的关系及其后现代重构*

礼仪是自古以来人类生活中一直存在的一种规范现象。它之所以一直存在并为人们普遍认可，是因为它既是好生活的一个重要组成部分，也是实现好生活的重要途径之一。然而，近代以来，整个社会生活的日益世俗化和市场化导致了礼仪的日益表面化和商业化，以礼仪为标志的道德逐渐丧失了它的好生活意蕴，对好生活的理解也变得片面化。在人类社会从现代向后现代转换的今天，我们需要理清礼仪与好生活本原的真实关系，反思近代以来礼仪与好生活的分离，并对两者之间的关系进行后现代的重构。

一、礼仪与好生活的关系

礼仪是最常见的日常现象。在汉语中，"礼仪"指礼节和仪式，是"礼节"和"仪式"的复合词，因此这个汉语词被英译为"ceremony and propriety"。按《现代汉语词典》的解释，"礼节"表示尊敬、祝颂、哀悼之类的各种惯用形式，如鞠躬、鸣礼炮等；"仪式"指举行典礼的程序、形式，如授衔仪式。显然，礼节与仪式在本质上是相同的，区别仅仅在于仪式是更正规的礼节。就其实质而言，礼仪是一种社会规范，是一种应当对他者表示友善和尊重的具有道德意义的要求。礼仪不适用于自我，只适用于他者。这里所说的"他者"既指他人，包括生活中遇见的各种人，以及历史人物，如孔子；也指各种群体，如各种国际组织、国家等；还指事件，包括现实事件和历史事件，如纪念抗日战争胜利70周年的庆典。礼仪的形式各种各样，从最常见的握手、对他人的善意微笑到开国大典之类的庄严隆重的庆典，但其本质是相同的，即通过各种不同的形式对他者表达礼仪表达者（礼仪主体）的友善和尊重态度。在这里，友善是前提，它表达对友好善意的关切；尊重是核心，它表达对他者尊严的承认和尊重。单纯的友善态度尚不成为礼仪，只有在友善的前提下对他者表示尊重，才构成礼仪。而且，这种尊重有一些社会约定俗成的形式，如握手、拥抱、鞠躬和各种仪式等，就是说，礼仪是通过社会认可的礼仪形式表达对他者的尊重的。这些礼仪形式具有规范的意义，属于社会规范的形式。因此，礼仪是要求人们通过一定的礼仪形式表达对他者的以友善为前提的尊重态度的社会规范。对他人的尊重是一个道德范畴，因而表达尊重的礼仪是社会道德规范体系的构成部分。

---

* 原发表于《伦理学研究》，2016年第5期（与笔者的博士研究生蔡梦雪合作）。

社会规范有各种不同类型，如法律规范、道德规范、语言规范等，学者们从不同角度对社会规范进行过划分。美国著名哲学家约翰·塞尔（John Searl，1932～ ）曾提出过一种很有影响的划分，这种划分有助于我们了解礼仪这类规范与其他类型之间的不同。塞尔在他非常著名的文章《怎样从'是'派生出'应当'？》中将规则区分为规定性的规则（regulative rules）与构成性的规则（constitutive rules）。他说："有些规则规定存在着的行为形式。例如，有关礼貌的餐桌行为的规则规范吃的行为，但吃的行为独立于这些规则存在。另一方面，有些规则不仅规定而且创设或界定新的行为形式；例如，下棋的规则就不仅规定一个先前存在的被称为下棋的活动；它们……还创制那种行为……的可能性……婚姻、金钱、承诺的惯例是像棒球或下棋的惯例一样的，因为它们都是这种构成性规则体系。"①

根据塞尔的这种区分，单纯从形式上看，礼仪确实如塞尔所说的是一种规定性规则或规范，如在餐桌上吃饭制造噪音被视为不礼貌。对礼仪作这种规定性规范的理解，礼仪虽然必要，但不是十分重要的。例如，吃饭发出一些令人不快的噪音对周围人完成他们的吃饭不会有根本性的影响。正因为许多人对礼仪作这种理解，所以他们把礼仪看做是无足轻重甚至可有可无的。然而，如果我们把礼仪看做是礼仪主体或行为者对他者尊重的表达，那么礼仪就不只是规定性规则，同时也是构成性规则。行为者对他者的尊重如何表达，就是通过礼仪，在一定意义上说，礼仪如同下棋的惯例一样，它们都是构成性规则体系，对他者的尊重正是通过各种各样的社会礼仪表达和体现的。没有礼仪，对他者的尊重就无从表达、甚至也无从体现。从这种意义上看，礼仪是尊重他者的构成性道德规范体系。

礼仪作为社会道德规范可以而且应当转化为人们的内在信念和内在品质，成为人格的组成部分。礼仪像其他道德规范一样，可能是社会约定俗成的，也可能是明文规定的。对于社会成员个人来说，礼仪最初是外在的，但对个人有约束力。正是因为这种约束力，人们在人际交往中采取礼仪的形式，也许久而久之会习惯成自然，养成了礼仪的习惯。当然，也有些人也许一辈子都没有养成礼仪的习惯（通常不会没有任何礼仪习惯，否则无法在社会中生存），还有些人只是为了功利的目的在礼仪方面做做表面文章。然而，人们认识到礼仪的重要性，并自觉进行礼仪修养，将社会的礼仪规范不仅转化成了习惯，而且转化成了自己的内心信念和优良品质，这时，他的礼仪行为不只是随大流的、应对性的、纯粹形式的或者为了某种功利目的的，而是发自内心地、真诚地通过礼仪形式表达对他者的尊重。礼仪就从外在的道德规范转化成了行为者自己的道德品质。这种道德品质像其他道德品质以及

---

① John Searl, "How to Derive 'Ought' from 'Is'", in Philippa Food, ed., *Theories of Ethics*, Oxford: Oxford University Press, 1964, p. 112.

其他优秀品质一起构成了人之为人的规定性，体现出了人的尊严和高贵。

以上对礼仪本质的揭示已经表明，礼仪作为社会规范和个人人格与人的作为整体的好生活有着内在深刻关联。

从伦理学的视角看，人类追求的终极目标就是过上好生活（good life）。虽然伦理学家们对于人类追求的终极目标是不是幸福尚存在着分歧，但把这种目标定位于好生活似乎没有什么争议。也许正因为如此，伦理学家们越来越多地讨论好生活问题。什么样的生活是好生活？大致说来，伦理学家们对这个问题有三种回答：一是认为好生活是值得欲望的（desirable）生活，也就是人的欲望（特别是物质欲望）得到满足的生活。根据这种看法，一个人的物质欲望得到越充分的满足，他的生活就越好。二是认为好生活是值得钦佩的（admirable）生活，也就是人的道德人格值得钦佩的生活。根据这种看法，一个人越是有道德（有德性、有良心、有仁爱之心、有道德智慧等），他的生活就越好。三是认为好生活是既值得欲望的也值得钦佩的生活。根据这种看法，生活是一个整体，好生活也是一个整体，既包括物质生活也包括精神生活，因而一个人既要追求物质需要的满足，也要追求精神需要的满足。生活富裕和道德高尚共同构成作为一个整体的好生活。这三种观点实际上反映了社会现实中人们对好生活的三种不同理解和三种不同追求。从人类历史看，近代以前的传统社会第一种观点占据主导地位；近代以来的现代社会第二种观点占据主导地位；第三种观点虽然一直没有成为社会的主导观点，但它代表了人类追求的未来方向，它将会成为后现代社会占主导地位的好生活观。更值得注意的是，第三种观点反映了人谋求生活得好的本性，因而揭示了人的好生活的本质和真实内涵。

好生活的值得钦佩或道德高尚的层面包含着极其丰富的内容，但归根到底涉及两个方面：一是关涉自我的方面；二是关涉他者的方面。关涉自我的方面最重要的也许就是人格完善，包括人格健全、道德高尚、富有个性等；关涉他者方面最重要的也许是自觉自愿地为他者作贡献。这两个方面是密不可分的，个人的人格完善只有通过对他者作贡献才能实现。人为什么要对他者作贡献？是因为他者是自我完善的环境、条件、源泉，也是自我完善得以实现的对象。但是，对他者作贡献，不是对他者施舍，而是承认他们有其独有的自由、个性、权利、价值、人格以至喜怒哀乐，而这一切体现为尊重他者的人格尊严。对他者作贡献的前提是要把他者作为有人格尊严的主体加以尊重，缺乏这个前提就不是真正意义的贡献。同时，一个人自己也是有人格尊严的主体，是其人格尊严应受到所有他者尊重的他者。礼仪的意义正在于它要求人们把他者作为有人格尊严的主体加以尊重。这种要求同时也蕴涵着所有他者对一个人自己的尊重，因为一个人是自己的他者人格尊重的对象。就是说，礼仪实质上要求人们彼此之间相互尊重，这种尊重是双向互动的，而不是单向递进的。由此看来，不仅就个人人格完善而言，而且就对他者作贡献而言，礼仪都既是好生活的组成部分，也是实现好生活的重要路径。尊重他者会赢得他者的尊重，而受到尊重是好生活的基本要素，从这种意义上看，礼仪是实现好生活的路径；礼仪是对他者作贡献的前提，而对他者作贡献是好生活关注他者的方面，因而礼仪也是好生活本身的重要内容。

好生活是以好社会为前提的，有好社会才可能有个人的好生活。那么，什么样的社会才是好社会呢？好社会有种种规定性。我们曾提出现代意义的好社会有八种规定性，即普遍幸福、个体自由、社会平等、民主充分、法制健全、生活殷实、道德高尚和公正立国。① 在所有这些规定性之中的一个根本规定性就是包括个人独有的自由、个性、权利、价值、人格等在内的人格尊严。这种人格尊严得不到尊重，好社会的其他规定性就无从谈起，即使存在也不足以使一个社会成为真正意义的好社会。礼仪作为社会道德规范之所以被需要，就是为了给人们的人格尊严普遍受到尊重提供保证。同时，礼仪形式是人区别于世界万事万物的最典型形式，也是一个社会美好的最明显标志，因为礼仪是人类发明的独有生存方式，是人类有文化、有教养的突出表现。当然，礼仪要在社会生活中发挥其应有的作用，它本身也必须体现尊重人格尊严要求，防止礼仪变成传统社会中的那种陈腐的繁文缛节，变成束缚人们自由的礼教。

二、礼仪与好生活分离的原因和后果

无论在西方传统社会还是在中国传统社会，礼仪都被看做是与好生活内在关联、密不可分的，甚至把礼仪看做是好生活的内在规定性和外在标志。

在古希腊、古罗马社会，人们似乎不太重视礼仪问题，但是非常重视"什么样的生活是好生活？""一个人应当成为什么样的人？"的问题。人们对这两个问题的回答并不相同，但一般认为好生活是德性之人过的生活，因而这两个问题实质上是同一个问题的两个方面：做德性之人，过德性之人那样的生活。那么，德性之人的德性意味着什么？古希腊认为，德性之人的德性是一个整体，具有统一性，其实质是对德性的本质有所把握，或者说获得了有关德性的本性的知识。这即是所谓的"德性是智慧""德性是知识"。德性虽然是统一，但它体现在许多方面，其中得到普遍公认的是智慧、勇敢、节制和公正。这四种德性被称为"四主德"。亚里士多德更在诸德性之上提出了一种特别的德性，他称之为 megalopsuchia。英文中没有与之严格对应的词，通常译为 magnanimity（高风亮节）。这种德性不是一个与其他德性并列的德性，而是其他德性的"王冠"或"装饰物"，它能使其他德性更伟大。它是非凡行为者的德性，他在一种非凡的程度上具有所有德性，因而获得了这种成

---

① 参见江畅：《幸福与和谐》（第 2 版），科学出版社 2016 年版，第 165～166 页。

为非凡地有德性的进一步的德性。① 对于亚里士多德来说,"这样一个非凡的人不会去做平常的、无聊的、不引人注目的德性行为,因为他不像平常人那样从事引起这些平常行为的非道德的生活事务。因而他的德性行为被限定在更辉煌的类型"②。这种人也许就是亚里士多德和希腊人心目中的典型意义的"德性之人"。这些德性项目(德目)实质上就是社会的德性规范或德性要求,也就是当代社会的道德规范。它们虽然没有以中国古代那样的礼仪形式加以表达,但本质上具有中国古代礼仪规范的意义。这些德性规范就是好生活的规定性,与古希腊罗马人所理解的好生活是一致的,甚至是同一的。不过,到了基督教教会统治的中世纪,规范已经与好生活发生分离,无论是基督教的律法还是基督教神学德性,都再也不是好生活(来世进入天国享受永恒的幸福)的内容,充其量不过是获得好生活的路径,这为近代礼仪与好生活进一步分离提供了某种准备。

与古希腊罗马不同,中国传统社会历来重视礼仪,特别是礼。礼不仅是社会的道德要求,而且还有与之相配套的礼仪形式,形成了完整的礼仪体系。因此,中国自古以来就有"礼仪之邦"的美称。中国古代的"礼"和"仪",实际是两个不同的概念。一般认为,"礼"是制度、规则和社会意识观念,"仪"是"礼"的具体表现形式,它是依据"礼"的规定和内容,形成的一套系统而完整的程序。但是,实际上中国古代"礼仪"的含义要丰富得多。按冯天瑜先生对礼仪的解释,"礼,经国家,定社稷,序民人,利后嗣",(《左传》)而与之匹配的"仪"则从外在形态上坐实礼,达成仪操(仪容节操)、仪举(仪容举止)、仪观(仪容观瞻)的完善。礼仪并行,以"内正其心,外正其容"是国民内外兼修不可或缺的两侧面。以"礼"立国树人,以"仪"规范行止,是中国文化的传统。③ 在中国古代,礼仪是为了适应当时社会需要,从宗族制度、贵贱等级关系中衍生出来的社会规范体系。先秦是中国礼仪体系形成的时期,"三礼"(《仪礼》《礼记》《周礼》)的出现是中国古代礼仪成熟的标志。在先秦,礼在社会生活中具有重要地位,礼就是道德(仁)。在"礼崩乐坏"的春秋时期,孔子就把恢复周礼作为道德复兴的标志,甚至作为理想社会实现的标志:"克己复礼为仁。一日克己复礼,天下归仁焉。"(《论语·颜渊》)在中国古代,礼是仁的形式和具体化,仁是礼的内容和指归。礼根据人们的社会角色,对人们提出具体的道德要求。例如,孟子根据人的五种基本社会角色提出了"五伦":"父子有亲,君臣有义,夫妇有别,长幼有序,朋友有信。"(《孟子·滕文公上》)按照这种人伦要求行事,并有所"得",即形成了相应的品质,一个人就

---

① 参见[古希腊]亚里士多德:《尼各马科伦理学》1124a-b,苗力田主编:《亚里士多德全集》第八卷,中国人民大学出版社1992年版,第81~82页。
② Julia Annas, *The Morality of Happiness*, New York / Oxford: Oxford University Press, 1993, p. 119.
③ 参见冯天瑜先生在由湖北省政协文史和学习委员会、武汉大学主办的"'荆楚文化与公民伦理道德礼仪规范建设'高层论坛"(2011年11月28日)上所作的主题报告"弘扬优秀道德礼仪传统"。

成了他应该成为的那样的人，即"君子"，达到了最高境界就是"圣人"。因此，礼仪就是人伦，就是做人的准则，也就是人应有的生活方式，应有的生活。如同古希腊的德性就是好人格、好生活一样，人伦就是中国古代的好人格、好生活，它既是好生活的内容本身，也是实现好生活的路径。到了后来，特别是到了宋代，礼仪与封建伦理道德说教相融合，即礼仪与礼教相杂，成为实施礼教的得力工具之一，实际上已经开始与好生活发生了分离。

虽然在中西方传统社会的后期，礼仪开始与好生活发生分离，但至少在形式上两者是一致的，通过礼仪体现的道德生活被认为是好生活，这种生活是值得钦佩的。然而，市场经济的兴起和发展斩断了礼仪以及道德规范与好生活的内在关联。一方面好生活再不像传统社会那样被理解为以礼仪为形式的道德生活；另一方面礼仪再也不是好生活的构成内容，充其量是人为了过好生活不得不付出的代价。

在西方，中世纪后期自地中海沿岸逐步兴起的市场经济，以其自身的巨大经济力量不仅战胜了封建庄园经济，而且彻底推翻了天主教会和封建专制主义的政治统治，建立了与自身相适应的资本主义制度。近代西方的海外扩张和殖民又进一步把市场经济推向了世界，今天市场经济已经成为几乎整个世界普遍采取的经济形态。市场经济是一种多元主体自由竞争的经济，它是以存在着不同的自主决策、自负盈亏的商品生产者和经营者为前提的。市场经济的这种性质要求市场主体和社会有充分的自由，给人们最少的约束。其结果是社会的道德规范只是"底线规则"，即确保人与人之间不至于相互妨碍而受到伤害，它不像传统社会那样是人们的生活方式，甚至是人生追求。礼仪乃至其他各种规范淡出了人们的生活，它们只是保证人们生活秩序正常的纯粹手段，礼仪的淡出是人们为了获得充分自由不得不付出的代价。"底线规则"是对人们行动的约束，是与自由对立的，但是如果人们不普遍遵守这些规则，社会就会陷入混乱，个人的自由和谋利都不可能实现，所以人们不得已，只好遵守这些规则。

市场经济又是追求利益最大化的经济，它不断刺激市场主体永不满足地追求物质利益。为了实现利益最大化，就必须推动人们的消费，通过给人们提供花样翻新的满足，不断刺激和开发人们的需求。因此，市场经济又是一种消费主义的经济。市场经济的这种特性要求人们不再把好生活理解为德性之人的生活或德性生活，理解为圣人君子的生活或仁爱生活，而要把它理解为物质欲望得到越来越充分的满足的生活，即那种值得欲望的生活。因为只有这样，市场才会有不竭的潜力和空间。于是，在强大的利益最大化的动机驱使下，在物质欲望不断被强烈刺激下，人的精神需求和道德需求蜕化了、萎缩了、被湮没了。过去作为生活方式的道德为自由所取代，而作为整体生活核心部分的道德生活为物质生活所取代，人的生活完全物质化了。同时，近代以来，传统社会的礼仪本身也丧失了传统的道德内涵，并且发生了规范与形式分离：一方面礼仪的规范内容主要成了社会的法律规范；另一方面礼仪形式成了没有任何道德内涵的表面礼仪形式。于是，今天人们看到的礼仪只是那些表面形式的礼仪，如怀抱着强大利己动机的温文尔雅、彬彬有礼等。

今天看来，近代以来与市场经济发展相伴随的道德及其礼仪规范与好生活的分离导致了许多严重的后果：首先，人及其生活成了"单向度的"（马尔库塞语），即只有物质的感性的生活，没有了精神的德性的生活。个人成了单纯的经济动物，过着片面的、浅表的、甚至畸形的生活。人看起来获得了在底线的法律之内的充分自由，但实际上却成为了永远满足不了的物欲和贪欲控制的奴隶，成为了市场最大利益化原则摆布的玩偶。人实际上没有成为自己的主人，也没有成为社会的主人，当然也就没有过上真正意义的好生活。其次，社会成了"单向度的"社会。伴随着整个社会生活的日益市场化和资本化，社会逐渐成为了生意场，成为了人们为利益最大化而无休止竞争的战场。社会成员则成为了社会经济技术体系中的一个部件，成为了资本增值的一个环节（消费环节），公众为应接不暇、光怪陆离的广告牵引着、驱动着、主宰着，随波逐流，身不由己，没有一块真正意义的自主私域空间。人们对共同体再也没有了认同感、崇敬感、归属感、家园感。最后，个人生活和社会生活的单向度以及对利益的无止境贪求导致了许多社会问题，如心理疾病流行、"假冒伪劣"商品充斥市场、官员腐败成风、不可再生资源迅速消耗、生态环境严重恶化、恐怖事件狼烟四起等等。所有这些严重后果警示我们，我们需要重新思考礼仪所标示的道德与好生活的关系，需要重构礼仪与好生活的关系，推动人类生活从现代向后现代转化。

三、礼仪与好生活关系的后现代重构

应当承认，近代以来的市场经济社会的历史进步意义，它使人从过去的各种束缚中解放了出来，获得了人身自由；它也使人类摆脱了过去的贫穷苦难，获得了物质上的富足。市场经济虽然给人类带来了许多前所未有的问题，但人类至今尚未找到取而代之的更好经济形态，因而在可预见的历史时空内，市场经济将仍然会是人类的主要经济形态。因此，当代人类面临的主要任务也许就在于如何有效地扼制整个社会日益市场化的态势，使以礼仪为标志的道德重新回到人类生活之中，成为好生活的重要组成部分。

使礼仪重新回到人们的生活，并不是要把传统社会那样的礼仪道德生活与好生活等同起来，一味推崇值得钦佩的生活，而贬低甚至否认值得欲望的生活。传统社会对好生活理解的最大问题在于，虽然它一般来说肯定好生活是作为整体的人的生活，但它把这种整体生活理解为主要由道德构成的生活，物质生活要么完全被否定，要么被看成是无足轻重的。这样，对一个人应成为什么样的人的回答，就成了要成为道德之人；而对一个人应该过什么样的生活的回答，就成了要过道德生活。

今天看来，这种理解显然也是褊狭的。没有富足的物质生活作为基础，人们很难普遍地成为真正有道德的，生活也不是真正意义上的作为整体的好生活。其结果出现的不是普遍有道德的人和有道德的社会，而是道德越来越成为无人信奉的空洞说教，一些有权有势的人则利用这种道德的虚伪性谋取私利。正因为如此，传统社会无法继续存在下去，最终为现代社会所取代。以市场经济为基础的现代社会的最大贡献是使社会和人们普遍获得了物质生活的富足，这就为构建一种不同于传统社会那种不人道的道德奠定了坚实的基础。现在的问题是，如何构建一种与富足的物质生活相一致同时又能提升整个生活的质量和层次的新礼仪，这种礼仪能克服和防范市场经济的消极影响，能使人精神充实，精神需要获得充分满足。这就是我们提出的礼仪与好生活关系的后现代重构问题。

从后现代社会着眼重构礼仪与好生活的关系，是一个大话题，有许多问题需要研究，这里我们提出几点初步意见参与讨论。

首先，要解决礼仪的内容与形式统一的问题。无论在中国还是西方，传统社会早期的礼仪都是内容与形式统一的，是通过一定形式表现的制度、规范，因此可以说是社会道德的标志。只是传统道德本身的局限性，使得到了传统社会后期开始发生了礼仪的形式与内容的分离。这种分离彻底败坏了礼仪，使之走向崩溃。礼仪需要形式，否则就不叫礼仪，而直接叫规范就行了，这里就提出了如何使规范的要求与礼仪的形式有机统一起来。要解决这个问题，也许关键的问题是要丰富内涵而简化形式，使礼仪真正成为人们的道德修养和素质的外在表现，而不是为了某种功利的目的的装腔作势。因此，解决礼仪的形式和内容统一问题，关键是加强道德修养，提高人们的道德素质和境界，使人们的行为举止发于人性而自然得当。这里需要特别注意的是，一些人一谈到讲礼仪，就想到繁复的礼仪形式，甚至主张恢复中国传统社会那些过时陈腐空洞的形式。这种想法不仅行不通，而且也有害。

其次，礼仪内容的合理确定问题。这个问题至少涉及三个方面：一是礼仪的适用范围问题。并不是社会所有的规范都要采取礼仪的形式。礼仪作为规范，主要涉及的是作为社会成员的个人生活，通常是就其社会角色而言的。在一定意义上说，礼仪是有关社会成员个人社会角色的道德规范。因此，礼仪只是社会规范中的一个部分，它一方面限于个人；另一方面限于道德，涉及的是个人道德生活。现代社会是法制化社会，今天的礼仪不可能再像中国古代社会那样包罗所有的制度和规范，试图使今天的中国重现"礼仪之邦"的昔日风采，也许是完全不现实的。二是礼仪涵义问题。礼仪作为道德规范，不只是要体现社会的道德行为方面规范的要求，要体现社会价值方面、品质方面、情感方面的道德要求。它是综合统一的道德规范。这种规范本身不只是一种纯粹的外在要求，而是已经转化成了包括个人的道德信念、道德品质、道德情感、道德行为在内的道德人格。只有这样的礼仪才是构成人的整体生活一部分的道德生活。三是礼仪的价值取向问题。礼仪作为一种道德规范，在不同时代不同社会有不同的价值取向。一般说来，传统社会的礼仪是整体主义的，近代以来的礼仪是个体主义的。在现代社会向后现代社会转型时期，整个社会的价值取向将会从个人主义转向和谐主义。当代社会已经成为多元主体的社会，除了个人和国家，还有大量的企业及各种社会组织，它们都是社会的主体。和谐主义的价值取向不再以个体为价值本位，也不以整体为价值本位，而是以多元主体为本位。在这种新的历史背景下，礼仪也需要以和谐主义为价值取向，因为只有这样，礼仪才会有生命力和感召力。

最后，礼仪在好生活中的定位问题。前面已经谈及对好生活有三种不同的理解，显然后现代社会的好生活是那种既是值得欲望的又是值得钦佩的生活，是这两种生活的有机统一。后现代的礼仪所代表的是人的整体生活中值得钦佩的方面，这个方面不是否定好生活的值得欲望的方面，而是以之为基础、为前提的。它是对值得欲望方面的提升和超越。根据人本主义心理学家马斯洛的需要层次论，礼仪生活大致相当于人的自我实现需要满足的层次。这种需要的出现和满足是以基本需要的满足为前提的。按照这种理论，重建礼仪与好生活的关系，需要努力解决人们的基本需要满足问题。从社会的角度看，重建这种关系既需要大力发展经济，又需要不断丰富人们的物质生活。从历史的经验教训看，这个问题不解决好，不可能使礼仪真正回到人们的生活。当然，在追求经济发展的过程中，也需要引导人们不局限于物质需要的满足，而要同时追求精神的满足，追求人格的完善。特别是对于社会中那些比较富足的人群，更要通过各种途径（如教育、政策、措施等）推动他们追求礼仪生活，追求作为整体的人的好生活。

中国治理体系的历史演进及其现代化的必要性*

国家治理体系和治理能力的现代化是在党的十八届三中全会通过的《中共中央关于全面深化体制改革若干重大问题的决定》中第一次明确提出来的，然而这个问题自改革开放之初就已逐渐凸显出来，党和国家一直以来都在通过改革开放致力于国家治理的现代化，在实行市场经济体制之后这一问题日益紧迫地摆在了全党和全国人民面前。

一、中国现行治理体系和治理能力的形成

习近平同志指出，一个国家选择什么样的治理体系，是由这个国家的历史传承、文化传统、经济社会发展水平决定的，是由这个国家的人民决定的。我国今天的国家治理体系，是在我国历史传承、文化传统、经济社会发展的基础上长期发展、渐进改进、内生性演化的结果。[①] 我国现行的国家治理体系和治理能力是在实行改革开放和社会主义市场经济体制的过程中逐渐形成的，它奠基于新中国成立后社会主义制度确立时期的治理体系，并具有悠久而深厚的历史文化传统，同时吸收了西方国家及其他国家治理方面的有益内容。

与世界上许多其他民族不同，中华民族一踏入文明社会的门槛，就形成了自己的民族国家，并形成了与当时经济社会发展水平相适应的国家治理体系（严格说来，那时只是一种统治体系，而不是现代意义的治理体系，为了叙述的方便，我们这里在广义上使用"国家治理"一词）。历史研究表明，我国的第一个国家治理形态是封建制的国家治理体系。据冯天瑜先生的考证，在先秦时期，殷商的封建制不同于西周的封建制，西周的封建制不同于东周的封建制。"如果把夏、商称为'氏族封建制'，那么西周则可称为'宗法封建制'。"[②] 就西周而言，封建制是与宗法制、等级制共生的。西周封建制有多个级次，其最为重要的是"天子建国"（周天子分封诸侯以立国）与"诸侯立家"（诸侯立卿大夫以称家）。秦始皇武力结束春秋战国封建割据建立统一国家后，秦至清的两千余年间，国家治理体制虽然多有变化，但"宗法制"、"地主制"和"皇权专制"三项要素大体贯穿始终，并构成彼此契合的系统。冯先生称这个时代为非封建的"宗法地主专制社会"与"皇权时代"[③]。就国家

---

* 原发表于江畅等：《当代中国主流价值文化及其构建》（第七章），科学出版社2017年版。
① 《习近平：推进国家治理体系和治理能力现代化》，新华网，2014年2月17日。
② 冯天瑜：《"封建"考论》（修订版），中国社会科学出版社2010年版，第21页。
③ 参见冯天瑜：《"封建"考论》（修订版），中国社会科学出版社2010年版，第412-413页。

治理体系而言，这个漫长的历史时期实行的是君主制。秦汉以后，中国的王朝频繁更迭，但君主制却传承不辍，"百代都行秦政制"。"这种'秦政'式的君主政制，在君民关系上，务在'弱民'，本在'制民'；在君臣关系上，力行'君尊臣卑'。"①

辛亥革命推翻了清朝的统治并从此结束了中国君主专制的传统社会，孙中山试图借鉴西方经验，摒弃传统专制主义的君主制，建立民主主义（实为资本主义）共和制的治理体系。然而，由于种种原因，这种共和制最终没有完全建立起来，中国却陷入了长达38年的战乱。中国共产党领导中国人民推翻了"三座大山"，建立了中华人民共和国。从国名就可以看出，新中国实行的共和国制治理体系，与孙中山所主张建立的共和制不同的是这是社会主义的共和制。实际的情况也是如此。就政体或治理体系而言，新中国建立的社会主义共和制与西方资本主义共和制以及孙中山主张的民主主义共和制有一致的地方，它不再是君主制，而实质上是民主制的共和制②。但是，就国体和基本制度而言，两种共和制存在着社会主义与资本主义之间的本质区别。"中华人民共和国是工人阶级领导的、以工农联盟为基础的人民民主专政的社会主义国家。社会主义制度是中华人民共和国的根本制度。"③基本社会主义制度用新近的界定来表述就是中国特色社会主义制度：即"人民代表大会制度的根本政治制度，中国共产党领导的多党合作和政治协商制度、民族区域自治制度以及基层群众自治制度等基本政治制度，中国特色社会主义法律体系，公有制为主体、多种所有制经济共同发展的基本经济制度，以及建立在这些制度基础上的经济体制、政治体制、文化体制、社会体制等各项具体制度。"④这样一种国体和制度是对传统社会制度的根本性变革，是中国共产党领导下的中国人民的伟大创造。当然，这其中也吸收了西方近代资产阶级政治制度的合理内容，尤其是它是在马克思列宁主义指导下确立的。

新中国成立以后，我国的国体和基本制度虽然也有某些变化（如基本经济制度由单纯的公有制转变为公有制为主体、多种所有制经济共同发展的经济制度），而且还需要完善和发展，但总体上是一以贯之的。党的十一届三中全会后，为了适应改革开放和市场经济发展的新要求，我国在政体或国家治理结构方面特别是在具体制度方面发生了巨大的深刻变化。这种变化体现在许多方面，其中特别重要的有：由"政治挂帅"转变为以经济建设为中心；由计划经济体制转向市场经济体制，使

---

① 冯天瑜：《"封建"考论》（修订版），中国社会科学出版社2010年版，第410页。
② 在人类历史上，古希腊哲学家亚里士多德第一次将共和制作为一种政体形式。这种政体形式是对古希腊哲学家柏拉图所谓"好的民主制"的改造，柏拉图曾将民主制区分为好的和坏的，亚里士多德则将好民主制称为共和制，而将坏的民主制称为平民制。在他们那里，共和制是三种好政体中最差的一种，但比其他三种坏的政体好，属于好政体的范围。
③ 《中华人民共和国宪法》（2004年修正版），人民网，2013年9月4日。
④ 胡锦涛：《坚定不移走中国特色社会主义道路，夺取中国特色社会主义新胜利》，《人民日报》，2012年11月18日第1版。

市场在资源配置中起决定性作用；建立坚持党的领导、人民当家做主、依法治国有机统一的政治体制，建立社会主义法治中国；转变政府职能，建立法治政府和服务型政府；坚持用制度管权管事管人，让人民监督权力，让权力在阳光下运行，把权力关进制度笼子；建立共建共享的和谐社会，建立健全社会保障制度，增强人民群众的幸福感和获得感，等等。所有这些变化表明，在建立了新中国和确立了社会主义制度以后，我国的国家治理体系已开始走上了现代化的征程，而实行改革开放和社会主义市场经济体制无疑加速了这一进程。今天，我国正在通过全面深化改革全力推进国家治理体系和治理能力的现代化进程。

二、中国治理体系和治理能力的现状

习近平同志指出："我们的国家治理体系和治理能力总体上是好的，是有独特优势的，是适应我国国情和发展要求的。同时，我们在国家治理体系和治理能力方面还有许多亟待改进的地方，在提高国家治理能力上需要下更大气力。"① 那么，我国现行的治理体系和治理能力好在哪里，有哪些优势呢？回顾我国治理体系的历史演进，结合对我国现行治理体系和治理能力的反思，我们可以对此得出以下基本结论：

第一，中国共产党领导中国人民进行社会主义革命、建设和改革使我国国家治理体系实现了从传统到现代，从资本主义到社会主义，从传统社会主义到中国特色社会主义的深刻历史转变。习近平同志在庆祝中国共产党成立95周年大会上的讲话中阐述了我们党的三大历史贡献：其一，我们党团结带领中国人民进行28年浴血奋战，打败日本帝国主义，推翻国民党反动统治，完成新民主主义革命，建立了中华人民共和国。其二，我们党团结带领中国人民完成社会主义革命，确立社会主义基本制度，消灭一切剥削制度，推进了社会主义建设。其三，我们党团结带领中国人民进行改革开放新的伟大革命，极大激发广大人民群众的创造性，极大解放和发展社会生产力，极大增强社会发展活力，人民生活显著改善，综合国力显著增强，国际地位显著提高。② 从国家治理演进的角度看，这三大历史贡献为我国国家治理体系的三大转变奠定了基础，提供了前提和条件，而且我国国家治理从传统到今天的转变本身也属于这三大历史贡献。没有中国共产党的领导，这三大历史转变是不可能发生的，我们也相信，有了中国共产党的正确而坚强的领导，我国国家治理体系的现代化一定能如期实现。

第二，我国国家治理体系的三大历史转变是在马克思主义影响和指导下进行

---

① 《习近平：推进国家治理体系和治理能力现代化》，新华网，2014年2月17日。
② 参见习近平：《在庆祝中国共产党成立95周年大会上的讲话》，新华网，2016年7月2日。

的，是马克思主义中国化时代化大众化的结果。中国共产党是马克思列宁主义同中国工人运动相结合的产物，它以马克思列宁主义为指导思想和理论基础。共产党领导中国人民取得的革命、建设和改革胜利是马克思主义的胜利，也是马克思主义普遍真理与中国具体实际相结合、与时俱进并为广大人民群众接受的产物。习近平同志指出："历史告诉我们，没有先进理论的指导，没有用先进理论武装起来的先进政党的领导，没有先进政党顺应历史潮流、勇担历史重任、敢于作出巨大牺牲，中国人民就无法打败压在自己头上的各种反动派，中华民族就无法改变被压迫、被奴役的命运，我们的国家就无法团结统一、在社会主义道路上走向繁荣富强。"[1] 习近平同志这里所说的"先进理论"指的就是马克思主义理论，是作为马克思主义中国化时代化大众化产物的中国特色社会主义理论。有了马克思主义理论和中国特色社会主义理论的科学指导，我国国家治理体系和治理能力实现了三大转变，同时也将进一步实现现代化。

第三，改革开放和市场经济发展强有力地促进了我国国家治理体系的现代化进程，同时也充分表明我国现行的国家治理体系和治理能力是与社会主义基本制度和市场经济发展相适应的，并且强有力地推进了中国特色社会主义建设事业。新中国成立和社会主义制度的确立标志着我国治理体系已经实现了前两大转变，这种转变是革命性的，但由于种种原因，这种社会主义的现代治理体系尚未充分发挥出它的优越性，于是就有了第三大转变。第三次转变经历了一个过程，其中包括三个环节：一是改革开放动摇了传统社会主义经济体制，为实行市场经济体制政策出台并为全面深化改革和扩大开放做了充分准备；二是市场经济体制取代计划经济体制完全改变了我国经济体制，并客观上提出了全面深化改革以与之相适应的要求；三是全面深化改革的启动提出了推进国家治理体系和治理能力现代化的迫切要求。这三个环节的历程表明，一方面伴随着我国改革开放的深入，对国家治理体系和能力的现代化提出了日益迫切的要求，另一方面，我国治理体系和治理能力的现代化水平也伴随着改革开放的深入而日益提高。今天，我国的治理体系和治理能力虽然尚未实现现代化，但我国正在进行的全面深化改革必将会使我国治理体系和治理能力整体上实现现代化。

第四，我国现行的国家治理体系继承弘扬了我国优秀传统文化的"中国元素"，同时又吸收借鉴了西方文明的合理内容，从而为我国国家治理体系成为具有中国特色同时又具有人类先进性的国家治理体系奠定了基础，准备了条件。新中国成立以来，我国对传统文化和西方文化的态度经历了一个从封闭到开放、从否定到吸收的过程，但这个时期我国的国家治理体系都程度不同的吸收了传统和西方的一些合理内容。例如，我国的共和国制就是吸收西方近代文明的合理内容，作为我国指导思

---

[1] 习近平：《在庆祝中国共产党成立95周年大会上的讲话》，新华网，2016年7月2日。

想和理论基础的马克思主义更是产生于西方的人类最先进的思想体系。在对待传统文化问题上，即使在这一对传统文化持最激进否定态度的时期，也自觉不自觉地继承了其中的一些"元素"。最有代表性的是自新中国成立以来，我国选拔党政官员都强调"德才兼备、以德为先"，这不能不说是传统文化中"内圣外王"观念的某种传承。改革开放以来，我国先后对西方和传统打开了国门，更自觉地从西方和传统中吸取合理内容为我所用。就对西方而言，我国吸取了西方文明中诸多有价值的内容，其中最为重要的是"市场"、"自由"、"平等"、"公正"、"民主"和"法治"观念。对于传统，我国更是从根本上改变了过去对文化的那种彻底批判的态度，不仅强调继承弘扬优秀传统文化，而且强调要"努力实现对传统文化的创造性转化和创新性发展"[①]。"他山之石，可以攻玉。"我国改革开放以来的这种对西方和传统开放、吸收、利用、借鉴的态度，不仅使我国治理体系得到了前所未有的完善、使我国的治理能力得到了空前的提升，大大推进了国家治理的现代化水平，而且为我国治理体系和治理能力早日实现现代化提供了丰富的滋养和宝贵的借鉴。我们完全有理由相信，我国的治理体系和治理能力在不久的将来一定会超越西方，成为人类最先进的现代国家治理体系。

以上这些从历史考察和现实反思得出的基本结论同时也反映了我国现行的国家治理体系和治理能力建设所达到的水平和所处的历史方位，它表明经过新中国成立后六十多年的建设，特别是经过三十多年的改革开放形成的国家治理体系和治理能力具有中国特色和独特优势，同时也具有相当程度的现代性和先进性。习近平同志说："我国政治稳定、经济发展、社会和谐、民族团结，同世界上一些地区和国家不断出现乱局形成了鲜明对照。这说明，我们的国家治理体系和治理能力总体上是好的，是适应我国国情和发展要求的。"[②]正因为如此，我们对中国特色社会主义制度和国家治理体系要有充分的"道路自信、理论自信、制度自信、文化自信"。

另一方面，在充分肯定我国现行国家治理体系和治理能力巨大历史意义和重大社会作用的同时，我们也应该看到，这种治理体系和治理能力尚处于走向现代化的进程中，不能说它已经是现代化的，而且由于种种原因，它还存在着诸多与我国现代化建设事业和社会未来发展不相适应的方面，"还有许多亟待改进的地方"。其中比较突出的可以归纳为以下几个方面：

其一，作为我国治理体系核心内容的主流价值观尚处于构建中，还不够完善和系统。我国明确提出构建主流价值观只是最近十余年的事，而且目前所注重的是核心价值观，以核心价值观为核心内容的完整系统的主流价值观构建尚未提到议事日程。因此，核心价值观的要求和基本原则尚未贯彻到各种子价值观之中，更没有充

---

① 习近平：《在纪念孔子诞辰2565周年国际学术研讨会暨国际儒学联合会第五届会员大会开幕会上的讲话》，《人民日报》，2014年9月25日第2版。
② 《习近平：切实把思想统一到党的十八届三中全会上来》，新华网，2013年12月31日。

分贯彻到国家治理的各个方面和各个环节，各子价值观和治理体系仍然存在着不少与核心价值观相矛盾的地方。这种价值观不一致是导致治理体系各子体系之间矛盾和冲突的总根源。

其二，我国治理体系的各个子体系都程度不同地存在着与市场经济和现代化不相适应的问题。我国治理体系总体上是在改革开放前建立的，市场经济在我国兴起只有二十年左右的时间，社会主义现代化建设也不过三十多年时间，虽然我国不断加大改革的力度，但治理体系各层次、各维度的子体系仍然存在着与市场经济和现代化建设不适应的问题，有些问题还相当严重。例如，市场经济和现代化要求政府要从管理型政府转变为服务型政府，但由于多种原因，这种转变迟迟不能到位，相当多的政府官员还没有从管理者的角色转变为服务者的角色，他们习惯于管理，并以这种方式来管理市场经济和现代化建设，导致了诸多由此引发的问题。

其三，我国治理体系的各子体系之间存在着不一致、不贯通甚至自相矛盾的问题，治理体系还未达到整体上完善的程度。由于种种原因，我国治理体系中不同层次、不同维度的子体系之间存在着不少矛盾冲突的地方。例如，社会保障体系追求的是共建共享，而经济体系追求的是通过实力竞争实现GDP的增长，其社会后果是两极分化问题突出，基尼系数增高。就是说，经济系统讲效率，社会系统讲公平，两者之间存在着明显的对立。经济领域讲利益最大化，而文化领域讲无私奉献的情形亦如此。我国的治理体系还没有建立使各子系统协调一致的机制或这种机制不完善。

其四，我国治理体系的主体发育不完善，治理意识和治理能力普遍偏弱。前文讲过，我国现行治理体系的主体是"六位一体"的，然而，其中一些主体常常忘记了自己是治理的主体，甚至根本没有意识到自己是国家治理的主体，当然他们也不会去有意识地提高治理能力。例如，我国的第一部宪法就明确了人民是国家的主人和主体，但长期以来，我们许多人都只把自己看做是"大耳朵百姓"，把国家治理看作纯粹是官员的事，与己无关。我国的官员一般对自己的治理主体角色的意识比较清晰，但由于"当官做老爷"的传统观念的消极影响，相当一部人醉心于如何运用权力和获得权力，而较少在提高治理能力方面用心。其结果，我国的官员现代治理能力普遍偏弱，不适应市场经济和现代化建设的快速发展。

其五，由治理体系不完善所导致的多发频发的社会问题，在一定程度上影响公众对全面深化改革甚至社会主义制度的信心。实行市场经济以来，我国社会出现了诸多过去不曾有甚至国外也不多见的严重社会问题。最典型的问题就是官员腐败。这些年党和政府采取了最严厉的措施预防和惩治腐败，但腐败群发高发的态势没有从根本上得到扼制。还有坑蒙拐骗、假冒伪劣以及各种道德乱象等问题也相当普遍。这种严重社会问题的存在产生了相当大的消极影响，对国家治理体系和基本制度造成了巨大的伤害。导致所有这些问题的原因是复杂的，但肯定与国家治理体系不完善、官员治理能力不强有直接的关系。

上述问题的存在表明，我国在改进和完善我国治理体系和治理能力方面还有很多艰巨的工作要做。正因为如此，我们要通过全面深化改革改进和完善它，推动其现代化。

三、中国现行治理体系和治理能力问题的原因分析

任何人都不会否认我国现行治理体系和治理能力存在着诸多问题，但是我们需要冷静地分析这些问题发生的原因，弄清它们是现行治理体系成长过程中的问题和烦恼，还是走向崩溃的先兆，从而对这些问题采取正确的态度。习近平同志说："实际上，怎样治理社会主义社会这样全新的社会，在以往的世界社会主义中没有解决得很好。马克思、恩格斯没有遇到全面治理一个社会主义国家的实践，他们关于未来社会的原理很多是预测性的；列宁在俄国十月革命后不久就过世了，没来得及深入探索这个问题；苏联在这个问题上进行了探索，取得了一些实践经验，但也犯下了严重错误，没有解决这个问题。我们党在全国执政以后，不断探索这个问题，虽然也发生了严重曲折，但在国家治理体系和治理能力上积累了丰富经验、取得了重大成果，改革开放以来的进展尤为显著。"[①]习近平同志的分析和判断，无疑有助于我们正确理解和对待我国治理方面存在的问题。如果我们将我国治理方面存在的问题放在整个社会主义运动的历史来看，放在中国特色社会主义建设事业的全局来看，我们就不仅能清醒的认识这些问题，而且能正确对待和处理这些问题。

根据习近平同志的分析，我们认为，导致我国现行治理体系和治理能力方面存在问题的原因可以归结以下四个主要方面：

第一，社会主义社会治理的问题是一个缺乏成熟理论和成功经验的问题，因而在探索的过程中不可避免地会出现这样那样的问题。正如习近平同志所指出的，社会主义社会治理的问题在社会主义创始人马克思恩格斯那里还没有被提出，苏联虽然有几十年的社会主义社会治理实践，但"东欧剧变"表明这种实践是不成功的，留给我们的是惨痛的教训。从新中国成立到改革开放的三十年间，我国在社会主义社会治理方面基本上采取的是苏联模式，这种模式既不适合中国国情，而且苏联模式本身最终也走向了失败，因而我国这段时间的社会主义治理实践也不是成功的。更为值得注意的是，这个时期我国只是模仿苏联模式，没有从事多少自己的理论探索，在指导思想上发生了极左的偏差。对于我国来说，真正意识到社会主义治理问题并自觉进行理论探索是在党的十一届三中全会以后才开始的。应该承认，在短短的三十多年，我国在治理系统构建和治理能力提升方面取得了巨大的进步，而

---

① 《习近平：切实把思想统一到党的十八届三中全会上来》，新华网，2013年12月31日。

且还在进行着不懈的探索。但是，毕竟时间较短，长期以来积累的问题太多，我国在国家治理方面还没有形成成熟的理论和实践。在这种情况下，我国在国家治理方面发生这样那样的问题是难以避免的。例如，我国近些年来出现的突出的官员腐败问题，就是一个与在社会主义条件下实行市场经济体制有关的全新问题，而这个问题在计划经济的社会主义社会不可能如此严重地发生的问题。在我国市场经济条件下如何根治这一问题既缺乏现成的理论也缺乏成功的经验，需要我们进行艰苦的探索。

第二，新中国成立后的三十年，我们在指导思想方面确实存在重大的失误，这种失误不仅耽误了对国家治理的理论和实践探索，而且在思想观念和行为方式方面也留下了一些后遗症。新中国成立后的七年，我国基本完成了社会主义改造，这个时期党确定的指导方针和基本政策是正确的，取得的成绩是辉煌的。但是，1956年党的八大以后，党的领导人开始错误地估计形势，犯了严重的"左"倾错误。一方面，经济上由于对社会主义建设经验不足，对经济发展规律和中国经济基本情况认识不足，党的领导人在胜利面前滋长了骄傲自满情绪，急于求成，夸大了主观意志和主观努力的作用，没有经过认真的调查研究和试点，在"总路线"提出后轻率地发动了"大跃进"运动和农村人民公社化运动，使得以高指标、瞎指挥、浮夸风和"共产风"为主要标志的"左"倾错误严重地泛滥开来。另一方面经济上的"左"倾错误扩展到了政治和思想文化方面。党的领导人把社会主义社会中一定范围内存在的阶级斗争扩大化和绝对化，提出无产阶级同资产阶级的矛盾仍然是我国社会的主要矛盾，后来进一步断言在整个社会主义历史阶段资产阶级都将存在和企图复辟，并成为党内产生修正主义的根源。于是，"以阶级斗争为纲""政治挂帅""宁要社会主义的草，不要资本主义的苗"等极左的口号满天飞。中共中央《关于建国以来党的若干历史问题的决议》指出："从领导思想上来看，由于我们党的历史特点，在社会主义改造基本完成以后，在观察和处理社会主义社会发展进程中出现的政治、经济、文化等方面的新矛盾新问题时，容易把已经不属于阶级斗争的问题仍然看做是阶级斗争，并且面对新条件下的阶级斗争，又习惯于沿用过去熟习而这时已不能照搬的进行大规模急风暴雨式群众性斗争的旧方法和旧经验，从而导致阶级斗争的严重扩大化。"[①] 这种政治上的"左"倾错误，最终导致了给党、国家和各族人民带来严重灾难的内乱，即"文化大革命"。在这样的背景下，党和政府忙于抓阶级斗争，根本无暇顾及国家治理体系的构建和现代化问题，国家治理的理论和实践探索几近停滞。

"文化大革命"不仅给党和国家带来了巨大的灾难，而且搞乱了思想，混淆了是非，人们的思想禁锢僵化、宁"左"勿"右"，教条主义和个人崇拜盛行。这些

---

① 《关于建国以来党的若干历史问题的决议》（1981年6月27日党的第十一届六中全会通过）。

问题虽然通过艰难的拨乱反正和解放思想得到了相当大程度的克服，但时至今天在人们特别是官员的思想和行为中留下了深刻的印记，严重妨碍了国家治理体系和治理能力的现代化进程。正因为如此，自改革开放至今，我国自上而下地开展了多次思想解放运动，直至党的十八届三中全会提出"解放思想永无止境"。今天国家治理过程中存在的唯上是从、看领导的脸色行事、法制观念淡薄、不负责任等问题，在一定意义上可以说是"文化大革命"的后遗症。

第三，实行市场经济体制后，我们更多地看到了市场经济激发人们的积极性和促进经济快速发展的方面，而对它本身的弊端和可能引起的消极后果重视得相当不够。我国治理中存在的不少问题与市场经济的兴起和发展有关。关于这一点在前文中已多有涉及，这里只谈一下我们对市场经济认识存在的偏颇。市场经济在我国的发展由于有党和政府的强力推动，发展极其迅速（这与西方市场经济兴起的情形不同，西方市场经济兴起经历了几百年的漫长过程），而且迅速地使我国走向强大。在这种情况下，我们许多人只看到了市场经济积极的一面，而忽视了市场经济本身的弊端和可能导致的消极社会后果，因而没有意识到更没有想办法去克服和防范市场经济的问题。其结果，国家治理在市场经济导致的问题面前显得软弱无力，一些问题长期得不到有效的解决。例如，全社会普遍诟病的诚信问题就是如此。在法制不健全的情况下，市场经济必然导致诚信危机。由于我们对此缺乏意识，因而缺乏有效对策，我国普遍存在的诚信问题迟迟得不到解决，直到今天人们对所有的企业甚至政府缺乏信任感，并且对无孔不入的"坑蒙拐骗"、"假冒伪劣"感到很无奈。

第四，我国治理方面存在的问题与我国在改革开放的理论和实践方面的准备不足也有直接关系。如何对待市场经济就是一例。按照马克思主义创始人的设想，社会主义是消灭了市场经济和私有制的，今天我国为了改变贫穷落后的面貌，在社会主义条件下引进了市场经济。然而，在引进之前，我们根本没有对能否引进，引进后利大于弊还是弊大于利，对于它本身具有的弊端和可能导致的负面效应（马克思已经有了深刻的揭示和分析）我们如何应对，我们是长期采用这种体制还是采取它只是一种权宜之计之类的问题没有进行稍微深入一些的研究和权衡。当时也许由于引进得急促而来不及研究和权衡，到今天我们对这些问题仍然意识和重视得不够，因而我们对由此引起的问题的对策不到位，缺乏针对性，或者未击中要害。我们认为，这一原因也许是一个可能会导致对我国的基本制度和治理体系造成根本性伤害的原因，因而是最值得我们重视的原因。但是，我们也应该看到，近年来我国采取的全面深化改革、全面推进依法治国、统筹推进"五位一体"总体布局、协调推进"四个全面"战略布局、弘扬优秀传统文化等措施都会有助于克服市场经济的局限有可能导致的消极后果。习近平同志在庆祝中国共产党成立95周年大会上的讲话中向全党发出号召："面向未来，面对挑战，全党同志一定要不忘初心、继续前进。"① 其中要求全党要牢记我们党从成立起就把为共产主义、社会主义而奋斗确定为自己的纲领，坚定共产主义远大理想和中国特色社会主义共同理想，不断把为崇高理想奋斗的伟大实践推向前进。我们相信，只要我们始终有坚定的共产主义远大理想，就可以防止和克服市场经济本身的问题和可能导致的问题，把中国特色社会主义事业不断推向前进。

由以上对现行国家治理体系和治理能力存在问题的原因分析，我们不难发现，这些问题的存在确实是它"成长过程中的烦恼"，是它走向现代化过程中难以避免的困扰。我们完全有理由相信，所有这些问题可以通过全面深化改革逐步从根本上得到解决。今天我国不断加大全面深化改革力度，推进国家治理体系和治理能力的现代化，正是为了解决这些"烦恼"和"困扰"。习近平同志指出："推进国家治理体系和治理能力现代化，就是要适应时代变化，既改革不适应实践发展要求的体制机制、法律法规，又不断构建新的体制机制、法律法规，使各方面制度更加科学、更加完善，实现党、国家、社会各项事务治理制度化、规范化、程序化。要更加注重治理能力建设，增强按制度办事、依法办事意识，善于运用制度和法律治理国家，把各方面制度优势转化为管理国家的效能，提高党科学执政、民主执政、依法执政水平。"②

四、推进国家治理体系和治理能力现代化的必要性

对于推进国家治理体系和治理能力现代化的必要性和紧迫性，习近平同志从党和国家事业发展、实现社会主义现代化、人民幸福安康的战略高度作了精辟的论述。这里根据习近平同志的有关论述对推进国家治理现代化的必要性再作些简要的归纳。

首先，推进国家治理现代化是完善和发展中国特色社会主义事业的必然要求，是实现社会主义现代化的应有之义。习近平同志指出，完善和发展中国特色社会主义制度、推进国家治理体系和治理能力现代化，这是坚持和发展中国特色社会主义的必然要求，也是实现社会主义现代化的应有之义。③ 因此，党和国家领导人历来重视这一重大问题。早在 1992 年，邓小平同志就提出要推进国家治理体系和治理能力现代化。不过，他注意到这不是一件一蹴而就的事情，而是需要一个过程的。他指出，我们要在各方面形成一整套更加成熟更加定型的制度，可能还需要 30 年。30 年后党的十八届三中全会明确提出了这一问题，并将国家治理现代化与完善和

---

① 习近平：《在庆祝中国共产党成立 95 周年大会上的讲话》，新华网，2016 年 7 月 2 日。
② 《习近平：切实把思想统一到党的十八届三中全会上来》，新华网，2013 年 12 月 31 日。
③ 《习近平：推进国家治理体系和治理能力现代化》，新华网，2014 年 2 月 17 日。

发展社会主义制度联系起来，作为全面深化改革的总体目标，使这一问题严肃地提到了党和国家的重要议事日程。习近平同志说："我们之所以决定这次三中全会研究全面深化改革问题，不是推进一个领域改革，也不是推进几个领域改革，而是推进所有领域改革，就是从国家治理体系和治理能力的总体角度考虑的。"① 他强调，改革开放以来，我们党开始以全新的角度思考国家治理体系问题，强调领导制度、组织制度问题更带有根本性、全局性、稳定性和长期性。今天，摆在我们面前的一项重大历史任务，就是推动中国特色社会主义制度更加成熟更加定型，为党和国家事业发展、为人民幸福安康、为社会和谐稳定、为国家长治久安提供一整套更完备、更稳定、更管用的制度体系。这项工程极为宏大，必须是全面的系统的改革和改进，是各领域改革和改进的联动和集成，在国家治理体系和治理能力现代化上形成总体效应、取得总体效果。②

其次，推进国家治理现代化是顺应人民群众对美好生活向往的现实需要。习近平同志指出，党的根基在人民、党的力量在人民，因此必须坚持一切为了人民、一切依靠人民，把人民放在心中最高位置；必须坚持全心全意为人民服务的根本宗旨，实现好、维护好、发展好最广大人民根本利益，把人民拥护不拥护、赞成不赞成、高兴不高兴、答应不答应作为衡量一切工作得失的根本标准；必须坚持以人民为中心的发展思想，以保障和改善民生为重点，带领人民创造幸福生活。党的十八届三中全会确定的全面深化改革的根本目的，就是必须"以促进社会公平正义、增进人民福祉为出发点和落脚点"，使改革发展成果更多更公平地惠及全体人民。然而，与我们党的宗旨和目标相比，与人民群众的热切期盼相比，我们在国家治理体系和治理能力方面还有许多不足，有许多亟待改进的地方。怎么改进？关键是要推进国家治理的现代化，提升国家的治理水平。习近平同志指出："真正实现社会和谐稳定、国家长治久安，还是要靠制度，靠我们在国家治理上的高超能力，靠高素质干部队伍。我们要更好发挥中国特色社会主义制度的优越性，必须从各个领域推进国家治理体系和治理能力现代化。"③

最后，推进国家治理现代化是使我们党科学执政、民主执政、依法执政，使我们党治国理政更加科学、更加完善、更加成熟从而达到更高水平的根本大计。科学执政、民主执政、依法执政，是现代治理与传统统治的根本区别之所在。所谓科学执政，"就要继续加强对共产党执政规律、社会主义建设规律和人类社会发展规律的探索和认识，继续加强对党自身建设规律的探索和认识，把加强党的执政能力建设建立在更加自觉地运用客观规律的基础之上，不断提高以科学的思想、科学的制度、科学的方法领导中国特色社会主义事业的本领"；所谓民主执政，"就是要进

---

① 《习近平：切实把思想统一到党的十八届三中全会上来》，新华网，2013 年 12 月 31 日。
② 《习近平：推进国家治理体系和治理能力现代化》，新华网，2014 年 2 月 17 日。
③ 《习近平：切实把思想统一到党的十八届三中全会上来》，新华网，2013 年 12 月 31 日。

一步贯彻全心全意为人民服务的宗旨,坚持为人民执政、靠人民执政,发展党内民主,发展社会主义民主政治,团结一切可以团结的力量,调动一切积极因素,充分发挥人民群众的积极性、主动性、创造性,不断把人民群众的智慧和力量转化为推动事业发展的强大力量"。所谓依法执政,"就是要始终坚持依法治国的基本方略,坚持依法执政的基本方式,完善社会主义法制,建设社会主义法治国家,增强法制观念,严格依法办事,不断推进各项治国理政活动的制度化、法律化,从制度上、法律上保证党的路线方针政策的贯彻实施,使这种制度和法律不因领导人的改变而改变,不因领导人的看法和注意力的改变而改变"。[①]科学执政是基本前提,民主执政是基本内容,依法执政是基本途径,三者相互联系,辩证统一。科学执政、民主执政、依法执政是国家治理现代化追求的目标,也是国家治理现代化的标志。我们党要追求这一目标的实现,不言而喻,必须全力推进国家治理现代化。

[①] 陈俊宏:《科学执政、民主执政、依法执政的含义及其关系》,人民网,2012年10月28日。

国家治理现代化及其与主流价值文化构建的关系*

中国主流价值文化构建是与全面深化改革同步的，而全面深化改革的总体目标是在坚持和健全社会主义制度的同时实现国家治理体系和治理能力的现代化，因而构建主流价值文化与实现国家治理现代化存在着深刻的内在关联。构建主流价值文化并不等同于国家治理现代化，但后者是前者的关键内容和最重要条件，因此有必要弄清楚两者之间的关系，从而自觉地将两者有机地结合起来整体推进。

一、从传统的国家统治到现代的国家治理

人类从原始社会一进入文明社会就出现了国家，在世界一些文明比较发达的地区国家开始取代过去的氏族或部落而成为人类生活的基本生活共同体。然而，在近代以前，并不是所有的人类都生活在国家之中，而且存在过各种不同类型的国家，如古希腊的城邦制国家、古罗马的共和制国家和帝国、古印度遍地林立的小王国和短暂的古帝国、中国古代的分封制王朝和皇权宗法专制国家等等。虽然古代国家的形式迥然有异，但它们的形成、目的、运作方式和实质等方面有着大致上共同的特点，而这些特点使传统国家与近代开始出现的现代国家区别开来。正是在这种意义上，我们把近代以前各种类型的国家统称为传统国家。

概括说来，传统国家具有以下三个突出特点：第一，传统国家通常都是通过武力征服建立起来的。在古代社会，不同的利益集团之间经常为了争夺疆土、利益等而引起战争，在战争结束后，获胜的一方为了统治战败者，同时也为了维护战胜者内部的秩序，建立起以军队等国家机器为后盾的国家。战胜者成为了征服者，战败者成为了被征服者。因此从起源上看，传统国家大多是征服者为了镇压被征服者反抗的产物。所以列宁说："国家是一个阶级压迫另一个阶级的机器，是迫使一切从属的阶级服从于一个阶级的机器。"[①] 第二，传统国家的目的从根本上说是为了维护统治者的利益。传统国家最初的建立显然是为了征服者的利益，在国家建立以后，即使存在着被征服者（如古希腊罗马社会中由战俘转变而来的奴隶），征服者内部也会逐渐分化，形成国家的真正统治者和被统治者。这种统治者通常是一个家族（如古代中国的帝王家族）或多个家族的利益群体（如古罗马的共和制国家）；而被统治者则是少数统治者之外的广大臣民。国家的目的则是要通过对外防止被侵

---

* 原发表于江畅等：《当代中国主流价值文化及其构建》（第七章），科学出版社2017年版。
① ［俄］列宁：《论国家》，《列宁选集》，人民出版社1960年版，第48页。

略、对内防止被统治者反抗从而维护统治者的统治和利益。因此传统国家的根本目的是维护统治者的利益，只是在有些时候为了这种需要而兼顾被统治者的利益。第三，传统国家的运作方式是凭借国家暴力机器对被统治者进行统治。这种统治可能是民主制的（如古希腊雅典的民主制），也可能是专制制的（如中国古代的皇权专制主义）；可能是君主制的（如中国先秦的宗法封建制），也可能是贵族制的（如古罗马共和国）。但它们都是以统治者与被统治者划分即以社会不平等为前提的，以统治者对被统治者实行统治（包括经济上的剥削、政治上的压迫以及对反抗的镇压等）为实质内容的。因此，无论从起源上、还是从目的和运作方式上看，传统国家的本质就是统治，即为了实现统治者的利益而对被统治者阶级实行统治。

西方近代早期市场经济的兴起和发展，客观上要求西方人从基督教神学的精神束缚和天主教会的宗教统治中解放出来，于是开始出现了个体解放运动。这一个体解放运动包括两个方面：一是个人从人身、言论、思想等各种束缚中解放出来，成为自己的主体，这就是个人主义运动；二是民族国家从天主教罗马教廷的控制之下摆脱出来，成为独立的民族国家，这就是民族主义运动。在西方世界，通过文艺复兴、宗教改革、启蒙运动和资产阶级革命，不仅个人获得了自由，国家也获得了独立，实现了西方世界的国家化。在西方国家获得独立的过程中，原始积累的需要和市场经济利益最大化的要求驱使西方人进行海外探险和殖民扩张。殖民扩张对殖民地的经济掠夺和政治控制，加上西方国家化的影响，导致了殖民地国家意识的觉醒和国家独立的要求，引发了殖民地的普遍反抗和争取国家独立的斗争运动，从而使殖民地国家逐渐获得独立，并由此完成了整个人类和世界的国家化过程。第二次世界大战结束后，几乎所有的人类成员都生活在国家之中，国家成为了人类占绝对优势的基本共同生活体，这与近代以前人类生活的状况形成了鲜明对照。

西方近代新兴的国家不仅是以与天主教教会对立的身份出现的，而且也从根本上对传统国家进行了革命性的改造，建立了不同于传统国家的现代国家。现代国家具有与传统国家不同的特点：

首先，它们主要不是通过武力征服建立的，而是适应市场经济的需要建立的。近代西方国家一般也是通过资产阶级革命最终建立起来的，是资产阶级推翻天主教教会和专制主义（专制主义原本是西方封建社会后期适应市场经济需要在世俗国家建立的政治制度，但伴随着市场经济的发展，这种政治制度本身又成为了市场经济进一步发展的障碍）统治并取而代之的结果。不可否认，在近代西方也存在着资产阶级对无产阶级的剥削和压迫，但两者之间的关系不是征服者与被征服者的关系，而不如说是在市场经济发展过程中那些在竞争中取胜者或处于强势地位的人与失败者或处于弱势地位的人的关系。这些在竞争中处于强势地位的利益集团成为了国家的统治者或治理者。

其次，现代国家的根本目的不再是赤裸裸地为了维护统治者的利益，而是或至少在形式上打着维护市场经济所需要的自由竞争的基本秩序的旗号。在资产阶级看来，这种秩序的前提是确立和维护每个人的基本权利（包括自由、平等和生命权等），因而现代国家把保护和扩大个人的基本权利特别是自由权作为自己的神圣使命甚至唯一使命，并为了实现这种使命或者说为了自由等基本权利的普遍实现而防止在自由竞争中人与人之间的相互妨碍和相互伤害。现代国家将这种不得相互妨碍和相互伤害看作是个人的义务，并将这种义务（体现为各种相应的规则）的制定和履行作为国家的基本职能。当然，西方现代国家履行这种基本职能的结果，是由市场经济导致的两极分化以及资产阶级对无产阶级的剥削和压迫，但它确实不再像传统国家那样，一切以统治者的利益为国家一切活动的轴心。

最后，现代国家的产生和目的与传统国家不同，决定了现代国家的运作方式也与传统国家不同，它们不再凭借暴力机器对被统治阶级实行统治，而是采取民主和法治治理国家的方式。现代国家虽然也以暴力机器作为凭借，但治理的方式已实现了根本性的转换。资产阶级首先肯定每一个人是生而自由平等的，他们是自己的主人，而不是国家的附属物，他们是为了实现自己的利益包括和平的生活而彼此订立契约、建立国家，为了使国家能够维护每一个人的自由和权利，每一个人让渡或转让了自己的某些权利，委托给国家，由国家来保护和扩大自由，防止人与人之间的妨碍和伤害。因此，国家与个人的关系是委托人与受托人的关系，是主人与服务者的关系，国家只能按照契约以及根据契约制定的法律来治理社会，而不能僭越权力和滥用权力，否则委托人有权推翻国家或政府。因此，这样的国家被认为是人民是社会的主人的民主国家，虽然人民是通过其"代表"来体现自己的意志并行使权力，但这些"代表"和政府必须在法律的范围内并依据法律来治理社会。显然，现代国家的运作方式不再是统治者对被统治者实行统治的方式，而至少在理论上和形式上是运用民主和法治的形式。需要注意的是，传统国家也常常借助法律统治，但这种法律统治是从属于权力的，而不是权力从属于法律。或者换言之，传统国家实行"法上统治"，而现代国家实行"法下治理"。①

此外，西方现代国家与传统国家不同，它们是人类自觉构建的产物，有理论上的合理性和合法性的论证。传统国家的统治者为了使被统治者服从，也往往会通过思想家或者直接由统治者宣称自己的统治是合理合法的，如西方的"君权神授"说、中国的"天子"（皇帝自称昊天上帝之嫡长子，其权力出于神授，是秉承天意治理天下）之说等，但往往缺乏有说服力的合理合法性论证。西方现代国家的建立和运行则是建立在比较系统完整的理论论证基础之上的，而且这种理论随着实践的发展不断得到丰富和完善。虽然这种理论不断受到挑战，但它对现代国家的合理合法性确实起到了重要的论证和辩护作用。

---

① 参见江畅：《社会主义核心价值理念研究》，北京师范大学出版社2012年版，第171页。

人类国家化的实现是西方民族主义运动和市场经济发展的产物，但并非所有今天存在的国家都是按照西方现代国家模式建立的。所以，在今天的世界上，既存在着西方意义的现代国家，也存在着没有经过资产阶级革命的传统国家（它们可能已经程度不同地受西方意义的现代国家影响）和既接受了西方现代意义国家的积极影响同时又试图克服其局限性的社会主义国家。我国就是这样的社会主义国家。新中国成立以后，我国建立了社会主义制度，开始在社会主义制度框架内建立不同于西方现代国家意义上的现代国家。改革开放以来，特别是实行市场经济体制以来，为适应市场经济发展和实现中华民族伟大复兴"中国梦"，我国致力于通过全面深化改革改进和改善国家治理体系和治理能力，推进其现代化，构建超越西方现代国家治理模式的中国特色社会主义现代国家治理模式。

我国当前正在进行的全面深化改革和推进国家治理现代化，是一种自觉的"自我革命"，是有充分自信的，目的是使我国社会主义制度达到完善和稳定。习近平同志指出："我国国家治理体系需要改进和完善，但怎么改、怎么完善，我们要有主张、有定力。""没有坚定的制度自信就不可能有全面深化改革的勇气，同样，离开不断改革，制度自信也不可能彻底、不可能久远。我们全面深化改革，是要使中国特色社会主义制度更好；我们说坚定制度自信，不是要故步自封，而是要不断革除体制机制弊端，让我们的制度成熟而持久。"① 这是对我国目前为什么要进行和怎样进行推进国家治理现代化的经典表达。

二、中国国家治理现代化的意蕴

党的十八届三中全会做出的全面深化改革若干重大问题的决定中指出："全面深化改革的总目标是完善和发展中国特色社会主义制度，推进国家治理体系和治理能力现代化。"② 我国全面深化改革的总目标是在完善和发展中国特色社会主义制度的同时推进国家治理体系的现代化和治理能力的现代化，即推进国家治理的现代化。上文已经分析，西方近代资产阶级在资本主义制度的框架下建立了不同于传统国家的现代国家，实现了国家治理的现代化，那么，我国所要建立的现代国家和实现国家治理的现代化意味着什么，它与西方国家现代化存在着什么样的根本区别，这是我们必须弄清楚的问题，否则，我们就有可能将我国的国家治理现代化混同于西方的国家治理现代化，甚至以为我们要照搬西方的模式，重走西方国家治理现代化之路。

一般地说，国家治理现代化就是以正确合理的主流价值观为依据并接受其规

---

① 《习近平：推进国家治理体系和治理能力现代化》，新华网，2014 年 2 月 17 日。
② 《中共中央关于全面深化改革若干重大问题的决定》，《人民日报》，2013 年 11 月 16 日第 1 版。

导,以实现社会终极价值目标为旨归,实现国家所有行政职能现代意义的最优化。对于国家治理现代化而言,正确合理的主流价值观是前提,也是根本,它不正确不合理,就谈不上国家治理的现代化。主流价值观正确合理的根据在于它反映了一个国家的根本和总体的需要,体现了现代人类文明发展的基本趋势,并且符合一个国家的实际。一种现代国家治理体系就是要以这种价值观为依据建立,其运行也受它的原则的规范和引导,以最优化的结构和功能有效实现它所规定的价值目标。社会国家治理现代化包括国家治理体系现代化和治理能力现代化两个部分。前者指国家的制度安排,后者指制度的执行能力。"国家治理体系现代化,主要是指我们党作为执政党领导人民治理国家的制度体系现代化,包括根本政治制度、基本政治制度、基本经济制度、中国特色社会主义法律体系,以及经济、政治、文化、社会、生态文明建设和党的建设等各领域的体制机制现代化。国家治理能力现代化,主要是指治党治国治军、促进改革发展稳定、维护国家安全利益、应对重大突发事件、处理各种复杂国际事务等方面能力的现代化。"①两者之间的关系大致上可以说,国家治理体系现代化是国家治理能力现代化的前提和基础,国家治理能力现代化则是国家治理体系现代化的目的和要求。习近平同志指出,国家治理体系和治理能力是一个国家的制度和制度执行能力的集中体现,两者相辅相成。②实现国家治理现代化,必须促进二者协调发展,一手抓国家治理体系现代化,一手抓国家治理能力现代化。不过,国家治理体系与治理能力是密不可分的,从系统论的角度看,两者的关系是系统的结构与功能的关系,治理能力实质上就是治理体系的功能。正如习近平同志指出的:"国家治理体系和治理能力是一个有机整体,相辅相成,有了好的国家治理体系才能提高治理能力,提高国家治理能力才能充分发挥国家治理体系的效能。"③

实现国家治理能力现代化,首要的任务是建立一套完整、科学、合法、有效的现化化国家治理体系。就我国而言,国家治理体系可以从横向和纵向两个角度看。从横向或维度的角度看,根据党的十八大提出的"五位一体"总体布局,我国的国家治理体系由经济治理、政治治理、文化治理、社会治理和生态治理五个不同维度的子体系构成,每一子体系本身又包括不同层次和方面的治理体系。从纵向的角度看,我国的国家治理体系包括主体、功能、制度、手段、运行等五个层次的子体系。这两种无论是从横向看还是从纵向看,国家治理体系之中还包括一个核心价值体系,核心价值体系不是国家治理体系中的一个结构要素,而是贯穿于整个国家治理体系背后的深层结构,它所体现的核心价值观则是国家治理体系的灵魂和精髓。价值体系以及所有这些不同维度、不同层次的子系统相互作用相互影响,从而形成

---

① 秦宣:《推进国家治理现代化的方向和路径》,《人民日报》,2016年6月22日。
② 《习近平:推进国家治理体系和治理能力现代化》,新华网,2014年2月17日。
③ 《习近平:切实把思想统一到党的十八届三中全会上来》,新华网,2013年12月31日。

我国完整的国家治理体系，我国国家治理体系的现代化就是这样一种完整的国家治理体系的现代化。

建立完整、科学、合法、高效的国家治理体系归根到底是为了提高国家治理能力，使之现代化。一般而言，国家治理能力是指国家运用法律、制度、政策等管理国家事务和社会事务的能力，也就是国家或政府的执行力，它体现在改革发展稳定、内政外交国防、治党治国治军等各方面。国家治理能力归根到底就是国家治理体系的功能，因此实现国家能力的现代化，从根本上说就是实现国家治理体系功能在现代意义上的最优化。国家治理体系和国家治理能力之间有着紧密联系，但又并非一回事，要正确认识两者之间的差异，避免将两者相互替代或等同起来。就我国而言，现代国家治理体系的基本架构已经形成，但其功能尚未充分发挥出来，因此要将治理能力的现代化放在优先的位置。习近平同志指出："推进国家治理体系和治理能力现代化，就是要适应时代变化，既改革不适应实践发展要求的体制机制、法律法规，又不断构建新的体制机制、法律法规，使各方面制度更加科学、更加完善，实现党、国家、社会各项事务治理制度化、规范化、程序化。要更加注重治理能力建设，增强按制度办事、依法办事意识，善于运用制度和法律治理国家，把各方面制度优势转化为管理国家的效能，提高党科学执政、民主执政、依法执政水平。"①

国家治理体系和治理能力的现代化体现在不同方面和不同层次，这里我们从国家治理体系的纵向结构的角度作些具体分析。

（1）国家治理的主体体系。改革开放以来，我国国家治理主体已经多元化，形成了"党、政、社、企、民、媒"六位一体的结构，即包括中国共产党（以及民主党派）、国务院及各级地方政府、不同类型的企业（国有、私有企业；内资、外资企业；跨国、本土企业等）、各类社会组织（工、青、妇组织，各种社会组织等）、广大人民群众、各类媒体（传统媒体和新型媒体）六大主体。治理主体结构涉及的是治理主体是谁、治理主体之间的关系怎样的问题。治理主体结构的现代化要求，各类主体各自承担明确的社会责任，各自的责任既要边界明晰，又要分工合作，形成一种多元主体各自自主又整体和谐的动态关系。中国共产党是执政党，是国家治理体系的领导核心，从治理主体的角度看，国家治理体系的现代化最关键的是要加强和改善党的领导，充分发挥党总揽全局、协调各方的领导核心作用。"我们党担负着团结带领人民全面建成小康社会、推进社会主义现代化、实现中华民族伟大复兴的重任。形势的发展、事业的开拓、人民的期待，都要求我们以改革创新精神全面推进党的建设新的伟大工程，全面提高党的建设科学化水平。"② 人民是国家的

---

① 《习近平：切实把思想统一到党的十八届三中全会上来》，新华网，2013年12月31日。
② 胡锦涛：《坚定不移走中国特色社会主义道路，夺取中国特色社会主义新胜利》，《人民日报》，2012年11月18日第1版。

主人，必须坚持人民的主体地位，必须坚持国家治理为了人民、依靠人民、造福人民、保护人民，以保障人民根本权益为出发点和落脚点，保证人民依法享有广泛的权利和自由、承担应尽的义务，维护社会公平正义，促进共同富裕。必须保证人民在党的领导下，依照法律规定，通过各种途径和形式管理国家事务，管理经济文化事业，管理社会事务，建立社会参与机制，充分发挥人民群众积极性、主动性、创造性。在多元化治理主体体系中，政府与市场、政府与社会之间关系是两大核心关系，要厘清各自的权限边界，把本应该属于市场、社会的职能，完全交给市场和社会处理，政府重点履行好宏观调控、公共服务、维护社会规则等职能。

（2）国家治理的功能体系。我国国家治理功能体系由动员、组织、监管、服务、配置五大功能组成。治理功能体系涉及的是治理体系主要发挥什么样的功能的问题，治理功能体系的现代化要求，体系的各种结构要素和功能不相互干扰、内耗，相反相互促进、相得益彰，使体系的总体功能达到最优化。最优化的治理体系能够有效发挥社会动员功能，在经济、政治、文化、社会、生态、党建等各个领域的深化改革中，取得最大的社会共识，凝聚全社会的合力。最优化的国家治理体系可以把个体化、原子化的社会主体（个人、企业等）融入特定类型、特定目的的各类组织体系（各政党组织、单位组织、社会组织、民众自治组织等）之中，提高国家与社会的组织化程度，谋求个人利益、集体利益和国家利益的统一，促进不同社会主体的共赢和利益共进，增强社会个体成员的获得感和幸福感。最优化的国家治理体系应具有一套完备的监控机制和手段，在促进走向自由、平等、公正、民主、法治的过程中，在帮助不同利益主体实现自己利益最大化的过程中，对各类经济主体、政治主体和社会主体实施有效宏观监控，以保障国家政治、经济和社会的总体稳定和谐。最优化的国家治理体系应顺应经济社会发展的趋势和要求，最大程度地提供规模化、优势化、多样化、均衡化的公共服务和社会保障，满足人民群众日益提高的多样化的物质、文化和精神需求，为国家治理体系保持长久正常运行提供基本保障。最优化的国家治理体系还应实现经济资源的市场化配置，社会服务资源的社会化配置，通过建设科学化的资源配置机制，全面提高资源配置的效率和公正度，充分激发国家发展的生机和活力。

（3）国家治理的制度体系。治理的制度体系就是要使国家治理体系制度化和法律化，法制化是国家治理体系持久稳定而又富于生机活力的保障。现代治理体系的制度体系主要包括法律、激励、协作三大基本制度，所涉及的是如何保障治理结构有效运转的问题，法制体系现代化要求建立健全完善、公平正义、严格有效的法律制度体系。首先，建设中国特色社会主义法治体系，建设社会主义法治国家。"形成完备的法律规范体系、高效的法治实施体系、严密的法治监督体系、有力的法治保障体系，形成完善的党内法规体系，坚持依法治国、依法执政、依法行政共同推进，坚持法治国家、法治政府、法治社会一体建设，实现科学立法、严格执法、公正司法、全民守法"①。要在经济建设、政治建设、文化建设、生态建设和政党建设等领域，适时更新和建立成套的法律体系，把所有的政治活动、经济活动、文化活动、社会活动和生态活动，全部纳入法律框架之下，严格执法，坚决杜绝违法犯罪活动的产生和蔓延。其次，建立科学、有效的激励制度体系，最大限度地调动社会所有领域的多元化主体的积极性创造性，在合法的前提下激发他们释放内在潜能和活力，促进各领域主体"从一般走向优秀，从优秀走向卓越"，协同推进个人和国家不断走向进步和提升品质。再次，建立一种各领域的多元主体纵横交叉协作的完备制度体系，增强公私间、部门间、政府间、国际间的跨界协作，减少和化解各种矛盾和冲突，在互动合作中寻求各方利益共进和整体利益最大化。

（4）国家治理的手段体系。现代治理方式日益多样化，主要包括法律、行政、经济、道德、教育、协商六大方式。治理方式体系涉及的是具体靠什么方式或手段进行治理的问题，治理方式的现代化就是使所有治理方式有效并且协同地发挥作用。在现代法治社会，法律是国家治理的首选手段，具体体现为"依法治国"、"依宪治国"，对违反法律的一切行为，都要依法严厉打击和制止。作为一个拥有庞大行政体系的大国，政府一方面要在管理经济事务的过程中，必须适时采取高效的行政命令、指示、规定等措施；另一方面要坚持法定职责必须为，法无授权不可为。政府在运用行政手段的过程中，要勇于负责、敢于担当，坚决纠正不作为、乱作为，坚决克服懒政、怠政，坚决惩处失职、渎职。恰当地运用经济手段也是国家治理手段现代化的重要内容，特别是在全面建立社会主义市场经济体制的过程中，应当更多地采取财政、税收、货币、价格等符合价值规律的经济手段，引导宏观经济的协调高效发展。我国具有悠久的道德文化传统，国家治理体系和治理能力的现代化必须依法治国和以德治国并重，加强社会公德建设，引导个体加强道德修养和自我约束，实现社会的人性化、人道化和人情化。教育既是提供各类国家治理主体素质和能力的基本手段，更是培育一代又一代国家建设者和接班人的主要途径。教育手段的现代化，不仅要在全社会形成全民教育、终身教育的现代教育格局，更要使教育内容、形式和手段实现现代化。协商民主是实现国家治理体系和治理能力现代化的重要手段。新中国成立以来，我国就建立了政治协商制度，在推进国家治理现代化的过程中，要将这种政治协商经验推广到全社会，建立健全多主体协商机制，疏通利益表达渠道，扩大民主参与，促进社会公正发展。

（5）国家治理的运行体系。治理运行体系涉及的是治理体系以何种路径和何种手段、方法运转的问题，治理运行体系的现代化，关键是要建立自上而下、自下而上、横向互动三大运行方式。所谓自上而下方式，就是从通常所说的"顶层设计"到"落实落细落小"。这是像我国这样的大国必须依靠的治理运行方式，运用这种

---

① 《中共中央关于全面推进依法治国若干重大问题的决定》，新华网，2014年10月28日。

方式关键是要处理好中央政府与地方政府、上级政府与下级政府之间的责权关系，根除"上有政策、下有对策"的对抗性做法，实现执行政策不走样、不变味。所谓自下而上方式，就是从通常所说的"摸着石头过河"到上升为中央的决策。我国处在深刻的社会变革时期，正在全面深化改革，许多东西都需要在实践中探索，因而可依靠地方和基层先行先试，在掌握了规律，积累了经验以后，向全国推行和推广，这样可以降低改革的风险和成本。所谓横向互动方式，即是通常所说的"学习借鉴"。在国家治理的过程中，不同领域、不同主体相互之间可以通过互动、走访、学习、借鉴等过程，实现协同效应、整合效应和创新效应，促进国家治理和建设事业的整体进步。①

我国国家治理体系和治理能力的现代化，是以坚持和完善社会主义制度为前提的，在推进国家治理现代化的过程中，不能忽视这个基本前提，否则就会丢掉原则、迷失方向，就可能走上改旗易帜的邪路。习近平指出，推进国家治理体系和治理能力现代化，必须完整理解和把握全面深化改革的总目标，这是两句话组成的一个整体，即完善和发展中国特色社会主义制度、推进国家治理体系和治理能力现代化。我们的方向就是中国特色社会主义道路。②

三、主流价值观对于推进国家治理现代化的规导意义

任何自觉构建的国家治理体系总是有某种价值观作为依据和原则，这种价值观通常是一个国家的主流价值观，主流价值观对国家治理体系的构建和运行或发挥功能起着规范和引导作用。西方近代自觉构建的资本主义国家治理体系就是资本主义价值观的体现和贯彻，资本主义价值观就是在西方社会占主导地位的自由主义价值观，整个西方国家治理体系受自由主义价值观的规导。一种国家治理体系要现代化，作为它构建和运行依据并对它起规导作用的价值观必须是现代化的。如果我们认定西方近现代国家治理体系在资本主义的意义上是现代化的，那么我们也得肯定，作为它构建和运行依据和原则的自由主义价值观在资本主义的意义上也是现代化的。实际上，相对于西方传统价值观特别是中世纪的主导价值观而言，西方近代主流价值观确实是一种现代意义的价值观。今天我国要推进国家治理现代化，实际上就是要构建现代化的国家治理体系，构建这种国家治理体系，也必须有一种价值观作为它的依据和原则，它的运行要受到这种价值观的规导。这种价值观就是中国特色社会主义价值观，即当代中国主流价值观，这是一种现代意义的社会主义价值观。当代中国主流价值观是我国构建现代国家治理体系的依据和原则，我国正在构

---

① 参见陶希东：《国家治理体系应包括五大基本内容》，《学习时报》，2013年12月9日。
② 《习近平：推进国家治理体系和治理能力现代化》，新华网，2014年2月17日。

建的现代国家治理体系的运行也要受主流价值观的规范和引导。主流价值观是我国现代国家治理体系的观念源泉和实质内涵，它规定着我国国家治理体系的社会主义性质和现代性，它引导我国国家治理体系朝着实现中华民族伟大复兴和社会主义现代化的"中国梦"发挥功能。

首先，主流价值观是构建我国现代国家治理体系的依据和原则。任何一种国家的主流价值观都是成体系的，其结构的功能都是指向其价值目标的实现。价值目标也是多层次、多维度的，本身是一个体系，而终极价值目标则是其他所有价值目标的最终指向和最高理想。对于一个国家的主流价值观来说，国家治理从根本上说不过是一种实现其价值目标的手段，是服务于、服从于价值观中的不同层次价值目标的实现的，并追求终极价值目标。但是，在所有实现价值观的不同层次目标的手段中，在现代社会，国家是最重要的力量，而国家力量的大小、发挥得如何则主要取决于国家治理体系，因而国家治理体系在实现价值观所规定的价值目标方面体现着国家的力量。这种力量对价值目标的实现起着关键性的作用。

现代国家通常由立法、行政、司法三个部分构成。大致上说，在这三个部分中，立法是基础，它的主要使命是制定法律（当然也对行政和法律的实施起监督作用）；司法是保障，它的主要使命是维护法律；而行政则是核心，它在法律的范围内并依据法律对国家进行治理，是国家对社会生活作用的集中体现。国家治理结构及其功能（能力）就是国家发挥治理作用的主体和手段。如果说实现价值观的价值目标要依托国家力量，那么，它主要依托的是国家行政的力量，凭借国家治理体系。

整个价值观体系是服务于其中的价值目标实现的，国家治理体系作为实现价值观的价值目标的主要手段，不仅要以这些价值目标为目标，而且必须以整个价值观为依据，以它的要求为基本原则，追求价值观的现实化。今天，我们要构建现代国家治理体系，就是要根据主流价值观来构建，以追求其价值的实现；我们要推进国家治理的现代化，就是要根据主流观的要求改进和完善国家治理体系和功能。主流价值观决定着国家治理的性质、目标和任务，乃至其体系和功能的发挥。没有主流价值观的支撑，国家治理体系就建立不起来，即使建立起来，所发挥的作用也是盲目的、混乱的；而没有正确合理的主流价值观作为依据和原则，现代意义的国家治理体系就不可能建立起来。正因为如此，中共中央办公厅印发的《关于培育和践行社会主义核心价值观的意见》要求："确立经济发展目标和发展规划，出台经济社会政策和重大改革措施，开展各项生产经营活动，要遵循社会主义核心价值观要求，做到讲社会责任、讲社会效益、讲守法经营、讲公平竞争、讲诚信守约，形成有利于弘扬社会主义核心价值观的良好政策导向、利益机制和社会环境。与人们生产生活和现实利益密切相关的具体政策措施，要注重经济行为和价值导向有机统一，经济效益和社会效益有机统一，实现市场经济和道德建设良性互动。"①

其次，主流价值观对我国正在构建的现代国家治理体系运行具有规范作用。任何国家治理体系及其功能都不是一旦建立起来就固定不变的，而是适应社会实践变化发展的需要不断变化发展。国家治理体系是一种动态的、与时俱进的体系。一种国家治理体系即使是根据主流价值观建立的，而且也是现代化的，这也并不意味着它就永恒地发挥预先设计的功能。当情况发生了变化的时候，过去的结构和功能必须作相应的调整，否则它就不能发挥或不能充分地发挥应有的作用。更重要的是，国家治理体系是一种执行体系，它是一个不断对不同类型的社会主体和现实社会生活发生作用的对接、交互作用的过程。在这个过程中，作为国家治理体系功能的国家治理活动由于种种原因可能会遇到不同的情况，在其发挥作用的过程中可能会发生偏差，因而需要有规范对它起指导、约束、监督、校正作用。

对国家治理起指导、约束、监督、校正作用的规范不少。例如，各种法律对国家治理具有强制约束作用，社会倡导的道德也对履行国家治理功能的各类主体有重要的软约束作用，还有各种上级的法规、政策等对下级也具有约束作用。但是，所有这些规范都应当源自价值观的基本要求和所确立的基本价值原则，因此，价值观对于国家治理具有根本性的指导、约束、监督、校正作用，或者说，它是所有其他规范是否正确合理的最终标准或尺度。一方面，对于体现价值观要求和原则的规范，国家治理主体更有理由、更有信心执行它们；另一方面，对于不符合价值观要求和原则的规范，国家治理主体也能根据价值观判断问题发生在哪里，也能为不执行或校正这样的规范提供充足理由。价值观的基本要求和基本价值原则就像是一条红外线贯穿于所有治理活动之中，各种具体规范和治理活动可以围绕它变动，但不能完全脱离它或偏离它。因此，一个真正具有国家治理能力的主体，不仅应当知道国家治理规范及其要求，同时也应当知道这些规范所源自的价值观的要求和原则。这样，治理主体的治理活动不仅有现实的尺度，也有根本的、最终的尺度，它的治理活动就会是明智的，不会发生根本性的、方向性的错误。

我国的现代国家治理体系虽然尚在建构之中，但已经在社会生活中发挥作用，而且我国的法制、道德等规范也不健全，需要进一步完善。正因为如此，我国现行治理体系发生错误和偏差的几率更大，更需要主流价值规范发挥作用，不仅要发挥根本性、终极性尺度的作用，还要发挥拾遗补缺的作用，从而促进我国国家治理体系和法治体系的完善。

最后，主流价值观对我国正在构建的现代国家治理体系运行具有引导作用。前文说过，国家治理体系及其功能是动态的，具体的治理活动更是千变万化的。但是，这种动态变化不仅不能是无序的，而且不能是无目的、无一致方向的。治理体

---

① 中共中央办公厅印发《关于培育和践行社会主义核心价值观的意见》，新华网，2013年12月23日。

系和法理活动的目的和方向要由主流价值观来提供，因此，主流价值观对于国家治理体系的运行具有引导作用。价值观通常可以划分为终极价值目标、核心价值理念和基本价值原则，这三个方面对于国家治理体系的运行都具有引导作用，因而价值观的这种引导作用可以相应地划分为三种：一是终极目标的引导；二是核心理念的引导；三是基本原则的引导。由于我国现代国家治理体系尚处于建构之中，因而这种引导作用不仅体现在它的运行方面，而且也会对它的进一步建构产生重要引导作用。

我国主流价值观的终极目标是实现社会主义现代化和中华民族的伟大复兴，即实现"中国梦"。这种终极价值目标对于我国国家治理体系的运行和构建都具有根本性的引导作用。它既是治理体系运行和构建必须瞄准的最后目标，又是治理体系运行和构建的核心，一切相关活动都得围绕它展开，同时它也是检验治理体系运行和构建是否正确的最后根据。例如，这个终极价值目标涉及国家（民族）和人民、人民整体和人民个体这两大重要关系，而且它要求必须兼顾这三个方面，不可偏废。如果我们构建的国家治理体系或国家治理体系发挥的功能像西方的国家治理体系那样，只注重个人，不重视国家，或者像中国传统社会那样，只重视国家的长治久安而忽视个人的自由和权利甚至生存，那么，这样的治理体系对于当代我国主流价值观而言就是根本错误的。因此，我们必须将国家治理体系的现代化构建置于"中国梦"的引导之下，使之在任何时候都不偏离这个大方向。

我国主流价值观的核心理念是党的十八大报告中提出的"24个字"即12个理念。这12个理念是国家治理体系运行和构建的主要价值目标，对国家治理活动具有直接的引导作用，是衡量国家治理活动成败的基本标准。而且，这些目标还必须同时兼顾，不能顾此失彼，导致社会发展偏差和社会生活混乱。如果我国的治理活动只重视国家层面的核心价值理念（富强、民主、文明、和谐），而不重视个人层面的核心价值理念（爱国、敬业、诚信、友善），那么，我国社会生活就会出现道德"滑坡"、精神家园丧失等道德乱相。我国前一段时期频发的许多突破道德底线的邪恶行为，与我国以前治理体系存在的只重视经济发展，不重视道德建设的偏颇直接相关。

我国主流价值观的基本原则是党的十八大报告中提出的八项"基本要求"或八个"必须坚持"。这些原则是立党之本、立国之本，因而更是国家治理体系必须加以坚持和维护的。这些原则是主流价值观明确提出的直接要求（除这些之外还有许多隐含的、间接的要求），因而特别事关重大，涉及国家的性质、前途等根本性问题。因此，它们不仅对我国现代国家治理体系构建和运行起到具体直接引导作用，而且具有严格规范意义，一切国家治理活动任何时候都不能无视它、违背它。

最后需要特别指出的是，我国主流价值观本身也处于构建之中，要发挥对国家治理体系应有的作用，其本身需要进一步加强构建。因此，我们要努力将两方面的构建有机地结合起来、贯通起来,使它们相互支撑、相互促进。

四、推进国家治理现代化对于主流价值观现实化的决定性意义

党的十六届六中全会提出建设社会主义核心价值体系,党的十八大提出培育和践行社会主义核心价值观。社会主义核心价值观是观念的或理论的核心价值体系,建设社会主义核心价值体系既包括观念的核心价值体系建设,又包括实践的核心价值体系建设。这两者的有机统一构成了中国主流价值文化即社会主义价值文化构建的核心内容,究其实质,构建我国价值文化就是要培育和践行社会主义核心价值观,从而使社会主义核心价值观现实化。关于如何培育和践行社会主义核心价值观,《中共中央办公厅印发〈关于培育和践行社会主义核心价值观的意见〉》提出了四项主要措施:①把培育和践行社会主义核心价值观融入国民教育全过程;②把培育和践行社会主义核心价值观落实到经济发展实践和社会治理中;③加强社会主义核心价值观宣传教育;④开展涵养社会主义核心价值观的实践活动。所有这些措施都需要通过加强党和政府对培育和践行社会主义核心价值观的组织领导加以落实。① 毫无疑问,所有这些路径和措施都是重要的,而且不可偏废,但是推进国家治理现代化对于培育和践行核心价值观以使其现实化为文化具有决定性的意义。

首先,国家治理现代化是主流价值文化构建的关键途径。构建中国主流价值文化既要宣传(传播)社会主义核心价值观并对学生和公众进行核心价值观教育,更要使核心价值观道德化、法制化、政策化。使核心价值观道德化、法制化和政策需要通过国家治理现代化来实现,而对核心价值观的宣传教育也需要现代化的国家治理能力才能加以实现。所以,在构建核心价值观的三条主要途径即传播、教育和国家治理现代化中,国家治理现代化无疑是最重要的关键性途径。

我国是一个有着悠久以德治国传统的文明古国,以德治国是我国优秀传统文化的核心内容。以德治国,顾名思义,就是国家运用道德的力量,特别是道德教化来治理国家,使国家达到和谐状态。在我国实行市场经济体制之后,针对市场经济对经济社会生活带来的负面效应,党中央领导人提出了在实行依法治国的同时实行以德治国。2000年6月,江泽民《在中央思想政治工作会议上的讲话》中指出:"法律与道德作为上层建筑的组成部分,都是维护社会秩序、规范人们思想和行为的重要手段,它们互相联系、互相补充。法治以其权威性和强制手段规范社会成员的行为。德治以其说服力和劝导力提高社会成员的思想认识和道德觉悟。道德规范和法律规范应该互相结合,统一发挥作用。"2001年1月,在全国宣传部长会议上,他

---

① 参见中共中央办公厅印发《关于培育和践行社会主义核心价值观的意见》,新华网,2013年12月23日。

明确提出了"把依法治国与以德治国紧密结合起来"的治国方略。① 虽然将"以德治国"作为治国方略是对传统社会的借鉴，但其中的"德"有着根本不同的含义。如果说，传统社会的"德"是传统主导价值观的道德化，那么今天我国的"德"则是当代主流价值观的道德化。然而，我国今天主流价值观的道德化并没有完全实现。假如我国主流价值观不能道德化，以德治国要么是一句空话，要么可能用以治国的"德"不是社会主义道德。那么，如何使我国主流价值观道德化？我们知道，西方社会作为主流意识形态的自由主义主张国家对于道德持中立立场，不确立国家推行和倡导的道德，因而国家也不存在使核心价值观道德化的问题，而我国既然将"以德治国"作为治国方略，党和政府就必须解决如何使核心价值观道德化的问题。显然，这样一种道德建设任务是现有的国家治理体系和治理能力所难以完成的，而必须使之现代化。

主流价值观法制化的过程本身就是国家治理现代化的核心内容，既涉及治理体系的现代化，也涉及治理能力的现代化。国家治理体系的现代化包括许多方面的内容，而其核心内容是我们党作为执政党领导人民治理国家的制度体系的现代化。国家制度体系的现代化，就是要将主流价值观转化为国家制度体系，尤其是要使其内容体现主流价值观的要求并贯彻其基本原则。同时，这种转化是一项极其复杂的工作，它需要普遍提高治理体系主体的治理能力，使之达到现代化水平。例如，法治是主流价值观的重要内容之一，我们只有建立了以宪法为根本大法的完善法律体系，并将法律作为国家最高权威，法治才能实现。显然，法治的实现离不开作为完善法律体系的构建，离不开党和政府法治意识的增强和法治能力的提高。总的看来，主流价值观的法制化主要取决于国家治理体系和治理能力的现代化，没有这种现代化的治理体系和能力，主流价值观法制化就是一句空话。

至于主流价值观的政策化则更依赖于国家治理能力的现代化。我国是一个政策大国，政策在我国社会生活中扮演着极其重要的角色，其社会地位在某种意义上甚至超过了法律。这是许多历史的和现实的因素导致的。政策是我国各级党和政府制定的，作出决策的能力、执行政策的能力和适时修订政策的能力等都取决于作为政策主体的各级党和政府。他们的国家治理能力能否达到现代化水平直接决定着政策的制定、执行和修订能否达到现代化水平，也决定着政策能否体现主流价值观的要求、贯彻主流价值观的原则。中国共产党是执政党，实现主流价值文化的政策化关键在于加强和改善党的领导，全面提高党的建设的科学化水平，实现执政能力和领导水平的现代化。

当然，国家治理现代化不仅直接关系到主流价值观能否道德化、制度化和政策化的问题，而且直接关系到能否构建既具有中国特色又具有世界先进性的核心价值

---

① 《中共党史上的80件大事（80）："以德治国"理念的提出》，人民网，2001年6月13日。

观本身的问题。这种价值观的最终构成无疑也取决于国家治理能否现代化。

其次,国家治理现代化是主流价值文化构建的主要凭借。我国要构建既具有中国特色又具有世界先进性的主流价值观,并使之现实化,必须依托国家治理现代化,以之作为支撑。在一定意义上可以说,现代化的国家治理体系和治理能力就是主流价值文化构建的支持系统、主要手段和力量源泉。前文谈到,国家治理体系从横向看包括经济、政治、文化、社会、生态文明五个子体系,国家治理现代化就是要通过"五位一体"总体布局来实现五个子体系的现代化,通过"五位一体"总体布局实现经济、政治、文化、社会和生态文明的现代化,社会主义核心价值观就能现实化为中国的社会生活和文化。因此,"五位一体"总体布局就是我国主流价值观构建、我国主流价值观现实化的基本凭借。

那么,如何通过"五位一体"总体布局来实现经济、政治、文化、社会和生态文明的现代化呢?按照党中央的部署,要通过全面深化体制改革来实现。《中共中央关于全面深化改革若干重大问题的决定》指出,改革开放是党在新的时代条件下带领全国各族人民进行的新的伟大革命,是当代中国最鲜明的特色。面对新形势新任务,全面建成小康社会,进而建成富强民主文明和谐的社会主义现代化国家、实现中华民族伟大复兴的中国梦,必须在新的历史起点上全面深化改革。《决定》对全面深化改革作出全面部署,明确提出了全面深化改革的目标任务。在经济上,要"紧紧围绕使市场在资源配置中起决定性作用深化经济体制改革,坚持和完善基本经济制度,加快完善现代市场体系、宏观调控体系、开放型经济体系,加快转变经济发展方式,加快建设创新型国家,推动经济更有效率、更加公平、更可持续发展"。在政治上,要"紧紧围绕坚持党的领导、人民当家做主、依法治国有机统一深化政治体制改革,加快推进社会主义民主政治制度化、规范化、程序化,建设社会主义法治国家,发展更加广泛、更加充分、更加健全的人民民主"。在文化上,要"紧紧围绕建设社会主义核心价值体系、社会主义文化强国深化文化体制改革,加快完善文化管理体制和文化生产经营机制,建立健全现代公共文化服务体系、现代文化市场体系,推动社会主义文化大发展大繁荣"。在社会上,要"紧紧围绕更好保障和改善民生、促进社会公平正义深化社会体制改革,改革收入分配制度,促进共同富裕,推进社会领域制度创新,推进基本公共服务均等化,加快形成科学有效的社会治理体制,确保社会既充满活力又和谐有序"。在生态文明方面,要"紧紧围绕建设美丽中国深化生态文明体制改革,加快建立生态文明制度,健全国土空间开发、资源节约利用、生态环境保护的体制机制,推动形成人与自然和谐发展的现代化建设新格局"。在党的建设上,要"紧紧围绕提高科学执政、民主执政、依法执政水平深化党的建设制度改革,加强民主集中制建设,完善党的领导体制和执政方式,保持党的先进性和纯洁性,为改革开放和社会主义现代化建设提供坚强政治保证"。所有这五个方面的全面深化改革,其总目标是完善和发展中国特色社主义制度，推进国家治理体系和治理能力现代化。①

前文已经谈及，在国家治理体系横向结构的五个子体系之中还有一个作为其核心的主流价值体系，正是在将观念的主流价值体系转变为现实的主流价值体系的过程中，适应这种转变的需要提出了对五个子体系进行全面深化改革，以使之现代化的要求。因此，当通过全面深化改革实现了我国经济、政治、文化、社会和生态体系的现代化，亦即全面深化改革的总目标得到实现的时候，我国的主流价值观就从观念的价值体系转变成了现实的价值体系，转变成了社会的价值文化。

最后，国家治理现代化是主流价值文化构建的根本保障。经济、政治、文化、社会、生态文明五位一体国家治理子体系和整个国家治理体系的现代化，既是主流价值文化构建的关键途径、主要凭借，也是主流价值文化的基本保障。其中特别重要的是坚持和改善党的领导，全面提高党的建设的科学化水平，这是主流价值文化构建的根本保障。"只有以提高党的执政能力为重点，尽快把我们各级干部、各方面管理者的思想政治素质、科学文化素质、工作本领都提高起来，尽快把党和国家机关、企事业单位、人民团体、社会组织等的工作能力都提高起来，国家治理体系才能更加有效运转。"②

习近平同志指出，坚持和发展中国特色社会主义是一项长期而艰巨的历史任务，必须准备进行具有许多新的历史特点的伟大斗争。为此，我们必须不忘初衷、继续前进。不忘初衷、继续前进，面临着许多复杂而艰巨的任务，要完成这些任务，就要保持党的先进性和纯洁性，着力提高执政能力和领导水平，着力增强抵御风险和拒腐防变能力，不断把党的建设新的伟大工程推向前进。这也就是党的十八大报告提出的："形势的发展、事业的开拓、人民的期待，都要求我们以改革创新精神全面推进党的建设新的伟大工程，全面提高党的建设科学化水平。"③全面提高党的建设科学化水平，着力提高执政能力和领导水平，也是推进国家治理体系和治理能力现代化的根本，是主流价值文化构建的政治保障。所以，习近平同志指出："办好中国的事情，关键在党。中国特色社会主义最本质的特征是中国共产党领导，中国特色社会主义制度的最大优势是中国共产党领导。坚持和完善党的领导，是党和国家的根本所在、命脉所在，是全国各族人民的利益所在、幸福所在。"④

---

① 参见《中共中央关于全面深化改革若干重大问题的决定》，《人民日报》，2013 年 11 月 16 日第 1 版。
② 《习近平：推进国家治理体系和治理能力现代化》，新华网，2014 年 2 月 17 日。
③ 胡锦涛：《坚定不移走中国特色社会主义道路，夺取中国特色社会主义新胜利》，《人民日报》，2012 年 11 月 18 日第 1 版。
④ 习近平：《在庆祝中国共产党成立 95 周年大会上的讲话》，新华网，2016 年 7 月 2 日。

"当代中国价值观"概念的提出、内涵与意义*

党的十六届六中全会提出"建设社会主义核心价值体系"以来,特别是党的十八大提出"培育和践行社会主义核心价值观"以来,学界在讨论社会主义核心价值体系和核心价值观(以下简称为"核心价值观")的过程中,提出了"当代中国价值观"的概念,并正在开展对当代中国价值观问题的研究和讨论。"当代中国价值观"概念的提出,拓展和深化了核心价值观的内涵,并促进了核心价值观与中国文化传统和当代中国现实的对接。以核心价值观为核心内容的"当代中国价值观"概念不仅更容易获得中华儿女的普遍认同,更为中国大众喜闻乐见,也更有助于在当代世界树立当代中国的价值形象和凸显当代中国价值观的民族特色。

一、"当代中国价值观"概念的由来

据"中国知网"文献检索,"当代中国价值观"概念最早见马惠萍的《经济价值化与当代中国价值观的现实选择》①一文,不过该文是在中国人的价值观的意义上使用当代中国价值观一词的。后来,唐志龙在《当代中国价值观的冲突及其调适》、刘小新在《当代中国价值观多元化的几点思考》、田嵩燕在《当代中国价值观的变迁与重建》②等文章中也使用了当代中国价值观一词,但他们主要是从阐述当代中国价值观状况的角度使用"当代中国价值观"这个词的,并没有形成严格意义上的当代中国价值观概念。

党的十六届六中全会后,2007年中国人民大学教授马俊峰在《深化价值观研究与构建当代中国价值观体系》一文中从构建当代中国价值观体系的角度使用了"当代中国价值观"的概念,明确提出了构建当代中国价值观体系的课题。2008年中共中央党校教授杨信礼在《马克思主义价值观与当代中国价值观的建构》、中共中央党校宋惠昌教授在《当代中国价值观变革的基本趋势》、上海社会科学院哲学研究所研究员何锡蓉在《当代中国价值观取向与核心价值观体系建设》③等论文中

---

* 原发表于《湖北大学学报》(哲学社会科学版),2016 年第 4 期(与笔者的博士研究生蔡梦雪合作),中国人民大学复印报刊资料《伦理学》2016 年第 11 期转载。

① 发表于《郑州大学学报》(哲学社会科学版),2003 年第 3 期。

② 分别发表于《南京政治学院学报》,2004 年第 1 期;《首都师范大学学报》(社会科学版),2005 年第 3 期;《中国特色社会主义研究》,2010 年第 5 期。

③ 分别发表于《华中科技大学学报》(社会科学版),2007 年第 2 期;《山东社会科学》,2008 年第 2 期;《中共中央党校学报》,2008 年第 5 期;《学术探索》,2008 年第 5 期。

分别提出了关于当代中国价值观内容的观点。但是，上述几位学者都尚未对"当代中国价值观"概念本身作出阐述。

党的十八大召开前后，国内学界有关的讨论重心集中到了核心价值观，2011 年至 2013 年未见有关与当代中国价值观概念直接相关的论文。在此期间，笔者在主持国家社科基金重大招标项目"构建我国主流价值文化研究"的过程中，深感在全社会对当代中国价值观问题形成共识、阐明当代中国价值观与核心价值观，以及核心价值体系关系的极端重要性，因而对当代中国价值观问题进行了系统的研究，并对"当代中国价值观"的概念及其与"核心价值观""核心价值体系"概念的关系作了系统的阐述。笔者最早于 2014 年 1 月 13 日在《中国社会科学报》上发表了《培育和践行社会主义核心价值观与当代中国价值构建》一文，该文后来经过扩充以同一标题发表在《思想理论教育》2014 年第 4 期。此后，笔者先后发表了《当代中国价值观的根本性质、核心内容和基本特征》、《论当代中国价值观构建》、《论当代中国价值观》、《当代中国价值观的源与流》和《当代中国价值源探析》等论文[①]。其中发表在《光明日报》上的两篇文章产生了相当广泛的影响，转载的网站均超过百家。同时，笔者近两年来还围绕当代中国价值观问题出版了三部著作，它们分别是《论价值观与价值文化》、《论当代中国价值观》和《中国梦与中国价值》[②]。笔者的所有这些论文和著作对"当代中国价值观"概念的含义及其与核心价值观、核心价值体系概念的关系，对当代中国价值观的根本性质、核心内容和基本特征，以及对当代中国价值观的构建做出了较为系统的回答，使当代中国价值观的概念和问题在当代中国社会和学界凸显出来，并为进一步拓展和深化研究提供了基础和参照。

在笔者重提"当代中国价值观"的概念并对当代中国价值观问题作了较为系统的阐述之后，国内学界逐渐有了对当代中国价值观的问题及其概念的关注。例如，骆萍、孔庆茵的《当代中国价值观：内涵、意义与传播策略》，陈国富、余达淮的《略论当代中国价值观》，刘民主、冯顺利的《当代中国价值观的内涵探讨》。[③] 更为可喜的是，北京师范大学创办的《当代中国价值观研究》杂志问世，这一方面表明"当代中国价值观"概念得到了党和政府以及社会各界的认可，同时也为当代中国价值观的研究和宣传提供了极其重要的学术平台。笔者相信，有了这一重要园地，当代中国价值观会得到更普遍的社会认同，当代中国价值观的理论和实践构建必定会发生一个历史性的跨越。

"当代中国价值观"的提出，不是学者的突发奇想，而是有着深刻的历史必然

---

① 分别发表于《光明日报》，2014 年 6 月 18 日；《马克思主义与现实》，2014 年第 4 期；周海春主编《文化发展论丛·中国卷》（社会科学文献出版社，2014 年 12 月）；《光明日报》，2015 年 2 月 11 日；《山东社会科学》，2015 年第 2 期。

② 分别由科学出版社 2014 年 11 月、2016 年 1 月出版，武汉出版社 2016 年 3 月出版。

③ 前两篇文章发表于《求索》，2015 年第 4 期；后一篇发表于《求索》，2016 年第 1 期。

性和社会发展的内在逻辑。经过三十多年的改革开放，中国社会发生了翻天覆地的深刻变化，快速发展着的当代中国需要有与之相适应的新价值观；同时，以习近平为核心的党中央高度重视主流价值观构建，也为当代中国价值观的构建提供了良好的政治生态和社会条件。

任何人都不可否认，当代中国发生的巨变得益于改革开放，而改革开放的最重要成果之一是实行市场经济体制。市场经济是人类走向富裕和谐的康庄大道。[①]但是，市场经济是一把双刃剑，如果没有与之配套的社会政治制度，没有对其负面效应起到有效防范作用的法制和政策，就会产生很多社会问题，导致社会日益两极分化、资本化以及严重的环境问题。事实表明，市场经济在使中国迅速强大繁荣的同时也带来了对以前的主流价值观即传统社会主义价值观的严重冲击，使传统社会主义价值观更加不适应经济和社会生活，同时也使中国人的理想、信念和精神生活出现了前所未有的困扰和混乱。今天，不少社会成员眼中只有金钱、财富、权力、地位、名誉等物质的、外在的价值，而没有了人格的、精神的追求，精神世界荒芜。在这种情况下，通过构建当代中国价值观来重建中国人的精神家园，被空前严重地提到了中国党和政府的面前。

改革开放以来，中国社会的最大变化之一，就是价值观多元化。今天的中国，与中共中央所倡导和推行的中国特色社会主义价值观同时存在和流行的，还有西方价值观、传统价值观、改革开放以前的传统社会主义价值观以及不同宗教的价值观。这些价值观的同时存在、流行及争斗，导致了人们的思想观念混乱，而且它们不同程度地对现行社会的制度和政策发生影响，导致制度和政策自相矛盾。在这种情况下，改变价值文化多元对峙甚至冲突的格局，构建主流价值观，使其他各种价值观从属于和服务于主流价值观就显得刻不容缓。

伴随着全球化和文化多元化时代的到来，世界各国都在致力于构建自己国家的价值观，努力扩大自己价值观的国际影响。那些在经济、政治、文化上实力强大的国家，更是借助其实力优势强力推行其价值观。中国是一个人口众多的超级人口共同体，不仅应有自己独树一帜的价值观，而且应在世界多元价值的格局中发出中国人声音。中国已经成为世界第二大经济体，要使中国经济进一步强大并走向世界，不仅需要价值观作为支撑，而且需要有自己的价值观为之开辟道路。中国有着在世界上历史悠久、最独具特色的传统文化。在整个人类生活日益物质化、低俗化、浅表化，整个世界充满着各种矛盾、冲突，恐怖活动、政变、战乱频发的今天，中国传统文化不失为当代人类走出困境可资借鉴的不可替代的宝贵资源。这种资源也需要以自己今天的文化和价值观作为载体传播到世界各地。如果说中国价值观对于中

---

① 这是李义平在《为什么必须选择市场经济？——重读斯密》(《读书》2012年第3期)中对亚当·斯密思想的概括。

国自身来说是国家精神和民族命脉，那么，对于世界来说它则是中国声音和大国形象。在中国经济迅速发展、中国硬实力不断增强的今天，构建并推广具有强大正能量的中国价值观，不仅是中国走向现代化和强大的需要，而且也是中国作为大国所应承担的世界责任。总之，在当代世界各国价值观的激烈竞争中，中国不能没有自己强大的文化软实力和强势的文化影响力，更不能没有自己的旗号和声音。这种旗号和声音就是中国价值观。自觉构建当代中国价值观，大幅度提升中国的文化软实力，旗帜鲜明地打出"中国价值观"的旗号并扩大其影响，可以说是中国社会发展的第一要务。

正是基于上述考虑，我们应该理直气壮地打出"当代中国价值观"的旗号，大力加强当代中国价值观构建，使之成为中华民族顶天立地的脊梁和中国人民安身立命的支柱。

二、"当代中国价值观"的含义及其与"核心价值观"的关系

从目前已有的关于当代中国价值观的学术成果看，对"当代中国价值观"有三种不同的理解：

一是将当代中国价值观理解为当代中国社会存在的价值观。按照这种理解，当代中国价值观既指当代中国社会的主流价值观，也指当代中国社会存在的价值观，如传统价值观、西方价值观、各种宗教价值观等。例如，刘小新就将中国价值观理解为当代中国社会的多元价值观："经济全球化的一个直接后果，将是导致全球社会从领域合一到领域分离，而又将导致经济、政治和精神文化三大领域中价值观的分离性发展，致使价值观呈现多元化态势。"[①] 这种理解不是将当代中国价值观看做是中国主流（或主导）价值观的一种形态。

二是将当代中国价值观理解为当代中国人的价值观。例如，马惠萍在谈到当代中国价值观时说："当代中国人的价值观，既有中国传统天下主义与和合文化的深厚积淀，也有对西方民族主义和现代文明的吸收和'移植'。"[②] 在价值观多元背景下，当代中国人的价值观差异十分巨大，在一定意义上可以说人各不同。显然，这种理解也不是将当代价值观作为一种价值观形态。

三是把当代中国价值观理解为当代中国社会的主流的或主导价值观，目前大多数相关成果持这种观点。例如，宋惠昌认为："在改革开放的新时期，我国社会的价值观经历了由封闭到开放、由一元到多元、由国家本位到公民本位、由拜物教意

---

① 刘小新：《关于当代中国价值观多元化的几点思考》，《首都师范大学学报》（社会科学版），2005年第3期。

② 马惠萍：《经济价值化与当代中国价值观的现实选择》，《郑州大学学报》（哲学社会科学版），2003年第3期。

识到以人为本的观念变革，显示了当代中国价值观变革的基本趋势。"①不难看出，宋惠昌这里是把当代中国价值观理解为当代社会的主流价值观。

"当代中国价值观"这一术语确实可以同时从以上三种意义上理解，但是笔者赞同上述的第三种观点。根据这种观点，"当代中国价值观"是反映中国特殊历史时期主流或主导价值观形态的概念，可以使当代中国主流价值观与改革开放前的社会主义价值观、中国传统价值观、与西方价值观区别开来。根据这一理解，当代中国价值观指的是改革开放以来构建的中国主流价值观。对于这一界定，笔者认为有必要作以下阐明：

第一，当代中国价值观是我国改革开放以来着力构建的价值观。"当代"作为历史分期概念是十分不确定的。就中国而言，当代通常被理解为新中国成立以后至今的时期。按照这种理解，1840年鸦片战争以前为古代，1840年至1919年为近代，1919年至1949年为现代，1949年以来为当代。一般来说，这样理解是可以接受的，但在当代中国历史上，1978年开始实行的改革开放，使中国社会发生了举世公认的深刻变化，因此可以考虑以此为界将中国当代划分为当代前期和当代后期。改革开放以来中国社会发生了许多变化，其中最根本的变化是经过三十多年的改革开放，中国的经济基础从过去的计划经济体制转变为市场经济体制，并在此基础上正在对中国社会的政治、文化、社会和生态文明体制进行全面深化的改革。正是在这一历史过程中，中国提出建设社会主义核心价值体系和核心价值观，构建与全面深化体制改革和建设中国特色社会主义事业相适应的中国价值观。目前中国正在进行构建的价值观与改革开放前的价值观既有一致性又有差异性。其一致性在于它们都是社会主义价值观，而差异性则在于前者是基于市场经济体制及与之相一致的各种社会体制（这种体制正在通过全面深化改革建设的过程中）的价值观，而后者是基于计划经济体制及与之相一致的各种社会体制的价值观。因此，如果我们把整个当代中国价值观看做是社会主义价值观的话，那么可以将改革开放前的社会主义价值观看做当代中国前阶段的价值观，而把改革开放后致力于建设的价值观看做中国特色社会主义价值观。在广义上，前者属于当代中国价值观，在狭义上，当代中国价值观指的是现阶段的价值观。正是在狭义上我们应将当代中国价值观界定为中国改革开放以来着力构建的价值观。

第二，当代中国价值观是我国的主流价值观。当代中国正在构建的价值观是主流价值观，而不是一统的价值观。主流价值观与一统价值观的区别有两点：其一，前者是以社会允许存在着多种价值观为前提的，而后者则不允许存在多种价值观，只允许一种社会推行的价值观存在；其二，在多种价值观中，有一种价值观真正能起主导作用，其他价值观不与之相对立、相抗衡，相反与之共存共荣，并且接受它

---

① 宋惠昌：《当代中国价值观变革的基本趋势》，《中共中央党校学报》，2008年第5期。

的引领和指导。① 当代中国价值观是在我国改革开放条件下致力于构建的。我国实行改革开放以来，一方面对外打开国门；另一方面也打开了传统文化之门，国外的价值观和传统价值观纷至沓来，并得到了广泛的传播，中国社会价值观从一元走向多元。在这种新的历史条件下，我们不可能也不应该消灭各种非社会主义的价值观，回到改革开放以前的那种社会主义价值观一统天下的局面，而只能在允许非社会主义价值观存在和发展的条件下，使中国特色社会主义价值观现实化为占主导地位的社会价值文化，并使之引领和指导各种非社会主义价值观和价值文化，从而实现社会主义文化的大繁荣大发展。当前，我国仍然存在着不同价值观对峙和相当尖锐冲突的情况，在这种情况下，我们必须改变对非主流价值观简单排斥、打压的做法，在允许其存在和发展的前提下，充分吸取其中的合理的、有价值的内容，为我所用，使我国主流价值观成为包含当今人类一切价值观优秀内容的真正先进的主流价值观。

第三，当代中国价值观是当代中国的观念价值体系。一般说来，一种社会形态或一种文化体系的深层结构是社会的价值体系。这种价值体系是现实的价值体系，这种现实价值体系通常是根据观念的或理论的价值体系构建的，而这种观念的价值体系就是价值观。例如，中国传统社会的宗法皇权主义价值体系就是根据儒家价值观构建的，虽然两者之间并不是一一对应的。当代中国价值观就是当代中国正在努力使之成为社会现实价值体系的观念价值体系。这种观念价值体系包括不同层次、不同维度的子价值体系：从层次看包括目标价值体系、手段价值体系、规则价值体系和控制价值体系等，从维度看包括经济、政治、文化、社会、生态文明等方面的价值体系，其中还包括作为所有这些子价值体系的核心内容的核心价值体系（通常称之为"核心价值观"）。当代中国价值观像其他社会价值观一样是以核心价值观为核心内容，由不同层次和不同维度的子观念价值体系构成的观念价值体系。我国学界有学者简单地将核心价值观等同于当代中国价值观，这是不正确的。核心价值观是当代中国价值观的核心内容，但两者并不完全等同。核心价值观需要通过不同层次和不同维度的价值观或子观念价值体系体现为、落实到社会的道德、制度（包括法律）、政策和活动，从而使之现实化为社会文化，转变成人们的内心信念和行为准则。否则，核心价值观就是空中楼阁，不能落地生根开花结果，所谓"落实落细落小"也就成了一句空话。

第四，当代中国价值观是以核心价值观为核心内容的价值观。当代中国价值观是一种观念价值体系，包含着极其丰富的内容，但它是以核心价值观为核心内容的，整个当代中国价值观体系都是围绕核心价值观展开的，都是核心价值观的体

---

① 参见江畅：《关于我国主流价值文化构建的三个问题》，《光明日报》，2012年6月21日第11版；亦见江畅：《论价值观与价值文化》，科学出版社2014年版，第129页。

现、展开和细化，其各子系统都是服务于和服从于核心价值观的。作为其核心内容的核心价值观对于当代中国价值观是根本性的，它是当代中国价值观的本质规定性，也是当代中国价值观区别于所有其他价值观（包括西方价值观、传统价值观、各种宗教价值观）的主要标志。作为核心内容的核心价值观也是成体系的。人们通常将核心价值观等同于党的十八大提出的"24个字"，这种理解是不准确的。从党的十八大报告和习近平系列讲话精神来看，核心价值观是终极价值目标、核心价值理念和基本价值原则构成的有机统一的体系。终极价值目标就是党的十八大提出的"中华民族伟大复兴"，后来习近平将其概括为"中国梦"。其基本含义就是"国家富强、民族振兴和人民幸福"，其中人民幸福又具有更终极的意义。核心价值理念是十八大报告倡导的"24个字"，即富强、民主、文明、和谐；自由、平等、公正、法治；爱国、敬业、诚信、友善。习近平指出，这十二个价值理念"传承着中国优秀传统文化的基因，寄托着近代以来中国人民上下求索、历经千辛万苦确立的理想和信念，也承载着我们每个人的美好愿景"①。十八大报告中提出的八个"必须坚持"则可以看做是社会主义基本价值原则。这就是："必须坚持人民主体地位，必须坚持解放和发展社会生产力，必须坚持推进改革开放，必须坚持维护社会公平正义，必须坚持走共同富裕道路，必须坚持促进社会和谐，必须坚持和平发展，必须坚持党的领导。"对核心价值观作这样的解读，有助于我们对核心价值观的全面系统理解。更重要的是，这三个方面或层次在十八大报告中都有明确的阐述，也是习近平系列讲话所深刻阐发和大力倡导的。从这三个方面完整把握核心价值观，将会促进全党全社会对核心价值观的共识，克服对社会主义核心价值观的各种偏差和异议。②

第五，当代中国价值观是中国价值观的当代形态。当代中国价值观并不是无中生有，而是中国传统价值观的当代转换和中国价值观的当代形态，与中国历史上其他形态的价值观有着内在的、不可分割的联系。中华民族自从进入文明社会以后就开始逐渐形成了自己民族或国家的价值观。中国价值观在约五千年的漫长历程中历经沧桑，其中也有着某些内在一脉相承的精神和内容。中国价值观的演进与国家政治的状况有着直接关系。一般来说，国家统一的时候，就有占主导地位的国家价值观，而国家分裂或动乱时就会出现价值观纷纭杂呈的局面。纵观整个中国历史，中国价值观经历了三个相对稳定统一的历史阶段和两个相对动荡分裂的时期，而在相对动荡分裂的时期都孕育了价值观的变革和新时代的出现。从夏代结束"五帝"战乱、初步建立统一国家的夏代开始到西周时代，逐渐形成了中国价值观的最早形态，即宗法封建主义价值观。在东周时期出现了诸侯割据称霸，社会四分五裂，这

---

① 习近平：《青年要自觉践行社会主义核心价值观——在北京大学师生座谈会上的讲话》，《人民日报》，2014年5月5日第2版。
② 参见江畅：《当代中国价值观的根本性质、核心内容和基本特征》，《光明日报》，2014年6月18日第13版；亦见江畅：《论价值观与价值文化》，科学出版社2014年版，第67页。

就是所谓的春秋战国时期。这个时期社会没有统一的社会价值观，但出现了儒家、道家、墨家、法家等诸子百家争鸣的局面，特别是形成了儒家的价值观。秦始皇统一中国后，西汉实行"罢黜百家，独尊儒术"政策，于是以儒家价值观为依据形成了中国价值观的第二个统一形态，即宗法皇权主义价值观。自鸦片战争开始，伴随着中国沦为半殖民地半封建的国家，主宰了中国一千多年的传统宗法皇权主义价值观不断受到冲击，直到中华人民共和国成立，这种价值观才最终被取代。从鸦片战争到新中国成立的约一百年时间里，中国的价值观再次陷入纷纭杂呈的局面。与春秋战国时期不同的是，这次的多元复杂局面主要不是中国国内土生土长的不同价值观的争鸣，而是许多人所接受的西方不同价值观之间以及它们与中国传统价值观之间的论争。中华人民共和国成立后，社会主义（马克思主义）价值观被确立为主导价值观，这就是中国价值观的第三个统一形态。在到今天为止的六十多年中，社会主义价值观经历了两个时期：前一个时期是"文化大革命"之前以计划经济为基础的社会主义价值观占统治地位的时期，这个时期的价值观可称之为传统社会主义价值观；后一个时期是自实行改革开放后逐渐形成的以市场经济为基础的社会主义价值观占主导地位的时期，这个时期的价值观即中国特色社会主义价值观。① 由此看来，当代中国价值观作为中国价值观的当代形态具有深厚的历史根基和丰富的文化底蕴，是历史上不同形态价值观的创造性转换和创新性发展。

三、"当代中国价值观"概念的意义

从以上对"当代中国价值观"概念的提出及其含义的分析不难看出，这一概念的提出有其历史必然性和现实必要性，它所反映的是中国传统价值观的当代转换，它标示着中国价值观正在形成一种新的形态——当代中国价值观。这里我们还需要对"当代中国价值观"概念的提出作价值的审视，以便了解这一概念对于我国价值体系建设和社会发展所具有的重大意义，从而进一步增强研究和构建当代中国价值观的自觉性和积极性。提出"当代中国价值观"概念的真实意图和实质含义是主张构建当代中国价值观，因而提出这一概念具有重要意义。提出"当代中国价值观"的意义是多方面而深刻的，特别在以下四个方面是十分明显的。

首先，提出"当代中国价值观"概念是培育和践行核心价值观的必然要求。党的十八大提出要培育和践行核心价值观，那么，如何培育和践行？最重要的途径之一就是要将核心价值体系具体化为不同层次、不同维度的价值体系，从而使之体现为社会现实的价值体系和文化，进入社会生活。如果不将核心价值观的内容和要求

---

① 参见江畅：《论当代中国价值观》，周海春主编：《文化发展论丛·中国卷》（2014），社会科学文献出版社2014年版，第13～16页。

转变成我国经济、政治、文化、社会、生态文明方面的价值观念和原则,不根据核心价值观来确立中国发展的目标体系、手段体系、规则体系和控制体系,核心价值观的培育和践行就是一句空话。提出"当代中国价值观"的概念,研究和构建当代中国价值观,说到底就是要以核心价值观为核心内容研究和构建当代中国社会完整的价值体系,使核心价值观落实到整个社会生活,转化为人们的内心信念和行为准则。"中国价值观建构的过程,就是作为其内核的社会主义核心价值观具体化、现实化、贯彻落实、推广应用的过程,也是作为其核心结构的社会主义核心价值体系转化为文化的过程。"① 例如,核心价值观所确立的中国社会发展的终极价值目标之一是人民幸福,然而"人民幸福"是一个总体概念,只有将它解析为经济、政治、文化、社会、生态文明方面的具体目标,人民幸福才能落到实处。如果不做这样的工作,无论我们将人民幸福怎样喊得震天价响,它也不过是水中月镜中花。研究和构建当代中国价值观就是要使核心价值观的目标和要求转变为"计划书"和"路线图",当然核心价值观的研究和构建本身也属于当代中国价值观的研究和构建。

其次,"当代中国价值观"概念体现了我国主流价值观对非主流价值观的包容和引导。在价值多元的当代中国,核心价值观与其他非主流价值观之间存在着实质性的区别,而"当代中国价值观"所代表的作为当代中国国家的价值体系则要与这些价值观共存共荣,将它们纳入主流价值观体系之中,更多地吸收这些价值观的合理内容。中国价值观作为价值观体系必须包含丰富的内容,这些内容需要更多地继承、吸收借鉴传统价值观、域外价值观中有价值的、能为我所用的内容。这尤其体现在经济技术和日常生活方面。例如,社会主义核心价值观与资本主义核心价值观虽然存在着本质区别,但中国价值观要将资本主义价值观中包含的市场经济规律吸收到中国价值观中来。同样,核心价值观与传统核心价值观存在着本质区别,但中国价值观可以从传统价值观中吸取诸多合理内容,如"己所不欲,勿施于人"的推己及人原则、"恭宽信敏惠"等日常生活规范。当然,这种继承、吸收和借鉴都是批判性的,不能照搬照抄。从这种意义上看,中国价值观是当代中国社会完整系统的主流价值观,其本质和精髓是社会主义的,同时它又具有深厚的中国传统文化底蕴和丰富的中国时代精神,而且是与当代世界文明发展的总趋势相一致并相衔接的。

再次,使用"当代中国价值观"概念有助于海内外中华儿女在中国主流价值观上形成共识,使核心价值观得到更广泛的社会认同。一个社会要在主流核心价值观上形成共识,或者说对主流核心价值观形成普遍认同,必须以主流价值观本身正确合理为前提,通过以下三个途径来实现:一是强有力的宣传和教育;二是使之道德化、法制化、政策化;三是使之具体化为完整的观念价值体系。在这三种途径中,

---

① 江畅:《培育和践行核心价值观与中国价值观构建》,《思想理论教育》,2014年第4期。

最重要的是第三种途径，因为只有建立了完整的观念价值体系，才便于道德化、法制化和政策化，其宣传和教育也才会因为明晰具体、切实可行而卓有成效。核心价值观的内容通常是概括性的、一般性的、抽象的，如果不将其具体化为不同方面和层次的内容和原则，就不能将其转化为道德、法制和政策规范，其宣传教育也常常使人感到是空洞的说教。因此，核心价值观只有具体化为不同方面和层次的完整体系和明确要求，才能够通过道德、法制、政策，以及宣传教育渗透到整个社会生活，才能使生活在其中的人们感受它、认识它、理解它和认同它。党的十六届六中全会提出"建设社会主义核心价值体系"近十年来，特别是党的十八大提出"培育和践行社会主义核心价值观"三年多来，核心价值体系和核心价值观在中国社会得到了越来越广泛的认同，但到目前为止认同的广度和深度还未尽人意。其中一个重要原因，就是因为核心价值观尚未完全具体化为完整系统的价值体系，体现为道德、法制、政策等，因而没有充分地进入社会生活。同时，"当代中国价值观"概念作为国家和民族价值观，更容易得到中国社会内部各政治派别、各种社会团体和社会各界的认同，得到港澳台地区以及海外华人、华侨的认可。如此，"当代中国价值观"可以成为动员和汇聚海内外全体中华儿女和炎黄子孙关怀和支持祖国力量的旗帜。

最后，"当代中国价值观"可以成为当代中国主流价值观不同于当代其他各国价值观的标识，使用这一概念有利于当代中国主流价值观的国际传播。在当代的价值观竞争中，各种价值观的冠名出现了两种趋势：一是以某个国家的名称冠名本国家的价值观，如"美国价值观""俄罗斯价值观""新加坡价值观"等。今天，世界上许多国家都在努力扩大自己价值观的国际影响力，而且都鲜明地打上了自己国家的旗号。这些以国家命名的价值观已经成为世界各国文化软实力和民族特色的标识。二是以某个地区的名称冠名本地区的价值观，如欧洲价值观、亚洲价值观、东亚价值观、阿拉伯价值观以及西方价值观等。这是一种新的趋势，这种趋势反映了不同地区人民对本区域命运共同体的自觉，也是不同地区人民对本区域共同体价值追求的宣示。这两种趋势是苏东解体、世界资本主义和社会主义两大阵营结束后世界格局发生的新变化。其共同特点是，各国、各地区为了使其价值观便于传播和扩大其影响，往往不再那么旗帜鲜明地标示其根本价值取向，努力淡化自己价值观的意识形态色彩，而凸显价值观的国家、民族和区域的个性和特色，甚至打上"普世价值"的旗号。如果我们不考虑某些国家"打价值观牌"的别有用心，应该说这种做法在不同程度上反映了各国、各地区价值观在价值多元化背景下对不同价值观的宽容、开放态度。文明因交流而多彩，文明因互鉴而丰富。习近平指出，对人类社会创造的各种文明，"我们都应该采取学习借鉴的态度，都应该积极吸纳其中的有益成分，使人类创造的一切文明中的优秀文化基因与当代文化相适应、与现代社会相协调，把跨越时空、超越国度、富有永恒魅力、具有当代价值的优秀文化精神弘扬起来"①。在当代世界文化和价值观的新格局面前，我国提出和使用"当代中国价值观"或"中国价值观"的概念无疑更有利于我国价值观与世界各国价值观的对话、交流和互鉴。而且，"当代中国价值观"概念也有助于在当代世界树立中国形象，传播中国声音，讲述中国故事，从而扩大中国价值观的国际竞争力和影响力，增强中华儿女的价值自信和文化自强意识。

---

① 《习近平在纪念孔子诞辰2565周年国际学术研讨会暨国际儒学联合会第五届会员大会开幕会上的讲话》，《人民日报》，2014年9月25日第2版。

"成人"与人之为人[*]

第二十四届世界哲学大会以"学以成人"（Learning to Be Human）为主题，足见"成人"这一古老话题在市场机制浸染整个社会生活的全球化时代重新引起了哲学界的高度重视。许多古代先哲已经注意到人不是自然天成的，而是人为造就的结果，只有造就，人才可能成为真正意义的人（以下简称"真正的人"）。这种造就的过程就是"成人"的过程。近代以来，哲学家也好，社会治理者也好，对于人需要造就这一人所独具的特性（可以说是人的先在规定性）有所忽视，甚至已经忘却。或者更准确地说，近代以来人们忽视了人有多种造就的可能，要么政府保持中立立场，让人们放任自流，要么偏执于一种可能，而放弃了追求更好的可能。其结果是，个人受日益强大的市场力量和资本逻辑以及为之辩护的思想观念所左右，在这种外在力量及有偏颇的思想观念控制之下，个人成为了所谓的"经济人"。就是说，哲学家和政治家不关心"成人"，不致力于根据人的本性造就人，但人还是在"成人"，只不过成为了"单向度的人"（马尔库塞语）或"沉沦的人"（海德格尔语）。在现代文明的弊端和消极后果日益凸显的今天，哲学家逐渐清醒地意识到，这种单向度的经济人不仅因为其畸形发展而不是真正的人，并且由这样的人构成的世界已经严重威胁着人类的生存。于是，成人的问题在当代背景下被主流哲学界郑重地提出来了。这是一个重大的时代课题，需要全世界的哲学家共同探讨来给予回答，本文拟从"成人"与人之为人关系的角度提出一点个人看法，以参与这一重大课题的研究和讨论。

一、真正的人与成为之人

人作为人不像自然生长的动物或植物那样是自然生长之物，而是人为成为之人。我们可以用"生长"表示纯粹自然的过程，而用"成为"表示人为参与的过程。"成为"的过程也是"造就"^①的过程，即通过造就成为人的过程，成为之人也就是造就之人。"造就"表示"成为"在某一时间节点上达到的状况，"成为"的过

---

* 原发表于《南国学术》，2017年第4期。

① 请注意，这里用"造就"而不是"塑造"，是因为造就能够更准确地表达人成长的过程。在汉语中，"造就"指培育练就，就人而言，它是以已有的天赋为基础和前提的。而"塑造"虽然也有培育练就的意思，但也指虚构，如文艺作品中塑造一个人物形象（文学形象、雕塑形象等）。就人而言，塑造可能不考虑人的天赋和本性，把人可能达到的境界无限地拔高，如认为人最终可以与上帝同在，于是努力把人作为天使塑造。由于人有永远丢不掉的肉身，因而这种塑造实际上是虚幻的。

程是由无数作为其结果的"造就"显现的。"生长"和"成为"之间最根本的区别在于前者是没有意识、意图的,而后者是有意识、有意图的。人作为造就的结果总是某种意图的体现,随着人类文明的进步,这种意图的作用逐渐增强。当然,这种意图可能是本人的,也可能是他者(他人或社群)的,在人成长的过程中有一个从按照他者意图造就到按照自己意图成为的逐渐转变过程。但是,有一点是可以肯定的,人是"成为"或"造就"的结果。人必须成为,不得不成为,真正的人无一不是成为的,不成为无以成人。因此,真正的人都是通过造就而成人的,都是成为之人。无论一个人是否真正是成为之人①,一般都可以如是视之。

在人类思想史上,许多哲学家已经清楚地意识到了这一点。早在古希腊时期,一些思想家就注意到人必须成为自己、造就自己,必须选择和决定自己的生活。在他们看来,人始终如"赫拉克勒斯站在十字路口"(普罗第库斯语),"不是活着,而是活得好"②(苏格拉底语),并且"把善作为自己全部行动的目标"③(柏拉图语)。近代开始,人们在更广泛的意义上谈论人的自我成为、自我造就的本性,人被看做是在一个其余方面都已规定了的世界中掌握着自我规定的唯一者。这就是斯宾格勒根据歌德作品形象所命名的"浮士德精神":"在前进中,他找到痛苦和欢乐,他,每时每刻都不满足!"④尼采认为,人类是某种必然要被超越的东西——人类是一座桥梁,而不是目的⑤。目的是超人,"超人是大地的意义"⑥。在他看来,人类有两种未来,一是继续沉沦下去,其结果是平庸;二是有意识地崛起,进行自我创造。⑦第二种未来是尼采所认定的人类应有的未来,"所以你们应该是创造者"⑧。成为超人,归根到底就是成为你自己。成为你自己是生命使然。成为你自己也就是使自己是其所是。"生成吧,成为你所是者!"⑨海德格尔则把"能在"(可能存在)看做是人的本质特征,认为人一生下来就被抛进了可能性之中,人就是可能性。"此在总是从

---

① 如果不考虑"狼孩"和一出生就是不具有人应具备的正常智力这样的特殊事例,确实还有一些在社会环境中自发生长的人,如从小就无家可归的流浪儿。这样的事例属于他们应当是成为之人而由于外在条件的问题而没有如此,而且他们在社会中流浪还是多少会受到社会对其成员的期待的影响。

② [古希腊] 柏拉图:《克里托篇》,《柏拉图全集》第1卷,王晓朝译,人民出版社2002年版,第41页。

③ [古希腊] 柏拉图:《国家篇》,《柏拉图全集》第2卷,王晓朝译,人民出版社2003年版,第501页。

④ 方英文:《找回人的本性——〈落红〉给人们的启示》,《小说评论》,2003年第4期。

⑤ 参见 [德] 尼采:《查拉图斯特拉如是说》,《尼采全集》第4卷,杨恒达译,中国人民大学出版社2011年版,第201页。

⑥ [德] 尼采:《查拉图斯特拉如是说》,杨恒达译,《尼采全集》第4卷,中国人民大学出版社2011年版,第6页。

⑦ [德] 尼采:《权力意志——重估一切价值的尝试》,张念东、凌素心译,商务印书馆1991年版,第630页。

⑧ [德] 尼采:《查拉图斯特拉如是说》,杨恒达译,《尼采全集》第4卷,中国人民大学出版社2011年版,第73页。

⑨ [德] 尼采:《查拉图斯特拉如是说》,杨恒达译,《尼采全集》第4卷,中国人民大学出版社2011年版,第241页。

它所是的一种可能性、从它在它的存在中随便怎样领会到的一种可能性来规定自身为存在者。"①这种可能性是人自身就具有自己发展的可能性，人就可以随意处置它。后来萨特则把海德格尔的"人就是可能性"称作人就是自由，人不得不自由。既然人就是可能性、存在就是自由，人就不得不自由选择，不得不从他的可能性方面去筹划，不得不决定自己应该怎样生存，不得不决定你成为什么样的人。正是通过选择和筹划，人获得自己的规定性（本质），并且不断地获得和更新自身的内容。

在中国古代，"成人"更是思想家关注的焦点问题，在一定意义上可以说，中国传统社会占主导地位的道德精神体系是围绕着"成人"以至"成圣"展开并运行的。中国古代思想家强调"成人"是以对人在宇宙中的特殊位置的认识为前提的。在他们看来，人虽乃一物，在宇宙中不过沧海一粟，但人有优越于万物的特殊性质。老子曰："故道大，天大，地大，人亦大。域中有四大，而人居其一焉。"（《老子·二十五章》）宋代周敦颐也说："二气交感，化生万物，万物生生，而变化无穷焉，惟人也得其秀而最灵。"②（《太极图说》）人的这种特殊性在于人有道义、"五常"等道德，道德使人成为万物之灵长。"水火有气而无生，草木有生而无知，禽兽有知而无义；人有气有生有知亦且有义，故最为天下贵也。"（《荀子·王制》）正是"五常"把人与其他事物区别开来，使人成为最卓越的："人为最灵，而备有五常之性，禽兽则昏而不能备，草木枯槁则又并与其知觉者而亡焉。"③然而，人的这种特殊性质并非已经完成，还需要人的造化、作为或"修身"，人的一生就是一个不断成为人的过程。这即是《战国策》中谈到的"返相归真"（《齐策四》），老子要求的"见素抱朴，少私寡欲"（《老子·第十九章》），孟子所期望的"求其放心"（《孟子·告子章句上》），荀子所说的"化性而起伪"（《荀子·性恶》）。在先秦诸子百家中，儒家更是把"成人"作为其主旨，以至于有学者将成人与成圣视为儒家伦理道德的精粹④。与以前的道德相比较，儒家道德使周礼在仁和义的基础上统一起来，使三者浑然一体，从而给礼提供了理论依据和学理论证，并将三者落实到个人、统一于个人，建立了一整套个人修身学说，通过个人"成人"来成就仁、义、礼，从而实现家齐、国治、天下平。正是在这种意义上我们说，成人是儒家道德的旨趣或意旨，而儒学体系（至少是先秦的儒学体系）就是旨在成人而构建起来的道德理论体系。⑤

马克思恩格斯创立的科学社会主义所关注的是人获得解放和自由，实质上关注

---

① ［德］海德格尔：《存在与时间》，陈嘉映、王庆节译，熊伟校，生活·读书·新知三联书店1987年版，第54页。

② （明）曹端：《太极图说述解》，见文渊阁本《四库全书》，台湾商务印书馆1986年版，第697册第10页。

③ （宋）朱熹：《晦庵集》卷五十九《答余方叔》，见文渊阁本《四库全书》，台湾商务印书馆1986年版，第1145册第65页。

④ 参见唐凯麟、张怀承：《成人与成圣——儒家伦理道德精粹》，湖南大学出版社1999年版。

⑤ 参见江畅：《儒家道德与中国社会主义精神》，《思想理论教育》，2017年第2期。

的也是成人。其主旨是把人从资本的压迫和奴役中解放出来，使人获得全面而自由的发展，并建立使人获得全面而自由发展的自由人联合体。在《1844年经济学——哲学手稿》中，马克思就提出要积极扬弃私有财产即人的自我异化，而这种扬弃"是人的一切感觉和特性的彻底解放"。①《共产党宣言》则明确宣称："共产党人可以把自己的理论概括为一句话：消灭私有制。"②消灭私有制和阶级后建立起来的社会"将是这样一种联合体，在那里，每个人的自由发展是一切人的自由发展的条件"③，这就是他们所设想的共产主义社会，这是一种"以每一个个人的全面而自由发展为基本原则的社会形式"④的社会。后来恩格斯在《社会主义从空想到科学的发展》中把人成为自己的社会生活的主人，从而成为自然界的主人，成为自己本身的主人——自由的人，称之为人类解放的事业。⑤这种解放事业要通过无产阶级革命和无产阶级专政实现，而"无产者在这个革命中失去的只是锁链。他们获得的将是整个世界。"⑥由此看来，马恩理论研究的出发点和目的始终是人的解放和自由。与以前思想家的不同之处在于，马恩所关注的是整个人类的解放、自由和全面发展，追求的是每一个人都成为新人。

上述哲学观点在20世纪得到了生物人类学的印证。生物人类学家阿尔诺德·格伦（Arnold Gehlen，1904～1976）认为，人在生物学意义上是"未完成"的生物、"未确定"的生物。因此，人需要解释和确定自己，人需要通过活动完善和发展自己。⑦人的未特定化最初被看做是生命成长过程中不利于生存的因素，是无价值的缺陷，因为人这种生物在适应环境方面比起其他生物要难得多。但生物人类学认为，正是人的未特定化决定了人必须自我完成，必须自我决定成为某种特殊的事物，必须凭借自身的努力解决自身出现的问题。人不仅可能是创造性的，而且必须是创造性的，创造性必然根源于人类存在的结构。自我完成的程度是可高可低的，但只有不断地创造，才能不断地前进、不断地超越，也才能因此不断地走向自我完善。

人之所以是"未确定的"，之所以需要"成为"，原因很复杂。例如，因为人有理性，理性使人能够反思自己及其在宇宙中的位置，因而会促使人不甘于现状，而要谋求生存得更好。实际上，从宇宙进化角度看，如果人类也像其他猿类没有在进

---

① 参见［德］马克思：《1844年经济学哲学手稿》，《马克思恩格斯文集》1，人民出版社2009年版，第189～190页。
② ［德］马克思：《共产党宣言》，《马克思恩格斯文集》2，人民出版社2009年版，第45页。
③ ［德］马克思：《共产党宣言》，《马克思恩格斯文集》2，人民出版社2009年版，第53页。
④ ［德］马克思：《资本论》第一卷，《马克思恩格斯文集》5，人民出版社2009年版，第683页。
⑤ ［德］恩格斯：《社会主义从空想到科学的发展》，《马克思恩格斯文集》3，人民出版社2009年版，第566页。
⑥ ［德］马克思：《共产党宣言》，《马克思恩格斯文集》2，人民出版社2009年版，第66页。
⑦ 欧阳光伟：《现代哲学人类学》，辽宁人民出版社1986年版，第123页。

化过程中获得理性,那也就没有人类,当然人类也就会像其他动物一样受本能驱使,自然地生长在地球上。又如,因为人有社会性,社会性要求人类不能完全"自然地生长",而要能适应社会,按社会的期待"人为地成为"。这里我们没有必要也不可能深入讨论人之所以会获得"成为"这种规定性的原因,我们关注的问题是,人所具有的或已经获得的"成为"这种先在的规定性,这种人区别于动物乃至所有其他事物的本性或本质特征。人之所以为人,是因为人是成为之人、造就之人。真正的人是成为之人,这一点是人的特殊规定性,是永远不可改变的。没有"成为"的过程,不是"成就"的结果,人就不能成为真正的人,甚至就根本不能算作是人。这并不是本文的结论,而是本文所要重温和弘扬的先哲的定论,亦是科学理论的定律。我们今天之所以要特别强调这一点,是因为本文开头所指出的这一点近代以来逐渐被忽视、被遗忘。笔者以为,假如我们认同自古以来许多思想家主张的人需要自己造就,人是"成为"的结果,那么,人类就要理直气壮地致力于对自己的造就,个体和社群都应如此,而且必须自觉地始终面对"成为"的多种可能性,防止误入歧途。对此,我们要更加自觉,更加坚定不移。

二、应成为之人的人格标准

真正的人是造就的结果,是造就之人、成为之人,但是问题并非到此就解决了。实际上,造就之人或成为之人还不是真正的人,真正的人或者说人们视为真正的人的人是人应该成为的人,即应成为之人。就是说,成为之人是真正的人的必要条件,而非充分条件,真正的人的充分条件是应成为之人。然而,自古以来的思想家虽然肯定真正的人是成为之人,但对于人应该成为什么的人却有着种种不同的看法。他们在肯定真正的人是成为之人的同时几乎又各自提出了人应成为什么样的人的不同主张或应成为之人的不同标准,并认为自己所主张的应成为之人才是真正的人。于是,在人应该成为哪种人的问题上存在着众多的分歧甚至完全对立的观点。受思想家不同观点的影响,当然也受社会实际情况制约,不同社会也形成了迥然有异的社会成员应成为什么样的人的角色期待。人类社会在这个问题上自古至今从未达成完全一致,于是就形成了一个社会或一个时代被视为英雄的人而在另一个社会或另一时代被视为败类的复杂情形。

从人类思想史的角度看,对于人应该成为的那种人的看法,从与人性实现的角度看可以划分为四种基本观点。其中的每一种观点都并非仅被一个派别所主张,而可能是有多个派别主张的,这里只是考察它们所具有的基本共识。

一是结果主义的观点。把应成为的人看作其行为总是导致了有利的结果的人是这种观点的共同特点。所谓有利的结果是对于不同主体或主体的不同方面而言的。西方的快乐主义主张人应成为快乐的人,人的快乐在于欲望的满足,而欲望的满足取决于欲望所指向的对象，因而人的行为目的就在于获得这种令欲望得到满足的对象并使之满足欲望。快乐主义所理解的欲望通常是感性欲望[①]，因而对于快乐主义来说，应成为的人是感性欲望获得尽可多的满足的人。西方的利己主义主张人应成为追求并实现个人利益最大化的人。这里的利益主要是指金钱、财富、权力、名誉、地位等物质利益或可直接带来物质利益的利益。利己主义者也主张欲望满足，把欲望的满足看做是人生的目的，但和快乐主义不同，它更强调的不是满足本身，而是对可以满足欲望的利益的占有。如此，一个信奉利己主义的人虽然出发点是快乐主义者，但最终变成了非快乐主义者，把利益最大化的占有当作目的本身。西方的功利主义也主张人应成为追求和实现利益最大化的人，但与利己主义不同，它强调行为要给行为所及的最大多数人带来最大利益。其中当然包含自己的利益，但不限于自己的利益，而要求个人和他者的利益共进。功利主义者也把追求欲望的满足看做是人生目的，但这里的欲望包含了对增进社会利益的欲望。

二是道义主义的观点。这种观点认为那种把利他（包括他人和社群）作为人生追求的人才是应成为的人。这里所说的利他包括自觉地履行责任或义务、无私奉献、爱人等。中国儒家思想的核心概念是"仁"，而人的基本含义在于"爱人"，成为仁者即成为君子，君子就是应成为之人。儒家的爱人是有差等的，摆在爱的对象首位的是父母，然后由近及远。当代西方关怀伦理学的观点与儒家的这种成人观十分相似，它也强调由近及远地对他人的关怀。对于关怀伦理学来说，一个人应成为对他人有关怀德性的人。与儒家和关怀伦理学家不同，古希腊罗马的斯多亚派推崇"顺应自然（本性）生活"。这里所说的自然或本性指的是人的本性即理性，人的理性是与宇宙理性相通的，宇宙理性实际上是宇宙的法则或命运。顺应理性生活意味着对非理性的方面的否定和抑制，而这就是人的德性。他们认为，当一个人成为完全合乎自然的具有圆满理性的人时，他就是"圣贤"（the sage），即智慧之人。[②] 这就是他们心目中应成为的人。斯多亚的成人观为康德所继承，他虽然承认人应追求达到德性与（感性的）幸福相统一的至善境界，但他所强调的是人作为理智世界的成员应当服从不同于感性（自然）法则的理性法则即道德法则。当一个人完全出于对道德法则的敬重而按道德法则行动时，他的行为就有道德价值，他就是有德性的人。在他看来，人就应该成为这样的德性之人。至于幸福，那应是与德性相匹配的，即使现世不能获得，来世公正的上帝也会根据德性匹配。

三是完善主义的观点。在这种观点看来，应成为之人的突出标志是人性得到了充分的实现。古希腊的苏格拉底、柏拉图和亚里士多德的成人观基本一致，在亚

[①] 在快乐主义者中也有人主张精神欲望的满足，最典型是伊壁鸠鲁，他有一个著名的命题，即"快乐就是身体无痛苦和灵魂的不受干扰"（［古希腊］第欧根尼·拉尔修：《名哲言行录》下，马永翔等译，吉林人民出版社2011年版，第577页）。

[②] 参见江畅：《西方德性思想史》（古代卷），人民出版社2016年版，第334页。

里士多德那里得到了系统的表达。他们的基本倾向是幸福主义的，认为幸福就是至善，而这种至善主要在于人的德性，也包括一些外在善（如财富等），但德性是幸福的主要内容和必要条件甚至充分条件。在他们看来，德性是人的本性即理性得到圆满的运用或发挥，因此他们的观点也被称为完善主义或德性主义。对于他们来说，人就应该成为德性之人，亦即幸福之人或完善之人。马克思主义创始人马克思恩格斯深受近代启蒙思想影响同时又超越启蒙思想，主张在以工业大生产为基础的现代社会，要克服资本主义异化导致的对人的奴役和人畸形的、片面的发展，主张每一个社会成员都应该成为全面而自由发展的人，而由这样的人组成的社会他们称之为"自由人联合体"。人类思想史上的完善主义成人观得到了现代人本主义心理学的支持。人本主义心理学家马斯洛认为人有生理、安全、归属和爱、尊重、认识、审美和自我实现等七种基本需要①，而最高层次的自我实现需要的产生有赖于前面各种需要的满足。在他看来，各种基本需要都能得到满足的人将会有最充分、最旺盛的创造力，而上升到这样境界的人，马斯洛称为高度健康的人或自我实现者。这种自我实现者对于马斯洛来说就是应成为的人。"自我实现也许可以大致被描述为充分利用和开发天资、能力、潜能等等。"②因此，马斯洛的观点也是完善主义的。我国著名哲学家冯友兰认为，人与其他动物不同，人在做某事时他了解他在做什么，并且自觉他在做。正是这种"觉解"使他正在做的对于他有了意义。他做各种事情，有各种意义，各种意义合成一个整体，就构成人的人生境界。他把人生境界划分为四个等级，即自然境界、功利境界、道德境界和天地境界。他明确指出："这四种人生境界之中，自然境界、功利境界的人是人现在就是的人；道德境界、天地境界的人，是人应该成为的人。前两者是自然的产物，后两者是精神的创造。"③按照冯友兰的说法，生活于道德境界的人是贤人，生活于天地境界的人是圣人。④如果把圣人与贤人合称为"圣贤"⑤，那么对于冯友兰来说，人应该成为的人就是"圣贤"。

四是圣洁主义的观点，这种观点所追求的通常是达到超凡脱俗境界、成神成佛成仙的人，世界几大宗教基本上持这种观点。基督教认为人由于元祖亚当和夏娃违背上帝的意志而有原罪，人只能通过信奉上帝（指圣父、圣子和圣灵三位一体）、培育神学德性、恪守诫命并在尘世忍辱屈从、听天由命等途径，再加上帝仁慈的恩典才能获得拯救，才能死后进天堂，与上帝同在，获得至福。所以，对于基督教来

---

① 参见高觉敷：《西方心理学的新发展》，人民教育出版社1987年版，第403页。
② ［美］马斯洛：《动机与人格》，许金声等译，华夏出版社1987年版，第176页。
③ 冯友兰：《中国哲学简史》，涂又光译，北京大学出版社1996年版，第292页。
④ 参见冯友兰：《中国哲学简史》，涂又光译，北京大学出版社1996年版，第292页。
⑤ 在唐凯麟和张怀承所著《成人与成圣——儒家伦理道德精粹》（湖南大学出版社1999年版）中，把圣人和贤人合称为"圣贤"，不过贤人在这里是指君子和豪杰（参见该书第112页）。

说，人应成为的人是成为听命于上帝的虔诚信徒。伊斯兰教认为人的命运都是由安拉（宇宙中唯一真实的主宰，即"真主"）安排好了的，甚至在人出生之前就已确定，人必须信仰安拉及其派往人间的使者穆罕默德，并履行念、礼、斋、课、朝等五项宗教义务，才能在现实世界毁灭后进入永存的彼岸世界——后世。因此，伊斯兰教所主张的应成为的人是绝对信仰安拉、绝对服从安拉的意志并忠实履行伊斯兰教的义务的穆斯林（即"顺从真主者"，"实现和平者"）。与基督教和伊斯兰教不同，佛教不主张信仰神，而强调成人在于"成佛"。"佛：也称'佛陀'，梵语本义为'觉者'，指完全觉悟并彻底证得宇宙本来面目的人。"①成佛的方法很多，不同的佛教宗派有不同的成佛方法，如修身成佛、顿悟成佛、到西方修行成佛、苦行成佛等，但其关键是要去"无明"（即对佛教教义无知）。佛教认为，人生在世，一切皆苦，甚至在娘胎里就开始受苦了，一直到死，而且死了又生，生生死死，不断轮回地受苦。苦的根本原因在于"无明"，要消灭痛苦，必须首先铲除无明，而这就需要学习佛教义理，使自己"觉悟"，从而跳出生死轮回，渡过"苦海"，达到佛教所追求的最高解脱境界——涅槃。在涅槃中，永远没有生命中的种种烦恼、痛苦、苦行和轮回。道教最基本的信仰是"道"，道不仅是宇宙的本原，最初的、永恒的万能造物主，而且具有永恒的生命，获得它、保持它便可以长生，这便是"德"。道家认为，在万物中除了人居住的世界外，还有神仙住的"洞天福地"和"天外天"。道教相信，人通过求神（元始天尊、灵宝天尊、道德天尊等）或修炼可以得道，而一旦得道，不仅可以享受人间的幸福，而且可以返本还童，与道同体，肉体永生，白日升天，长存仙界。②显然，对于道教来说，应成为之人是那种得道成仙的人。

以上所述的四种基本观点表明，自古以来的学者对应成为之人看法复杂多样，纷纭杂呈，然而实际情形更为复杂，其中有四点是值得指出的：其一，这四种基本观点存在着基点或基本立场（价值取向）的差异。立足于个体还是社群是不同成人观的基本立场。从这个角度看，四种观点本身的立场是不尽相同的：结果主义既有个体主义主张，也有整体主义主张；道义主义通常是持整体主义；完善主义和圣洁主义的立足点基本上是个体主义的。值得注意的是，无论是持个体主义的思想家还是持整体主义的思想家一般都不是那么极端的，但这些理论在被人们实际奉行或统治者采用时常常会走向极端。其二，每一种成人观都存在着是否可行的可能性问题。有些主张虽然看起来是很美好的，但实际上没有实现的可能性。其中圣洁主义观点虽然得到很多信徒的信奉，但无法提供可以现实化的理论论证。从理论上看，人应成为的人隐含着人能够成为的人这一前提，忽视了这一前提，应成为的人就只是一种幻想。其三，虽然思想家关于应成为什么样的人的观点存在着较大的分歧，

---

① （后秦）鸠摩罗什译《金刚经》，田茂志注译，中州古籍出版社2007年第2版，第18页注释3。
② 参见雷镇闻主编：《宗教概论》，河南人民出版社1984年版，第138～140页。

但也有一些基本共识。这主要体现在两个方面：一方面，他们都主张人不应满足于现状，而要努力追求更高的人生境界，使人生更有价值、更美好；另一方面，他们在应成为什么样的人的底线方面，以及不应该成为什么样的人方面存在着较多的一致性。例如，一些做人的基本德性（如善良、诚实、正直等）以及一些禁止规则（如不谋杀、不抢劫、不失信等），几乎是每一种观点都承认的。其四，不同文化有不同的应成为之人的标准及相应的不应成为之人的标准，这种标准通常只适用该文化发挥作用的社会，因而不能用这种标准简单地对不属于这种社会的人加以评价，更不应把它们看做是不应成为之人。

如果从历史文化的视角考察，我们不难发现上述所有关于人应成为的那种人的观点都是在特殊的社会环境中提出的。在提出这些观点的特殊社会环境方面有以下几个事实是值得注意的：一是在文化背景方面，上述世俗观点几乎都是"轴心时代"开始在世界两大古老文明区提出的，这些社会以不同的方式进入文化社会并经历了各不相同的"沧桑"文化演进过程，生活在其中的思想家对于人性和现实的人的认识不同，因而设想了不同的人格理想。二是在生产方式和经济基础方面，自古以来，亚洲和欧洲、东方和西方的生产方式存在着很大的差异（如以农耕为主和以狩猎为主），而且在西方近代又出现了市场经济这种全新的生产方式。生产方式不同又导致了经济基础和生活方式及生活状况的巨大差异。在这种差异巨大的经济环境中不可能在人应成为什么样的人的问题上达成共识。三是在社会制度方面，按照马克思主义的观点，到目前为止人类经历了奴隶主义、封建主义和资本主义三个历史阶段，在这些制度下，充满了建立新制度与维护旧制度的斗争、统治者与被统治者的斗争、国家间的侵略与反侵略的战争，以及由此导致的剥削、压迫和战乱。所有关于应成为之人的圣洁主义观点几乎都是与此有关。四是就思想家而言，自古代至近代的思想家受教育程度有限、交通不便利、信息交流落后以及言论不够自由，因而他们在学识、眼界、研究能力等方面都十分有限，很难形成真正具有普适性的观点，更难以通过争论和讨论在彼此之间达成共识。由于所有这些历史事实的局限，自古代到近代，思想家们关于应成为什么样的人形成各不相同的观点是不可避免的。

然而，人类文明进化到今天，上述历史事实已经改变或者正在迅速地改变。其中最重要的是，人类已经不再是彼此相互关联度不高的人群，而已经一体化；现代化大生产和市场经济已经成为人类普遍采取的生产方式和经济基础；各个国家的制度虽然还存在着性质的不同，但其趋同之势则十分明显；此外，还有发达的交通、传递极为迅速的信息、受教育程度越来越高的思想家，等等。在这样一种新的人类历史背景和社会环境中，在这种人类生活一切方面都在趋同的新走向下，对应成为之人的认识也必然会趋同，各国确立的应成为之人的标准也会趋同。如同人类正在价值观上达成共识，并致力于构建人类共同价值一样，人类也会在应成为之人上达成共识，并将会构建应成为之人的共同标准。实际上，应成为之人的共识和标准本来就属于人类共同价值体系中的一个有机组成部分。笔者相信，2018年召开的以"学以成人"为主题的第二十四届世界哲学大会必将会给人类形成对应成为之人的共识提供强有力的推动。

三、成为应成为之人的"成人"过程

人产生于宇宙演化过程中形成的特殊环境，作为一类存在是生物进化达到的最高阶段。人的根本规定性是自为性，人的自为性根源于人谋求更好地生存（即谋求过（最）好生活）的本性，并且体现在对好生活的谋求之中。人是为了谋求好的生活、更好的生活和最好的生活而获得自为性的。人不仅具有自为性，还具有社群性或社会性，社群性是人的本质规定性，也是人区别于动物的最显著标志。人的自为性和社群性体现为人格，人格是人的内在综合规定性，体现在人生活的过程之中。人格的形成意味着人的长成，人格的发挥就是人现实生活的过程，而人格本身是人性的现实化。因此，人的生命过程实际上有三个层次：作为人整个生命现实过程的人生，作为个体综合规定性的人格及现实化为人格的人性。人生—人格—人性，这是人从表层到深层的结构，人就是由人性、人格、人生三个层次的人构成的人。人"成人"的过程就是这种结构动态变化的过程。

人们一般都承认人有其本性（人性），但对于人的本性是什么，人们存在着巨大分歧，甚至观点完全对立。笔者认为，人性是一个复杂的整体，隐含着人生的各种可能性，是人生复杂结构的深层结构，因而不能仅从某一个方面或某一个层次理解人性。人作为人具有区别于动物的规定性，作为动物具有区别于生物的规定性，作为生物具有区别于无生物的规定性。因此，人的规定性不是平面的、单向度的，而是多层次的、多向度的，是各种潜在规定性有机统一的整体。在宇宙中，人是动物，也是生物，还是事物，因而人性涵盖了动物性、生物性和事物性，是所有这些规定性的统一。人作为存在物，要谋求存在；作为生物，要谋求生存；作为动物，要谋求生存得好；作为人，则要谋求生存得更好。因此，人性是由人谋求存在、生存、生存得好、生存得更好的各种潜在的规定性构成的统一整体。这个整体就是一个人的人性，而谋求存在、生存、生存得好、生存得更好，简言之，谋求生存得更好，则是人性的根本规定性，是人性的一般内涵（或者说一般人性），我们可以把这种意义上的人性称作"人的本性"，即人本来如此的规定性。只有具有这种规定性，人才是人。[①] 人的本性在不同时代、不同地域的不同个人身上体现为各种不同的潜质。由这些潜质构成的整体才是具体的人性。人的本性是人类共有的本性，因

---

① 参见江畅：《幸福与和谐》（第2版），科学出版社2016年版，第5页。

而是抽象的、一般的人性，它寓于每一个人的人性之中，而这种本性所寓于其中的人性就是具体的、个别的个体的人性，也就是我们通常所说的人性。与抽象人性相比较，具体人性是人的本性的具体体现，是人的现实的历史的规定性，它比人的本性更具体、更现实，其结构和内涵复杂、丰富得多。

　　人性虽然是潜在的，但可以现实化为人格。人格就是人性的现实化。人性的现实化也可以说是人性的人格化过程，而人格化过程就是人格构建的过程。人性现实化与人性人格化是同一个过程，或者说，人性的现实化是通过其人格化实现的。人格是由观念、知识、能力和品质等主要个性心理特征构成的，表现为一个人的具有一致性和稳定性的总体个性特征和完整精神面貌。人格与自我、同一性是大体相同的概念，"通常，人格被看做是三个概念中范围最广的一个，涵盖了其他两个概念（自我和同一性）"①。人格是人性与人生之间的枢纽，经过这一枢纽，人性得以体现的生活才有可能变得丰富而深沉、优美而崇高。人格是人谋求生存特有的一个关键环节，它是动物更不用说生物和其他事物所没有的，动物生存的模式是需要—行为—满足，而在人这里，在需要与行为之间增加了人格这个十分复杂的环节，并在满足之后还增加了一个享受的环节。因而人生存的模式就成为了需要—人格—行为—满足—享受②。人格的形成不仅表明人的成熟，也表明人具有了人的根本规定性（自为性）和本质规定性（社会性）。人格这个层次的逐渐形成体现了人类的进化过程，它是文明进化的结果和积淀，其意义在于它可以使人的满足和享受更加丰富、更加有深度。当然，由于从需要到满足或享受的系统和过程变得更为复杂、精密，因而发生故障的可能也大得多。从这种意义上看，人因为有人格这个环节而变得更为脆弱，其中的一个层次、环节或因素发生问题就会使人的生存系统发生故障、混乱甚至崩溃。

　　从人性到人格，实质上就是人格构建的过程，而这一过程的目的就是形成独立的人格。从广义上看，人格构建过程是终生性的，但整个过程具有阶段性，包括初步形成、基本形成、不断完善几个时期。其中最重要的时期是初步形成和基本形成时期，这就是狭义的人格构建过程。在这个过程中，人格构建有一个从自发、被动构建逐渐到自觉、主动构建的转变。到人格基本形成时期，这一转变已经完成，此后人格构建是完全自觉、主动的，即使事实不是如此，那也被认为应该如此而没有如此。

　　人格在一定意义上就是人的综合素质。人性与人格的关系就是禀赋与素质的关系，而人格与人生的关系就是素质与素质发挥的关系。一个人的素质是一个人在人性禀赋、身体成熟、环境影响和个人作为等因素交互作用所达到的人生境界。这标

---

　　① ［美］约翰·桑特洛克：《毕生发展》，桑标等译，上海人民出版社2009年版，第359页。
　　② 需要注意的是，这里所说的模式是就生存过程的环节而言的，实际上在人这里，这种模式的各环节之间存在着复杂的互动关系，特别是人格也会对需要本身发生影响，行为、满足、享受也会作用于人格。

志着一个人是什么样的人,一个人会过怎样的生活,他的人生达到了什么样的高度或什么水准。人格是判断一个人的内在根据,而判断的标准则是人格对人性开发的程度,或者说人格实现人性的程度。显然,人格对于一个人来说,对于一个人的生活来说是至关重要的,或者说它就是一个人的内在标志。正因为如此,人们通常把人格看做是人的真实的自我,是人的同一性或身份。

人并非生来就是真正的人或完全意义的人,真正的人是在人的发展过程中到了一定阶段之后才造就的,其主要标志或集中体现是人格的形成或具有独立人格。具有独立人格的人也不是一成不变的,他还会发展,达到成熟,然后又从成熟走向衰退,直至死亡。人的生命的整个历程在生命全程发展(毕生发展)心理学中被看做是发展过程①,即"从受精卵形成到死亡(或者说"从子宫到坟墓"),个体身上所发生的系统的、连续变化过程"。说这种变化是系统的,是指这些变化是序列化的、模式化的,并且是相对持久的变化,不像情绪波动那样暂时和不可预测;说这些变化是连续的,是指变化中的人保持原来的样子,或者说现在的人反映着他过去的自己。②有心理学家认为人的发展具有五个特征:①发展是延续一生的;②发展是多维度的,包括生理、认知和社会情感(或社会心理)等三个主要维度,同一维度中又包括许多成分;③发展是可塑的,如通过再培训老年人的推理能力能得到改善;④发展是情境性的,个体持续作用于情境并根据情境的变化做出反应,这些情境包括个体的生物组成、物理环境和认知过程,也包括历史、社会和文化背景;⑤发展包括成长、保持和调节,当个体步入成年和成年后期,处于个体发展中心位置的不再是以前的成长,而是保持和调节,以此来保持原有的能力或减缓能力的衰退。③

人是一个整体,其发展过程是复杂的,有生理性、认知和社会心理三个主要发展维度,它们相互作用导致个体的变化,使人的发展呈现出阶段性。发展心理学家一般据此将人的一生划分为胚胎期、婴儿期、学前期、学龄期、青春期、成人早期、成人中期、成人晚期。胚胎期是从怀孕至出生的时期,在短短9个月的时间内,惊人地快速成长,从一个细胞迅速分裂发育成拥有大脑和行为能力的复杂机体。在婴儿期(出生至18~24个月)婴儿完全依赖成人,许多心理活动刚刚萌芽。学前期(从婴儿期结束至6岁)的年幼儿童开始表现出自我中心主义,更加关注自己,掌握了入学基本技能(听指挥、认字)并开始和同伴玩耍。在学龄期(7~11岁),儿童掌握了阅读、写作和算术等基本技能,开始正式接触外面的世界和文化,"成就"开始成为儿童世界的中心,儿童自我控制能力增强。青春期(大约10~12

---

① 参见[美]卡拉·西格曼、伊丽莎白·瑞德尔:《生命全程发展心理学》,陈英和审译,北京师范大学出版社2009年版;[美]约翰·桑特洛克:《毕生发展》(第3版),上海人民出版社2009年版。

② [美]卡拉·西格曼、伊丽莎白·瑞德尔:《生命全程发展心理学》,陈英和审译,北京师范大学出版社2009年版,第2~3页。

③ [美]约翰·桑特洛克:《毕生发展》(第3版),上海人民出版社2009年版,第7~9页。

岁至 18～22 岁）始于身体的急剧变化，如身高体重迅速增加、身体外形改变、胸部发育、阴毛和胡须出现和声音变粗。这一时期，个体的独立性和同一性最为突出，思维更具有逻辑性、抽象性和理想性，更乐于从事家庭之外的活动。在成年早期（20～30 岁左右），个体经济独立，事业开始发展，并且对许多个体而言，他们开始选择配偶，习得同他人建立一个亲密关系，建立家庭和养育子女。在成年中期（35～65 岁左右），个体参与社会活动，具有社会责任感，辅助下一代成长为成熟个体，事业达到高峰并获得满足感。在成年晚期（65 岁至死亡），个体的健康和体能开始衰退，对生命进行回顾，退休并且开始适应新的社会角色。①

在整个人的发展过程中，胚胎期、婴儿期、学前期、学龄期、青春期、成人早期是人"成人"的典型过程。可以大致上划分两个时期：①生长时期，大致上包括以上所说的胚胎期、婴儿期、学前期、学龄期、青春期。这是一个比较慢长的时期，约 20 年。在 20 岁左右，个体作为人的根本规定性的自为性已经具备，人性基本形成，但社群性尚在形成过程中，有些因素还没有出现，如职业、自己作为家长的家庭等。②成熟时期，相当于以上所说的成人早期（大约 20～30 岁）。这个时期个体从开始成熟到基本成熟，除了自为性已经成熟之外，社群性也基本成熟，成为基本成熟的自为个体，人格在这个时期也相应地基本形成。

我们之所以将自为个体完全成熟节点确定在成年早期（30 岁左右）结束，是因为到这时自为个体具备了比较充分和完备的自为性和社会性。从自为性的角度看，这个时期个体的健康和体能逐渐达到了一生中的巅峰状态，其认识能力、情感能力、意志能力和行为能力的开发基本完成并得到了初步的运用，而相应的活动成为了充分的意识活动，具有了比较完全意义上的自主性和主体性。从这些方面看，到 30 岁左右，正常的个人一般都获得了自为性，能够作为独立自主的主体活动并承担相应的责任。从社群性的角度看，这个时期个体的社会化过程基本完成，获得了作为不同社群成员的充分资格。这主要具体体现在三个方面：一是个体已经基本形成了自己的价值观（即系统的价值观念），并养成了自己独特的思维方式、情感模式、行为习惯。其中价值观的形成具有标志性的意义。价值观的形成意味着个体已经有了自己独特的价值目的和人格理想，这种目标和理想已经与父母的不同，也与父母、老师、社会所预期的不同，而且个体还确定了实现这种目标和理想的基本准则，以及形成了自我控制机制。二是个体开始从事旨在谋生的劳动，并在此基础上消费、享受和进行社会交往。在这个阶段，个体在工作上开始有所作为，能够自食其力，并开始享受生活，同时，通过工作扩大了自己的社交圈。三是个体开始成家立业，甚至养家糊口，有了以自己为家长的家庭，可能有了自己的子女；基本上完成了就业任务，开始了自己的职业生涯，并逐渐适应职业要求；参加了各种组织

---

① 参见［美］约翰·桑特洛克：《毕生发展》（第 3 版），上海人民出版社 2009 年版，第 12～13 页。

和社团,如参加政党和其他组织,以及专业性、兴趣性的社团;还有自己的夫妻生活、情侣生活以及密友生活等。

人的自为性和社群性成熟的集中体现是自为个体的人格形成,以上所述的自为性和社群性成熟的种种体现归结起来,就是人有了自己的相对独立完整的人格,已经成为了人。不过,这里有两点值得指出:一是如果在封闭的传统社会,人到了成熟时期各方面就已经定型了,然而在瞬息万变的现代社会,由于种种因素的影响,人的成熟任何时候只是基本上的,而不会定型。一般来说,一个人到了已经成熟的时候就已经"成人"了,但是他并非从此以后在人格上就是固定不变的,相反,他的人格和人生由于外在因素及其导致的心理因素的不断变化的影响而始终是可变的、可塑的。所以,在这种意义上可以说,"成人"是一个终生的过程,至死方休。"在任何时候,我们都已经成为人,同时又正在成为人。"① 二是在人格基本形成的时候人已经成为人,但并不一定成为了应成为之人。就是说,一个成熟之人可能是应成为之人,也可能不是应成为之人。虽然在任何社会都对应成为之人存在着意见分歧,但通常是以社会的人格标准为依据加以评判的。人的社会化过程,就其实质而言,就是社会使其成员朝着社会所期望的应成为之人方向发展或造就。在人的社会化基本完成之后,没有成为应成为之人的人还可以通过自我修养或再社会化②成为应成为之人,也有的人则终身未能成为应成为之人,当然也有已成为应成为之人的人蜕变成了不应成为之人。

四、影响成为应成为之人的因素

影响应成为之人的因素很多,不同时代、不同社会也不尽相同,不过,在全球化或人类一体化时代,人类正在这方面达成共识。今天看来,影响应成为之人主要有人性、家庭(特别是父母)、学校、社会环境、个人修为等五种相互作用的因素。这五种因素的相互作用过程的过程实际上是一个"化育生成"的过程,是人通过文化的化育而生成的过程。从个体角度看,化育生成的结果是真正的个人、成熟的个人;从整体看,化育生成的结果是人类的文化、文明,是不同于自然界的人化世界、价值世界。人类个人、群体和整体正是在相互化育生成的过程中不断创造历史、走向完善。

人性是应成为之人的基础、母体。人性如何,无论是个人自己还是他者(他人和社群)都是不可直接认知的,而只能通过个体后来修为的结果来间接认知。因

---

① 江畅:《幸福与和谐》(第2版),科学出版社2016年版,第27页。
② 再社会化是指社会通过强制性机构对严重未社会化并会对社会秩序产生破坏性影响的人进行的社会化。(参见[美]约翰·麦休尼斯:《社会学》第11版,风笑天等译,中国人民大学出版社2009年版,第161页。)

此，个人的人性对于他自己来说是一个未定物，需要使之现实化才显现。从这种意义上看，人性并不是一个既定的东西，而是一个变元，是以一个变元的角色参与人的成为过程的。人性（包括本性）并不是从人一开始受孕就具有的，最初只是具有了人性的潜质。这种潜质可看作是人性的基因，从这种基因最初获得机体（胚胎）到伴随着机体的生长和成熟，人性才获得其完整性。精子和卵子结合受孕之后，经过多次细胞分裂和细胞分化形成了有发育成生物成体能力的雏体即胚胎。胚胎已经承载了后来发展成完整人性的全部基因。经过十月怀胎胚胎成为婴儿，这时人就开始了它以基因为前提的人性形成过程。这个过程在正常情况下是一个自然的过程，母体已不能改变胎儿的基因，但可以对婴儿的人性产生影响，特别是可以对其器官产生消极影响。妊娠期间，母体是影响人性的唯一因素。婴儿出世之后就进入了社群，逐渐从接受母亲的影响，到接受父亲和家人亲友的影响，到接受周围人的部分影响。在1～3岁期间，人逐渐有了自我意识，人的各种可能性开始显现。从4～6岁，孩子受影响的因素更多，不仅有亲友和周围成人会影响他，小伙伴和幼儿园的老师也会对他产生重要影响。在身体迅速发育和逐渐复杂的人际关系影响的双重作用下，人性已经初具雏形，人性的潜在可能性基本上具备。与此同时，人性的一些潜在可能开始变成人格要素。此后，人性的各种可能性还在扩展，这一过程大致上到18岁高中毕业时基本完成，此时的人性的各种可能性已经具备。

　　人和动物的成长有着重大差异。这主要表现在：动物有一个获得兽性的过程，在这个过程中没有"兽格"形成的问题，当然也就没有兽格形成对兽性的过程，而人性在形成过程中会受到人格形成的影响。动物以至生物基本上都有一个生长期，需要经过一定的生长时期，其机体才能成熟，其规定性（兽性或生物性）也才会相应地形成。经验告诉我们，许多野兽在幼仔时期，难以发现其兽性（如一只幼虎一般不会伤人），但一旦成熟，其兽性就会原形毕露。在这一点上，人和动物、生物是相同的。但是，动物的整个获得其兽性的过程是一个纯自然的过程，其兽性伴随着生理成熟而形成，动物本身完全不能作用这一过程，更不会在这一过程中又出现开发兽性的兽格的形成过程。与动物不同，人获得其人性的过程到一定阶段，至少自4岁起就开始受到人自己的作用，而且这种作用越来越大。这种情况带来了几种后果：其一，这种作用客观上会干预人性的形成过程，给人性的形成打上人化的印记，而且给人性提供了更多的可能性，因而人性比兽性复杂得多。其二，在这个过程中又会出现一个开发人性的人格形成过程，这个过程的起点比人性形成的起点晚，而且它的时间更长，直至30岁左右人格基本形成。其三，经过人自己作用形成的人格通常并不能将人性充分完整地变成现实，人格与人性的广度和深度，其口径并不相同。而且，由于个人人为因素或客观因素的消极影响，人格还可能发生病变（最常见的是人格障碍），使人格偏离本性或使本性异化，从而使人不正常。由此看来，人的心理比动物复杂得多，高级得多，但其形成却存在更多更大的风险。

家庭是影响应成为之人的最重要的外在因素。以父母为核心的第一家庭是人迅速成长的早期（13岁左右）母体和家园，父母（也可能是替代性的父母，如祖父母等）是孩子的第一个应成为之人的楷模。第一家庭（包括亲人和亲友）环境对人性的初步形成具有持续的巨大影响，它可以使人最初禀赋的人性基因朝正反两个方向发生变异，当然这种变异与孩子的营养也有关系。不过，这种影响在人性基本形成阶段减弱。第一家庭对人格形成的早期以及初步形成的影响也非常大。人们常说"父母是孩子的最好老师"，其意思就是父母是孩子最早的人格样板。父母的人格及其体现会给孩子塑造人格以指导和启迪。在孩子成人以后自己组成的家庭（可称之为"第二家庭"）中，夫妻彼此之间也会产生重要影响，甚至会成为夫妻人格再造就的过程。一般来说，一个人只有完成这一过程，才真正走向成熟，其人格才真正形成。这时青年夫妻发生婚变会对当事人人格健康形成产生严重负面影响。

学校环境主要是指学校所实施的系统教育。就人性发展而言，学校教育可以在家庭开发的基础上进一步开发学生人性的可能性，使人性在知识的影响下进一步显现，但这种影响的可能性越来越小，到了18岁之后，人性基本定型。人性与人的生理成熟更相一致，如同人在生理上到18岁后没有多少生长空间一样，人性到这时也没有多少变异的余地。与此不同，学校期间对于人格形成的影响比家庭更大。在接受学校教育的整个过程中，人逐渐会意识到人性的可能性需要开发，从而有了开发的自觉性，并从不同方面去努力开发。学校教育实质上就是一个开发人性可能性，使人性转变为人格的过程。人性开发的广度和深度取决于受教育的程度，也取决于人在学习过程中努力的程度。

社会环境一般对人性形成的影响不大，也不太直接，因为在人性形成的过程中，孩子通常对社会环境的感受不深。但是，社会环境对人格形成的影响很大，它可以形成与学校一致的影响，也可以与之相悖。它可以在学校影响的基础上促使人格朝更广更深的方向形成。在信息化的当代，互联网对人格形成的作用尤其巨大。学校和社会不仅会给人们提供应成为之人的规格，并且会有相应的奖惩机制促使人们成为社会所期望的应成为之人。两者不同之处在于，学校所提供的规格是系统完整的，而社会提供的不是系统完整的，而更具有应景性（主要是政治需要），而且两者的奖惩措施也很不相同。

在所有环境中，基本共同体（当代基本共同体是国家）对人格影响最广也最大。在现代社会，如果一个国家是自由、平等、公正、民主、法治的，大多数社会成员的人格既能正常形成，也能正常发挥，而如果仍然是一种专制的、人治的社会，大多数社会成员的人格就不能正常形成，即使正常形成了也不能正常发挥。从历史上看，在那些专制、独裁的统治者统治的国家，许多人的人格都是双重的。一方面他们有自己的真实人格，这种人格也是健康的，但由于这种人格不受统治者欢迎，他们不得不将这种真实人格隐藏起来，以一种虚假人格说话行事。所以，无论是历史和现实都表明，一个国家如果实行专制统治，其中的大多数成员的人格都是有问题的，更谈不上正常发挥。

伴随着全球化时代的到来，世界的和平与安全已经成为影响人格形成的重要因素之一。今天有两大因素影响世界的和平与安全，一是战争，二是恐怖主义。20世纪发生了两次世界大战，死亡总人数达8500万～9000万，今天局部战争仍然不断。在战争的环境中，人们很难形成正常健康的人格，相当一部分人会发生人格异常，在两次世界大战期间欧洲歇斯底里症高发就是例证。今天恐怖主义也是导致一些人人格异常的重要根源。那些恐怖主义者及其亲属对其仇敌满怀深仇大恨，甚至迁怒于整个社会和人类，这样的人显然不可能形成正常的人格。当然，那些受到恐怖行动威胁的对象，其人格的形成也会笼罩着阴影。

个人修为是人性和人格形成的重要影响因素之一，它对于人性的形成具有一定的意义，而对于人格的形成则具有决定性的意义。个人的修为指个人自觉不自觉的养成，而自觉的养成包括修养和作为（践履）。修为的目标最初是作为楷模父母，然后主要是学校的教育提供的理想人格，在学校期间以及离开学校之后还是社会倡导的理想人格和非社会倡导的人格，更为重要的是人们实际的人格。人性的形成一般来说主要是一个自然过程，人们常常把人性看作是一种既定的东西，似乎是不可改变的，但实际上人的作为还是可以在广度和深度上开拓人性的潜在可能性的。有一句众所周知的名言，即"天才出自勤奋"。"天才"本来是指有生来具有的好的人性禀赋，而这句名言是说人可能通过勤奋也可以获得好的禀赋。美国盲人作家海伦·凯勒从小又聋又盲，在她88年的生命历程中有87年生活在无光、无声的世界里，但她通过非凡的勤奋努力，先后完成了14部著作，并入选美国《时代周刊》"二十世纪美国十大英雄偶像"。我们看到在人类历史上不乏这样的事例。这样的事例告诉我们，一个人通常并不知道自己人性的潜在可能性，只有当他作出了自己的最大努力时，才显示出自己人性的可能性。显然，如果海伦·凯勒屈从自己的命运，她就不会发现自己有成为著名作家的可能性。就是说，人性的可能性是靠人们开发才显示的，从另一个角度也似乎可以说，人性的可能性在一定意义上是开发出来的。作为对人格的巨大影响是众所周知的，孟子所说的"人皆可以为尧舜"充分地表达了作为对于人格的重要意义。这种作为是学习与践履相统一的过程，其中"学"是核心内容。成人就是一个学习的过程，就是一个学会的过程，成人了意味着学会做人了。正是在这种意义上，我们说人不是生而成人，而是学而成人。这也许就是第二十四世界哲学大会选择"学以成人"作为大会主题的真正用意之所在。

个人作为的功夫和成效不同，人格可以达到的境界也不同。关于人格以及相应的人生有哪些境界，历来有不同的看法，如冯友兰先生将人格划分为自然境界、功利境界、道德境界、天地境界四个由低到高的境界①,张世英也将人生划分为四种不同境界——欲求境界、求实境界、道德境界和审美境界②。其中最有影响的中国先秦儒家关于人格境界的四层次划分,即小人,君子、豪杰、圣人。儒家对小人有许多描述,概言之,小人就是没有理想、缺乏德性、不讲道义、谋求私利、没有知识、庸俗卑下,甚至妄诞、虚诈、诡异的人。小人是人格的最低层次,与小人对立的是君子。根据孔子的论述,君子就是遵循礼,追求、成就仁德之人,具有克己复礼、恭敬谦让、诚信和顺、仁为己任等显著特点。与君子恭谦守礼、注重内在修养的形象不同,豪杰具有独立、尊严的人格,胆识超人、直道而行的气概和刚毅、浩大的品格,并且追求济世利民。君子和豪杰可称为"贤人",它们或多或少有一些不完善之处,圣人则是儒家理想人格尽善尽美、至善至美的最高范型,是最完善的理想人格,也是人生在世可能达到的最高境界。虽然学者对人格和人生可以划分为哪几个境界有不同的看法,但一般都承认人格和人生存在着不同的境界。③

在人性现实化为人格的过程中,即在人格形成的过程中,常常会遇到各种问题。在正常情况下这些问题能通过学校、家庭、个人自己等途径加以解决,但也有些问题可能会达到非常严重的程度,以至于导致人格异常的问题。人格异常(或称"人格障碍")是指人格在形成过程中由于某种原因发生某种偏差或遇到某种障碍所导致的人格异于常人,致使其生活适应困难并感到精神痛苦的复杂现象。广义的人格异常指心理学意义上的人的心理异常,包括情绪异常、社会异常和精神异常三大类型。在心理学上,人格异常指个体在日常工作生活待人处事时的作风和格调异于常人的现象。④心理学对人格异常的理解是建立在把人格理解为"个体在生活历程中对人、对事、对己及对整个环境适应所显示的异于他人的独特个性"⑤之上的。导致人格异常的原因多种多样且极其复杂,不同心理学流派有不同的解释。从哲学的角度看,人格异常就是人性现实化的异常,这种异常是人格形成过程中某种或多种人格因素发生畸变或病变导致人格中诸因素恶性互动的后果。严重的心理异常不仅给他人、家庭和社会带来消极影响,而且妨碍个人人性的实现,甚至对个人的正常生存带来严重威胁。因此,在人性人格化的过程中,无论个人自己,还是其家庭和社会要严防人格异常的发生。

以上影响因素不是孤立的,而是交互作用的,情形错综复杂。就外在影响而言,父母的人格与学校教育的人格以及社会倡导的人格可能一致,也可能不一致;

---

① 参见冯友兰:《中国哲学简史》,北京大学出版社1996年版,第291页。
② 参见张世英:《哲学导论》,《张世英文集》6,北京大学出版社2016年版,第87页。
③ 唐凯麟、张怀承:《成人与成圣——儒家伦理道德精粹》,湖南大学出版社1999年版,第103页。
④ 参见张春兴:《现代心理学——现代人研究自身问题的科学》(第3版),上海人民出版社2009年第3版,第478页。
⑤ 张春兴:《现代心理学——现代人研究自身问题的科学》(第3版),上海人民出版社2009年第3版,第380页。

学校教育的人格和社会倡导的人格通常是一致的，但这种人格与人们实际具有的人格常常不一致，而且不一致的程度有大有小；在开放和价值多元的社会，除社会倡导的人格之外还有其他组织倡导的人格，如各种宗教的人格。由于上述因素的影响，人们实际具有的人格参差不齐，有的是与社会倡导的一致，有的不一致。此外，在全球化时代，外域的人格理想也会对人们发生影响。人们修为的情形也迥然有异：有些人自觉地修为，有些人不自觉地被动地受影响；有些人下工夫修为，有些人不下工夫修为，甚至根本不修为；有些人持续地修为，有些人阶段性地或间断地修为；有的人始终如一地朝着一个人格理想修为，有的人则是变化的，甚至是多变的。但是，在所有因素中，个人修为的作用随着年龄的增长而不断增大。正是在这种意义上可以说人能否成为应成为之人，成为什么样的人主要取决于自己。这就是萨特的"存在先于本质""我命定是自由的"[①]所意味的；孟子之名言"天作孽，犹可违；自作孽，不可活"[②]，讲的亦是这个道理。

在影响人成为应成为之人的诸种因素中，有一种特殊的因素，即哲学。冯友兰认为，"学习哲学的目的，是使人作为人能够成为人，而不是成为某种人。"[③]他断定，"成为圣人就是达到人作为人的最高成就"，而"哲学教人以怎样成为圣人的方法"[④]。只有哲学特别是其中的伦理学才能给人提供一种应成为之人的普适性标准。当然，这是一种抽象的标准，因而需要根据个人不同的主客观条件加以具体化，但这种标准则是不可违背的。违背了它，人即使成为了社会所倡导的应成为之人，那也可能不是真正的应成为之人或真正的人。不可否认，哲学家提供的应成为之人的标准和理论也不尽相同，甚至差异很大，但其中也有一些共同的东西，其中至少有以下几个方面：其一，应成为之人是人为造就的产物，而不是自然生长的结果；其二，应成为之人不只是感性欲望得到满足的人，而是超越感性欲望满足而有更高追求的人，是人性自我实现并且对社会有益之人；其三，应成为之人深受环境的影响，但其决定因素是个人修为，一个人只有不断自我完善才能成为真正的人。

---

① [法]萨特：《存在与虚无》，陈宣良等译，杜小真校，生活·读书·新知三联书店1987年版，第565页。
② 《孟子·公孙丑上》。
③ 冯友兰：《中国哲学简史》，涂又光译，北京大学出版社1996年版，第10页。
④ 冯友兰：《中国哲学简史》，涂又光译，北京大学出版社1996年版，第292页。

"比较与借鉴"篇

文化自信与文化自检*

云杉2010年发表的《文化自觉 文化自信 文化自强——对繁荣发展中国特色社会主义文化的思考》[①]第一次明确提出了我国的文化自信问题，在庆祝中国共产党成立95周年大会上的讲话中，习近平在党的十八大报告中提出的"道路自信、理论自信、制度自信"的后面加上了"文化自信"，并且指出"文化自信，是更基础、更广泛、更深厚的自信"，从而把文化自信问题严肃的摆到了全党全国人民面前，需要认真加以对待。笔者认为，在价值多元、世界各国文化争锋日益激烈的当代，在我国相当一部分社会精英（包括政界精英、学界精英和商界精英）和社会公众对自己的文化不自信，甚至轻蔑、鄙视以致"唱衰"的严峻形势下，党中央要求全党全国人民增强文化自信是必要的，而且中国的迅速崛起也为这种自信提供了理由。但是，从统一全党全社会思想的角度看，从宣传教育的角度看，应当高扬文化自信，而从党和国家顶层设计的层面看，从为顶层设计提供学术理论支撑的学界的层面看，我们也需要文化自检，即文化的自我检视、自我检验，或者说，文化的自我反思和自我批判。文化自检实质上是对自己的文化保持警醒的认识，这种认识对于普遍公众来说不是十分紧要的，但是对于国家顶层设计者却是至关重要的，否则整个国家的文化自信就可能是盲目自信，其最终结果就会走向文化自悲、自毁。为此，笔者提出，我们需要文化自信，更需要文化自检，应该将文化自信与文化自检有机统一起来，从而使我国文化真正走向成熟、走向强大。

一、我们需要文化自信，也需要文化自检

"文化自信，是一个国家、一个民族、一个政党对自身文化价值的充分肯定，对自身文化生命力的坚定信念。只有对自己文化有坚定的信心，才能获得坚持坚守的从容，鼓起奋发进取的勇气，焕发创新创造的活力。"[②]自信对于一种文化犹如自信对于一个人，它是精神支柱。没有了精神支柱，文化就不能自立、自强，相反必然走向衰落、灭亡。历史上这样的教训很多。当鸦片战争打开中国国门时，在西方列强的坚船利炮面前，我们民族的文化自信随着西方列强入侵和渗透的加强而不断丧失，中国传统最终走向彻底衰亡，中国社会也从此陷入了受屈辱的悲惨境地。中

---

* 原发表于《社会主义核心价值观研究》，2016年第1期，原标题为"应当重视文化自检"。
[①] 《红旗文稿》，2010年第15、16、17期。
[②] 云杉：《文化自觉 文化自信 文化自强——对繁荣发展中国特色社会主义文化的思考》，《红旗文稿》，2010年第16期。

国共产党领导中国人民在马克思主义指导下致力于国家富强、民族振兴和人民幸福的伟业，并且取得了历史性的伟大成就，正在构建一种不同于传统文化的中国特色社会主义文化，并正在形成对这种新文化的信心。但是，在构建这种新文化的过程中，我们面临着全球一体化、文化多元化、社会生活市场化以及西方强势文化的渗透等方面的挑战，因而我国公众对中国特色社会主义文化的信心也常常受到挑战，出现了不少信心不足甚至缺失的问题。在这样的社会历史条件下，我们需要自己的文化自信，需要不断增强我们的文化自信。

关于为什么要增强我国的文化自信，从中央领导人到学者已有很多阐述，归纳起来，无非是以下四个方面的原因。

首先，我们需要文化自信是因为我们有文化自信才能坚定地走中国特色社会主义道路，充满信心地建设中国特色社会主义。党的十八大提出了"五位一体"的总体布局，在这一总体布局中，每一方面的建设都非常重要，而文化建设是整个布局中的灵魂。没有这种灵魂，中国特色社会主义建设事业就会迷失方向，就会缺乏精神动力。我们要建设中国特色社会主义文化，必须对它有充分的信心，相信它必定会指引中国特色社会主义事业不断从胜利走向更大的胜利。

其次，我们需要文化自信是因为我们有文化自信才能在全党全社会形成价值共识并形成统一意志。党的十八大报告指出："文化是民族的血脉，是人民的精神家园。"文化之所以如此重要，是因为文化包含着社会的主流价值观并且体现这种价值观，对文化的自信实质上就是对主流价值观的自信，但它不同于对价值观的直接自信，它是对价值观体现出来的文化的自信。就是说，当我们对一种文化有自信的时候，那么就意味着对其中包含的价值观的自信，包括对这种价值观的可现实化及其现实化与我们的期望相契合的自信。这样，对价值观的自信就会奠定在坚实的基础之上。

再次，我们需要文化自信是因为我们有文化自信才能在世界文化多元竞争的格局中立于不败之地。在经济全球化的同时，世界文化多元化、政治多极化已经成为不争的事实。政治多极化是以文化多元化为支撑的，而文化多元化则是以政治多极化为保证的。在这种新的时代背景下，中国要作为一个政治体屹立于世界之林，必须有自己的独特的文化，必须有国民对这种文化的信心。没有这样的文化，或有了这样的文化而国民对它缺乏自信，主权国家就无以在世界上立足。今天，我国已经有了（正在构建和完善）中国特色的社会主义制度和文化，那么我们中国人对这种制度和文化的自信就是决定性的了。只有有了这种自信，我们才能坚持这种制度和文化，也才能发展和完善这种制度和文化。

最后，我们需要文化自信更是因为我国近代以来一直存在着文化悲观主义、文化虚无主义问题，当前也仍然存在着文化自我否定、自我鄙弃等问题。鸦片战争失败及外强的入侵和渗透，使一些中国人特别是一些学者对中国传统文化以至整个中国文化持悲观失望的态度，认为中国文化不能解决中国的问题，因而主张全盘西化，试图用西方文化解决中国问题。新中国成立以后，这种观点、情绪和做法受到了严格的扼制，改革开放以来，特别是实行市场经济体制以来，伴随着西方文化的大量进入，这种文化悲观主义和文化虚无主义又死灰复燃。与以前的文化悲观主义和虚无主义不同之处在于，这种复燃的文化悲观主义和虚无主义"悲观"和"虚无"对象不再是传统文化，而是中国特色社会主义文化。持这种观点和情绪的人对于中国特色社会主义文化持否定、鄙弃的态度，甚至对我国现实生活中出现的种种问题幸灾乐祸，即所谓"唱衰"。持这种观点和情绪的人有相当一部分是社会精英（包括政界精英、学界精英和商界精神），他们虽然人数不多，但社会影响很大。在这种情况下，强调文化自信、通过各种途径增强全党全社会的自信，抵制流行的文化自我否定、自我鄙弃情绪对于文化强国建设就显得十分紧迫。

与文化自信相比较，文化自检作为文化的自我检视和自我检验更是文化自觉、文化成熟的体现。在增强文化自信的同时，加强文化自检，建立文化自检的长效机制和制度保障也是十分重要而迫切的。提出文化自检问题，强调自检制度化，至少有以下三方面的理由：

我们需要文化自检，首先是因为中国传统文化有其优秀的、先进的、精华的一面，也有其低劣的、落后的、糟粕的一面。任何一种文化都是良莠兼具的，不可能十全十美，中国传统文化也是如此。我们今天大力弘扬优秀传统文化，在传统文化中寻求当代中国文化的"根"和"魂"，这对于增强文化自信、对于构建当代中国价值体系都是十分必要的。但是毋庸讳言，我国传统文化中也存在着低劣、落后和糟粕的内容，特别是就那些在传统社会占统治地位的文化而言，这些方面可能还是主要的。否则，传统文化怎么会衰亡，以至于使中国社会最终走向了被动挨打、濒临亡国灭种的境地呢？如果我们认为当代中国文化的"根"和"魂"在传统文化，就是说当代中国文化与传统文化是一脉相承的，那么我们不仅要有对传统文化的自信，更要对传统文化进行自检，找出它的优长，同时也找出它的劣短，在弘扬其优长的同时克服或避免其劣短。这样，我们对传统文化才能扬长避短，使传统文化的积极合理内容融入当代中国文化之中，并在新时代得以弘扬。实际上，传统文化并不是死的，而是活的，否则它就不是传统。今天，传统文化的积极的正面因素在发挥作用，其消极的负面因素也在发生影响，只有对传统文化进行自检，我们才能更清楚地看到传统文化消极的负面因素对当代的影响，从而自觉地对其加以清除。

我们需要文化自检也是因为当代中国文化尚处于生成之中，特别是作为其核心内容的价值观尚在构建之中。早在辛亥革命前后，中国文化就开始了从传统到现当代的转换，实行改革开放后，我国在党中央领导下越来越自觉地推进这种转换，并致力于当代中国特色社会主义文化的构建。三十多年来，特别是党的十六届六中全会以来，当代中国文化建设特别是当代中国价值观构建已经取得了巨大成就，以社会主义核心价值观为核心内容的当代中国价值观已经显示出其旺盛的生命力和巨大的优势。但是，我们也必须注意到两点：其一，它尚处于构建之中，需要不断的自我反思、自我检视才能使其构建顺利进行，不至于出现大的问题和反复。其二，它是不是科学合理的，是不是最适合当代中国实际的，是不是当代人类最先进的，还有待于理论和实践的检验。我们不能把理论的、观念的东西当作现实的东西来加以肯定，否则我们就会犯改革开放前曾经犯过的把理想的社会主义当作实际的社会主义加以充分肯定而不考虑它能否实现的错误。强调文化自检实际上就是要使我们始终保持清醒的头脑，我们的理论设计并不等于现实，理论设计需要不断地自我检视和自我检验才能变成现实，或者说才能更好地变成现实。

我们需要文化自检也是因为人类历史上的文化兴衰给我们提供了值得吸取的经验教训。从人类历史来看，一种文化缺乏自检就会由盲目自信走向衰亡。西方中世纪是如此，在中国延续了两千余年的皇权专制主义文化也是如此。这两种文化形态都曾辉煌过，都曾有过高度的自信，而它们之所以最终走向衰亡，一个根本原因就是缺乏自检意识、缺乏自我反思和自我批判能力，从而缺乏自我更新的动力。相反，它们都采取种种措施防止和压制人们进行文化自检，严厉打击文化自我批判，宣传哥白尼日心说的布鲁诺被宗教裁判所烧死在罗马鲜花广场，清朝后期实行"文字狱"政策，都是典型的事例。另外，一种文化富于自检意识和能力，并不断致力于自检，它就会在不断克服自身的局限和问题中前进。最典型的是西方近现代文化。虽然在西方资本主义制度确立后也发生过对异端观点进行打击的事件，但西方社会总体上能容忍文化自我批判。马克思恩格斯创立的科学社会主义学说是完全针对资本主义的，是对资本主义的控诉和批判，但是他们的著作能在当时出版，而且他们的一些观点能为西方主流文化所吸收。此外，自从19世纪开始出现了不少的与主流文化相对立甚至完全否定主流文化的思想理论观点，如意志主义、生命哲学、现象学、存在主义，西方社会不仅容许这些"异端邪说"有言论自由，而且从中吸收了不少有益的内容。正因为如此，才出现了资本主义"腐而不朽"、"垂而不死"的旺盛生命力。从这些历史和现实的事例我们不难发现，文化检视是文化存在和发展的真正动力和源头活水，也是文化自信稳固、持久的基础。

二、文化自信应建立在文化自检的基础上

从我国目前的情况看，文化自信和文化自检都需要，而且不可偏废。文化自信使我们对自己的文化基础有信心，对自己的文化前景充满希望，因而文化自信可以成为我们文化发展繁荣的强大动力和坚定信念；而文化自检则使我们对自己文化在

世界整个文化格局中的位置、对自己文化与当代先进文化的差距、对自己文化优势和劣势有清醒的认识,这样我们才能在比照和借鉴中不断使自己的文化更先进、更有竞争力,从而使我们的文化自信建立在文化的充分自我认识和知己知彼的基础上,不至于成为井底之蛙,盲目自大。因此,我们必须将文化自信建立在文化自检的基础上,使之与文化自检有机统一起来并相互促进,共同推进中华文化的伟大复兴和现代化。

在我国目前情况下,如何实现两者的有机统一?不言而喻,首先要增强全党全社会普遍的文化自信。增强文化自信,是实现文化自信与文化自检相统一的基本前提,没有文化自信,就不会去进行文化自检,因为没有文化自信,我们对自己的文化丧失了信念,不再抱希望,也就不会以积极的态度检视它、检验它,就会听之任之。但是,更值得注意的是,实现文化自信与文化自检的有机统一,必须将文化自信建立在文化自我认识的基础上。文化自检实质上就是文化的自我认识,也就是文化的自我反思和自我批判。

苏格拉底有一个著名的说法:"未经省察的人生是没有价值的。"[①] 省察就是自检,如果说未经省察的人生是没有价值的,那么未经省察的文化可能是不值得自信的,因为这种文化因缺乏自我反思和批判注定走向衰落。苏格拉底特别强调认识你自己,认为这就是智慧的要义。那么,认识自己的什么呢?就是认识自己知道什么,不知道什么。所以,"智慧就是关于我们知道什么和不知道什么的知识"[②]。在苏格拉底看来,一个人具有智慧,即知道自己知道什么、不知道什么,他才能知道自己的不足,知道自己真正需要学习的东西;同时他也才会知道别人对他的真实看法,从而形成对自己的正确认识。特别是后一点是智慧的真正意义之所在。所以苏格拉底说,"智慧可以视为一种关于有知和无知的知识,根据这种对智慧的新看法,智慧的益处是不言而喻的,拥有这种知识的人会更加容易地学会任何他要学习的东西,一切事物对他显得更清晰,因为除了知识的对象外,他还能看到这种知识,这也使他能更好地考察其他人用来认识他的知识,而不拥有这种知识的人可以被认为是洞察力较弱或不那么有效,对吗?这些不都是从智慧中得来的好处吗?这不就是我们多方寻求而最后在智慧这里找到的东西吗?"[③] 苏格拉底关于"认识你自己"的这些阐释完全适合于文化,就是说,我们需要认识自己的文化。认识自己的文化,归根到底就是要认识到自己的文化拥有什么,不拥有什么或缺乏什么,还需要

[①] [古希腊]柏拉图:《游叙弗伦、苏格拉底的申辩、克力同》,严群译,商务印书馆1983年版,第76页。

[②] [古希腊]柏拉图:《卡尔米德篇》172D,《柏拉图全集》(第1卷),王晓朝译,人民出版社2002年版,第162页。

[③] [古希腊]柏拉图:《卡尔米德篇》172B-C,《柏拉图全集》(第1卷),王晓朝译,人民出版社2002年版,第161~162页。

什么。有了这种文化自我认识,就有了文化智慧,即关于自己文化有知和无知的知识。有了这种知识,有了这种智慧,就会打开自己文化的眼睛,把自己与他者加以比照,学习他者,改进自己。

与建立文化自信相比较,冷静地认识自己的文化难度更大。我们可以通过不少途径获得文化自信。例如,一个国家可能通过执政党和领导人的崇高威望获得文化自信。在新中国成立后相当长一段时间就是通过共产党成功地领导中国人民翻身解放、当家做主而使全国人民对当时的社会主义文化获得了相当高的自信。又如,一个国家可能由于自己经济发达、物质文明的繁荣而对自己的文化充满自信。20世纪以来,美国和西方发达国家对美国文化和西方文化充满自信在很大程度上就是因为这些国家经济技术迅速发展,在全世界率先成为发达国家。今天不少中国人对中国文化开始感到自信,而这与我国已经成为世界第二大经济体和近三十年来经济迅速发展密切相关。更为重要的是,人们对自己的文化感到自信能够得到统治者的赞赏,得到社会主流意识形态的认可。因为人们对自己文化的自信意味着对自己选择的发展道路、建立的制度、确立的价值观和意识形态的肯定,而这一切通常被认为是国家管理者(官方)和意识形态的功绩。然而,当人们谈到认识自己的文化时,虽然也包括认识自己文化的优长和独具的特色,但更多的是寻找自己文化的不足、缺陷、问题等,而这一切至少意味着对统治者和意识形态作用表达某种不满,是一种"揭短戳痛"。这种揭短戳痛即使是建设性的,也常常会使国家管理者难堪甚至难受。因此,在缺乏完善的民主和法治的制度下,统治者常常把那些对文化自我检视、自我检讨、自我批判看做是异端邪说,并给予严厉的打击。这样的事例在历史上有很多。"苏格拉底之死"就是一个典型的案例。当时的雅典虽然实行民主制,但法治不完善,苏格拉底就是牺牲在没有法治保障的直接民主制度之下。

因此,将文化自信建立在文化自检的基础上是非常不容易的,做到这一点需要有自由宽松的政治环境,需要国家管理者有博大的襟怀,有高度的国家和社会责任感,在当代社会最需要的则是民主和法治的制度保障。就我国而言,在我国社会转型时期,在世界多元文化激烈竞争交锋的新形势下,我们需要增强全党全社会的文化自信,但同时需要将这种自信建立在自知、自检的基础之上,否则我们的自信就有可能是盲目的或者是只看到优长没有看到劣短的,其后果是十分危险的。而要始终不断进行文化自知,保持文化自检,我们尤其需要加快民主法治建设的进程,营造在法制范围内真正思想自由、言论自由的社会环境。

三、当代中国文化拥有的优势、存在的不足和未来发展的方向

当代中国文化是一个不十分确定的概念,大致上可以界定为直接根源于中国共

产党领导中国人民进行新民主主义革命和社会主义革命的革命文化、新中国成立后建立的社会主义文化和改革开放以来的中国特色社会主义文化。其中中国特色社会主义文化继承并超越了前两种文化，从这种意义上看，中国特色社会主义文化就是当代中国主流文化，或简言之就是当代中国文化。当代中国文化并不是完善、系统、成熟的文化形态，而是处于建设中的文化。如果我们把当代中国文化置于人类文化历史、当代世界文化格局以及当代中国特色社会主义建设的需要中进行自我检视，我们就能够比较清楚地发现当代中国文化究竟拥有些什么是值得我们自信的，也能比较清楚地发现作为一种既具有中国特色又具有人类先进的当代中国文化尚欠缺什么，从而也能比较清楚地认识到当代中国文化还需要什么，或者说，当代中国文化还需要加强哪些方面的建设才能成为人类先进的中国特色社会主义文化。

如果我们进行认真的文化自检，我们就不难发现当代中国文化至少拥有四个基本的方面是值得我们自信的，这也是当代中国文化的独特优势之所在。

第一，当代中国文化拥有源远流长、丰富深刻的传统文化资源和滋养。中国传统文化确实是人类历史上最悠久、自我更新能力最强的文化。从世界文化史看，今天世界上所有其他国家都没有像中国这样具有五千多年一脉相承的悠久文化传统，其历史文化的丰富性、深刻性是任何一个国家不可比拟的。在现当代中国，曾经出现过对传统文化全盘否定的时候，但是今天我们已经日益清醒地意识到传统文化对当代文化构建的积极意义，意识到当代中国文化以至未来的中国文化之根、之魂深深地蕴涵在文化传统之中，意识到我们今天进行的文化建设是在新的历史条件下弘扬和革新传统，从而使文化传统在革故鼎新的历史进程中朝向未来延展。当我国意识到这一点的时候，我国当代文化建设就拥有了世界其他任何国家不具有的文化资源宝库。当然，别的国家可以从中国传统文化中学习和借鉴，但无论如何不可能使中国传统文化像对中国人那样融化在他们国家的人民的血液、灵魂和生命中，给他们提供有形无形的文化滋养。

第二，我们正在坚定不移地走中国特色社会主义道路，完善和发展中国特色社会主义理论和制度，这就是我们常说的"道路自信、理论自信和制度自信"。任何一个国家或民族的文化都包括观念的、制度的、行为的和物态的层面，一个国家所选择的道路是文化的这些不同层面的集中体现，而其中的制度又是根本性的，它是把一个国家、一种文化与其他国家和文化区别开来的主要标志。改革开放以来，我国选择的并一直在坚持走的中国特色社会主义道路，作为当代中国文化的集中体现，是在试图吸收中国传统文化、传统社会主义文化以及人类一切优秀文化（包括西方优秀文化）的基础上同时又超越所有这些文化的一种既具有中国特色又具有人类先进性的社会发展道路和文化形态。这种道路和文化不仅有正在完善和发展的中国特色社会主义制度给予保障，而且也有正在构建的中国特色社会主义理论提供理论支撑。中国特色社会主义道路、理论和制度是当代中国文化的实质内容，当中国特色社会主义建设事业取得了系列举世瞩目的历史性成就的时候，我国开始有了道路自信、理论自信、制度自信，我们也理所应当地应有文化自信。

第三，我们正在构建的当代中国价值观是一种扎根于传统文化沃土、立足当代中国实践、面向人类未来发展方向的具有中国特色的人类先进价值观。文化的灵魂和核心是核心价值观。自从党的十六届六中全会开始，我国进入了前所未有的核心价值体系建设和核心价值观构建。十年来，我国构建当代中国价值观的思路越来越明确，这就是，它必须是与当代中国特色社会主义建设实践相适应并为之服务的，是具有深厚传统文化底蕴和意蕴并吸收全人类最优秀思想文化成果的。近代以来，西方资本主义价值观逐渐成为世界的强势价值观，然而伴随着全球化时代的到来，这种价值观的资本化、市场化以及扩张性、渗透性、不可重复性等特性日益暴露出来，它不断侵蚀和败坏着非西方国家的本土价值观，导致人类环境和生态危机、战争和恐怖主义威胁日益严重。当代人类需要确立吸收西方近现代价值观之长而又克服其根本缺陷的新价值观，当代中国价值观就是在改革开放后西方价值观在中国的市场不断扩大并导致诸多不良后果的情况下着力构建的，是为避免和克服西方近现代价值观的种种不可克服的弊端或根本缺陷而又吸收其合理因素而构建的一种新型价值观。这种价值观的出现代表了人类文化发展的新方向，反映了人类构建一种更适合人类生存、更可持续发展、更具有普适性的文化的新努力。

第四，改革开放以来，我国党和政府高度重视价值观和文化建设，并持续运用政治的力量加以推进。运用强大的政治力量，调动各种社会资源进行和推进道德建设和文化建设，这也许是当代中国最突出的特色之一，是许多其他国家都不可比拟的。1986年中共中央做出了关于社会主义精神文明指导方针的决议；1996年中共中央做出了关于加强社会主义精神文明若干重要问题的决议；2002年中共中央出台了《公民道德建设实施纲要》；2006年中共中央做出了关于构建社会主义和谐社会若干重大问题的决定，第一次明确提出了建设社会主义核心价值观的任务；2011年中共中央做出了关于深化文化体制改革、推动社会主义文化大繁荣大发展若干重大问题的决定，2012年党的十八大报告中明确提出培育和践行社会主义核心价值观，并对社会主义核心价值观的基本内容做出了规定；2013年中共中央发布了《关于培育和践行社会主义核心价值观的意见》。除此之外，改革开放以来党的历次代表大会的报告以及党中央关于全面深化体制改革和全面推进依法治国若干重大问题的决定都包含了价值观、道德和文化建设方面的内容。党中央对文化建设的坚强领导和矢志不渝的强力推进，是我们文化自信的最重要源泉。我们相信，久久为功，中国一定会找到文化强国之路，并沿着这条路不断前进直至成为文化强国。

通过文化自检，我们也可以发现当代中国文化欠缺什么，或者说当代中国文化及其建设存在哪些不足。当代中国文化的自觉构建不过三十多年，时间短，任务重，情况极其复杂，面临着许多困难和阻力，因而当代中国文化还存在着一些明显的不足，有些不足可能还会对当代中国文化的未来发展产生威胁。笔者认为，以中国传统文化和西方现代文化为参照检视当代中国文化可以发现其中有三个明显不足或突出问题：

一是与我国传统文化相比较，我国当代文化最欠缺的是无所不在的道德文化。传统文化有许多优秀的内容值得当代文化吸收、弘扬和借鉴，其中最为重要的是传统文化中的道德文化。传统道德文化中包含一些封建主义、专制主义的糟粕，但也有很多内容具有超越时代的价值，习近平总书记于2014年"五四"青年节在北京大学师生座谈会上的讲话中列举的传统文化的诸多优秀方面大多属于传统道德文化的内容，中华优秀道德文化是中华民族最重要的基因。① 然而，实行改革开放特别是市场经济体制以来，这种已经植根在中国人内心的道德基因开始发生变异，市场经济的利益最大化原则正在取代传统伦理道德而成为人们自觉不自觉的行为动机，社会生活日益市场化、资本化，资本和金钱的逻辑和力量正在冲击一切传统道德的樊篱，从根本上改变了人们的动机结构。不可否认，我国仍然还有社会倡导的道德，但这种道德本身并没有真正继承传统道德的优秀内容，缺乏渗透人心的力量，再加上市场化、资本化的冲击，这种道德显得十分软弱无力，甚至成为人们嘲笑、戏弄的对象。如果有人问当代中国文化最缺的是什么，最缺的就是像传统社会那种广泛深入人心的伦理道德。今天，我国所需要的道德应该是体现核心价值观的道德。核心价值观要通过道德的途径进入社会生活和人们的心灵，从而转变为文化，缺乏体现核心价值观的道德，核心价值观就无法转化为文化。这是我国目前核心价值观还停留在一般性的宣传教育的层面上，而不能深入人心的重要原因之一。

二是与西方近现代主流文化相比较，我国当代文化欠缺的是完善有效的法制文化。在文化的不同层面或不同形态中，制度（包括法律）文化具有特殊的意义，它是使作为文化核心的价值观进入社会生活和心灵的重要途径和力量。在现代市场经济社会，法制更是维护底线伦理、确保社会秩序的唯一保障，没有健全的法制，社会不可能有和平与安宁。改革开放以来，我国十分重视法制建设，正在努力从传统的德治、人治转向法治。但是，由于我国传统社会缺乏现代意义的法制资源，也由于市场经济突飞猛进地发展，而我国法制建设相对滞后。为此，党中央作出了关于全面推进依法治国若干重大问题的决定，对依法治国、依宪治国进行了全面部署。但由于时间短、任务重，法制文化建设仍然是我国文化建设最关键的制约因素。我国目前的治理格局是，传统的道德文化废弛，而现代的法制文化又没有完全建立起来，不仅出现了严重的社会秩序治理的真空，由此产生了不少严重的社会问题，而且使核心价值观无法从根本上进入国家治理和社会生活，核心价值观在很大程度上

---

① 参见习近平：《青年要自觉践行社会主义核心价值观——在北京大学师生座谈会上的讲话》，《人民日报》，2014年5月5日第2版。

还停留在一般性的宣传教育层面。

三是与中国传统文化和西方近现代文化相比较，还存在一个突出的价值和文化社会认同的问题。无论是中国传统价值观和文化还是西方现代价值观和文化在所在社会的认同度都很高。中国传统价值观和文化在中国两千多年的皇权专制主义时代几乎妇孺皆知，而且有很强的规范和引导作用，西方现代价值观和文化在西方世界也已经转化成为了人们的内心信念和生活方式，然而当代中国价值观和文化的社会认同却成为了一个十分令人困扰的问题。这种困扰主要体现在，党和政府大力推进主流价值观和文化的社会认同，而各种社会调查及其他迹象表明其社会认同度不高，甚至还有不少抵制的议论和做法。实际上，出现这种情况的原因很复杂：首先，我国的主流价值观和文化提出的时间相当短，而且其优势尚未充分体现出来，因而一时难以得到普遍认同；其次，目前所确定的主流价值观本身也不是十分成熟和完善的，而且其正确性和可行性还存在某些问题；此外，还没有找到人们喜闻乐见的接受价值观的方式，因而它基本上还停留在理论的层面，没有进入人们心灵的通道。虽然这些原因可能是客观的，但我国价值和文化认同的问题仍然是人们普遍关注的一个重大问题，这个问题不解决好会影响人们的价值自信和文化自信。

根据以上文化自检所发现的当代中国文化的优势和不足，我们大致上可以明确，当代中国文化的未来发展方向，是建设一种具有传统文化根基、吸收人类一切先进文化成果的具有中国特色的先进性人类文化，而其根本任务则是要在理论上使作为这种文化核心内容的当代中国价值观进一步科学、正确、合理的基础上，通过宣传教育途径，特别是着力加强其道德化和法制化，使其进入社会生活和人们心灵，转变为价值体系和文化。

应当重视中西主流价值文化比较*

现当代西方主流价值文化（简称"西方价值文化"）是近代以来人类自觉构建的社会主流价值文化的典型形态。经过几百年的努力直到第二次世界大战结束后，西方基本完成了社会主流价值文化的构建，形成了在西方世界占统治地位的资本主义价值文化。资本主义价值文化在形成的过程中特别是在形成之后对整个人类世界产生了巨大影响，而且今天还在相当大范围和相当大程度上发生着影响。历史事实表明，西方构建价值文化的经验是成功的，而且所构建的主流价值文化也有自己独特的价值、优势和强大的影响力、渗透力。当然，不可否认，西方构建价值文化也走过不少弯路，留下了许多教训，同时所构建的价值文化也有一些不可克服的根本性缺陷和局限。当代中国主流价值文化（以下简称为"中国价值文化"）是在西方资本主义价值文化对整个世界具有强势影响的背景下进行构建的，因此，我们不能掠过西方资本主义价值文化，相反要自觉主动地学习、借鉴这种价值文化及其构建的经验教训。只有这样，我们才有可能构建成超越西方资本主义价值文化的具有中国特色的社会主义价值文化。而比较是前提，只有对两者进行比较，我们才能知己知彼，才能清楚地知道我们需要向西方价值文化及其构建学习什么以及如何借鉴，从而使我们的价值文化更有实力和竞争力，并成为当代人类最先进的价值文化。对中西价值文化进行比较是为了在中国价值文化的构建中更好地学习、吸收、借鉴和比照西方价值文化，而最终不仅是为了构建立足于中国传统文化和当代中国现实、面向中国和人类未来的价值文化，而且也是为了使我们所构建的价值文化成为超越当代处于强势地位的西方价值文化的人类先进价值文化。为此，我们需要明确这种比较的重要性，端正对待西方价值文化的态度，确定我们比较的最终目的。

一、应当重视与西方的比较

第二次世界大战结束后，世界出现了以美国、北约为主的资本主义阵营与苏联、华约为主的社会主义阵营之间的冷战时期①。这一时期，世界上存在着两种鲜明对立的价值文化，即以苏联为代表的社会主义文化和以美国为首的资本主义文化。冷战结束后，美国成为了世界上唯一的超级大国，世界似乎顷刻之间就会走向

---

* 原发表于《决策与信息》，2016年第1期。

① 1946年3月，英国前首相丘吉尔在美国富尔顿发表"铁幕演说"正式拉开了冷战序幕。1947年美国杜鲁门主义出台，标志着冷战开始。1955年华约成立，标志着两极格局的形成。1991年苏联解体，说明了苏联模式下的社会主义失败，标志着冷战结束，同时也标志着两极格局结束，前后共44年。

趋同。然而，事实并非如此。改革开放，特别是市场经济的兴起使社会主义中国迅速崛起，使世界没有走向单极化，而是走向多极化。在今天的世界，虽然西方的价值文化仍然是世界最强势的价值文化，而且美国等西方国家利用经济、技术、政治、军事、文化等优势极力推行使之渗入全世界，但西方的价值文化并没有得到世界的普遍认同，相反，各国对西方价值文化越来越保持警惕，并努力发展本土文化与之相抗衡，抵御其渗透。应该说，今天的世界价值文化不是两极化的格局，而是正在走向多极化。不过，这种多极化更主要地体现为非西方价值文化的多极化。就是说，世界的多极化格局是一极的西方价值文化（当然今天的西方价值文化也并非铁板一块，至少美国与欧盟之间存在着越来越明显的差异）与多极的非西方价值文化的格局。

在非西方价值文化中，中国正在构建的中国特色社会主义价值文化是最具有与西方价值文化相抗衡和较量的价值文化。之所以这样说，是因为在"东欧剧变"后中国的社会主义经过改革开放特别是走上市场经济之路后快速腾飞。今天的中国不仅已经成为世界第二大经济体，而且注重经济、政治、文化、社会和生态文明"五位一体"的建设，特别是着力建设具有中国特色的社会主义价值观和价值文化。中国的经济强大和文化自觉势必使中国价值文化在非西方国家的多极价值文化中凸显出来。无论中国有意与否，中国价值文化正在成为抵御西方价值文化向全世界渗透的最强有力力量。更为重要的是，西方价值文化在其世界化的过程中日益显露出它自身的弊端、缺陷和局限，如两极分化、周期性经济危机、不可再生资源的迅速消耗、环境污染和生态破坏、"极权主义"（阿伦特语）、"单向度的人"（马尔库塞语）等。所有这些问题都表明，近代以来的西方价值文化不仅没有使西方近代以来构建的社会进入启蒙思想家所设想的天堂，相反使西方社会因为这种价值文化的弊端而始终无法摆脱自身固有的问题。特别是当这种价值文化渗透到全世界的时候，整个人类会因为它的过度市场化、资本化以及消费主义和享乐主义而加速走向毁灭。而中国特色社会主义价值文化则是试图克服所有这些资本主义价值文化的问题而问世的。我们要构建的价值文化是马克思主义价值文化，马克思主义价值观本来就是资本主义价值文化的对立物。在资本主义世界，马克思主义价值观处于弱势地位，没有现实化为西方世界的主流价值文化。但是，马克思主义在中国正在现实化为主流价值文化。而马克思主义价值观是针对资本主义价值观确立的更适合人类发展的价值观，因此，我们以这种价值观为依据完全有可能构建克服资本主义价值文化弊端和缺陷的人类先进价值文化。

源自近代西方自由主义价值文化的西方价值文化，它是作为西方基督教教会、封建主义和专制主义的对立物并且战胜它们而登上历史舞台的。应当承认，这种价值文化是自近代以至 20 世纪人类先进的成熟价值文化形态，是迄今为止人类的一种强势价值文化。我们要构建一种以马克思主义价值观为指导的新的价值文化，必须学习、吸收、借鉴和比照人类一切优秀的价值文化。正如习近平指出的:"对人类社会创造的各种文明,无论是古代的中华文明、希腊文明、罗马文明、埃及文明、两河文明、印度文明等,还是现在的亚洲文明、非洲文明、欧洲文明、美洲文明、大洋洲文明等,我们都应该采取学习借鉴的态度,都应该积极吸纳其中的有益成分,使人类创造的一切文明中的优秀文化基因与当代文化相适应、与现代社会相协调,把跨越时空、超越国度、富有永恒魅力、具有当代价值的优秀文化精神弘扬起来。"[1]西方价值文化即资本主义价值文化是当代世界具有广泛影响的强势价值文化,更需要我们学习借鉴。中国价值文化,如果追根溯源,其构建的历史差不多一百年。虽然其构建走过一些弯路,但它已经初具雏形,特别是自觉的十六届六中全会以来的自觉构建,加快了它走向成熟、完备的步伐。在这种情况下,把它与西方已经成熟的价值文化进行比较,有助于它的丰富和完善,也有助于我们的构建更加自觉,更加有针对性,更加有明确的超越目标。

另外,从当代人类现实来看,在西方价值文化的强势影响下,世界大多数国家的价值文化都受其渗透甚至控制。除伊斯兰世界之外,只有中国正在构建的中国特色社会主义价值文化才有可能而且正在与之相抗衡,并且正在遏制其无孔不入的势头。伊斯兰世界对西方文化采取的是一种敌对、抵制的方式,甚至采取了极端恐怖主义方式。这是一种无能的简单的排斥方式,是不能得到世界各国普遍认同的方式。这种方式不仅于事无补,而且会使自己付出沉重的代价。我们采取的是一种在和平共处的前提下凭实力竞争的方式与之交往、抗衡和比拼,并力图超越它。马克思当年就已经看到了西方资本主义文化无法弥补的"软肋"和无法克服的弊端,这就是我们今天之所以不能全盘接受它相反要超越它的根据。但是,我们要超越它,就必须知己知彼。如果我们看到它的优势和问题,并学习它的一切有价值的东西,避免和克服它的问题,并吸取它的经验教训,我们就会更有力量超越它。因此,我们今天进行比较就是弄清楚它的优势和问题,以吸收其合理内容,并努力避免形成类似它的那些"软肋"和弊端。

二、与西方比较应持的态度

我们需要而且必须与西方价值文化进行比较,但我们也需要和必须以正确的态度进行这种比较。如果态度不对,我们的比较就不会得出正确的结论,当然也会有害于我们正在进行的价值文化构建。强调要树立正确的态度进行中西价值文化比较的一个重要原因,是我们在这方面曾经有过深刻的教训。例如,我们过去常常将西

---

[1] 《习近平在纪念孔子诞辰2565周年国际学术研讨会暨国际儒学联合会第五届会员大会开幕会上的讲话》,《人民日报》,2014年9月25日第2版。

方资本主义现实与我国的社会主义理想相比较，由此简单地得出我国社会主义制度优越于资本主义制度的结论，并且因而对西方资本主义采取一概否定和排斥的态度。在当时中国封闭的情况下，人们似乎还相信这样的结论，但当国门打开、人们亲眼看到了西方资本主义现实时，就有一种受欺骗的感觉。应该承认，社会主义制度在理论上比资本主义制度优越，因为它是以马克思主义理论设计的。但是，它并没有完全变成现实或还在建设过程中，因而不可避免地存在着诸多问题。历史事实证明，我们对西方资本主义的一概否定的排斥，受损害的是我们自己。也有些人只看到了西方资本主义文明好的、阳光的一面，没有看到它坏的、阴暗的一面，更没有看到它深刻的内在危机，因而盲目主张"全盘西化"。还有一些人只看到西方资本主义文明的各种弊端，而没有看到它的历史进步性和强大优势，因而以为解决当代中国问题可以不理会西方，不借鉴它的经验教训，甚至主张回到传统文化中去寻求解决当代中国问题的"方术"。历史事实已经证明，所有这些态度不仅是错误的，而且是有害的。正确的态度则是对中西价值文化进行平心静气的、实事求是的客观比较分析，准确地把握各自的比较优势和问题，从而从西方价值文化中吸取有益的内容。

首先，我们要全面认识西方价值文化及其构建，正确评价它的历史地位和现实状况。前文已谈及，西方价值文化是近代西方价值文化的历史延续，两者本质上是同一价值体系。这种价值文化有其巨大的优势，但也有着自身不可克服的根本性弊端，而且随着它日益向西方以外世界渗透，这种问题越来越明显地显露出来。我们对中西价值文化进行比较，首先必须清楚地看到西方价值文化的这种两面性。

近代西方价值文化是战胜西方基督教价值文化、封建专制价值文化登上历史舞台的。它之所以能如此，是因为它是当时的先进价值文化。其先进性突出体现在以下几个方面：

（1）它把人从一切束缚中解放出来，使人获得了自由、平等和追求个人利益（幸福）的基本权利。在中世纪的欧洲，人们普遍既受天主教教会思想和精神统治，同时又受封建等级制的束缚。中世纪后期，欧洲人又受到专制主义的政治压迫。在这种背景下，社会等级森严，人们普遍没有个人的自由，也不能追求和享受世俗的幸福，而只能通过尘世的苦修苦练指望死后进入天堂。文艺复兴运动、宗教改革运动，特别是启蒙运动中确立的自由主义价值文化彻底斩断了人身上的各种羁绊，使人获得了独立自主性，成为了自己的主人，并且肯定和保证人的自由、平等等权利的不可剥夺性和至高无上性。

（2）它极大地促进了西方市场经济和现代科学技术的快速发展。近代西方价值文化是完全适应市场经济的需要形成和确立的，同时它又为市场经济和现代科学技术的快速发展提供了社会条件、政治保障特别是法制保障。市场经济是一种利益主体多元化的经济，市场主体必须具有充分的自由，可以自主地从事商品生产经营活动，可以平等地凭实力自由竞争。西方近代价值文化主张和保障的个人自由平等等权利，正是为了满足市场经济的这种需要。虽然西方的自由主义也经历了自由放任主义和国家干预主义的不同形态，但在为市场主体提供自由、平等的权利保障这一点上是完全一致的。近代西方的自由主义之所以能在诸多不同思想流派中脱颖而出，成为西方近代价值文化，就是因为它最适应市场经济和科学技术发展的客观需要。

（3）它推动了西方政治文明从传统到现代的转换。西方近代以前的政治是一种极其复杂的政治。这种政治的灵魂是基督教教义，其核心是天主教会，但是它又与世俗的封建庄园制和封建等级制结合在一起，实行的是教会专制统治。这种等级制和专制制的最突出特点是把人不当人看。而近代西方自由主义价值文化一方面将人从一切束缚中解放出来，另一方面为了适应市场经济发展的需要，彻底改变了这种政治格局，建立了以代议制和法律统治为主要特征的资产阶级民主政治。不可否认，这种民主对于广大的人民群众来说有空洞性和虚伪性的一面，但相对于中世纪的等级制和专制制来说是一个巨大的历史进步，而且几乎影响了整个当代人类世界。

由于近代西方价值文化具有以上突出的先进性，因而它也获得了巨大力量和强大优势。它不仅彻底推翻了西方的天主教会和封建主义在欧洲的统治地位，成为西方的主流价值文化，而且通过海外殖民、商品贸易以及后来的政治和军事干预、经济和文化渗透等途径迅速向西方以外的地方传播，破坏或者摧毁了不少国家本土的主导价值文化，导致这些国家的价值文化陷入混乱。这一历史事实表明，西方近代以来的价值文化具有强大的竞争力、影响力，至今仍然是世界上的强势文化。

西方价值文化深刻改变了西方社会并通过西方社会深刻影响了整个人类社会的进程，使人类社会从贫穷落后的传统文明走向繁荣昌盛的现代文明。毫无疑问，这种价值文化有其旺盛的生命力和强大的影响力，其根源则在于它的巨大优越性。"这种优越性主要表现在，它致力于把人从各种束缚中解放出来，努力扩大人的独立自主性，刺激和鼓励人向内挖掘潜能向外征服世界，这不仅使人获得了自由，使我们的世界日益成为自由的世界、民主的世界，而且使人的能量最大限度地发挥了出来，使我们的世界日益成为富裕的世界、文明的世界。"① 我们应该承认西方价值文化的基本合理性，也应该承认其巨大的历史功绩。但是，我们更应该看到，西方价值文化虽然看起来是个体主义、自由主义的，但其根本性质是资本主义的。或者更确切地说，它的出发点和目的是个人解放、自由和幸福，这种价值体系在使人获得解放和自由的过程中发生了异化，最终走向了以资本增值为轴心，资本渗透到它的整个结构和功能，资本控制一切。其结果，个人虽然从专制之下获得了解放，也获

---

① 江畅：《幸福与和谐》，人民出版社 2005 年版，第 417 页。

得了自由，但根据这种价值体系构建的整个社会被资本所控制，个人也因此被新的奴役力量即资本所奴役，而没有真正获得解放、自由和幸福。由此看来，西方价值文化实质上是一种资本主义的价值文化，是一种异化了的社会发展模式。

其次，我们应当承认西方价值文化及其构建有诸多值得我们学习借鉴的内容。西方价值文化构建最早可追溯到文艺复兴运动，中间经历了宗教改革、思想启蒙运动、资产阶级革命、产业革命、科技革命和两次世界大战，到20世纪50年代基本完成。之后，西方价值文化还在继续构建中走向完善。通过几百年的漫长构建过程，西方价值文化已经成为当代人类最完善的价值文化形态，其中凝聚了近代以来西方思想家和政治家的智慧，包含了许多具有普适意义的有价值内容，而且其构建的经验教训也是人类构建价值文化的宝贵遗产。当然，其中也包含了资产阶级的阶级局限、时代局限、地域局限和思想局限。今天，我们构建中国价值文化必须尽可能充分地吸收西方价值文化及其构建中可资利用和借鉴的内容。我们对中西价值文化进行比较，就是要发现这些内容，而其前提则是要承认这些内容对于我们的价值，切忌简单地否定它或不理睬它。

西方价值文化及其构建的有价值内容很丰富，需要通过深入细致的研究加以清理和呈现。不过，这里我们可以着重指出以下几点：

（1）西方价值文化充分肯定社会成员个体（包括个人、企业、各种组织等）在社会中的独立自主的主体地位，竭力维护个体的自由、平等、追求幸福的权利。西方价值文化存在着过分强调个体本体地位的个体主义偏颇，它忽视人类基本生活共同体（在当代主要是国家）的实体地位和对于社会生活的重要作用和意义，但它努力把个体从各种束缚中解放出来，致力于保障个体的权利和利益，这在人类历史上是一个进步。正是这种价值文化的努力，才使得今天个体享有自由、平等和追求幸福的权利观念得到了世界绝大多数国家的普遍认同。

（2）西方价值文化努力为市场经济发展营造环境、提供条件，大大促进了西方市场经济的快速发展。从历史上看，西方市场经济的兴起并不是西方价值文化的功劳，但这种文化是在市场经济兴起过程中逐渐形成的，它在形成和完善的过程中不断为市场经济提供合理性论证和正当性辩护，构建市场经济发展所需要的经济、政治、社会、文化方面的制度，解决市场经济发展过程中遇到的种种问题。也许可以这样说，西方市场经济发展到今天完全是西方价值文化保驾护航的结果。在这个过程中，西方价值文化也走过一些弯路，但总体上看，它是适应和促进市场经济发展的。今天，市场经济几乎成了整个世界的基本经济形态，也已成为当代中国的基本经济形态，西方价值文化中包含的与市场经济相适应并促进其发展的一整套思想观念、制度体系、运行模式和机制等都是值得我们认真学习的。

（3）西方价值文化把民主作为保障个体自由权利的基本政治形式，致力于构建民主政治。个体的自由权利、市场经济的发展都需要政治制度提供可靠的保障，西方思想家和政治家发现，这种保障的唯一形式只能是政治民主，而且在近现代作为基本共同体的国家范围内不可能再实行古希腊式的直接参与式民主，而只能实现间接代议制民主。经过一两百年的探索和实践，西方普遍建立了这样一种民主政治制度。这样一种制度在今天已经暴露出不少难以克服的问题（如多数暴政、政治集团操纵、公众参与等），但是这种制度的选择、筹划和建立是具有开创性意义的，至少相对于人类历史上曾经有过的君主制、贵族制、寡头制等而言，是一个重大的历史进步。西方价值文化发明的代议制民主虽不完善，但它已经为今天世界上大多数国家程度不同地采用。

（4）西方价值文化意识到最有可能破坏民主、剥夺个体自由权利、造成战乱和损害市场经济的是政治权力，因而强调法律在社会生活中至高无上的权威地位，并在实践上不断完善法治国家的构建。近代以来，西方思想家和政治家在反思人类历史经验时发现，使人受奴役、受压迫、受剥削的主要力量来自于不受制约的权力，社会的不自由、不民主、甚至动荡不安的根源也在于不受制约的权力。不受制约的权力导致腐败，绝对不受制约的权力导致绝对腐败。于是，他们寻求种种制约权力的方法，如以权力制约权力、以民主制约权力，但最终发现制约权力的最有效手段是将权力置于法律之下，确立法律特别是宪法是国家的最高权威。当然，这种法律是基本民主的良法，因此法治需要以民主为前提和基础。在这里我们所谈的西方价值文化里面主要有价值的内容之中，法治这一条是当代西方以外的世界做得最不成功的，而这一点正是许多国家出现诸多问题的最重要根源之一。

我国改革开放以来，党和国家领导人乃至社会公众逐渐认识到了西方价值文化中包含着诸多值得我们学习借鉴的东西，因而把对外开放（主要是对西方世界开放）作为我们的基本国策。事实表明，经过30多年的改革开放实践，我们也从西方价值文化中学习借鉴了许多有价值的内容。也许正是通过这种学习借鉴中国才走上了现代化之路，并且迅速地强大起来。学习借鉴西方有益，过去学习借鉴了，今后还要学习借鉴。这应该是我国改革开放以来历史事实作出的结论。然而，一直以来，一些人在学习借鉴西方价值文化方面存在着疑虑，总是将学习和借鉴西方看做是"西化"。当这种疑虑遇上一些西方敌对势力"分化"、"西化"中国的图谋时，这种疑虑似乎得到了印证。的确，西方有些反华势力试图分裂中国、使中国全盘西化，我们也应该粉碎这种图谋，但我们不能因此否认学习借鉴西方的必要性。实际上，问题很简单，西方反华势力用来分裂中国的东西一定不是西方优秀的文化，而只能是西方用来对付别人而自己不用的东西。我们向西方学习借鉴的不是这样的对付中国的东西，而是西方人自己用的且对我们有用的东西。因此，我们要将西方近现代价值观及其构建的有益内容和经验与西方反华势力的"西化""分化"图谋区分开来。还有一些人则将学习和借鉴西方价值文化与弘扬和传承传统价值文化对立起来，似乎两者是不相容的；或者将学习借鉴西方与坚持和发展马克思主义对立起来，以为学习借鉴西方必定会动摇马克思主义在我国的指导思想地位。这些想法和做法显然是不对的。我们只有学习借鉴当代人类最强势的价值文化以及世界各种价值文化，我们本土的、传统的价值文化才能真正强盛起来。正如习近平指出的："各国各民族都应该虚心学习、积极借鉴别国别民族思想文化的长处和精华，这是增强本国本民族思想文化自尊、自信、自立的重要条件。"①

最后，我们必须既坚持我们应有的立场又克服我们的盲目自信。我们对中西价值文化进行比较，是为了学习借鉴西方价值文化，而这种学习借鉴本身又是为了构建中国价值文化，而不是为了"全盘西化"。因此，无论是我们对中西价值文化的比较还是从西方价值文化中学习借鉴都是有我们自己的基本立场的。这种基本立场就是马克思主义。马克思主义是与自由主义根本对立的思想体系，我们今天构建的价值文化是以马克思主义为指导思想的，是马克思主义在中国现实化为价值文化，现实化为中国特色的社会主义价值体系和文化体系。这种基本立场不能动摇，更不能改变，否则我们构建的价值文化就不是社会主义的。

我们必须坚持马克思主义，必须坚信马克思主义，坚信以马克思主义为指导构建的中国价值文化终将成为世界最先进的文化。这是我们作为马克思主义者应有的价值自信。但是，我们也要清醒地意识到，并不是我们始终不渝地固守已有的马克思主义原理就能构建起中国价值文化，就能解决当今中国乃至当今人类的一切问题。我们也不要以为经过近百年的努力一直在构建的当代中国价值文化已经是人类最先进的价值文化，不需要再向前发展，不需要向人类已有的优秀价值文化特别是西方价值文化学习了。如果我们这样认为，我们的自信就变成了盲目自信。这种盲目自信注定会损毁我们正在构建的中国价值文化，损毁中国特色社会主义事业。

这种盲目自信并不是我们的一种假想，而是在我们党的历史上和现实中常常发生的。在改革开放前的几十年中，我们一直以为我们所坚持的马克思主义是放之四海而皆准的绝对真理，以为我们在这种绝对真理指导下建设的社会主义是人类最先进的社会制度，具有任何制度都不可比拟的巨大优越性。然而，当国门打开后，我们发现我们坚持的马克思主义不仅是僵化的教条的马克思主义，而且是苏俄化的马克思主义。在这种马克思主义指导下建设的社会主义是以阶级斗争为纲、政治挂帅的社会主义，是所谓无产阶级专政下的继续革命。其结果是不仅经济社会发展走向了崩溃的边缘，而且导致了"文化大革命"。这是我们对我们的理论、制度和道路盲目自信导致地苦果。经过指导思想的拨乱反正，经过三十多年的改革开放和十多年的市场经济发展，中国社会发生了翻天覆地的全面而深刻的变化。这是把马克思主义与中国实际结合的结果，是对外开放对内改革的结果。然而，在这种新的历史

---

① 《习近平在纪念孔子诞辰2565周年国际学术研讨会暨国际儒学联合会第五届会员大会开幕会上的讲话》，《人民日报》，2014年9月25日第2版。

条件下，盲目自信倾向又有所抬头。一些人对我们的理论、制度和道路有了高度自信，似乎我们不再需要对外开放，只要坚持马克思主义并弘扬传统文化，我们就能构建起中国特色的社会主义价值体系和文化。应该说，今天的这种自信是在开放的背景下形成的，较之过去的盲目自信有了更多的根据和资本。但是，这种自信如果过头，同样会导致严重的消极后果。对此，我们必须保持高度的警觉。

我们都知道，马克思主义不是僵死的教条，而是与时俱进的开放的思想体系，坚持马克思主义就必须丰富和发展马克思主义，使马克思主义中国化、时代化和大众化。那么，丰富和发展马克思主义，就是要运用马克思主义解决当代中国的重大时代问题。我们认为，在当代中国丰富和发展马克思主义面临双重的任务：其一，要以马克思主义为指导探索我国现代化建设过程中面临的各种新问题，使马克思主义与中国实践对接、结合，在有效解决当代中国问题的过程中使之成为中国最先进的价值文化，成为价值多元时代的中国主流价值文化。这个任务是我们正在努力完成但远未完成的任务。其二，要以马克思主义为指导探索当代世界面临的各种新问题，使马克思主义与当代世界实践对接、结合，在有效解决当代世界问题的过程中使之成为世界最先进的价值文化，成为价值观多元时代的世界主流价值文化。马克思主义是一种世界性思潮，是今天世界最有影响力的两大思潮之一。中国是信奉马克思主义的国家，而中国是世界上人口最多的国家，也是社会主义事业最兴旺发达的国家。因此，当代中国不仅有解决本国的社会主义现代化问题的责任，而且也肩负着研究解决现代人类面临的世界性问题的重大使命。从这种意义上看，我们要把当代中国价值观作为具有世界意义、全人类意义的价值观来构建，使之成为当代人类最先进的价值观。这种价值观要能以其先进性与西方自由主义价值观相抗衡、相竞争，不仅不被自由主义价值观战胜，相反要通过超越它而最终战胜它。

如果我们承认这两大任务是当代发展马克思主义的任务，也是构建中国价值文化的任务，在这种情况下，我们以为我们的价值观已经是最先进的、我们价值文化已经是最先进的、我们的制度已经是最先进的，那就是一种盲目自信。这种盲目自信只会中止我们正在致力于构建的价值文化。我们要把我们的价值文化构建成能够得到世界各国普遍认同的世界主流价值文化，这只是万里长征走了第一步，因而更没有理由盲目自信。我们能走完这个过程，也许才在真正意义上的坚持和发展了马克思主义，才真正实现了马克思主义创始的宿愿。

三、比较的最终目的在于超越

中国价值文化与西方价值文化是两种不同性质的价值文化，前者是中国特色社会主义价值文化，而后者是资本主义价值文化。我们对两种价值文化进行比较，其直接目的是为了学习和借鉴，吸收西方价值文化中先进合理的内容，使自己丰富、深刻和强大，而终极目的则是为了超越它，使中国特色社会主义价值文化成为引领人类朝着更美好的未来发展的当代人类最先进的价值文化。前文已经指出，西方价值文化曾经是人类的先进价值文化，今天也仍然是人类最有竞争力的强势价值文化。但是，这种价值文化有它自身不可克服的致命弊端和缺陷，是一种异化的价值文化。伴随着这种价值文化向全世界蔓延和扩张，它的问题日益明显地暴露出来。因此，这种价值文化需要被超越。今天的人类更先进的价值文化取代西方价值文化，至少需要不同于西方价值文化的非西方价值文化来扼制西方价值文化对全世界渗透，克服这种价值文化的霸权主义扩张给人类带来的严重消极后果。

20世纪以来，异化了的西方价值文化日益暴露出了它的一些突出问题，其中特别突出的有以下三个方面：第一，贫富两极分化严重。整个资本主义文明是完全建立在市场经济基础之上的，而市场经济是一种以市场主体利益最大化为驱动力、以凭实力自由竞争的经济。这种竞争的结果必然会导致社会成员的贫富两极化，最严重的情况就是有一部分社会成员陷入马克思所说的"绝对贫困化"，即缺乏最低的生活保障。20世纪西方实行高福利政策以后，基本解决了社会最弱者最低生活保障问题，但并没有因此解决社会的贫富两极分化问题。第二，周期性经济危机频发。自1825年英国第一次发生普遍的生产过剩的经济危机以来，西方资本主义世界差不多每隔十年左右就要发生一次这样的经济危机。1929～1933年又爆发了规模更大、影响更深刻的世界性经济危机，原来以为实行了国家干预政策之后，能够克服周期性的经济危机，然而，情形并非如此。自1933年以后，差不多每隔七、八年就发生一次危机，2008年更是爆发了源自美国至今仍然使整个世界经济陷入低迷的世界性金融危机。这一系列事实表明，经济危机是以市场经济为基础的西方资本主义价值文化的痼疾。第三，恐怖主义盛行。西方国家为了本国或西方世界的利益而对外进行经济、政治、军事、文化的扩张和渗透，以及由此导致了地区战争和恐怖主义。自"9.11事件"发生以来，恐怖主义已经成为困扰西方乃至全人类的恶魔，生活在今天世界的人类，特别是西方人，很难预测什么时候、什么地方会发生恐怖活动，自己在什么时候、什么地方会成为恐怖活动的牺牲品。这样一种全人类性的人人自危状况是人类前所未有的。导致恐怖主义滋生的原因十分复杂，但可以肯定的是，恐怖主义的猖獗与西方现代化过程中的对外扩张，特别是与发达资本主义国家对其他国家经济上的掠夺、政治和军事上的干预、文化上的渗透有着密切的关联。

西方价值文化的这些显性问题的深刻根源在于以市场经济为基础的现代化。这种现代化有三个最为突出且难以克服的痼疾：一是"原子化"问题。所谓"原子化"问题，就是近代以来自西方扩散至全球的现代化，它是以孤立的个体为社会的实体，一切以个人的权利、个人的利益为轴心，而不考虑共同体或社群，更不考虑全人类。这就是所谓的"人人为自己，上帝为大家"的问题。二是资本化问题。市场经济原本是一种经济形态,其机制和原则只适用于经济领域。然而,在现代化的过程中,经济领域的市场化逐渐渗透到了整个社会生活。不受制约的资本逻辑和力量足以使整个社会和人的心灵彻底物化和奴化。资本不仅已经渗透了整个西方世界,而且借助经济实力渗透到世界大多数国家。用桑德尔的话说就是,现代社会使得我们从"拥有一种市场经济"最终滑入了"成为一个市场社会"。① 三是极权化问题。西方社会成功地实现了对大众心理意识的操纵和控制,人们内心批判向度的丧失,导致各个领域的一体化。正是因为实现了对内心的操控,所以当代资本主义社会的极权主义状态在广度和深度方面都超过了以往的极权主义社会。这三个问题并不是彼此孤立的,而是相互缠绕、相互支撑。正是针对这些问题,法兰克福学派思想家霍克海默和阿道尔诺指出,现代西方文明至少存在以下三大弊端:一是人性堕落,个人贬值;二是精神消亡,文化消解;三是幸福的因素变成了不幸的源泉。②

所有这些难以克服的问题及其严重后果表明,西方价值文化虽然可以带来人类的繁荣,但这是以人类不可再生资源迅速消耗、人类生存环境日益恶化、人类身体生物学结构加速变异为沉重代价的。西方价值文化的巨大物化力量,正在摧毁一切与之抗衡的异己力量,消除扩散途中的障碍和阻力,使这种价值文化迅速世界化。西方价值文化是一种加速人类毁灭的社会发展模式,伴随着西方模式世界化进程的加快,其负面作用还会进一步增大。在西方价值文化的弊端及其后果日益显现的今天,非西方国家再也不能简单地照搬西方模式,更不能搞所谓全盘西化,而是要采取强有力措施抵制西方模式的扩张和渗透。

改变西方价值文化霸权主义格局不仅具有现实的紧迫性,而且具有历史的必然性。到今天为止的整个人类历史是从分散的人群走向一体的世界的历史,是人类世界化的过程。人类世界化的整个过程是一个人类从小群体逐渐走向更大群体直至走向一体化的过程,而推动这一过程的内在动力在于,人类追求生活得更好的本性以及这种本性本身所包含的实现这种本性的根本手段即理性。这种一体化的趋势不是外在地强加于各国的,而是在各国自愿作用和参与下促成的。全球一体化并不意味着世界会成为一个世界性极权主义式的国家。历史经验已经表明,集权式、专制式的社会管理模式压制个性发展、阻碍社会进步。因此,世界的一体化只能是分权式的、民主式的,是多元主体的。作为世界主体的国家即使在各个方面都与世界接轨,也仍然能够拥有自己的价值体系、自己的独特生活方式和自己的民族特色;仍然能够拥有独立性、自主性和完整性。人们把作为世界主体的国家比作一体世界中的"极",这是十分恰当的。多元主体的世界就是一种多极的世界。只有世界的多

---

① 参见〔美〕桑德尔:《金钱不能买什么——金钱与公正的正面交锋》,邓正来译,中信出版社2012年版,引言 XVIII。

② 参见〔德〕霍克海默、阿道尔诺:《启蒙辩证法:哲学片断》,渠敬东、曹卫东译,世纪出版集团/上海人民出版社2006年版,前言第3~4页。

极化，才会有世界的多样化，而世界越是多样化，世界的交流和合作就越是必要、越是有意义，各国的相互需要也会增强，各国的联系会越紧密，世界就越会结合成为一个整体。各民族找到自己的发展之路，可以实现本民族乃至人类更好地发展，也可以为西方模式突破自身不可克服的问题提供借鉴，从而实现整个人类价值体系、发展模式和生存方式的多元化、多样化。如此，整个世界就会更加绚丽多彩，更加充满生机和活力。"一个丰富多彩的世界比一个一统的世界更美好，更能满足人类幸福的需要。"①

应当承认，约200年来非西方的一些国家一直在寻求非西方模式的社会发展模式，但是迄今尚未找到这样的成功模式。因此，我们有必要对非西方国家寻求不同于西方模式的发展模式的历史及其问题进行反思。这种反思有助于我们总结经验教训，为寻求超越西方模式的先进模式提供借鉴。

今天世界格局的形成是近代人类国家化过程的结果。在近代以前，世界一些地区已经有了国家，但这些国家不仅不是近现代意义的国家，而且有些国家还是不完全的国家，如西欧的一些国家还正在从罗马天主教皇的控制下摆脱出来，还未成为完全独立的国家。西方近代的殖民扩张和一系列社会革命，一方面大大加速了罗马教廷控制力的衰落和西欧国家化的进程；另一方面也大大促进了殖民地国家意识的觉醒和独立国家的形成，与此同时也在促使各个国家先后步入国家现代化轨道，实现从传统国家向现代国家的转换。殖民扩张对殖民地的经济掠夺和政治控制，导致了殖民地国家意识的觉醒和国家独立的要求，引发了殖民地的普遍反抗和争取国家独立的斗争运动。这种反抗和斗争最有意义的后果就是使民族国家逐渐获得独立。近代以来非西方国家的独立大多是通过摆脱西欧殖民主义统治实现的，因而这些国家对西方的文化和社会发展模式持敌视和抵制态度，力图找到非西方的本国发展道路。

非西方国家寻求非西方价值文化的历程，最早也许可以追溯到18世纪初拉丁美洲爆发的民族解放运动，这一运动到20世纪达到高潮，直至今天还在延续。非西方国家的仁人志士很早就意识到了西方模式的问题，并致力于寻求非西方之路。20世纪以来，许多国家的政治家和思想家意识到了西方模式的诸多弊端甚至根本缺陷。然而，我们不难发现，到目前为止，中国之外的非西方国家尚未找到一种真正不同于西方模式的模式，它们要么流产或失败了，要么名义上是非西方的而实质上是西方的，要么由于构建非西方模式的失败而陷入动乱或战乱。其中最有影响的有：俄国十月革命及以后形成的社会主义阵营，这一长达七十多年的非西方社会主义模式的理论和实践探索，最终以柏林墙倒塌为标志宣告失败；拉美国家从19世纪上半叶就开始寻求独立自主的民族发展之路，并不断致力于构建自己的发展模

---

① 江畅：《理论伦理学》，湖北人民出版社2000年版，第371页。

式，但令人遗憾的是，200年后的今天，拉美模式并没有最终形成，更谈不上超越西方，倒是走上了"边缘化的依附性道路"[①]；印度圣雄甘地领导的印度民主主义运动虽然取得了胜利，赢得了印度的独立，但也没有真正为印度找到一条成功的非西方发展之路。中国自鸦片战争之后，一直致力于救亡图存，以孙中山、毛泽东、邓小平等为代表的一代又一代的仁人志士都力图找到非西方的发展之路，今天中国终于走上了中国特色社会主义道路，正在致力构建中国特色社会主义价值文化。社会主义中国的崛起，使人们看到了开辟一条不同于西方道路、遏制西方文化恶意渗透的希望。

剖析200年来许多非西方国家寻求自己的非西方发展模式不成功的原因，可以给我们诸多的启示。其中有一点是特别值得我们注意的，那就是：要构建不同于西方模式的成功发展模式，我们既不能搞全盘西化，也不能对西方模式盲目抵制，而必须在学习、借鉴的基础上超越。搞全盘西化，即使成功（如日本），那就进入了西方世界的阵营，这样就很难突破西方模式的局限。西方模式有强大的优势和影响力，甚至还很有诱惑力。在全球一体化的今天，如果没有超过它的更先进模式，是不可能阻挡住它的扩张和渗透的，盲目抵制的结果只会使本国的价值和文化陷入混乱。西方模式存在着致命性的问题，因而非西方国家必须超越它。而要超越它就必须学习、吸收和借鉴它。今天，我们对中西价值文化进行比较，就是要认清双方的各种优势和问题，从而更深入地向它学习和借鉴，以便最终超越它。

需要注意的是，超越西方价值文化，并不是要战胜它、消灭它，而是为了推进人类价值文化的整体进步，同时也通过竞争和超越推动西方价值文化自身的改进和完善。习近平指出，每一个国家和民族的文明都扎根于本国本民族的土壤之中，都有自己的本色、长处、优点。我们应该维护各国各民族文明的多样性，加强相互交流、相互学习、相互借鉴，而不应该相互隔膜、相互排斥、相互取代，这样世界文明之园才能万紫千红、生机盎然。丰富多彩的人类文明都有自己存在的价值。要理性处理本国文明与其他文明的差异，认识到每一个国家和民族的文明都是独特的，坚持求同存异、取长补短、不攻击、不贬损其他文明。他强调："不要看到别人的文明与自己的文明有不同，就感到不顺眼，就要千方百计去改造、去同化，甚至企图以自己的文明取而代之。历史反复证明，任何想用强制手段来解决文明差异的做法都不会成功，反而会给世界文明带来灾难。"[②] 我们今天构建价值文化，就要有这种宽容精神，要有这样的胸怀和气度。我们要吸取近代以来西方价值文化及其构建的教训，我们不搞价值文化沙文主义，也不以"中国中心论"取代"欧洲（或西方）中心论"。

[①] 尹朝安：《拉美发展模式的制度分析》，《拉丁美洲研究》，2005年第3期。
[②] 《习近平在纪念孔子诞辰2565周年国际学术研讨会暨国际儒学联合会第五届会员大会开幕会上的讲话》，《人民日报》，2014年9月25日第2版。

中西价值文化构建背景、历程与基础之比较*

中西价值文化构建是在不同的历史背景下进行的,两种价值文化构建的历程也非常不同。对中西价值文化建构的背景和历史进行比较,有助于我们对中西价值文化本身异同的深入了解,更有助于我们理智地学习和借鉴西方价值文化的内容,吸取西方价值文化构建的经验教训。

一、构建的背景之差异

西方近现代主流价值文化不是无源之水,而是与西方文化传统的基本精神一脉相承的。古希腊文化、古罗马文化、古希伯来文化和意大利早期的市场经济文化是西方近现代主流价值文化的文化渊源,这些文化中的自由主义、共和主义、法治主义(律法精神)、利己主义、"逻各斯"(logos)精神(表现科学主义和理性主义)等构成了近现代主流价值文化的基调。近现代西方价值文化对西方传统文化不是简单的继承关系,而是在新的历史条件下,不仅对其进行兼收并蓄,而且对其转换和开新,使之成为一种新的价值文化,即资本主义价值文化。

西方历史文化是一种多源头的断裂而又兼容的复杂历史文化。人们一般认为,西方文化的源头主要有两个:一是古希腊文化,二是古希伯来文化。如果从近代以来的历史看,实际上西方文化的源头不止两个,而是四个。除了普遍公认的古希腊世俗文化和古希伯来宗教文化这两个源头之外,还有古罗马的政治文化和近代意大利的商品文化或市场文化。最早的古希腊文化是重视个人世俗生活的文化,个人幸福是这种文化的主题,整个文化是围绕着"什么是幸福"、"如何获得幸福"展开的。因此,这种文化是幸福主义文化。古罗马文化是西方文化的另一个最早的源头,它更重视社会公共生活的管理,政治、法制是这种文化的主题,整个文化是围绕着如何管理公共生活展开的。古罗马经历了共和制到帝国制的过程,但都诉诸法制管理社会。因此,这种文化更具有法治主义文化的性质。古希伯来文化是重视个人来世幸福的宗教文化,信仰上帝是这种文化的主题,整个文化是围绕着如何按上帝的戒律行事获得拯救展开的。这种文化在希腊罗马文化的影响下产生了以"爱上帝并爱上帝之爱以获得来世幸福"为主要特征、其前提仍然是信仰上帝的基督教文化。因此,这种文化是信仰主义文化。自13世纪开始兴起的意大利市场文化是重视商品

---

* 原发表于江畅等:《当代中国主流价值文化及其构建》(第十章),科学出版社2017年版,原标题为"构建背景、历程与基础之比较"。

经济的文化，利己主义是这种文化的主题，整个文化是围绕着如何在市场竞争中取胜以获得更多的利益展开的。

以上这四种文化不仅是西方文化的源头，同时也是西方先后占据主导地位的四种文化。最初是古希腊世俗文化占主导地位，然后是古罗马政治文化占据主导地位，再接下来是主要源自古希伯来文化的基督教文化占主导地位，最后是源自意大利的经济文化占据主导地位。这四种文化就其核心价值观念而言是各不相同的，不同文化的更替使西方历史文化具有明显的断裂性。但是，后一种文化对前一种文化的替代是核心价值观念的取代，而不是全盘的否定。罗马文化吸收了希腊文化的幸福主义内容，使兴盛起来的古罗马文化不只是先前古罗马文化的简单延续。基督教文化则更是在希伯来文化的基础上吸收了古希腊文化和古罗马文化才成为完全不同于古希伯来文化的基督教文化。源自意大利的市场文化也是通过复兴古希腊、古罗马文化兴盛起来的，它虽然对基督教展开了无情的批判，但最终仍然将基督教文化包容在自身之中。因此，西方文化虽然是断裂性的，但同时也具有兼容性。它将不同文化中适合自身发展的有价值内容继承下来并发扬光大。

西方的历史文化虽然是多种历史文化兼收并蓄的复杂体系，但必须看到，古希腊文化的基本精神成为了后来整个西方历史文化的基调，也是西方近现代主流价值的精神源泉。这种基本精神至少有四个方面：一是尊重个人自主、维护个人权利、重视个人幸福的个人主义。个人主义在古希腊就已经较为完备，在古罗马，个人主义精神也存在，只是没有古希腊典型。个人主义在中世纪发生了异化，不过并未完全被否定和抛弃，而是被湮没、被扭曲。二是追求知识、追求真理的科学主义。这种精神主要源自于古希腊。古希腊早期的哲学家就追求真理、探究知识，在苏格拉底那里知识（主要是关于善的知识）被看做是德性，由此形成了崇尚真理和知识的传统。三是推崇民主共和、重视依据法律治理的法治主义。倡导民主主要源自于古希腊，推崇政治制度共和制主要源自于古罗马，而重视法律治理则在古希腊特别是古罗马、古希伯来有共同的渊源。四是推崇理性、注重开发和运用理性的理性主义。早在希腊，人们就十分推崇"逻各斯"（logos），逻各斯的含义很丰富，但主要是理性。对于古希腊和古罗马人来说，理性不只是人的认识能力，而是人之所以为人的根本规定性，它既是知识、真理的源泉，也是道德、法律的源泉。这四种精神自古希腊产生之后，深深植根于西方文化之中，并随着历史的发展而时显时隐，但始终不曾被抛弃和被否定。即使是信仰主义占据主导地位的中世纪基督教文化，也将来世幸福作为人生的追求，主张人人在上帝面前平等，重视"摩西十诫"等律法，而且努力运用理性证明上帝的存在，并把上帝看做是全智、全善、全能的化身。

上面所说的西方文化实际上指的是近代以来的西方文化，西方文化的四个源头就是西方近现代主流价值文化产生的历史背景。在这四个源头中，自意大利开始兴起的市场文化不仅是近现代西方文化的直接源头,而且作为其经济和社会基础的西方市场经济也是西方主流价值文化得以产生的不竭动力源泉。西方市场经济的兴起和发展是迫使以西方资产阶级为代表的西方社会自觉构建资本主义价值文化并使之成为西方社会的主流价值文化的根本推动力量,西方近现代主流价值观念及其结构就是西方社会适应市场经济运行和发展的需要构建起来的。不可否认,西方近现代的主流价值文化的形成,离不开西方自古以来的个人主义、科学主义、法治主义和理性主义的基本文化精神,但西方近现代市场经济发展的客观要求无疑是其主流价值文化构建的真正动力源泉,正是在这种动力的强力推动下,西方传统的个人主义、科学主义、法治主义和理性主义精神才得到了真正的弘扬和充分的贯彻。在这种意义上,我们也可以说近现代西方价值文化是一种市场经济取向的价值文化。市场经济的核心是资本,以市场经济为取向也就是以资本为取向。这种取向被看做是资本主义的,所以近现代西方价值文化是资本主义的价值文化。

中国近现代价值文化的构建是在一种完全不同于西方的非常特殊的文化和时代背景下进行的。鸦片战争之后,中国没有西方近代早期那样的市场经济对新的价值观的必然要求,但西方列强的入侵在加快了旧的专制价值文化瓦解的同时,也促使中国人在救亡图存的压力下寻求新的价值观取代旧的价值观,构建新的价值文化。由于中国缺乏思想家所提供的新的价值观作依据,因而近现代中国不得不在西方思想库中寻求思想观念,出现了所谓的"西学东渐"。近现代中国价值观之争实际上不过是西方不同价值观之争,当然其中也不乏复古派参与其中。

中国皇权专制主义价值文化源自先秦儒家价值观,至汉武帝"罢黜百家,独尊儒术"正式确立、推广,一直延续到清代,持续了两千多年。这种价值文化是一种道德价值文化,其核心内容是"仁义"道德,具体展开为"仁、义、礼、智、信"(五常)核心价值理念,其基本原则是"君为臣纲,父为子纲,夫为妻纲"(三纲),而其终极指向是维护专制统治秩序,即君君臣臣、父父子子的和谐伦理秩序。中国专制主义价值文化是伦理化的,而不是法制化的。法律在这种文化中不仅只是手段,而且是用来对付老百姓犯上作乱的工具,即所谓"刑不上大夫,礼不下庶人"。法律在国家中不具有至高无上的地位,具有至高无上地位的是王权。这样一种伦理化的价值文化是整体主义的,个人在这种价值体系中没有独立性、主体性,没有自由和权利,个人不过是整体中的一个部分或零件,其功能在于为社会的和谐秩序和长治久安作出自己的应有贡献。这种贡献有不同的等级,最高的等级是圣人,其次是贤人,再次是君子,最低的是小人。这种整体主义中的整体是"家国同构"的整体。实际上,在中国专制社会除了国家和家庭之外没有什么其他的整体,这两种整体在专制主义价值体系中被有机地联系起来,国家是家庭的扩大,家庭是国家的缩小,在家尽孝才能为国尽忠。这种家国一体的结构同时又是国家和社会同构的结构。国家就是社会,社会就是国家,政治生活不是社会生活的一个层面,而是社会生活的全部，即所谓"齐家、治国、平天下"。在这种家国同构、国家与社会同构的社会中，不仅没有个人的独立和自由，也没有其他社会个体（如企业等）生存的空间。

19世纪60年代，日本在受到西方资本主义工业文明冲击的背景下进行了由上而下、具有资本主义性质的全面西化与现代化改革运动，这就是"明治维新"。在这一运动中，日本开展了"西进运动"，主动地、全面地向西方学习，不仅学习西方的科学技术、管理方式、社会制度，而且学习西方的文化。与日本不同，中国在鸦片战争之后，清政府被迫部分地向西方开放，最先只限于购买西方的武器装备，后来派留学生到西方国家学习，同时在国内开始设置现代工厂，这就是"洋务运动"。自"洋务运动"开始，西方的价值文化逐渐地传入中国。这个过程被看做是"西学东渐"的过程。虽然这个过程早在明末清初就已经开始，但只是到了鸦片战争之后才对中国社会产生了越来越大的影响。与日本的"西进运动"不同，中国的"西学东渐"基本上是被动的、被迫的，而且官方基本上是抵制的。其典型的表达就是"洋务运动"中提出的"中学为体，西学为用"。也就是说，我们可以学习西方的科学技术，甚至管理经验，但我们必须坚守中国的价值文化和社会制度，学习的目的不是为了国家富强和人民幸福，而是"师夷长技以制夷"。

由于官方不是主动地、全面地学习西方的主流价值文化和社会制度，相反采取抵制政策，因而西方的各种价值观就通过非官方的渠道传入中国，无所谓主流与非主流。不同的中国学者在不同的西方国家、从不同的途径、师从不同的老师，学到了不同的价值观，他们都主张按照他们所学到的、所信奉的观点来改造中国。实际上，当时中国的情形与西方很不相同。西方近现代也出现过各种不同的价值观，但它们只有一种是最适合市场经济发展需要的，因而这种观点就成为了西方主流价值观。中国则没有市场经济的发展，因而也很难辨别哪一种价值观更适合中国。而且这时西方社会出现了许多问题，国内一些人（如孙中山）将这些问题归结为西方主流价值观带来的，因而认为西方的主流价值观也不一定是最好的。在这个时候，十月革命又给中国送来了马克思主义和列宁主义。到20世纪初，中国成为了西方及俄国的各种学术观点纷呈、交锋的辩论场，持不同观点的人各自认为只有自己信奉的观点才是真理，才能拯救中国。最后只能靠武力解决问题，谁能在战争中取胜，谁就能推行自己所信奉的价值观。当然，历史事实证明，只有那种得到人民群众拥护的价值观才能最后在战争中取胜，这种价值观才能成为主流价值文化。

"西学东渐"是一个被动地吸收西方思想的过程，但在这个过程中中国人毕竟接触到了西方以及其他国家的各种价值观，使得自春秋以来一直闭关锁国的中国有了各种不同的新价值观可供比较、选择。尽管不同人信奉其中不同的价值观而不能达成一致，但大家普遍认为专制主义的价值观已经过时腐朽，主张用流入中国的外域价值观取代专制主义的价值观。在中国"西学东渐"的过程中还出现过"复辟"

专制主义价值文化的闹剧，但都在国人的唾骂中草草收场。应该说，"西学东渐"以及外域思想的传入构成了中国近现代价值文化构建的主要文化背景。中国近现代价值文化构建的过程，在某种意义上看，就是引进、吸收、消化外域价值观，并使之与中国实际情况相结合的过程。到20世纪中期，中国共产党领导的新民主主义革命取得了胜利，马克思主义列宁主义价值观成为占统治地位的价值观，并在此基础上逐渐形成了社会主义价值观。而马克思主义和列宁主义也是从西方和俄国传入中国来的，这可以说是"西学东渐"在中国结出的对中国历史进程影响极其深远的最重要成果。

在中国近现代这样一个没有市场经济基础、没有经济发展作为必然要求的社会，选择一种什么样的价值观就具有较大的偶然性，特别是在国外已有两种对立的价值观占统治地位并各有其优势的情形下，人们可以选择其中的一种，也可以选择其中的另一种。这就要看谁最终能成为政治上的统治者。一种价值观被选择为占据统治地位的价值观，通常是与它的信奉者成为统治者直接相关的。当然，也有某些相反的情形，即政治上的统治者夺取政权并不是为了构建某种价值文化，而是为了其他的目的。中国近现代史上就有不少军阀并不是为了实现某种价值理想，构建某种价值文化，而仅仅是为了一己私利或为了称王称霸、满足自己的权力欲而争夺政权。不过，即使像这样的无思想和无理想的专制军阀，一旦坐稳了江山，也得信奉某种价值观，构建某种价值文化，否则它的统治就无法进行下去。在中国近现代史上，这两种情形都有，不过总体上看前一种情形是主要的，戊戌变法、辛亥革命、旧民主主义革命、新民主主义革命都是属于这种情形。

总之，近现代中国市场经济不发达，没有产生对与市场经济相应的价值观的诉求，人们主要诉诸政治权力，特别是武力来达到确立新的价值观的目的。于是，价值观的争斗演变成了权力之争和武力之争，谁在争斗中取胜，就确立谁信奉的价值观。这就是中国价值文化构建的主要文化和时代背景。

二、构建的历程之差异

西方价值文化的构建可追溯到文艺复兴时期，启蒙运动时期达到高潮，最后通过资产阶级革命得以从多种价值观理论中确立自由主义价值观作为主流价值观。20世纪后，这种价值观作了一些调整，但没有实质性的变化。西方价值观构建所针对的基督教神学价值观以及天主教会的统治、封建庄园制和等级制，是对基督教神学价值观的革命性变革。

西方近现代主流价值文化是作为天主教文化的对立物并在同天主教教会和封建主阶级的统治作斗争的过程中走上历史舞台的。但是，它并不是资产阶级与天主教教会和封建统治者作斗争的一个意外结果，而是他们自觉地构建起来的。这个构建过程是一个新生资产阶级与代表占统治地位的基督教文化的僧侣阶级和封建主阶级反复较量、生死搏斗的持久而残酷的过程，正是在这个过程中，资产阶级构建起了西方近现代的资本主义价值文化。如果我们从西方文艺复兴算起一直到第二次世界大战结束，西方近现代主流价值文化的构建前后经历了约六百年的时间。其间，经历了文艺复兴、宗教改革、海外殖民、启蒙运动、资产阶级（政治）革命、产业革命、科技革命、哲学革命以及两次世界大战等血雨腥风的过程。在所有这些运动中，文艺复兴、启蒙运动和资产阶级革命对于近现代西方主流价值文化构建具有奠基性意义，并发挥了关键作用。

文艺复兴是13世纪末在意大利各城市兴起，以后逐渐扩展到西欧各国，于16世纪达到鼎盛的一场思想文化运动。文艺复兴运动的历史意义是广泛而深远的，从西方近现代主流价值文化构建的角度看，它最深刻的意义在于冲破了西方中世纪基督教教会的专制统治和神学思想对人的束缚，奠定了西方近现代主流价值文化的个人主义、世俗主义、幸福主义的基调，唤醒了西方人的自由、平等、尊严的个性意识和主体意识。它还最直接地为启蒙运动作了思想上的准备，正是在文艺复兴的人文主义思想文化基础上，西欧在17、18世纪爆发了启蒙运动这场旗帜更鲜明、作用更彻底、影响更深刻的空前的反封建、反教会思想解放运动。

启蒙运动对于资本主义主流价值文化的构建具有两方面的重要意义。其一，从理论上构建了资本主义主流价值文化的观念体系。具体体现在：一是确立了资本主义社会追求的终极价值目标，这就是社会成员自由平等地追求自己的利益。换言之，就是从理论上确定了社会成员追求自己利益的天然合理性。二是确立了资本主义社会的核心价值理念，其中最突出的是：自由、平等、民主、法治、理性，以及勤俭、冒险、市场、科技、利益等。三是确立了资本主义社会的基本价值原则，如：个体至上原则（个体原则），利己乃人的天性原则（利己原则），私有财产神圣不可侵犯原则（私产原则），天赋人权原则（人权原则，包括自由原则和平等原则），人民主权原则（民主原则），在法律下治理国家原则（法治原则），权力分立与制衡原则（分权原则），政府不干预经济活动、经济活动由市场调节的原则（市场原则）等。这一切为西方资产阶级进行政治革命和建立资本主义社会提供了理论依据和体系构架。其二，从舆论上为资本主义主流价值文化在全社会确立作了充分的准备。大多数启蒙思想家不仅是思想理论家，而且是宣传鼓动家。他们一方面猛烈抨击基督教教会和神学以及专制制度，无情地揭露其腐败的行径和虚伪的面目，使社会公众普遍认清了它们的罪恶及腐朽没落性；另一方面又大力宣扬自然状态说、天赋人权说、社会契约说、人民主权说、三权分立说、权力制衡说等，使资本主义主流价值文化的核心理念广泛深入人心，为社会公众普遍认同。这两方面的工作使得在全社会确立资本主义主流价值文化具有势在必行、势不可挡之势，并直接导致了法国大革命和美国独立战争。启蒙运动强力推动了资产阶级革命的时代来临。资产阶级革命是资产阶级政治家用资本主义制度取代封建主义和基督教教会统治的政治运动，也是用资本主义价值文化取代基督教价值文化作为社会主导价值文化的文化运动。

就近现代资本主义主流价值文化构建而言，资产阶级革命的意义主要体现在，它按照启蒙思想家的理论价值体系建立了资本主义国家政权，同时又运用政权的力量推翻了基督教价值文化的统治，确立了资本主义价值文化的主导地位，其集中体现就是颁布了后来西方资本主义法律体系所体现其精神和内容的《权利法案》、《美国独立宣言》、《人权宣言》等著名文件。英国资产阶级革命期间颁布的《权利法案》（全称为《国民权利与自由和王位继承宣言》）以法律形式对国王的权力进行制约，确立了议会高于王权的政治原则，并由此逐步建立了"君主立宪制"、"议会制"。它标志着人类社会开始由专制转向民主，由人治转向法治。作为美国立国文书的《美国独立宣言》不仅宣告了北美13个殖民地脱离英国独立，美利坚合众国由此诞生，而且宣布了一切人生而平等，人们有生存、自由和追求幸福等不可转让的权利；政府是为了保障这些权利而建立的，其正当权力是经被治理者的同意而产生的，其赖以奠基的原则和组织权力的方式的唯一根据在于使人民获得安全和幸福；如果政府企图把人民置于专制统治之下，不能保障人民的权利和使人民安全幸福，人民便有权力改变或废除它，以建立一个新的政府。法国大革命期间颁布的《人权宣言》（全称为《人权与公民权宣言》），以《美国独立宣言》为蓝本，采用18世纪的启蒙学说和自然权利论，确定"社会的目的就是共同的幸福"，提出"主权在民"，宣布自由、财产、安全和反抗压迫是不可剥夺的天赋人权，肯定言论、信仰、著作和出版自由，确立司法、行政、立法三权分立、法律面前人人平等、私有财产神圣不可侵犯等原则，并且表示如果政府压迫或侵犯人民的权利，人民就有反抗和起义的权利。这些在资产阶级革命期间产生的著名文件，虽然不一定是以法律形式出现的，但所确立的终极价值目标、核心价值理念和基本价值原则，后来都写进了所在国家的宪法或法律，而且得到了所在国家公众的普遍认同。这些文件虽然出自于不同的国家，但都具有共同的思想基础和理论依据，它们一脉相承，前后相继，相互支持，相互补充，共同构成了完整的西方资本主义价值体系。

西方近现代主流价值文化的思想理论构建，到19世纪就已经基本完成，而其实践构建大致上在第二次世界大战前后基本完成。但是，这种主流价值文化在其构建的过程中就已经暴露出了不少的问题。这些问题早在19世纪中叶就为西方思想家所注意和揭露，但只是到了第二次世界大战前后才为政治家所重视。这些问题的出现是与西方经济社会发展，特别是现代文明的繁荣直接相关的，因而基本上都是近现代西方价值文化的理论设计者由于时代的局限而未曾预料到的。自第二次世界大战以来，西方的思想家和政治家一直都在致力于根据新的社会历史条件解决这些问题。他们的这种努力并不是对西方近现代价值文化的完全否定，而是对它的改革、修正、补充和完善。这个过程虽然通常被认为是西方现代价值文化向后现代的转换，但并不是一种新的价值文化形态的构建，而在一定意义上可以说是西方近代开始的资本主义价值文化构建在新的时代条件下的继续。

西方对近现代主流价值文化构建的修正、补充和完善主要体现在以下三个方面：第一，在终极价值目标方面，由近现代只注重利益的追求和占有转向了同时注重生活享受。第二，在核心价值理念方面，近现代的勤俭、冒险、理性理念有所淡化，开始重视公正、责任、环保和德性等价值理念。第三，在基本价值原则方面，主要体现在对利己原则和自由原则有所修正。就前者而言，在过去的无损于人、有益于人的道德原则基础上增加了服务他人的道德原则；就后者而言，以前的自由放任主义为国家干预主义所替代，当然这并不意味着对近现代自由原则的否定，而只是对它的修正。所有这些修正、补充和完善使西方价值文化更加成熟和完备。

中国价值观构建的源头虽然可以追溯到马克思、恩格斯所创立的科学社会主义，但真正自觉的构建是从中国共产党成立开始。中国共产党自成立开始就确立了以马克思列宁主义作为指导思想，此后一直致力于宣传马克思列宁主义并以之为指导进行新民主主义革命、社会主义革命和社会主义建设。中国价值观构建所针对的主要是传统的皇权主义价值观，以及当时尚不成型的资本主义（通常称"民主主义"）价值观，其社会背景是半殖民、半封建社会，特别是帝国主义、封建主义和官僚资本主义"三座大山"。新中国成立之后，确立了马克思列宁主义的社会主义价值观在中国内地的主导地位，在实行改革开放，特别是自党的十六届六中全会之后，中国共产党领导中国人民自觉构建社会主义核心价值体系和价值观。这是一种与改革开放前"苏俄式"的社会主义价值观不完全相同的中国特色社会主义价值观。

中国共产党成立于辛亥革命发生约十年后，这时清朝政权已经被推翻。因此，共产党与作为国民党前身的兴中会、同盟会不同，它的首要目的不是要推翻清朝统治政权，而是像其他派别一样是为了反帝反专制，救亡图存。反帝反专制在当时是国民党以及其他政治派别的共同目的，共产党与国民党的不同之处在于，它反帝反专制不是为了建立资产阶级共和国，而是为了按照马克思列宁主义的理想像俄国那样通过民主主义革命建立真正的民主共和国，并通过社会主义革命建立无产阶级专政，以逐渐建立阶级消灭的共产主义国家。

中国共产党是在共产国际的指导下参照俄国共产党（布尔什维克）组建的。1921年召开的党的第一次代表大会确定党的名称为中国共产党；党的性质是无产阶级政党；党的奋斗目标是以无产阶级革命军队推翻资产阶级的政权，消灭资本家私有制，由劳动阶级重建国家，承认无产阶级专政，直到阶级斗争结束，即直到消灭社会的阶级区分；党的基本任务是从事工人运动的各项活动，加强对工会和工人运动的研究与领导；党的组织方面的规定为，在全党建立统一的组织和严格的纪律，地方组织必须接受中央的监督和指导等。1922年召开的党的二大，分析了国际形势和中国社会半殖民地半专制的性质，阐明了中国革命的性质、动力和对象。指出：当前的中国革命性质是民主主义革命；革命的动力是无产阶级、农民和其他小资产阶级，民族资产阶级也是革命的力量之一；革命的对象是帝国主义和专制军阀；革命的前途是向社会主义革命转变。大会制定了中国共产党的最低纲领和最高纲领。其最低纲领，即党在民主革命阶段的主要纲领是：消除内乱，打倒军阀，建设国内和平；推翻国际帝国主义的压迫，达到中华民族完全独立；统一中国为真正的民主共和国。其最高纲领是：组织无产阶级，用阶级斗争的手段，建立劳农专政的政治，铲除私有财产制度，渐次达到一个共产主义社会。党的一大和二大基本上确立了党的近期奋斗目标和终极奋斗目标，明确了党在现阶段和未来的任务，即最低纲领和最高纲领。在党的七大之前，它的文件虽然没有明确党以马克思列宁主义为指导思想，但从一大和二大的有关文件可以看出，它是根据马克思列宁主义理论建立并且以之为指导思想的，它的价值观是马克思列宁主义的。

在新中国成立之前，中国共产党的基本任务是反帝、反专制，实现国内和平和民族独立，建立真正的民主共和国（党的七大称之为"独立、自由、民主、统一与富强的新中国"）。为了实现这一目标，党的奋斗经历了四个阶段：第一次国共合作时期（共产党成立至1927年7月）；土地革命时期（1927年8月至1937年7月）；抗日战争时期（1931年9月至1945年8月）和解放战争时期（1945年8月至1949年10月）。"1949年新中国宣告成立，新民主主义由理想变为现实，代表了近代中国文化自觉的圆满完成。"[①]中国共产党之所以能够推翻国民党的统治，从价值文化构建的角度看，首先是因为它找到了一种适合中国国情的价值观，即马克思列宁主义价值观；其次是因为它将这种价值观与中国的实际相结合，或者说，使之中国化，制定了将马克思列宁主义价值观转变为革命的、大众的价值文化的正确的价值文化构建方案，即党的纲领以及后来的毛泽东思想；再次是因为共产党不谋私利，全心全意为人民服务，为了这一方案变为现实的价值文化，不怕牺牲、浴血奋战，深得人民群众的拥护和支持。

新中国成立以后，中国共产党在马克思列宁主义、毛泽东思想指导下，领导全国各族人民进行社会主义革命和社会主义建设并取得了巨大成就。社会主义制度的建立，是我国历史上最深刻最伟大的社会变革，是我国今后一切进步和发展的基础。它建立和巩固了工人阶级领导的、以工农联盟为基础的人民民主专政即无产阶级专政的国家政权；它实现和巩固了全国范围（除台湾地区等岛屿以外）的国家统一，根本改变了旧中国四分五裂的局面；它战胜了帝国主义、霸权主义的侵略、破坏和武装挑衅，维护了国家的安全和独立，胜利地进行了保卫祖国边疆的斗争；它

---

① 张绍军：《近代中国文化自觉的历程》，《光明日报》，2012年11月22日第11版。

建立和发展了社会主义经济，基本上完成了对生产资料私有制的社会主义改造，基本上实现了生产资料公有制和按劳分配。与此同时，党领导人民在工业建设中取得了重大成就，逐步建立了独立的比较完整的工业体系和国民经济体系。农业生产条件发生了显著改变，生产水平有了很大提高。城乡商业和对外贸易都有很大增长。教育、科学、文化、卫生、体育事业有很大发展。

从价值文化的角度看，中国共产党运用政治的力量（主要是政权的力量和政党的力量）大规模、全方位地进行社会主义价值文化构建，取得了巨大的成果。其主要体现在，通过构建，在推翻半殖民地半专制社会的基础上，在全社会完全确立了马克思主义价值观，形成了社会主义价值文化，实现了"祖国山河一片红"，即社会主义价值文化成为了我国的主导价值文化，并且得到了广泛的认同。然而，我国的主流价值文化构建也存在一些明显的问题。其中最主要的问题是价值文化的单一化。

导致新中国成立后三十年社会主义价值文化构建出现偏颇和问题的原因很多，其中最直接的原因是我们党把政权的巩固看做是压倒一切的任务。中国共产党取得政权之后，政权是新生的，比较脆弱，敌对势力又十分强大，同时党也缺乏管理经验，在这种情况下重视政权的维护和巩固是无可厚非的。但是，不能长期如此，否则就会影响社会的正常发展和正常生活，特别是影响经济的发展和人民权利的维护。社会主义价值文化构建过程中的一个直接问题就是过分看重政权的维护和巩固，到"文化大革命"期间，甚至将巩固无产阶级专政当作了国家和社会的终极目的，当作压倒一切的中心任务，导致整个社会生活政治化、革命化。除了把政权的维护和巩固看得过重之外，导致社会主义价值文化构建偏颇和问题的原因还有其他一些比较重要的：第一，思想禁锢。第二，对最高领导人的狂热崇拜。第三，权力高于法律，政策作为准则。第四，实行计划经济，市场经济被看做是资本主义的而被排斥。

党的十一届三中全会的召开标志着中国价值观构建进入了一个全新的时期。实行改革开放国策特别是实行市场经济体制，提出了构建基于市场经济、面向世界、具有传统文化根基和底蕴的中国特色社会主义价值文化的客观要求，党中央审时度势，在总结历史经验教训的基础上力图克服以前社会主义价值文化的问题，并提出了社会主义核心价值体系和价值观的构建问题，并带领全国人民致力于这种新型的社会主义价值文化建设。其标志就是党的十六届六中全会和党的十八大。党的十六届六中全会提出了建设社会主义核心价值体系的问题，党的十八大又进一步提出了培育和践行社会主义核心价值观的任务。从此，中国进入了构建中国价值文化新的历史时期。

三、构建的共同经济基础：市场经济

虽然中西价值文化构建的历史背景和历程极不相同，但在价值文化需要建立在市场经济基础上并且应当包含市场经济，中西价值文化构建逐渐形成了共识。

前面阐述过西方价值文化的四个源头，其中自意大利开始兴起的市场文化不仅是近现代西方文化的直接源头，而且作为其经济和社会基础的西方市场经济更是西方价值文化得以产生的不竭动力源泉。西方市场经济的兴起和发展是迫使以西方资产阶级为代表的西方社会自觉构建资本主义价值文化并使之成为西方社会的主流价值文化的根本推动力量，西方近现代主流价值观念及其结构就是西方社会适应市场经济运行和发展的需要构建起来的。这里我们以近代西方的五个核心价值理念即利益、自由、平等、民主、法治为例作一些简要的分析。

市场经济是追求利润最大化的经济，而利润就是市场主体从经济活动中获得的归自己所有的经济利益。在市场经济条件下，追求和实现自身利益最大化是市场主体从事经济活动的主要的甚至是唯一的动机，而且也只有如此，市场主体才能不断增强竞争实力，市场经济才能获得发展，社会财富才会快速增长。追求利益最大化不仅是市场经济的客观要求，而且是市场经济的本质。由于经济利益的实现需要许多其他社会资源的支持，这些资源对于个人来说，也体现为不同的利益，如政治权力、社会地位和声望、受教育的机会等。当然，这些资源对于个人在社会中生活也是意义重大的。于是，个体利益就成为了人们经济活动乃至其他活动的普遍追求。这就是法国哲学家爱尔维修说的，"利益是我们的唯一推动力"[1]，"人永远服从他理解的正确或不正确的利益，这是一条事实上的真理；无论人们不把它说出来还是把它说出来，人的行为永远会是一样的"[2]。

市场经济是一种多元主体自主经营的经济，它要求市场主体有充分的自由，可以自我决策、自我经营、自我负责，同时也要求所有社会成员都能自由地成为市场主体。这种经济要求就是对社会成员自由权利的要求，西方近现代的自由价值理念就是这种要求的体现。

市场经济是一种多元主体公平竞争的经济，它要求市场主体平等地以主体的身份参与市场竞争并凭实力取胜，所有市场主体都有平等的机会，享有平等的权利和履行平等的义务，并且在市场规则面前人人平等。这种经济要求就是对社会成员平等权利的要求，西方近现代的平等价值理念的原初根源就在于此。

市场主体以及所有社会成员的自由、平等以及其他经济权利，需要上升为政治权利，需要有政治保障。在专制制度下，社会不可能为社会成员提供这样的权利保障，只有在民主制度下，这样的权利保障才有可能实现。民主说到底就是社会成员自主和自治，社会成员在政治上自主，他们就具有自由，也才会有彼此之间的机会、权利、人格以及法律上的平等。因此，市场经济需要有民主政治与之相适应，

---

[1] 北京大学哲学系外国哲学史教研室：《十八世纪法国哲学》，商务印书馆1963年版，第537页。
[2] 北京大学哲学系外国哲学史教研室：《十八世纪法国哲学》，商务印书馆1963年版，第536页。

没有民主政治，就不会有自由、平等，也就不会有市场经济存在和发展的条件。至少现代意义的民主是市场经济的客观要求，西方近现代的民主价值理念与这种要求直接关联。

市场经济的正常运行和发展需要良好的社会秩序，这种秩序需要法律制度加以维护，要求市场主体和社会成员除了法律之外享有最广泛的自由，也就是说，法律是社会的最高权威，也是社会成员活动必须遵循的底线，政治权力必须在法律范围内、在法律之下行使。同时，这种法律是社会成员意志的体现，社会成员遵循法律就是遵循大家的公共意志，就是社会成员的自治。这就是现代意义的法治政治。显然，这种法治政治是民主的要求，同时也是民主的保障。民主也好，法治也好，归根到底都是市场经济的客观要求，都是与市场经济相适应并为之提供政治保障的核心价值理念。

不可否认，西方近现代主流价值文化的形成，离不开西方自古以来的个人主义、科学主义、法治主义和理性主义的基本文化精神，但西方近现代市场经济发展的客观要求无疑是其主流价值文化构建的真正动力源泉，正是在这种动力的强力推动下，西方传统的个人主义、科学主义、法治主义和理性主义精神才得到了真正的弘扬和充分的贯彻。在这种意义上，我们也可以说近现代西方价值文化是一种市场经济取向的价值文化。市场经济的核心是资本，以市场经济为取向也就是以资本为取向。这种取向被看做是资本主义的，所以近现代西方价值文化是资本主义的价值文化。

前面已经说过，中国近现代价值文化构建的根本原因或推动力量是政治的，而不是经济的。中国近现代价值文化的构建并不是经济发展到了需要有与之相适应的价值文化而进行的，而是在外国入侵面前中国屡屡战败，为了救亡图存而进行的。构建者在救亡图存的过程中希望通过改良来改革价值文化或者希望通过革命来重构价值文化。无论哪一种构建方式，都是出于政治的需要，而不是出于经济发展的必然要求。因为没有经济力量的强有力要求，构建者只能参照国外的模式来进行构建。在当时，国外的价值文化又有两种鲜明对立的模式：一种是西方的资本主义价值文化模式，另一种是苏联的社会主义价值文化模式。这两种模式实际上都源自西方，只不过一个是自近代早期开始形成的资产阶级价值观，另一个是19世纪马克思、恩格斯针对资本主义价值文化的弊端提出的反资本主义价值文化的马克思主义价值观。在当时缺乏经济必然要求的情况下，选择这两种方式中的任何一种都是可能的，历史事实证明，这两种模式在中国都实行过，而马克思主义价值观取得了最后的成功。

如果说在对两种模式作出选择的过程中有分歧甚至进行战争还可以理解或谅解的话，那么，在取得政权之后，就应该致力于经济的发展，通过经济的发展来强化构建的必然性，并增强构建的力量。然而实际的情形并不是这样。国民党在1927

年前后基本上统一了中国并取得了政权之后,就忙于排除异己,特别是将主要精力用于消灭共产党,以巩固自己的政治统治,并不致力于经济的发展。从国民党在中国占统治地位到它垮台的二十多年里,中国的市场经济几乎没有得到什么发展,社会的经济状况越来越糟。经济不仅没有成为国民党统治的坚强基础,相反成了它垮台的重要诱因。中国共产党非常重视社会的经济问题和民生问题,它是靠进行土地革命以彻底改变中国专制社会土地占有的不公平状态,而赢得占人口绝大多数农民的支持并最终取得胜利的。新中国成立后的头几年进行土改调动了农民的积极性,同时也注重重工业的发展,并取得了明显的成就。但是,它很快或者说同时又将主要精力用于维护和巩固政权,特别是用于对外防止西方和台湾敌对势力的颠覆,对内防止资本主义复辟,并使之长期化,致使经济发展停滞不前。

正是因为在政权确立之后没有经济力量跟上作为支撑,国民党维护其统治和构建其资本主义价值文化的努力终归失败,而共产党的巩固无产阶级专政和构建社会主义价值文化的努力则陷入了严重的困境。我们可以设想,如果国民党上台前后与共产党合作,或通过民主竞选来执政,而将主要精力用于孙中山所期望的发展经济和改善民生,它的结局肯定不会像后来这样悲惨;如果中国共产党执政之后,在巩固政权的同时持之以恒地发展经济,而不是人为地在党内和国内持续地进行阶级斗争,以至发动"文化大革命",社会主义中国早就基本上实现了现代化,社会主义价值文化也已经成为了中国的主流价值文化。今天反思起来,这些历史确实应该使国人警醒,因此,我们要特别珍惜当代中国的历史性变化,坚持以经济建设为中心,坚持改革开放不动摇。

国共两党在构建中国近现代价值文化方面的历史告诉我们,价值文化的构建不只是思想文化的问题,而必须有相应的经济基础,在与之相应的经济基础不具备的情况下,必须大力加强这种经济基础。就当代人类而言,真正现代意义的主流价值文化只能以市场经济为基础,因而在构建主流价值文化的同时,必须大力发展市场经济,同时又要根据市场经济的客观要求来构建主流价值文化,使两者之间实现良性互动。

长期以来,不论是马克思主义者,还是西方资产阶级政治家和学者,都把市场经济看成是资本主义特有的经济形式,强调市场经济只能与私有财产制度相联系,认为市场经济与社会主义是根本对立的,从而否定市场经济在社会主义制度下存在与发展的可能性。实行改革开放以后,邓小平倡导和推动实行社会主义市场经济体制,是对这一传统观念的突破。早在1979年邓小平就指出:"说市场经济只存在于资本主义社会,只有资本主义的市场经济,这肯定是不正确的。社会主义为什么不可以搞市场经济?这个不能说是资本主义。我们是计划经济为主,也结合市场经济,但这是社会主义的市场经济。"[①]1992年春,邓小平在南方谈话中进一步指出:

---

① 邓小平:《社会主义也可以搞市场经济》,《邓小平文选》第2卷,人民出版社1994年版,第236页。

"计划多一点还是市场多一点,不是社会主义与资本主义的本质区别。计划经济不等于社会主义,资本主义也有计划;市场经济不等于资本主义,社会主义也有市场。市场经济是中性,在外国它就姓资在中国就姓社。"[①]邓小平的谈话对中国市场经济的兴起和发展产生了重大的直接影响。从20世纪90年代开始,市场经济在中国走上了前台,成为中国社会经济的主要形态。虽然中国的市场经济与西方市场经济存在着社会主义与资本主义的不同性质,但它们有一些基本相同的属性和功能,而这些属性和功能使中国价值文化及其构建具有某种共同的基础和性质。

20多年来的事实证明,社会主义国家不仅可以实行市场经济体制,而且可以使市场经济获得迅速发展。今天,任何人也不能否认,市场经济迅速地使中国强大起来,广泛而深刻地改革了中国社会的面貌,使中国走上了现代化之路,走上了与世界文明接轨之路。从价值文化构建的角度看,市场经济不仅为社会主义价值文化构建奠定了坚实的经济基础,而且对社会主义价值文化构建的内容和方案提出了新的要求。这主要表现在以下几个方面:第一,它要求承认每一个市场主体追求自己利益的合理性和合法性,这就要改变过去那种"大公无私"的观念;第二,它要求必须尊重市场主体充分的自由和自主,他们有权按自己的意愿行事,这就要改变过去那种认为个人不过是国家整体上的一颗不具有独立自主性的"螺丝钉"的观念;第三,它要求给市场主体提供平等地参与市场竞争的机会,这就要求改革过去那种以阶级成分、政治态度将人划分为不同等级的做法;第四,它要求将市场主体以及所有社会成员的自由、平等,以及其他经济权利上升为政治权利,要求对这些权利给予政治保障,这就要求改变过去政治上无视人的基本权利的做法;第五,它要求制定人人同样遵守的规则,并使之法律化,这种法律具有至高无上性,即要求实行法治,这就要求改革领导人的意志高于法律的人治。所有这些要求,都是社会主义价值文化现代化的要求,也是中国社会主义价值文化与当代世界文明对接的要求。随着我国市场经济的发展,市场经济的这些要求正在逐步地体现在我国社会主义价值文化构建的内容和方案之中。

我国市场经济的迅速发展,为中国主流价值文化构建提供了强大动力。有了市场经济的基础和推动作用,我们就有了对中国主流价值文化最终形成的信心。反过来看,我们要加快构建我国主流价值文化的步伐,也必须大力发展市场经济,要把市场经济发展作为构建中国主流价值文化的一项基础性、根本性的任务加以重视。

---

① 邓小平:《在武昌、深圳、珠海、上海等地的谈话要点》,《邓小平文选》第3卷,人民出版社1993年版,第373页。

中西价值文化内容的异与同[*]

经过长达几百年的构建，西方价值观已经成为一种系统、完整、成熟、现实化的价值观，其内容极其丰富；中国价值观构建的时间较短，尚处于构建之中，但已初具雏形，它的核心内容是社会主义核心价值观。这里我们主要从两者的核心内容比较它们之间的相异和相同之处，而其核心内容主要从终极价值目标、核心价值理念和基本价值原则三个大的方面进行考察。

一、终极价值目标的异中有同

任何一种社会价值体系中通常都包含着终极价值目标，只是有些是明确规定的，有些则并未被明确规定。终极价值目标在价值体系中具有根本的、中心的意义。就其根本意义而言，所有其他的目标都是从它派生的，最后又都指向它；就其中心意义而言，所有其他的目标都从属于、服从于、服务于它，它规定着所有目的的选择和目标的确立，而且所有其他的目的和目标都最后指向它，并以它为最高追求。在价值体系中，终极目标是根本的、最高的价值理念，它规定着所有其他价值理念；它也是根本原则和最高原则，规定着所有其他价值原则；它是人们所有价值判断的最后标准和所有价值追求的目的，规定着人们所有的意识行为。不同社会有不同的价值体系，同一社会的不同时期也有不尽相同的终极目标。

西方资本主义核心价值体系的终极目标是个人幸福。这种价值目标首先肯定幸福是每个人的，个人是幸福的主体，个人对自己负责，个人的幸福主要靠个人去追求和实现。社会在个人追求和实现幸福的过程中，只能为之提供安全稳定的社会环境，制定防止人们在追求幸福的过程中相互妨碍和伤害的规则，并确保这种规则得到遵守。社会不承担为个人提供幸福的责任，这即是所谓"人人为自己，上帝为大家""各自只扫门前雪，休管他人瓦上霜"。不过，后来的资本主义社会给自己增加了一项职能，这就是为那些不能自食其力的社会成员提供基本生活保障。

这种价值目标所确定的幸福内容经历了一个变化过程。近代西方主要将幸福理解为利益，认为只要获得了利益，人们就可以过上幸福生活，因此鼓励人们追求自己的利益，"白手起家"，发财致富。于是在近代西方利己主义幸福观盛行。20世纪后西方为了刺激经济增长，又将享受纳入幸福范围，不仅鼓励人们追求自己的利

---

[*] 原发表于江畅等：《当代中国主流价值文化及其构建》（第十章），科学出版社2017年版，原标题为"所构建的价值文化内容的异与同"。

益，而且鼓励人们消费享受，消费主义、享乐主义幸福观又流行开来。实际上，这两者并不是分离和矛盾的，相反是相互关联的。追求利益、占有资源归根到底是为了满足欲望，享受生活。只是在不同时期社会有不同的需要。近代资本主义社会经济尚不发达，因而鼓励人们节制欲望，积累财富，将积累用于扩大再生产，以增加社会财富的总量，使社会走向富裕；而到了20世纪之后，资本主义社会经济走向发达，因而鼓励人们大量消费，通过高消费刺激经济增长。无论哪一种情况，经济增长都是内在的驱动力，这也许就是资本主义价值体系的本质。

  自古以来，中国思想家和政治家一直在寻求并致力于确立社会终极价值目标，但在历史上一代又一代王朝，诸如刘姓汉也好，李姓唐也罢；赵姓宋也好，朱姓明也罢，直到爱新觉罗氏的大清帝国，他们所确立的终极价值目标，只能是千秋万代沿袭的家天下。因为违背人民的利益，他们最终均被人民推翻。家天下帝制本质注定其价值目标是错误的。因而中国封建社会一代沿袭一代，到头来仍然停滞不前，最终都逃脱不了动荡混乱的局面。从我们党领导的社会主义革命和建设以及改革的整个历史过程来看，社会主义终极价值目标的确立有一个变化演进的过程，这个过程也与我们党对终极价值目标的认识有关。在建党初期，我们党就确立了为共产主义而奋斗的最终目标。在新民主主义革命时期，我党确立的奋斗目标是推翻压在中国人民头上的帝国主义、封建主义和官僚资本主义三座大山，使中国人民翻身得解放。在社会主义革命和建设时期，我们党确立的奋斗目标是建立社会主义制度，解放生产力和发展生产力。党的十一届三中全会针对当时我国的社会历史条件，提出要以经济建设为中心，坚持改革开放，坚持四项基本原则，建设现代化的社会主义强国。党的十六大提出全面建设小康社会，加快实现社会主义现代化。党的十七大将全面建设小康社会作为党和国家到2020年的奋斗目标。我们党在不同历史阶段提出的奋斗目标虽然不同，但都指向民族的解放和振兴、国家的富强和人民的幸福。

  江泽民在建党八十周年的讲话中指出，中国共产党的八十年，是为民族解放、国家富强和人民幸福而不断艰苦奋斗、发愤图强的八十年。党的十六届六中全会把和谐社会看做是国家富强、民族振兴、人民幸福的重要保证。党的十八大提出了实现社会主义现代化和中华民族伟大复兴的理想，习近平在2013年的"两会"上又进一步指出实现"中国梦"就是要实现国家富强、民族振兴、人民幸福。他说："实现全面建成小康社会、建成富强民主文明和谐的社会主义现代化国家的奋斗目标，实现中华民族伟大复兴的中国梦，就是要实现国家富强、民族振兴、人民幸福，既深深体现了今天中国人的理想，也深深反映了我们先人们不懈追求进步的光荣传统。"[①]至此，国家富强、民族振兴、人民幸福最终被确定为现阶段中国特色社

---

  ① 《习近平在第十二届全国人民代表大会第一次会议上的讲话》，《人民日报》，2013年3月18日第1版。

会主义建设的终极价值目标。

国家富强、民族振兴、人民幸福这三个方面是相互联系、相互制约的。其中国家富强是最重要的前提。只有国家富强了，民族才能振兴，而只有国家富强、民族振兴了，人民才会幸福。国家富强是民族振兴和人民幸福的基础和前提条件。国家贫弱则民族衰微，当然也不可能有人民的幸福。同时，国家富强、民族振兴归根到底又是为了全国人民过上幸福生活，人民幸福又更具有根本性、终极性。"在这三个奋斗目标中，人民幸福又具有更终极的意义，因为民族解放和振兴也好，国家富强也好，最终都是为了作为国家主人的人民普遍过上幸福生活。"从这个意义上讲，中国社会的终极价值目标也可以更简单地说就是人民幸福，或者说就是社会成员普遍幸福。因为这里的"人民"是一个社会概念，而非政治概念，它是指全体社会成员。由此可见，人民幸福是中国社会主义事业的终极奋斗目标。以人民幸福为中国特色社会主义的终极奋斗目标也是与共产主义的奋斗目标相一致并且最终指向共产主义的。按照马克思的设想，共产主义社会是一种以每一个人全面而自由发展为原则的社会。全面而自由发展是幸福的基本内涵，当每一个人都能获得全面而自由发展的时候，社会就进入了普遍幸福的理想状态。在我国目前的条件下，尚不能完全达到这种理想状态，但正因为如此，我们要将实现这种理想作为中国特色社会主义事业的终极奋斗目标。人民幸福就是社会成员普遍幸福，将普遍幸福作为中国特色社会主义的终极价值目标必定会得到全国人民的热烈响应和衷心拥护。

以上所述表明，中西终极价值目标看起来是相同的，即它们都指向社会成员个人的幸福，都把社会成员普遍幸福的实现作为终极追求。但是，它们同中有异，存在着两方面的区别：

第一，作为西方终极价值目标的普遍幸福是完全个人主义的，它不考虑国家和民族，而中国终极价值目标的幸福则是整体主义的，它把国家富强、民族振兴作为社会成员普遍幸福的必要条件，这三者是三位一体，密不可分的。近代以来，西方先后出现过共和主义、社会主义和社群主义，这些思想流派一般都强调共同体对于个人幸福的必要性和重要意义，认为作为社会成员个人的幸福离不开共同体和共同善。但是，这些流派在西方始终都没有占据主导地位。而占主导地位的自由主义则始终都不把国家、民族看做是实体，它们只不过是"守夜人"或"裁判员"，其作用仅仅在于为社会成员个人的自由权利服务。中国价值文化则不同，它始终坚持集体主义，把国家、民族和个人的利益紧密地联系在一起，认为没有国家富强和民族振兴就不可能有社会成员的普遍幸福，而国家富强和民族振兴的目的也仅仅在于社会成员的普遍幸福。

第二，西方价值文化把幸福主要理解为人的物质需要的满足，而中国价值文化则把幸福理解为人的全面发展，不仅包括物质需要的满足，还包括精神需要的满足，特别是人的自我实现的满足。西方近代以来的幸福观经历了从利益幸福观到享乐幸福观的变化。为适应市场经济发展的需要，西方近代幸福观将获得利益看做是幸福的主要内容，一个人幸福与否关键看他占有的金钱、财富的多寡，而不考虑人的其他需要的满足。自 20 世纪开始，为了刺激人们的消费从而开发市场需求，西方消费主义盛行，人们追求的重点也相应地从对利益的占有转向了对产品和服务的消费，更注重物质欲望的满足和生活的享受，享乐主义取代利己主义而成为幸福的主要形态。中国价值文化则坚持追求马克思的人的全面而自由发展的理想。按照马克思主义的观点，幸福的基本前提是自由。这种自由不是随心所欲，而是每一个人的自由以他人的自由为前提，也就是法律范围内的自由。幸福的基本含义则是人的全面发展。在现代社会条件下，人的全面发展就是每个人的潜能尽可能充分地得到开发，开发出来的能力尽可能地得到发挥，发挥的结果得到相应的社会报偿。其主要体现就是各受其教，各尽所能，各得其所，这就是中国特色社会主义所要追求达到的理想社会状态。从伦理学的角度看，"幸福是一种价值性质，即善性（或好性），并被许多伦理学家看做是最高的善，即至善。幸福这种价值性质是使人对生活总体上感到满意的价值性质。幸福并不就是需要的满足，而是生活的那种能使人的需要总体上得到满足并能使人由此产生愉悦感的性质。具有这种性质的生活就是幸福生活，即伦理学家们所说的'好生活'。好生活可以从两种不同意义上理解：一是把好生活理解为'值得赞赏的生活'，这是指的道德或德性高尚的生活；二是把好生活理解为'值得欲望的生活'，这是指的繁荣或发达的生活。真正的好生活应该既是'值得欲望的生活'，又是'值得赞赏的生活'。"①

二、核心价值理念中的同中有异

"核心价值理念则是终极目标的具体体现，它们本身具有目的性，同时又是体现着终极价值目标的要求并服务于终极目标实现的，因此，它们在核心价值体系中具有核心的地位。"② 西方价值文化的核心价值理念近代以来有些变化，但没有多大的实质性改变，有些核心理念还处于变化之中，但未完全确定。就得到公认的而言，西方价值文化有以下十个核心价值理念——利益、市场、科技、环保、责任、自由、平等、公正、民主和法治，其中前五个理念是与经济生活直接关联的，而后五个理念则是政治生活的追求，它们一起构成了西方价值文化的核心价值理念体系。

西方价值文化是以市场经济为基础的，整个价值文化的出发点和目的都是利益。这里所说的利益最初主要是指经济利益，在经济生活中体现为资本，如金钱、

---

① 江畅：《幸福：当代社会价值体系的核心价值理念》，《湖北大学学报》（哲学社会科学版），2011 年第 3 期。
② 江畅：《中国主流价值文化构建的三个问题》，《光明日报》，2012 年 6 月 21 日第 11 版。

土地、财富、人力资源及其他经济资源,但后来进一步扩展到能获取经济利益的其他资源,如政治权力、教育机会、社会地位和名望等。这些非经济的资源在市场经济条件下也都可以转化为资本。资本是可以增值的,即可以带来利润,这样,对利益的追求在市场经济条件下转变为对资本增值的追求。资本主义价值体系和价值文化是以获取利益尤其以资本增值为终极目标的,整个资本主义社会的运行也是以资本的增殖为追求和驱动力的。资本主义价值文化因其推崇资本和追求资本增值而具有了资本主义的性质。

西方价值文化所追求的利益不像以前社会那样靠自给自足或战争掠夺获得,而是靠在市场经济中通过自由竞争获取。市场是人们获取利益的主要战场,而市场经济则是这种战场运行的机制。市场经济是以追求利润为目的、以商品生产和交换为主要内容、以市场为主要经济调节手段的经济。市场经济是人类社会自古以来就有的,但只是在西方价值文化中它才成为社会经济的唯一形式,成为整个价值体系的基础和支柱。西方价值文化是在市场经济兴起和发展中催生的,西方资产阶级在构建其价值文化的过程中不仅认可了市场经济,而且以市场经济发展为取向并适应其发展构建自己的价值文化,使之成为自己的基本价值理念。

科学技术与市场经济不一样,西方资产阶级一开始就有意谋求其发展。不过这种谋求最初并不是为了发展市场经济的需要,而主要是针对中世纪的蒙昧主义。当资产阶级发现作为近现代知识的科学技术可以极其有力地促进市场经济发展的时候,它就致力于科学技术的发展,使科学技术成为促进市场经济发展和改变社会面貌的主要力量。科学技术自古以来就存在,只是到了近代以后才成为以实验为基础的科学与以科学为基础的技术两者有机结合的科学技术。市场经济发展必然会要求科学技术发展,而科学技术发展又成为市场经济发展的加速器,这两者最终在西方价值文化中、在西方实践中有机地结合了起来,并大大增强了资本主义社会及其价值文化的物质基础。

市场经济与科学技术的相互促进一方面使西方社会经济繁荣,另一方面又导致了环境和生态危机。为了解决日益严重的环境问题,西方人的保护环境意识普遍增强,环境保护也就逐渐成了西方价值文化的一个重要价值理念。在当代西方,环境保护理念的含义已经从最初单纯的防止自然环境的恶化,对青山、绿水、蓝天、大海的保护,包括不能私采(矿)滥伐(树)、不能乱排(污水)乱放(污气)、不能过度放牧、不能过度开荒、不能过度开发自然资源、不能破坏自然界的生态平衡等等,逐渐扩展成了保全物种,养护植物植被,保护生物多样性,让动物回归,尊重动物的权利,以及为了保证社会发展而扩大有用自然资源的再生产等等。今天,环保已经作为一种重要的价值要求渗透到当代西方社会生活的各个方面。

实行环境保护,是西方人对自然也是对人类生存环境负责的一种重要体现,但西方当代的责任理念不只是涉及对自然环境负责的问题,还扩展到了人类生活的各个方面。自 20 世纪 50 年代以来逐渐纳入西方价值体现的责任理念,是一个含义十分广泛的概念。就其主体而言,不只是指个人,而且指企业、政府,乃至其他各种社会组织,特别是强调企业对客户和社会的责任。就责任对象而言,不仅指对自然环境负责,而且指对社会环境、对他人负责;不仅对当代人负责,而且对子孙后代负责。就责任范围和程度而言,不仅指直接责任,而且指间接责任;不仅指显性责任,而且指隐性责任;不仅指当前的责任,而且指长远的责任。对于当代西方来说,责任不只是指与相对于权利而言的责任,也指并不与权利相对应、相匹配的一些责任;不只是指与社会角色相应的责任,也指具体角色之外作为一般人特别是作为人类成员应承担的责任;不只是指责任主体应承担的责任,也指对责任主体自己的行为负有的一切责任。西方责任理念的确立归根到底是人类社会日益一体化的必然要求。

自由是西方价值文化最推崇的核心价值理念,这不仅因为自由是专制的对头,只有用自由才能取代专制,而且因为人们普遍自由是市场经济得以存在和运行的条件。人们对自由有种种不同的理解,作为资本主义核心价值理念的自由,其含义是确定的,这就是每一个人都能按自己的意愿行事。这样,不仅需要每一个人有自由意识,而且要有允许人们自由的环境,特别是社会环境。资本主义社会就是根据这种自由的要求建立起来的。对于生活在资本主义社会的人来说,除了法律之外,人们可以不受任何其他东西的约束,而法律本身至少在名义上是每个社会成员意志的体现。

西方价值文化是以人们自由地追求利益为动力机制的。由于人们各方面的条件不尽相同,追求所获得的利益自然不相同,因而人们在结果上或事实上是不平等的。从这种意义上看,资本主义是不平等的社会。但是,资本主义的价值文化又确实是肯定人人平等的,而且在实际生活中贯彻了这种平等的要求,只是这种平等不是结果的、事实上的平等,而是马克思所说的"形式上的"平等。这种平等就是:人格的平等,即不论出身、种族、贫富、强弱、老幼、男女都有平等的人格尊严;权利的平等,即所有人都享有相同的社会权利;机会的平等,社会的一切机会向所有人开放;规则的平等,即在法律面前人人平等的规则适用于一切人。这种平等虽然是形式上的,但并不是虚假的,而是实在的。如果没有这种平等,整个资本主义社会就无法运行。

普遍自由与社会结果或事实上的不平等是资本主义价值文化内在的深刻矛盾。在资本主义早期,这种矛盾并不明确,但随着资本主义的发展,这种矛盾日益突出。正是为了解决这个问题,社会公正问题才得到了重视。社会公正的一般含义是使社会成员各得其所,对于资本主义价值体系而言,其公正只能是这样的,即:在肯定和维持自由竞争导致的社会事实上的不平等前提下,使自由与事实上的不平等控制在一定的范围之内,使这两者之间的矛盾不至于导致严重的社会冲突。其实际的处理方法就是给社会的弱者提供适当的社会保障，让他们能正常生活下去，尽管不富有。因此，资本主义的公正实际上就是自由竞争加上必要的社会保障。这即是资本主义意义的社会成员各得其所。

当每一个社会成员都成为自由的主体时，社会就是民主的。民主实际蕴涵在自由之中。在当代资本主义社会，民主不仅意味着每个人是社会的主体，更意味着各种社会利益集团（常常以组织的形式存在）是社会的主体。社会利益集团，特别是政党，取代公民而成为了社会真正的主人。资本主义早期的主权在于民演变成了主权在于利益集团，社会的政治权力最终落到了在政治竞争中取胜的政党手中。资本主义的议会政治或代议政治，实际上是利益集团政治或政党政治。相对于传统的专制社会而言，当代西方社会确实是民主政治，但社会的主权不在民，而在掌握着政治权力的利益集团。一个利益集团能否掌握政治权力，虽然主要取决于所代表的阶级或阶层的经济实力，但也取决于它能否兼顾全体社会成员的利益。

法治是与民主相伴的，一个社会要成为真正自由、民主的社会，必须有法治作保障。西方价值文化之所以推崇法治，就是因为只有法治才能维护资本主义自由和民主。西方价值文化中法治的基本内涵在于，政治权力在法律的范围内行使。在法律范围内行使的权力不但不能侵犯个体的自由和权利，而且要维护和扩大他们的自由和权利，并确保社会秩序的正常。只有这样，社会成员才能自由，才能成为社会的主人，他们自由竞争而不造成社会秩序的破坏。要使法律具有这种限制权力的作用，它本身必须是社会成员意愿和意志的体现。

中国价值文化的核心价值理念（即24个字）是在党的十八大正式明确提出来的。中共中央办公厅印发的《关于培育和践行社会主义核心价值观的意见》明确指出："富强、民主、文明、和谐是国家层面的价值目标，自由、平等、公正、法治是社会层面的价值取向，爱国、敬业、诚信、友善是公民个人层面的价值准则。这24个字是社会主义核心价值观的基本内容，为培育和践行社会主义核心价值观提供了基本遵循。"

中国价值观把富强、民主、文明、和谐看做是国家层面的价值目标。富强既指国家经济上的富裕，也指国防、教育、科技、文化等综合实力的强大，强调人民群众的共同富裕。民主是政治文明的实质意蕴，社会主义民主是中国共产党领导下的人民民主，是由最广大人民当家作主、以人民民主专政作为可靠保障、以民主集中制为根本组织原则和活动方式的民主。文明是社会文化状态的标志，是社会文化建设所达到的程度、水平和规模。正因为如此，社会主义把文明作为社会文化建设和发展的价值目标。和谐的总要求是民主法治、公平正义、诚信友爱、充满活力、安定有序、人与自然和谐相处。

中国价值观把自由、平等、公正、法治看做是社会层面的价值取向。自由是以实践为基础的自然、社会和人自身的统一，是主观因素和客观因素的统一，是约束性和自主性、他律和自律的统一，是权利与义务的统一，是权利与能力的统一，是全人类性和阶级性、无国界和有国界的统一，是追求真理与实现价值的统一，是真、善、美的统一。[①] 中国价值文化也把平等看作与生俱来的基本权利，但强调保证每个公民在社会生活的各个层面上都拥有均等的机会和权利。公正理念强调必须坚持发展为了人民、发展依靠人民、发展成果由人民共享，作出更有效的制度安排，使全体人民在共建共享发展中有更多获得感，增强发展动力，增进人民团结，朝着共同富裕方向稳步前进。法治理念要求形成完备的法律规范体系、高效的法治实施体系、严密的法治监督体系、有力的法治保障体系，形成完善的党内法规体系，坚持依法治国、依法执政、依法行政共同推进，坚持法治国家、法治政府、法治社会一体建设，实现科学立法、严格执法、公正司法、全民守法，促进国家治理体系和治理能力现代化。

中国价值文化把爱国、敬业、诚信、友善看做是公民个人层面的价值准则。爱国被看做是公民的基本义务，强调国家公民要将对国家之爱真正等同于对自己的爱，像维护自己的利益一样维护国家的利益，时刻提升自身修养，为中华民族的伟大复兴贡献自身之力，当国家陷入危难之际必须挺身而出，舍生取义。敬业理念要求人们对职业恪尽职守、尽职尽责，通过不断学习和实践获得卓越的职业能力，在职业生活中培养开拓进取、勇于创新的精神。诚信理念要求以真诚之心，行信义之事，在社会实践的各个层面建立一个信用体系。友善作为中国价值理念，它要求人们助人为乐，关爱他人，扶危济困，时时事事处处为他人着想。

从以上的简要阐述中我们不难发现，中西核心价值理念看起来似乎是大同小异的，但实际上是同中有异，存在着重大差异。两种价值文化中有五个核心价值理念至少是名称相同的，即自由、平等、公正、法治和民主。这些理念作为概念在传统社会已经出现，但近代以来它们被赋予了全新的涵义。尤其是对于传统中国这样一个长期受专制主义统治的国家来说，这些理念几乎是全新的。毋庸讳言，这五大理念渊自近代西方，但它们是人类进步所取得的最富有价值的共同成果，是现代精神文明的主要标志。它们作为被各国人民所接受的普世价值，也理应被社会主义中国的核心价值文化所吸收。当然，这些理念在中国价值体系中，其含义与西方已经有了实质性的区别。例如，中国的法治不是西方意义的法律统治，而是共产党领导的、人民当家做主和依法治国的有机统一。

除了两种价值文化共有的五个核心价值理念存在着实质的区别，两种价值文化在核心价值理念方面还存在两大差别：第一，西方价值文化中没有国家层面的价值目标（或理念），而中国价值文化中有国家层面的价值目标。西方主流价值观即自由主义价值观不把国家看做实体，而仅仅是受公民委托的公民服务机构，因而它不

---

① 参见缪玉静：《论马克思主义自由观》，《华商》，2007年第22期。

存在自己独有的价值目标。而中国价值观则把国家看做是实体，虽然其权力来自于人民，但人民是一个集合概念而非指单个的个人，因而国家在社会生活中的地位是高于单个个人的。因此，国家当然有其价值目标，所反映的是全体人民至少是大多数人的根本利益诉求。第二，西方价值文化不考虑个人的道德问题，而中国价值文化把个人的行为准则作为其价值观的重要组成部分。西方自由主义主张，国家在公民个人的道德问题上应保持中立态度，就是说公民讲不讲道德、讲什么道德，国家是不应干预的，国家只管公民的行为是否合法，而不管是否合德。因此，西方价值文化没有"以德治国"之说。中国价值文化则不同，它强调国家在道德方面应当有大的作为，在依法治国之外，还要求"以德治国"，在全社会提倡并大力推行社会主义道德。上述十二个核心价值理念中个人层面的价值准则就是国家对所有公民提出的道德要求。

三、迥异的基本价值原则

"基本价值原则是终极价值目标和核心价值理念的实践要求。"[①]要把终极价值目标和核心价值理念转化为人们的实践活动，需要根据它们的要求并结合社会现实，提炼概括为基本价值原则，并通过法律的方式确定下来，使之成为国家意志和人们的行为准则。基本价值原则是治国理政的基本要求，是制定法律、制度、政策以及从事各项社会管理工作的主要依据，也是对各项工作进行检查、督促、检验的基本标准。基本价值原则是各种不同价值体系和价值文化彼此区别的主要标志。如果说中西价值文化在终极价值目标和核心价值理念方面存在着同中有异、异中有同的情形，那么可以说它们在基本价值原则方面则是存在着根本区别的，当然其中也许存在着某种共同因素，但几乎没有完全相同的原则。所以说，中西价值文化的主要区别就在于它们的基本价值原则之间的区别。

西方价值文化在长期构建过程中，逐渐形成了一系列体现其终极价值目标和核心价值理念的价值原则。这些原则构成了一个原则体系，有不同的层次，涉及不同的方面，其中基本的可以列出以下八条：

（1）个体至上原则（个体原则）。这是资本主义价值体系的根本原则，它要求在个体与整体特别是与国家的关系上以个体为本位、为实体，国家服从个体并为个体服务，在两者发生冲突时以个体利益为重。在所有个体中，个人又是终极的实体。

（2）利己乃人的天性原则（利己原则）。这一原则承认个体追求自己的利益是本性使然，是天然合理的，也是道德的，因而要求国家的制度和管理只能顺应这种

---

① 江畅：《中国主流价值文化构建的三个问题》，《光明日报》，2012年6月21日第11版。

本性，为这种本性实现服务，而不能违背这种本性。

（3）天赋人权原则（人权原则）。这一原则肯定个人的基本权利是与生俱来的，是任何人都不可剥夺的，也是个人自己不可转让的，法律和政府必须维护人的基本权利。人权原则中又有两条最重要的原则，即自由原则和平等原则。自由原则即按自己的意愿行事原则，这一原则将自由看做是人最重要的天赋权利，法律和政府都要确保公民和其他个体的这种权利。平等原则即人格、机会、权利、义务平等原则，这一原则以平等是人的基本权利为前提，要求政府在不影响自由竞争的前提下在所有可能的方面实现人人平等，使所有社会成员普遍平等。

（4）私有财产神圣不可侵犯原则（私产原则）。这一原则以承认个人享有私有财产权是人的自然权利为前提，把保护私有财产看做是政府首要的、不可推卸的职责，政府也不能以任何理由侵犯私有财产。

（5）个体主权原则（民主原则）。这一原则要求所有的社会个体都应该成为社会的主体和主人，社会管理者是个体自主选择的并且是为个体服务的。

（6）在法律下治理国家原则（法治原则）。这一原则也是法律至上原则，它要求一切公共权力必须在法律范围内运行，并必须依据和服从法律。

（7）权力分立与制衡原则（分权原则）。这一原则要求国家的权力分设，由不同部门来掌管，使权力不仅受到法律的制约，而且受到权力之间的相互制约。

（8）国家适度干预经济社会生活原则（干预原则）。它要求政府适度干预经济社会生活以维护社会公正和社会秩序，但这种干预必须在法律的范围内并通过法律的途径实现。

中国价值文化的基本原则也有一个形成过程。改革开放之初，邓小平同志将我国社会的基本价值原则概括为"四个坚持"（即必须坚持社会主义道路；必须坚持无产阶级专政；必须坚持共产党的领导；必须坚持马列主义、毛泽东思想），并强调这是实现四个现代化的根本前提。这四项基本原则当然是价值原则，但主要是政治方面的价值原则，或者说是政治原则。它与"坚持改革开放"一起构成了党的基本路线（"一个中心两个基本点"）的两个基本点。"四项基本原则"和"改革开放"可以看做是当时邓小平同志概括的五条社会主义基本价值原则。三十多年来，这些原则成为了立党立国之本。经过三十多年的改革开放，中国社会发生了翻天覆地的变化，国际形势也今非昔比。因此，我们需要根据新的时代精神，以及社会主义终极价值目标和核心价值理念对社会主义基本价值原则进行补充，做出新的提炼概括，为党和国家工作确立基本原则。为适应这种新的要求，党的十八大明确提出了"八项基本要求"。十八大报告指出："在新的历史条件下夺取中国特色社会主义新胜利，必须牢牢把握以下基本要求，并使之成为全党全国各族人民的共同信念。必须坚持人民主体地位，必须坚持解放和发展社会生产力，必须坚持推进改革开放，必须坚持维护社会公平正义，必须坚持走共同富裕道路，必须坚持促进社会和谐，必须坚持和平发展，必须坚持党的领导。"①这些要求表述了中国特色社会主义的领导核心、根本原则、发展模式、发展主体、发展动力、价值取向、社会理念和发展途径，说明了在新时期我们应该怎样建设中国特色社会主义。

（1）人民是推动发展的根本力量，实现好、维护好、发展好最广大人民根本利益是发展的根本目的。必须坚持人民主体地位，就是要坚持以人民为中心的发展思想，把增进人民福祉、促进人的全面发展作为发展的出发点和落脚点，发展人民民主，维护社会公平正义，保障人民平等参与、平等发展权利，充分调动人民积极性、主动性、创造性。

（2）"社会主义的首要任务是发展生产力，逐步提高人民的物质和文化生活水平。"②必须坚持解放和发展社会生产力，就是要在社会主义初级阶段必须始终把解放和发展生产力放在首位，坚持以经济建设为中心不动摇。

（3）改革是发展的强大动力。必须坚定不移地推行改革开放，就是必须按照完善和发展中国特色社会主义制度、推进国家治理体系和治理能力现代化的总目标，健全使市场在资源配置中起决定性作用和更好发挥政府作用的制度体系，以经济体制改革为重点，加快完善各方面体制机制，破除一切不利于科学发展的体制机制障碍，为发展提供持续动力。

（4）公平正义是社会和谐的基本条件。必须坚持维护社会公平正义，在当前面临的最主要任务就是加紧建设对保障社会公平正义具有重大作用的制度，以保障人民在政治、经济、文化、社会等方面的权利和利益，引导公民依法行使权利，履行义务。

（5）共同富裕是社会主义的本质规定和奋斗目标。必须坚持走共同富裕道路就是要在国家富强的前提下让社会成员普遍过上富足有余的物质生活，特别是要在消除两极分化和贫穷的基础之上实现社会成员的普遍富裕。

（6）社会和谐是中国特色社会主义的本质属性，是国家富强、民族振兴、人民幸福的重要保证。必须坚持促进社会和谐，要求以解决人民群众最关心、最直接、最现实的利益问题为重点，着力发展社会事业、促进社会公平正义、建设和谐文化、完善社会管理、增强社会创造活力，走共同富裕道路，推动社会建设与经济建设、政治建设、文化建设协调发展。

（7）中国人民热爱和平、渴望发展，愿同各国人民一道为人类和平与发展的崇高事业而不懈努力。必须坚持和平发展，要求中国将继续高举和平、发展、合作、共赢的旗帜，坚定不移致力于维护世界和平、促进共同发展，坚持全方位对外

---

① 胡锦涛：《坚定不移走中国特色社会主义道路，夺取中国特色社会主义新胜利》，《人民日报》，2012年11月18日第1版。

② 邓小平：《政治上发展民主，经济上实行改革》，《邓小平文选》第3卷，人民出版社1993年版，第116页。

开放，打开国门搞建设，既立足国内，充分运用我国资源、市场、制度等优势，又重视国内国际经济联动效应，积极应对外部环境变化，更好利用两个市场、两种资源，推动互利共赢、共同发展。

（8）中国共产党是中国革命、建设和改革事业的领导核心和中流砥柱，中国共产党的领导是中国特色社会主义制度的最大优势，是实现经济社会持续健康发展的根本政治保证。必须坚持中国共产党的领导，要求通过改善中国共产党的领导，更好地坚持中国共产党的领导，贯彻全面从严治党要求，不断增强党的创造力、凝聚力、战斗力，不断提高党的执政能力和执政水平，确保我国发展的航船沿着正确航向破浪前进

从中西基本价值原则的对比不难看出两种价值文化存在的重大差异。其中有三个差异是决定性的：一是社会的主体是个人还是人民；二是社会发展的终极指向是个人利益还是共同富裕；三是需要不需要一个代表民族和人民的政党领导国家建设和发展。正是这三种决定性的差异决定了两种价值文化具有根本不同性质和不同本质的特征。

中西价值文化的不同性质及比较优势[*]

从中西构建价值文化的基本内容比较可以看出所构建的两种不同类型的价值文化。它们不仅在内容上存在着很大的差异，而且具有根本不同的性质，并表现出近乎对立的基本特征。两种价值文化都有各自的比较优势，同时也都面临着一些需要破解的难题，尤其是西方价值文化的一些固有问题，值得我们在构建中国价值文化的过程中记取和回避。

一、根本不同的性质

西方价值文化与中国价值文化是两种性质根本不同、甚至是对立的文化，一种是资本主义价值文化，一种是社会主义价值文化，而且是中国特色的社会主义价值文化。

西方价值文化虽然看起来是个体主义、自由主义的，但其根本性质是资本主义的。或者更确切地说，它的出发点和目的是个人解放、自由和幸福，但这种价值文化在使人解放和自由的过程中发生了异化，最终走向了以资本增值为轴心，资本渗透到它的整个结构和功能，资本控制一切。其结果，个人虽然从专制之下获得了解放，也获得了自由，但根据这种价值文化构建的社会整个地被资本所控制，个人也因此被新的奴役力量即资本所奴役，而没有真正获得解放、自由和幸福。正因为如此，我们不能简单地说西方是个体主义价值文化，而应该说它是资本主义价值文化。

西方近现代主流价值文化从个体主义异化为资本主义是这样发生的。资本主义价值体系在最初设计的时候其目的是要把人从一切束缚中解放出来，使之获得自由、平等和幸福。但这种最初的设计存在着以下问题：首先，在当时普遍贫穷的社会条件下，设计者只考虑到了让人们自由地、平等地获得财富（利益），由穷变富，而没有考虑到在自由平等的社会，其终极价值目标不能仅仅定位于利益。在市场经济条件下，资本才能带来利益，以利益为终极价值目标实际上就意味着以资本为终极价值目标。以资本为终极价值目标就会使整个价值体系的运行都指向资本及其增殖，这样就会使整个价值体系的结构和功能资本化。在这种资本化的价值体系中，资本统治着人，人为追求占有资本和实现资本增值而生存，人成了资本占有和

---

[*] 原发表于江畅等：《当代中国主流价值文化及其构建》（第十章），科学出版社2017年版，原标题为"两种价值文化的不同性质及比较优势"。

资本增值的手段，于是异化就发生了。其次，设计者们只考虑到了让每一单个的人解放、自由和平等，没有考虑到人们之间存在的那些不可能完全克服的差异，后来的事实证明，在每一个人都能自由平等追求自己利益的情况下，这些差异导致了人们之间事实上的严重不平等。由于对这种可能导致的不平等缺乏意识，因而在价值体系设计时不会考虑如何避免这种不平等或将其控制在一定的限度内。再次，设计者们只看到市场经济的积极方面，特别是过于看重市场经济使社会富裕的作用，没有考虑到不受控制的市场经济可能导致自然资源迅速消耗、环境污染，以及导致整个社会和个人生活市场化和资本化，因而没有提供如何避免和克服市场经济负面作用和影响问题的对策。

存在以上三个方面缺陷的价值体系设计变成的现实是：人们的自由平等身份与利益追求、市场竞争三者相结合所导致的社会的两极分化和整个社会的资本化。一方面，在资本主义社会中，人们在竞争中被分为富人和穷人，富人占有大量的社会财富和资源，而穷人则只能获得最低的生活保障。那些在自由竞争中取胜的人形成不同的利益集团，这些利益集团之间为维护和扩大自身的利益而竞争政治上的权力，那些经济实力雄厚的利益集团往往在竞争中取胜并控制着政治上的权力。而那些在自由竞争中失败的或处于劣势的普通社会成员则通常与政治权力无缘。在这种政治权力分配的格局中，他们没有成为真正的社会主人，相反成了被统治者，虽然他们仍然具有人身自由和平等的机会。另一方面，由于社会的经济和政治机会对所有社会成员都是开放的，所有社会成员包括那些在自由竞争中取胜的人都会不断地追求实力的增强，追求占有更多的资本，以便跻身于富人的行列，获得更高的社会地位。他们都为经济利益所驱动，为获取更多的利益而生存，从而也就丧失了人的自由、幸福和全面发展。富人与穷人的划分由于竞争不断地进行而不断地进行着，因而富人也需要不断地赚钱，不断地争取政治权力。这样，社会生活和所有人的个人生活实际上都资本化了，不仅普通人没有真正的自由和幸福，那些富人、那些掌握着政治权力的强者实际上也没有自由和幸福。整个社会就发生了全面的异化。如前所述，资本主义价值体系最初设计所暴露出来的问题，为后来者所注意并加以改进，如为克服严重两极分化而建立社会保障制度等。但是，由于这一体系设计上的问题是根本性的，因而今天的西方资本主义价值体系和文化仍然是有缺陷和问题的，而且它们是很难在这个体系的框架内加以克服和解决的。

当代中国正在构建的中国价值文化，既不同于西方当代资本主义价值文化，不同于中国传统的专制主义价值文化，也与改革开放前的传统社会主义价值文化有所不同，它是中国特色社会主义价值文化。我们可以从价值体系、理论体系、制度体系、道德体系四个方面来考察中国价值文化的中国特色社会主义特质。

从其基本内涵来看，中国特色社会主义文化是中国特色社会主义价值观。中国特色社会主义价值文化是中国特色社会主义价值观的现实化。中国特色社会主义价值观作为观念的价值体系，就其核心内容而言，就是社会主义核心价值观和价值体系。关于社会主义核心价值体系，党的十六届六中全会做出了明确的规定："马克思主义指导思想，中国特色社会主义共同理想，以爱国主义为核心的民族精神和以改革创新为核心的时代精神，社会主义荣辱观，构成社会主义核心价值体系的基本内容。"① 党的十八大更明确提出了社会主义核心价值观。根据党的十八大报告，社会主义核心价值观作为观念价值体系可以概括为三个层次：终极价值目标，即"实现社会主义现代化和中华民族伟大复兴"。习近平将其概括为"中国梦"，即"国家富强，民族振兴，人民幸福"。核心价值理念，即"富强、民主、文明、和谐"，"自由、平等、公正、法治"，"爱国、敬业、诚信、友善"。基本价值原则，即"必须坚持人民主体地位，必须坚持解放和发展社会生产力，必须坚持推进改革开放，必须坚持维护社会公平正义，必须坚持走共同富裕道路，必须坚持促进社会和谐，必须坚持和平发展，必须坚持党的领导"。② 党中央强调要培育和践行社会主义核心价值观，这种培育和践行的过程就是从理论和实践上全面构建中国特色社会主义价值体系的过程。中国特色社会主义价值体系是中国价值文化的本质特征和基本内涵，也是它不同于西方现代价值体系、中国传统价值体系和传统社会主义价值体系的主要标志。

从其理论依据来看，中国特色社会主义文化是中国特色社会主义理论体系。中国特色社会主义理论体系是马克思主义中国化和时代化的产物，是中国共产党人的理论创新，是中国特色社会主义价值文化不同于其他任何价值文化的意识形态和理论体系。党的十八大报告指出："中国特色社会主义理论体系，就是包括邓小平理论、'三个代表'重要思想、科学发展观在内的科学理论体系，是对马克思列宁主义、毛泽东思想的坚持和发展。"③ 中国特色社会主义理论是中国共产党和中国人民勇于推进实践基础上的理论创新，围绕坚持和发展中国特色社会主义提出的一系列紧密相连、相互贯通的新思想、新观点、新论断构成的理论体系。它是马克思主义同当代中国实际和时代特征相结合的产物，对新形势下建设什么样的社会主义、如何建设社会主义、建设什么样的党、如何建设党等重大问题作出了新的科学回答，把我们对社会主义规律的认识提高到了一个新的水平，开辟了当代中国马克思主义发展的新境界。中国特色社会主义理论体系是中国共产党集体智慧的结晶，是指导党和国家全部工作的强大思想武器，是当代中国主流意识形态。中国特色社会主义理论体系是中国特色社会主义价值观形成的理论依据，而中国特色社会主义价值观

---

① 《中共中央关于构建社会主义和谐社会若干重大问题的决定》，《人民日报》，2006年10月19日第1版。
② 胡锦涛：《坚定不移走中国特色社会主义道路 夺取中国特色社会主义新胜利》，《人民日报》，2012年11月18日第1版。
③ 胡锦涛：《坚定不移走中国特色社会主义道路 夺取中国特色社会主义新胜利》，《人民日报》，2012年11月18日第1版。

又是中国特色社会主义体系的核心内容和精髓；中国特色社会主义理论体系是中国特色社会主义价值文化的理论基础，中国特色社会主义价值文化又是中国特色社会主义的目的指向。中国特色社会主义理论体系的形成并作为当代中国社会的主流意识形态，是中国特色社会主义价值观现实化的重要体现之一。

从制度文化来看，中国特色社会主义文化是中国特色社会主义制度体系。中国特色社会主义制度体系是中国特色社会主义价值文化不同于其他任何价值文化的制度文化。党的十八大报告指出："中国特色社会主义制度，就是人民代表大会制度的根本政治制度，中国共产党领导的多党合作和政治协商制度、民族区域自治制度以及基层群众自治制度等基本政治制度，中国特色社会主义法律体系，公有制为主体、多种所有制经济共同发展的基本经济制度，以及建立在这些制度基础上的经济体制、政治体制、文化体制、社会体制等各项具体制度。"①这些制度中有一些制度是对传统社会主义价值文化的坚守，有一些则是改革开放以来在中国特色社会主义实践中的制度创新。中国特色社会主义制度体系还在健全过程之中，特别是其体制和机制尚未充分体现中国特色社会主义价值观的精神和要求。所以党的十八届三中全会又作出了《中共中央关于全面深化改革若干重大问题的决定》。《决定》提出，要紧紧围绕使市场在资源配置中起决定性作用深化经济体制改革；紧紧围绕坚持党的领导、人民当家做主、依法治国有机统一深化政治体制改革；紧紧围绕建设社会主义核心价值体系、社会主义文化强国深化文化体制改革；紧紧围绕更好保障和改善民生、促进社会公平正义深化社会体制改革；紧紧围绕建设美丽中国深化生态文明体制改革，加快建立生态文明制度；紧紧围绕提高科学执政、民主执政、依法执政水平深化党的建设制度改革。"全面深化改革的总目标是完善和发展中国特色社会主义制度，推进国家治理体系和治理能力现代化。"②全面深化改革，是中国特色社会主义制度文化建设的根本性总体性举措，必将使中国特色社会主义价值观在我国社会制度方面得到更充分的体现。

从行为文化来看，中国特色社会主义文化是中国特色社会主义道德体系。中国特色社会主义道德体系是中国特色社会主义价值文化区别于所有其他价值文化的行为文化的核心内容和规范体系。中国特色社会主义道德体系的核心内容是为人民服务，基本原则是集体主义，基本规范是"爱国守法、明礼诚信、团结友善、勤俭自强、敬业奉献"，包括社会公德、职业道德、家庭美德、个人品德四个基本领域的具体道德规范。由于道德涉及人们的理想、信念、人格、品质和行为习惯，加上市场经济的市场化、资本化对人们思想道德观念的冲击，因而道德建设的任务非常繁重。针对这种情况，党的十八大报告指出："要坚持依法治国和以德治国相结合，

---

① 胡锦涛：《坚定不移走中国特色社会主义道路 夺取中国特色社会主义新胜利》，《人民日报》，2012年11月18日第1版。
② 《中共中央关于全面深化改革若干重大问题的决定》，《人民日报》，2013年11月16日第1版。

加强社会公德、职业道德、家庭美德、个人品德教育，弘扬中华传统美德，弘扬时代新风。推进公民道德建设工程，弘扬真善美、贬斥假恶丑，引导人们自觉履行法定义务、社会责任、家庭责任，营造劳动光荣、创造伟大的社会氛围，培育知荣辱、讲正气、作奉献、促和谐的良好风尚。深入开展道德领域突出问题专项教育和治理，加强政务诚信、商务诚信、社会诚信和司法公信建设。"我们相信，通过加强道德建设，我国目前严峻的道德状况会得到根本好转，中国特色社会主义行为文化最终将会构建起来。

需要特别指出的是，中国特色社会主义价值文化正处在构建之中，尚未完全定型，还会发生变化。特别是其中的不少内容还停留在理论的、理想的、要求的层面，要使之完全落到实处，还需要做长期艰苦的构建工作。单纯就价值观本身而言，还相当不完善，还需要进一步探索和创新，使之成为真正先进的完善的价值观。尽管如此，我们仍然坚信，只要党和政府以及全国人民共同努力，这种新型的先进价值文化一定会在中国大地最终完全形成和健康发展，而且会显示其独特的个性和魅力。

中西价值文化的不同性质根源于西方近代自由主义与社会主义的对立。在西方近代，在一大批人文主义者、宗教改革家和启蒙思想家倡导和宣扬个人的自由，将个人的自由视为至高无上的天赋人权的同时，也有一大批社会主义者主张人人平等，将平等作为社会的最高追求。启蒙运动中自由主义思想家创立的自由主义理论后来成为了西方的主流意识形态并现实化为价值文化，而早期社会主义思想家创立的空想社会主义理论在马克思和恩格斯那里被转变为科学社会主义理论。这种理论没有在西方得到实践，但通过俄国和后来的苏联传播到了非西方国家，在一些非西方国家被付诸实践，其中包括中国。今天中国价值文化的理论源头就是马克思、恩格斯创立的科学社会主义理论（即马克思主义），而这种理论严格说来是针对自由主义理论提出的，它是完全否定市场经济形态和资本主义制度的，也就是说，它是否定西方价值文化的。在马克思主义中国化、时代化的过程中，马克思主义经典作家的一些观点得到了修正（如关于市场经济与社会主义关系的看法），但是马克思主义的社会主义基本原则被坚持下来，我们正在构建的就是在坚持和发展马克思主义前提下的中国特色社会主义价值文化。因此，中国价值文化因其社会主义性质而根本不同于作为资本主义价值文化的西方价值文化。

西方价值文化与中国价值文化在性质上的区别并不在于追求社会成员个人的自由平等，而在于前者的终极价值目标最终异化成了资本增值，而后者的终极目标则是普遍幸福，包括个人的自由和平等。西方价值文化的终极目标是利益，在市场经济条件下只有资本增值才能带来利益，因此资本增值实际上就成为了资本主义价值体系的终极价值目标，并因而使之资本化。中国价值文化则力图克服资本主义价值文化资本化的缺陷及其导致的异化，使整个价值体系立足于全体社会成员的普遍自由和幸福，而不是立足于单个社会成员的自由平等权利。中国价值体系尚处于构建的过程之中，它能否战胜资本主义价值文化，关键在于它能否克服资本主义价值文化的异化，特别是社会的两极分化和资本化。

二、近乎对立的基本特征

中西价值文化性质的根本不同具体体现在它们具有近乎对立的一些基本特征上。因此，为了加深对两种不同价值文化性质的理解，我们还需要对它们迥然不同的特征作些比较分析。中西价值文化有许多不同的特征，但它们集中体现在以下四个主要方面：

1）个人权利与人民幸福

以个体为本位是西方价值文化的一个根本特征。西方价值文化产生的缘由就是为了反对封建和基督教教会的专制主义，按照马克思的说法，专制主义的本质在于把人不当人看。反对专制主义就是要使人成为独立自主的主体，成为社会的实体，国家要服从和服务于个体。这里所说的个体最初既指个人也指民族国家，后来进一步包括各种社会组织。在个人与国家及各种组织的关系中，个人又被看做是终极实体，在社会中具有至高无上的地位。从这个意义上看，个体至上，实质上是个人至上，公民至上。这种观点的主要依据不仅在于人具有与生俱来的自然权利，而且在于个人被看做是社会的主人，国家的主权在于公民。西方的个人至上所强调的是个人利益至上。个人至上的基本含义和根本要求就在于要把个人的利益作为个人和社会的终极目标加以追求。个人利益是一个含义广泛的概念，个人权利被认为是个人利益中的基本方面，在个人权利中，自由权在近代又被看做是最重要的，因而个人权利特别是自由权在西方近现代价值体系中受到了高度重视。正是因为上述原因，西方价值文化被看做是个体主义的、个人主义的、自由主义的。

与西方价值文化不同，中国价值文化不是以个体为本位，而是以人民为本位，人民被看做是国家的主体和社会的主人。中国价值文化把人民作为社会的本位，强调人民至上，既是对中国传统价值文化的革命性变革，也是对西方价值文化弊端的根本性突破。中国传统社会的主导价值观把国家和社会看作帝王的家天下，社会成员不过是王朝或帝王的臣民。国家和社会的主人是王朝，而不是人民。西方现代价值文化是个人主义的，它以个人为本位。这种价值观是在反对封建主义的基础上建立起来的，它要求把社会成员从专制和教会的束缚中解放出来，使社会成员成为了独立的个体。应当承认，经过一系列的革命运动，西方人成了社会和国家的主人。但这种人是个体意义上的人，而不是整体意义上的人。这种价值观的严重后果在于它导致了西方价值文化难以克服的"原子化"痼疾，即所谓"人人为自己，上帝为大家"的问题。中国价值观与这两种价值观都不同，它既不把王朝看做是社会和国家的主人，也不把社会成员个人作为社会的主人，而是把作为社会成员个人和群体的集合体作为国家和社会的主人；国家的最高权力既不在政府，也不在公民个人，而在人民；社会追求的终极价值目标也不是单个人的幸福，而是社会成员的共同富裕和人民幸福。因此，当代中国价值文化是以人民为国家主体和社会主人的价值文化，是主权在人民的价值文化，是谋求人民普遍幸福的价值文化。

应当承认，由于种种历史的和现实的原因，中国价值文化以人民幸福为最高追求的特征尚未充分体现出来，但是中国共产党正在率领全国人民朝着这个方向努力。党的十八大强调"必须坚持人民主体地位"，习近平提出的"中国梦"将人民幸福的实现作为其中的终极追求，都是中国价值文化将人民幸福作为其基本特征的集中体现。我们有理由相信，伴随着全面小康社会的建成和社会主义现代化的实现，中国价值文化的人民幸福特征将得到进一步彰显，中国价值文化也将从根本上克服西方价值文化过分推崇个人自由导致的种种弊端。

2）自由竞争与共建共享

西方价值文化是完全适应市场经济需要构建的价值文化，它服务于并服从于市场经济利益最大化原则。市场经济的利益最大化原则要求，市场主体必须有充分的自由，他们自由地凭实力竞争，从而实现利益的最大化。于是，自由竞争就成了市场主体实现利益最大化的唯一合法途径，因而也成了西方价值文化的一条基本原则。这条原则不仅要求人们自由地凭实力竞争，而且容许这种自由竞争结果导致的社会资源分配上存在的差异，容许社会存在两极分化。实际上，只有容许两极分化存在，才会有真正意义上的自由竞争，因为如果不管实力强弱，竞争成败，竞争双方都可以获得相等的资源，那么人们就不会千辛万苦地去增强实力，去绞尽脑汁地谋求竞争取胜了。因此，自由竞争背后隐藏的是竞争的结果不平等，其社会后果就是社会的两极分化。西方价值文化的这一特征在自由资本主义社会体现得淋漓尽致，这就导致了由社会贫富两极分化带来的种种社会问题。在这种情况下，西方国家采取了最低社会保障的措施来为社会的最弱者提供生存保障。这一政策确实在一定程度上起到了缓解社会两极分化的问题。但是，这种政策只不过是自由竞争原则的一种补充，而资本主义社会自由竞争原则是不可动摇的，否则，资本主义社会就会由于不再通过自由竞争使资本增值而不是资本主义的。

与西方价值文化不同，中国价值文化追求共同富裕，要求社会成员共同建设、共同享受和谐社会。根据中国价值文化，人民群众是改革发展成果的创造者，也是改革发展成果的享有者。共同建设是全体社会成员的共同责任；共享发展成果是人民群众的应有权利。"共建"是"共享"的前提，"共享"是"共建"的目的，社会成员要在共建中共享，在共享中共建。早在改革开放初期，邓小平就指出："社会主义原则，第一是发展生产，第二是共同致富。"[①] "社会主义最大的优越性就是共同

---

① 邓小平：《答美国记者迈克·华莱士问》，《邓小平文选》第3卷，人民出版社1993年版，第172页。

富裕，这是体现社会主义本质的一个东西。"① 《中共中央关于构建社会主义和谐社会若干重大问题的决定》指出："我们要构建的社会主义和谐社会，是在中国特色社会主义道路上，中国共产党领导全体人民共同建设、共同享有的和谐社会。"② 《中共中央关于制定国民经济和社会发展第十三个五年规划的建议》把"共享"作为五大发展理念之一，并对如何实现共享提出了明确要求："共享是中国特色社会主义的本质要求。必须坚持发展为了人民、发展依靠人民、发展成果由人民共享，做出更有效的制度安排，使全体人民在共建共享发展中有更多获得感，增强发展动力，增进人民团结，朝着共同富裕的方向稳步前进。"③

中西价值文化这一不同特征是与另外相关不同特征直接关联的：一是西方价值文化强调自由，而中国价值文化更强调平等；二是西方价值文化强调个人而中国价值文化更强调社群（集体）。

自由和平等是西方资产阶级反对封建制度和天主教教会的一对孪生兄弟，他们用自由反对专制，用平等反对等级制，并且最终取得了胜利。但是，自由与平等两者之间存在着内在的矛盾和冲突：强调自由有可能牺牲平等，强调平等有可能牺牲自由。在这种冲突面前，西方做出了自由取向的选择。因此，西方近现代价值观的基本取向是自由。它把个人的权利特别是自由权利看做是至高无上的，国家是从属于个人权利的，其唯一的使命是保护和扩大公民的权利。为了保护个人的自由权利，它把国家看做是守夜人式的国家，把政府看做是有限政府，国家和政府的一切作为都必须得到公民的授权，否则就是不合法的。在20世纪30年代西方出现了罗斯福新政、凯恩斯主义，以及后来的罗尔斯的公正论之后，近代的自由放任主义有所改变，在一定程度上注意到了社会的平等。但是，自由主义的基本价值取向没有改变，而且这种倾向于平等的新自由主义受到了广泛的批评。西方近代也有平等主义取向的社会政治理论，最典型的是卢梭的理论和主张，还有一大批空想社会主义者，以及马克思和恩格斯等，但是这些理论在西方没有成为主流意识形态和主流价值观。总的来看，西方近现代主流价值观是自由主义的。中国传统社会则是"宗法地主专制社会"，其主流价值观既是等级制的，也是专制主义的。不过，在中国传统的非主流文化中特别是在农民这一庞大的社会群体中盛行的是平均主义。当代中国价值观是马克思主义的、社会主义的，而马克思主义和社会主义的基本价值取向是平等，追求共同富裕和社会成员普遍的自由全面发展。因此，当代中国价值观的价值取向总体上看是平等以及公平正义。当然，说当代中国价值观总体上是平等主义取向的，并不意味着它否定自由，而只是说将平等看得更重要。

西方价值文化把社会成员个人看做是社会的终极实体，国家和其他社群不仅都

---

① 邓小平：《善于利用时机解决发展问题》，《邓小平文选》第3卷，人民出版社1993年版，第364页。
② 《中共中央关于构建社会主义和谐社会若干重大问题的决定》，《人民日报》，2006年10月19第1版。
③ 《中共中央关于制定国民经济和社会发展第十三个五年规划的建议》，《人民日报》，2014年12月4日。

是从属于个人的，甚至根本不被看做实体。中国传统价值观则把国家看做是终极实体，个人不仅不是社会的实体，甚至也不是具有人格和权利的独立个体，而是整体中的一部分。因此，中国传统价值观是典型的整体主义的。当代中国价值观虽然具有某种传统价值观的整体主义特点，但不同于传统的那种等级制和专制主义的整体主义，而是兼顾了平等和自由的集体主义，社会成员不再只是国家的部分，而是有人格和权利的独立个体。这方面，当代中国价值观接受了西方的积极影响，特别是党的十八大明确将"自由"和"平等"作为社会主义核心价值观的基本理念，这是中国价值观在历史演进中非常有意义的进步。

3）法律统治与德法共治

西方价值文化强调法律对于现代社会的极端重要性，并且形成了在法律之下治理国家的法律至上理念和实践。西方有悠久的法治传统，早在古罗马就建立了完整的法律体系，中世纪天主教会继承了希伯来律法传统，重视运用律法特别是"摩西十诫"进行统治。但是，长期以来，法律不过是统治者进行统治的手段，统治者运用法律来对付老百姓，防止他们犯上作乱和破坏社会秩序。近现代西方思想家发现，统治者是人，而人既有理性、理智的一面，同时又有感性、情感的一面，如果统治者自己不受法律的约束，他们就有可能不按理性的规则行事，而一旦他们出于情感行事就会出现暴政、庸政、失职之类的问题。另外，社会是其成员通过订立契约建立的，社会成员才是社会的主体，由谁来掌握政治权力也得通过法定的程序来确定，而不能由强者说了算。因此，西方价值文化确立了法律在国家中的最高权威，社会管理者必须在法律范围内依法进行管理，而法律所体现的不是社会管理者的意志，而是全体社会成员的意志。不仅社会管理者必须在法律范围内依法进行管理，而且社会成员也必须遵守法律，以法律作为自己行为的基本准则。这样，在近现代西方价值体系中，法律就由以往统治者的工具变成了统治者本身，社会的管理者（官员）不再是统治者，而是法律这一最高统治者的执行者。由于法律是全体社会成员意志的体现，因而社会的最高统治者实际上是社会成员的共同意志，是他们的理性的产物。社会成员的共同意志法律化，法律统治整个社会，社会管理者在法律范围内依法行事，社会成员自觉遵守法律，这就是西方法律统治的实质内涵，也是近现代西方主流价值文化的一个突出特点。

与西方不同，中国价值文化既重视法治也重视德治，强调"依法治国"与"以德治国"并重。中国传统价值文化所推崇的是德治，法治也存在，但它是从属于德治的。当代中国价值文化则将依法治国作为基本国策，强力推进法治。早在1996年2月，时任中共中央总书记的江泽民就明确提出了"依法治国"，1997年召开的党的十五大报告第一次深刻阐述了依法治国的涵义，把依法治国确定为党领导人民治理国家的基本方略，提出了"依法治国，建设社会主义法治国家"的历史任务。1999年3月，全国人大九届二次会议通过的宪法修正案明确写上了"中华人民共和国实行依法治国,建设社会主义法治国家",正式把这一治国方略以国家根本大法的形式确定下来。党的十八大报告第一次将"法治"作为社会主义核心价值理念,党的十八届四中全会做出了《中共中央关于全面推进依法治国若干重大问题的决定》(2014),提出要建设中国特色社会主义法治体系,建设社会主义法治国家。2016年新年伊始,中共中央、国务院又印发了《法治政府建设实施纲要(2015—2020)》。另一方面,在我国社会生活中,道德具有强大的影响力,党和政府旗帜鲜明地推行和倡导社会主义和共产主义道德,党和国家领导人也明确提出要"以德治国"。2000年6月,江泽民《在中央思想政治工作会议上的讲话》中指出:"法律与道德作为上层建筑的组成部分,都是维护社会秩序、规范人们思想和行为的重要手段,它们互相联系、互相补充。法治以其权威性和强制手段规范社会成员的行为。德治以其说服力和劝导力提高社会成员的思想认识和道德觉悟。道德规范和法律规范应该互相结合,统一发挥作用。"2001年1月,在全国宣传部长会议上,他明确提出了"把依法治国与以德治国紧密结合起来"的治国方略。坚持依法治国和以德治国相结合,国家和社会治理需要法律和道德共同发挥作用。《中共中央关于全面推进依法治国若干重大问题的决定》把以德治国作为全面推进依法治国的基本原则提出来,要求必须坚持一手抓法治、一手抓德治,大力弘扬社会主义核心价值观,弘扬中华传统美德,培育社会公德、职业道德、家庭美德、个人品德,既重视发挥法律的规范作用,又重视发挥道德的教化作用,以法治体现道德理念、强化法律对道德建设的促进作用,以道德滋养法治精神、强化道德对法治文化的支撑作用,实现法律和道德相辅相成、法治和德治相得益彰。

西方价值文化将法治看做是社会治理的唯一手段的一个重要原因,是西方价值文化是完全适应市场经济的需要构建的。市场经济要求给市场主体最充分的自由,最少的约束,而这就意味着人们的行为只要不妨碍和伤害他人就行。法律的作用就在于此,除了法律社会不需要再给人们强加其他的约束,包括道德。因此,西方价值文化强调政府和国家在道德上持中立立场,不干预社会成员的道德生活,不管他们信奉和遵循什么样的道德。当然,西方价值文化的这种"道德中立主义"做法在西方内部已经受到德性伦理学和社群主义的严厉批评。与西方不同,中国有着悠久的德治传统,而且一直以来都强调对人的品质和人格的培养和塑造,因而强调德治就是自然而然的了。在市场经济导致了许多社会问题的情况下,用道德教化人们更受到了重视。从中国传统文化的影响和未来人类的价值取向看,中国当代价值观不可能完全走向西方的法治主义,而只会在法治、德治并重的前提下更重视道德的社会作用。当然,如何处理好法治与德治之间的关系,还需要进一步探索。

4)有限干预与社会治理

古典自由主义对西方的政治实践和政治制度产生了直接影响,并奠定了西方近现代社会核心价值体系的基本构架。但是，这一理论的自由放任主义性质和主张在实践上造成了严重的社会后果，其中对西方社会影响最大的是1929年爆发的席卷西方各国的经济大危机以及第一次世界大战。正是基于对这些严重社会后果的反思，正是为了克服周期性的严重经济危机，同时也为了缓解日益严重的社会两极分化，西方国家出现了凯恩斯主义的国家干预主义理论和罗斯福新政以及后来被西方国家纷纷仿效的福利政策实践，出现了古典自由主义向现当代自由主义的转变。凯恩斯主义并不否认西方近代自由主义的基本信念，但它突出了平等或社会公平的意义，强调政府对经济社会生活的适度干预，因而可以说是一种不同于古典自由放任主义的新自由主义。但是，凯恩斯主义很快就遭到了以哈耶克为代表的保守自由主义经济学家和以伯林为代表的保守自由主义哲学家的反对。在这种背景下，罗尔斯又从政治哲学的角度捍卫并阐发了凯恩斯的国家干预主义，提出并阐发了作为公平的公正理论，将自由前提下适度的平等理解为社会公正，并将社会公正看做是社会制度的首要价值。罗尔斯的《公正论》一出版就引起了广泛而热烈的讨论，同时很快又遭到了以诺齐克为代表的保守自由主义哲学家的强烈批评。自20世纪初一直到今天，新自由主义与保守自由主义之争构成了现当代西方政治哲学的主旋律，参与这方面讨论的思想家人数之众、学术成果之多是史无前例的。讨论的实践结果就是国家或政府不能完全不干预社会生活，但这种干预只能是十分有限的，其前提是不能干涉个人的自由权利。

与西方不同，从新中国成立至改革开放前，中国实行的是计划经济。而在这种经济体制下，国家在生产、资源分配以及产品消费各方面，都是由政府事先进行计划。由于几乎所有计划经济体制都依赖政府的指令性计划，因此计划经济也被称为"指令性经济"。与计划经济体制相适应的是政治和整个社会的集权管理体制，国家或政府对社会实行全面管理。在最极端的"文化大革命"期间，国家不仅管社会成员的从生到死，而且管他们的行为到思想。改革开放以后，国家下放自主权，放开了过去政府的大包大揽，特别是实行市场经济体制之后，政治和社会的集权管理体制在不断深化改革的过程中被逐渐弱化。为了解决计划经济体制的弊端，中共中央做出了关于全面深化改革若干重大问题的决定，提出要完善和发展中国特色社会主义制度，推进国家治理体系和治理能力现代化。这种国家治理完全不同于计划经济条件下政府的大包大揽，也不同于西方政府对社会生活十分有限的干预。《中共中央关于全面深化改革若干重大问题的决定》在论及改进社会治理方式时指出："坚持系统治理，加强党委领导，发挥政府主导作用，鼓励和支持社会各方面参与，实现政府治理和社会自我调节、居民自治良性互动。坚持依法治理，加强法治保障，运用法治思维和法治方式化解社会矛盾。坚持综合治理，强化道德约束，规范社会行为，调节利益关系，协调社会关系，解决社会问题。坚持源头治理，标本兼治、重在治本，以网格化管理、社会化服务为方向，健全基层综合服务管理平台，及时反映和协调人民群众各方面各层次利益诉求。"① 显然，党和政府在社会生活中的作用仍然是巨大的。

中西价值文化这一不同特征涉及政党、政府、国家在社会生活中的作用问题。西方针对中世纪政教合一、宗教无孔不入的教训强调将政治领域与社会生活的其他领域加以分离，这即是所谓的政治与社会的分离。政府虽然肩负着管理社会生活的职能，但这种管理的权力是公民通过法律授予的。如果没有得到授权，政府是不能干预社会生活的，即所谓"法无授权不可为"。这相对于中世纪是一个进步，但它也存在着问题，这就是政府放弃了对社会生活的广大领域的管理，把这块领域留给了公民自己和其他社会组织，缺乏必要的政府引导和激励，由此导致了许多社会问题（如美国的"嬉皮士"运动）。中国传统社会是一种专制主义社会，其特点是"家国一体"的家长制统治。新中国成立之后，我国虽然形式上是共和国体制，但家长制的遗风甚为严重。改革开放以来，我国大力推行民主、法治，国家治理体系正在发生着深刻的变化。我们不能走西方那种本质上是自由放任主义的路子，但也需要将权力关进法制的笼子，彻底改变政府想管什么就管什么、想管到什么程度就管到什么程度、想采取什么方式管就采取什么方式管的传统治理方式。

三、各自的比较优势和难题

中西价值文化是当今世界最有影响的两种价值文化，西方价值文化早在20世纪中叶开始就已经成为对许多国家产生直接影响的强势价值文化，而中国价值文化自2006年以来，伴随着中国经济实力和国际声望的提高以及中华文化走出去战略的实施，国际影响也日益增强。客观上说，两种价值文化各有自己的比较优势，也各有自己面临的难题。对双方各自的比较优势和难题进行比较分析，将有助于我们更好地学习借鉴西方价值文化的优势，避免它的问题，克服自己面临的难题。

在我们讨论中西价值文化比较优势的时候，存在着一个以什么作为评判它们各自比较优劣的根据和标准问题。我们认为，判断一种价值文化优劣的根据应当是该价值文化所依据的价值观现实化的实际结果，如果说这种结果就是价值文化本身的话，那么这种根据就是价值文化的实际情形。这里涉及三个方面的问题：第一，价值观现实化的程度，即是否充分地得到实现；第二，价值观现实化后的实际效益；第三，价值文化的包容力和影响力。一般来说，一种价值观越能得到充分实现，即越能现实化为价值文化或文化，就说明这种价值观所现实化的价值文化越得到社会公众的认可，越符合本国或本区域的实际情形，越反映了社会历史发展的要求，因而也就说明这种价值观的正确合理性，说明它所现实化的价值文化越有优势。一种

---

① 《中共中央关于全面深化改革若干重大问题的决定》，《人民日报》，2013年11月16日第1版。

价值观现实化之后的实际效益可以主要从两个方面加以衡量：一是国家或区域在经济、政治、文化、社会、生态等各方面是否达到全面繁荣；二是社会成员个人身心是否得到全面健康发展，其自我价值是否尽可能充分得到实现。一种价值文化的包容力主要指它能否经受得住其他价值文化的冲击。一种具有优势的文化不仅不会被外来的价值文化所击垮，相反会将其融入自身，吸收和利用其中有益的东西。一种价值文化的影响力是指它对本国或本区域以外的国家或区域的影响。一种价值文化影响力越大就表明它越具有优势。我们认为，这三个方面可以说就是衡量一种价值文化是否具有优势的三条基本标准。我们可以以这三条基本标准为依据来审视中西价值文化各自的比较优势。

首先，从价值观现实化的程度来看，西方价值观已经充分现实化，因而西方价值文化具有现实优势，而中国价值文化正在现实化的过程中，具有潜在优势。

西方价值观就是西方自由主义价值观，西方的资本主义制度和整个社会生活几乎完全是按照这种价值观构建起来的，而且几乎没有多少偏差。我们完全有理由说今天西方社会的现实就是这种价值观的真实写照。这种情形一方面表明西方价值观是得到西方社会特别是统治者普遍认同的，具有很强的影响力和感召力，另一方面也表明这种价值观有其合理性的方面，它能满足社会公众的某种需求，而且具有可行性。西方价值观的这种情形与中世纪基督教价值观形成了鲜明的对比。作为基督教价值观现实化的天主教教会统治的中世纪社会，缺乏基督教价值观的那种基本的平等和博爱的精神，有的是封建等级制和贵族僧侣阶级对农奴和信众的剥削压迫。西方价值观的充分现实化说明，西方价值文化已经显示了它的强大优势。

中国价值观构建的时间较短，特别是它的第三种形态即中国特色社会主义价值观构建的时间充其量只有三十多年。但是，中国价值观通过不断强化宣传和教育，其社会认同度在不断提高。例如，为了使中国价值观深入人心，中共中央办公厅专门印发了《关于培育和践行社会主义核心价值观的意见》。与此同时，党和政府正在采取一系列强有力的措施使中国价值观制度化、道德化和政策化，努力使之成为当代中国的文化。其中最强有力的措施是中共中央作出的一系列重大决定，如《中共中央关于构建社会主义和谐社会若干重大问题的决定》、《中共中央关于深化文化体制改革推动社会主义文化大繁荣大发展若干重大问题的决定》、《中共中央关于全面深化改革若干重大问题的决定》及《中共中央关于全面推进依法治国若干重大问题的决定》等等。因此，中国价值文化虽然其现实优势尚未充分体现出来，一些人对中国价值观持怀疑甚至反对的态度，但从目前的发展态势看，中国价值观正在变成现实，而且具有充分现实化的巨大潜力。

其次，从价值观现实化后的实际效益看，西方价值观具有现实的物质文明、制度文明和生态文明优势，中国价值观具有物质、制度、精神和生态等方面文明全面进步的发展态势和后发优势。

经过几百年的现实化过程，西方价值观已经现实化为强大的物质文明、完善的制度文明和和谐的生态文明。今天的西方国家几乎都是发达国家，这里所说的发达主要是指它们的物质文明或经济技术发达，国力强大，人均 GDP 高，生活富裕。就它与市场经济相适应而言，西方的各种制度都极其完善，能够为市场经济发展提供充分的制度保障，应该承认今天的西方制度文明是最发达最完善的。西方的环境和生态在长期遭到严重破坏之后，自 20 世纪 60 年代开始得到了有效治理，今天西方世界的生态环境无疑要优于大多数非西方国家，西方的生态文明也是今天世界最发达的。但是，西方在精神文明方面存在着严重的问题，其最突出的表现是人的物化问题，即人越来越受物欲的支配，满足物质的欲望，缺乏精神追求。

应该承认，中国的物质文明、制度文明和生态文明都没有西方发达，但在这些方面都发展很快。中国在短短的三十年内跃居于世界第二大经济体，CDP 年增长率均在 7% 以上，2014 年人均 GDP 约 7485 美元，比 1980 年的 256 美元增长 29 倍多（35 年）。在制度方面，中国正在进行法治中国建设，并且出台了《中共中央关于全面推进依法治国若干重大问题的决定》。在生态文明方面，党的十八大提出要"努力建设美丽中国，实现中华民族永续发展"，《中共中央关于制定国民经济和社会发展第十三个五年规划的建议》中又进一步把"绿色"作为五大发展理论之一。更为重要的是，中国历来高度重视精神文明建设，先后颁布了《中共中央关于社会主义精神文明建设指导方针的决议》（1986）、《中共中央关于加强社会主义精神文明建设若干重要问题的决议》（1996）、《公民道德建设实施纲要》（2001）、《中共中央关于构建社会主义和谐社会若干重大问题的决定》（2006）、《中共中央关于深化文化体制改革推动社会主义文化大发展大繁荣若干重大问题的决定》（2011）等一系列重要文件。党的十八大将经济建设、政治建设、文化建设、社会建设、生态文明建设作为推进中国特色社会主义事业的"五位一体"总体布局。所有这一切表明，西方价值文化虽然有物质文明、制度文明和生态文明的现实优势，但中国价值文化正在追求文明总体发展、社会全面进步，而且呈现出良好态势。中国价值文化的这种追求是在既借鉴西方价值文化的优势同时吸取它的教训的基础上正在形成的后发优势。

最后，从价值文化的包容力和影响力看，西方价值文化虽然长期具有强势的影响力，但近年来这一影响力越来越多地受到抵制，其优势正在迅速衰退；中国价值文化的承受力空前增强，影响力正在与日俱增，其承受力和影响力的比较优势正在彰显。

西方价值文化是一种主流性的文化。所谓主流性的文化，是指它能容许其他与之不同的非主流价值文化共存共荣。从西方世界内部来说，西方价值文化能够容许非主流价值文化存在，但其前提是必须融入主流价值文化，就是说要服从它和服务于它。从西方世界内部来看，主流与非主流价值文化的关系是良好的。但是，当这种价值文化传播到西方世界以外的国家时，如果这些国家不愿意诚服于西方文化，作为它的非主流文化，那么西方价值文化就会采取一切手段来对其进行渗透、干涉甚至使其毁灭。美国对伊斯兰世界的政策就是如此，历史上此类事例还有很多。事实已经表明，西方价值文化是一种正在走向衰落的夕阳性价值文化。

西方价值文化最早是通过西方国家海外殖民和掠夺传播到西方以外世界的，所凭借的主要是经济、军事力量。不过，它所影响的范围主要是西方国家的殖民地或半殖民地，当然也受到了这些国家本土价值文化的抵制。第二次世界大战后，西方现代文明达到鼎盛时期，西方价值文化不仅凭借西方的强力向外扩散，而且也为一些国家主动学习和借鉴，从而成为了具有广泛国际影响的价值文化，具有很强的示范效应。但是，进入新世纪后，西方国家特别是美国到处输出他们的价值观，通过经济的途径进行文化渗透，甚至干涉其他国家的事务。所有这些霸权主义的做法引起了许多国家的反感，甚至引起了一些国家，特别是伊斯兰国家的强烈对抗，西方价值文化受到越来越多的质疑和抵制。特别是"9.11"事件后，主要针对西方国家的恐怖主义活动引起了全人类的惶恐不安，人们因而开始对西方价值文化进行深刻反思，并努力寻求不同于西方的价值文化和发展道路。西方价值文化国际影响力减退也与这样一个事实有关：即西方价值文化是一种消费主义文化，它只适用于世界上少数国家，如果全人类都像西方人那样消费，地球将无法承受。因此，许多国家反对并抵制西方价值文化的物质主义和消费主义。

在改革开放前，中国价值文化不是主流性文化，而是主导性或一统性文化，它不容许其他异质性的文化存在。改革开放以后，伴随着对国外和对传统的开放，中国价值文化出现了多元的格局，除中国特色社会主义价值文化之外还存在着西方价值文化、传统价值文化、传统社会主义文化、不同的宗教文化等。虽然中国价值文化的主流与非主流格局尚未完全形成（主要体现为非主流价值观并没有完全认同主流价值观），但已经出现了这种格局的明显态势，而且"弘扬主旋律，提倡多样化"早已成为了中国社会的普遍共识。在对待其他国家文化方面，中国价值文化采取的是全面开放态度，吸收世界各国和全人类一切有价值的东西，学习借鉴人类社会创造的各种文明中的有益成分。我们完全可以说，中国价值文化越来越走向开放，包容力在不断增强，因而已经成为最具有生机和活力的朝阳性价值文化。

伴随着中国经济实力的增强，中国开始实施"中华文化走出去"战略。同时，中国的新外交政策，特别是"一带一路"（"丝绸之路经济带"和"21世纪海上丝绸之路"）战略的实施、亚洲基础设施投资银行的建立等重大举措，大大增强了中国价值文化的国际影响力。与西方不同，中国扩大自己价值文化的影响不是通过文化渗透，更不是通过经济、政治、军事干预的途径，而是通过相互尊重、相互促进、互学互鉴的和平友好方式。历史反复证明，任何想用强制手段来解决文明差异的做法都不会成功，反而会给世界文明带来灾难。因此，我们要充分尊重世界各国的价值文化，包括西方价值文化，并且努力推进人类各种文明交流交融、互学互鉴，让世界变得更加美丽、各国人民生活得更加美好。这就是习近平所说的："不同国家、民族的思想文化各有千秋，只有姹紫嫣红之别，而无高低优劣之分。每个国家、每个民族不分强弱、不分大小，其思想文化都应该得到承认和尊重。"[①]中国价值文化的这种胸怀和态度，必将进一步使它得到更多国家的认同和借鉴，其国际影响力必定会迅速增强。

中西价值文化的比较优势还需要进一步联系两种价值文化面临的难题加以考虑。中西价值文化均有自己面临的难题，而且它们各自的难题严重地困扰着两种价值文化。西方价值文化的难题在于，整个价值文化是一种市场化的价值文化，因而它不能解决市场经济导致的三大问题：一是贫富两极分化问题；二是周期性经济危机问题；三是社会和个人"单向度"发展的问题。中国价值文化也存在着难题，这主要在于，社会主义制度与市场经济对接的问题。历史事实已经证明，资本主义制度由于完全是适应市场经济建立起来的，因而不能克服市场本身的问题（两极分化和经济危机）和由此导致的社会问题（单向度发展）。社会主义制度不是适应市场经济建立的，在某种意义上是针对市场经济的问题建立的，并且现在在中国社会主义社会或者说在中国社会主义制度的框架内不仅要发展市场经济，而且要以市场经济为经济基础或基本经济形态。这样就面临着一个社会主义制度与作为经济基础的市场经济之间的有机对接问题。

不难看出，西方价值文化的难题是它自身固有的，更准确地说是资本主义制度的痼疾，是不可克服的。要克服这种难题，就是改变资本主义制度。然而，资本主义制度是西方价值文化的决定其性质的核心内容，如果这种制度改变了，那么西方价值文化就不再是资本主义文化了。与西方价值文化不同，中国价值文化是在社会主义社会或者说在社会主义制度的基本框架内引入市场经济导致的。虽然不能说这种难题不是中国价值文化具有的，但它并不是社会主义制度本身固有的，而是社会主义制度如何面对和利用市场经济的问题。我们完全可以设想，如果在社会主义基本制度不变的情况下，对其体制机制进行必要的改革，以一方面为市场经济发展提供保障，另一方面将市场经济固有的问题限制在最小范围和最小程度内并有效地防范它的负面效应，社会主义制度与市场经济就可以对接。我国目前正在进行的全面深化体制改革，其目的就在于此。因此，中国价值文化有希望破解自身面临的难题，有希望克服资本主义制度的痼疾，从而超越并优越于西方价值文化。

---

① 《习近平在纪念孔子诞辰2565周年国际学术研讨会暨国际儒学联合会第五届会员大会开幕会上的讲话》，《人民日报》，2014年9月25日第2版。

中西价值文化的不同构建路径与方式*

由于历史背景不同以及构建主体不同，因而中西两种价值观在构建的路径和方式方面存在着诸多的差异。了解这些差异有助于我们更好地理解两种价值观，并可以使我们对西方价值观的学习借鉴更理性、更合理。中西价值观在构建路径方面的差异主要体现在以下四个方面：

一、原生构建与以引进消化为基础的构建差异

西方价值观是在西方世界由西方思想家经过一个漫长的历史时期先后提出并逐渐完善的。如果我们将西方价值观构建的基本完成最后是以西方资产阶级执掌政权后选择自由主义价值观作为主流价值观为标志的话，那么，西方价值观的构建过程经历了三个阶段，或者说出现过三次构建的高潮。第一次高潮是以意大利为中心的文艺复兴运动。这次运动的最深刻意义在于冲破了西方中世纪基督教教会的专制统治和神学思想对人的束缚，奠定了西方近现代主流价值文化的个人主义、世俗主义、幸福主义的基调，唤醒了西方人的自由、平等、尊严的个性意识和主体意识。这次运动还直接地为启蒙运动做了思想准备，正是在文艺复兴的人文主义思想文化基础上，西欧爆发了启蒙运动这场旗帜更鲜明、作用更彻底、影响更深刻的空前的思想解放运动。第二次高潮是以德国为中心的宗教改革运动。以路德和加尔文为代表的宗教改革家所进行的宗教改革运动，瓦解了罗马帝国颁布的基督教为国家宗教特别是天主教教会所主导的政教合一的政治体系，为后来西方国家从基督教统治下的封建社会过渡到多元化的现代社会奠定了基础，同时也使人们从基督教神学和天主教教会的统治和奴役之下解放出来，从而获得了思想和精神的自由。第三次高潮是先后以英国和法国为中心的启蒙运动。启蒙运动是西方资产阶级思想家自觉为构建资本主义主流价值文化做出的巨大努力。这次运动在前两次运动的基础上从理论上构建了完整的西方价值观体系，确立了资本主义社会追求的终极价值目标，确立了资本主义社会的核心价值理念，确立了资本主义社会的基本价值原则。

西方价值观构建从15世纪到19世纪，长达五个世纪。虽然不同时期构建的中心区域有所不同，但它们都是在我们今天称之为西方世界的范围之内。应该说西方价值观是西方土生土长的价值观，基本上没有受到别的国家或地区价值观和文化的

---

* 原发表于江畅等：《当代中国主流价值文化及其构建》（第十章），科学出版社2017年版，原标题为"不同的构建路径与方式"。

影响。与西方价值观构建不同,中国价值观建构是从引进西方的价值观开始,然后再加以消化并在消化的基础上逐渐构建的。这种引进和消化经历了两个时期:第一个时期是从中国共产党成立前后开始的;第二个时期则是从改革开放开始的。

中国在鸦片战争之后,清政府被迫部分地向西方开放,最先只限于购买西方的武器装备,后来派留学生到西方国家学习,同时在国内也开始兴办现代工厂,这就是洋务运动。自洋务运动开始,西方的价值文化开始逐渐地传入中国。这个过程被看做是"西学东渐"的过程。虽然这个过程早在明末清初就已经开始,但只是到鸦片战争之后才对中国社会产生了越来越大的影响。与日本的"西进运动"不同,中国的"西学东渐"基本上是被动的、被迫的,而且官方基本上是抵制的。其典型的表达就是洋务运动中提出的"中学为体,西学为用"。就是说,我们可以学习西方的科学技术,甚至管理经验,但我们必须坚守中国的价值文化和社会制度,学习的目的不是为了国家富强和人民幸福,而是"师夷长技以制夷"。由于官方不主动地、全面地学习西方的主流价值文化和社会制度,相反采取抵制政策,因而西方的各种价值观都通过非官方的渠道传入了中国。不同的中国学者在不同的西方国家、从不同的途径、师从不同的老师,学到了不同的价值观,他们都主张按照他们所学到的所信奉的观点来改造中国。这时西方出现了许多问题,国内一些人(如孙中山)将这些问题归结为主流价值观带来的,因而认为西方的主流价值观也不一定是最好的。在这个时候,十月革命又给中国送来了马克思主义和列宁主义。在这种背景下,一些先进的知识分子把马克思列宁主义与中国实际相结合,成立了中国共产党,并将马克思列宁主义作为自己的指导思想,从而开始了消化吸收马克思列宁主义价值观的过程。

中国共产党在马克思列宁主义指导下,领导中国人民在与国民党反动派的斗争中推翻了"三座大山",建立了社会主义新中国。新中国的建立是引进消化马克思列宁主义,即将其与中国实际相结合的产物,其价值观的体现就是毛泽东思想。但是,新中国成立之后,由于种种原因,我们将国门关闭了起来,基本上与西方世界割断了联系,也对中国传统文化持完全批判否定的态度。而我们所接受的马克思列宁主义逐渐为斯大林主义即"苏联社会主义"模式所取代。因而建国后中国推行的社会主义价值观基本上是苏联式的社会主义价值观。这种价值观已经不同于列宁主义价值观,更与马克思主义价值观相去甚远。这种价值观现实化的最严重结果就是"文化大革命"的十年浩劫。在这种情况下,以邓小平为代表的中国共产党第二代领导人做出了改革开放的历史性决策。于是,在中国共产党的历史上开始了第二次引进和消化的过程。这次引进消化从局部到全面、从羞羞答答到大大方方,其中最根本性的是引进了西方的市场经济观念和模式,并因这种经济对整个社会生活导致的颠覆性后果而引起了中国共产党对价值观建构(实即重构)的高度重视。以党的十八大为标志,中国价值观引进吸收了西方价值观中与市场经济相适应的一些主要价值观，特别是自由、平等、公正、法治和民主这五大价值理念。

中西价值观构建的这种差异表明，中国的引进消化方式大大加快了中国价值观的构建过程。中国用改革开放之后的30多年，即使从中国共产党成立算起也不到100年，走过了西方差不多500年的历程。但是，我们在引进和消化的过程中也面临着西方所没有面临的问题。其中特别突出的有两个问题：一是改革开放后引进的西方价值观是自由主义价值观，它与我们此前起主导作用、现在仍然信奉的马克思主义价值观是根本对立的，虽然它们都源自西方。二是我们在大量引进消化西方价值观内容的过程中出现了许多消化不良、水土不服的问题。在这种情况下，我们又想通过弘扬传统文化来解决这些问题，并构建一种有传统文化根基和底蕴的价值观。如此一来，问题就更为复杂化了，即我们的构建不仅涉及马克思主义（社会主义）价值观与自由主义（资本主义）价值观的关系，还涉及它们两者与传统价值观的关系问题。这是当前中国价值观构建面临的最棘手难题。

二、思想家各别构建与政党领导构建的差异

西方价值观被西方国家确立为国家主流价值观分别是以英国资产阶级革命期间颁布的《权利法案》（1689）、美国独立战争时期作为美国立国的《美国独立宣言》（1776）和法国大革命期间颁发的《人权宣言》（1789）等著名文件为主要标志的。但是，西方价值观作为一种理论形态，其内容主要是17~19世纪西方启蒙运动时期思想家们各自根据对时代精神的把握和独立的理论探索提出的，没有什么社会组织（如政党）来组织思想家研究价值观。

就作为西方价值观理论的自由主义而言，其主要提出者最早可追溯到英国的弗兰西斯·培根（1561~1626），他提出并论证了西方的第一个重要价值理念"知识"，这个理念到19世纪以后发展成为"科技"。之后是英国的霍布斯（1588~1679），他的自然权利说、社会契约论、自然法和法治论奠定了西方价值观的理论基础。使西方自由主义价值观得到系统阐述和论证的是英国的洛克（1632~1704）、亚当·斯密（1723~1790）、约翰·密尔（1806~1873）和法国的孟德斯鸠（1689~1755）。洛克不仅使霍布斯的自然权利说和社会契约论得到了完善，而且将自由、平等、私有财产等权利作为人的自然权利，同时还提出了"三权分立""以权力制约权力""最弱意义上的政府"的观念。他的自由思想在约翰·密尔那里得到了进一步论证和阐发，约翰·密尔还第一次系统提出并阐述了代议制民主理论。亚当·斯密的最重要贡献是为市场经济辩护，对其合理性提供了论证，并在洛克政府论的基础上阐述了经济自由放任主义。孟德斯鸠则在霍布斯自然法理论的基础上系统阐释了现代法治理念，并使洛克的"三权分立"说和"以权力制约权力"的权力制衡理论得到了进一步完善。

以上所有这些自由主义思想家彼此之间存在着思想承继和开新的关系，也存在着一些意见分歧，但他们在世的时间跨度长达 300 多年，他们思想的提出和理论的阐述几乎都是思想家的个人行为，没有任何政党或其他组织组织或推动他们进行理论研究和学术探索，虽然法国大革命时期法国曾出现过"百科全书派"，它也只是一个学者或思想家组织。不仅如此，西方国家资产阶级先后上台后，西方价值观后来的完善和调整也几乎都是思想家各自完成的，其中 20 世纪最有影响的自由主义思想家如凯恩斯、哈耶克、罗尔斯、诺齐克等，也似乎都是独立提出自由的思想的。总的来看，西方价值观理论的提出都是思想家各自完成的，政治家的贡献就是从各派不同的思想中选择了自由主义，在自由主义中先选择了自由放任主义，后来又选择了国家干预主义。与西方思想家各别提出和阐述价值观不同，中国价值观构建的方式始终都是在中国共产党领导下进行构建的，党的领导集体特别是主要领导人发挥着关键作用。党的主要领导人的见识、气魄以及他能否把马克思列宁主义与中国实际正确地结合起来，直接关系着价值观的正确与否，关系到所提出和论述的价值观为全社会接受的程度和现实化的程度。

在中国共产党成立到新中国建立的这一段时期，党的早期的一些领导人在价值观上并没有多少建树，他们主要是将马克思列宁主义的价值观运用于中国。在当时复杂的国内国际形势下，由于种种原因，陈独秀、向仲达、李立三、瞿秋白、王明等党的领导人在将马列主义运用于中国实际方面要么犯了右倾错误，要么犯了"左"倾错误，导致中国价值观现实构建的失败或挫折。一直到"遵义会议"确立了毛泽东在中共中央的实际领导地位后，毛泽东根据马克思列宁主义提出的一系列符合中国实际的理论（包括价值观）即"毛泽东思想"才逐渐得到了全党的认同，并成为指导当时共产党领导革命的指导思想。从而，共产党领导的新民主主义革命才最终取得了胜利，建立了社会主义制度。毛泽东思想形成于 20 世纪 40 年代，它是中国价值观的第一个完全形态。遵义会议后，这种价值观在共产党及其领导的军队内，在共产党领导的区域内得到了普遍认同并成为共产党领导的革命的实际指导思想。毛泽东思想当然是全党特别是党中央领导集体智慧的结晶，但它更是毛泽东将马克思列宁主义与当时中国实际正确结合起来的结果，充分体现了毛泽东个人的天才与智慧。

毛泽东思想主要是一种无产阶级革命或社会主义革命（或称新民主主义革命）的理论。新中国成立之后，以毛泽东为首的党中央对社会主义价值观进行了艰难的探索，但由于时间太仓促，理论准备极其不足。在这种情况下，社会主义制度不可能完全根据毛泽东思想来建立，而只能借鉴当时的第一个社会主义国家即苏联老大哥的模式，于是在中国建立了一种苏联模式的社会主义制度、体制及运行机制。另一方面，在意识形态领域，毛泽东对新中国成立后的政治格局和阶级斗争形势做出了错误的估计，因而仍然坚持甚至强化了他过去的革命和斗争的思想，结果在中国进行了一次又一次反对资产阶级进攻和资本主义复辟的政治运动，最终导致了"文化大革命"的历史悲剧。在建国后至改革开放前的这一段时期，由于防止资产阶级的进攻和颠覆，我国在思想文化领域实行"舆论一律"，人们没有思想自由，甚至没有个人生活的自由，当然也不可能有真正意义的思想家。因此，这个时期严格说来没有产生适应当时中国情况的新的价值观。当时实际运用的价值观要么是苏联式的社会主义价值观，要么是毛泽东个人的思想和主张。为了便于表述，我们可将这种基于计划经济的复杂价值观形态称为"中国传统社会主义价值观"，这种价值观是中国价值观的第二种形态。

党的十一届三中全会拨乱反正，邓小平以卓越的见识和雄伟的气魄在中国实行改革开放。改革开放为根据中国当代实际构建中国价值观提供了条件，并且越来越自觉进行构建。改革开放为中国价值观构建提供了几个方面的条件：第一，从思想领域的"实践标准"的大讨论、农业实行"联产承包责任制"和工业下放自主权开始，人们逐渐获得了自由包括思想自由。虽然中间经过了"反资产阶级自由化"和"清除精神污染"等曲折，但解放思想仍是主流。经历过几次大的思想解放运动，应该说中国人的思想获得了空前的解放。第二，逐渐扩大和深化的对外开放和对传统开放，为中国价值观构建提供了极其丰富的资源和借鉴。改革开放以来，西方自古至今的所有价值观理论及其观点几乎都先后进入了中国，与此同时，此前被完全批判否定的传统文化及其价值观不仅逐渐得到了肯定，而且被强调要加以弘扬与传承，形成了"国学热"和传统文化热。第三，在思想自由的前提下，在西方文化和传统文化的冲击下，人们的思想观念发生了深刻的变化，许多过去的禁区被冲破。其中最重要的是过去被看做完全是资本主义的东西的市场经济和自由不再被看做是资本主义专有的，而被看做是社会主义也应该拥有的。改革开放所创造的条件为中国价值观在新的历史时代的构建作了准备。同时，党的十一届三中全会后，党中央的领导人也对中国社会主义理论和实践进行了艰难的探索，形成了包括邓小平理论、"三个代表"重要思想、科学发展观以及习近平系列讲话在内的中国特色社会主义理论。正是在这样的历史条件下，党的十六届六中全会明确提出建设社会主义核心价值体系，党的十八大又提出要培育和践行社会主义核心价值观。除了邓小平理论更多的是他本人在反思党的历史的经验教训基础上以其远见卓识和非凡气魄提出的之外，其他几代领导人的思想和主张相当充分地体现和集中了全党甚至全社会的智慧，吸收了许多思想家的有价值思想。特别是近一些年来，党和政府通过项目的方式有组织地展开研究，大大加快了中国价值观理论构建的效率和效益。当代中国价值观正在加速形成的过程之中，这种正在构建的中国价值观就是中国特色社会主义价值观，它是中国价值观的第三种形态。当然，改革开放以来的中国价值观的构建还是在中国共产党领导下进行的自觉构建。

思想家各别构建与政党领导构建的这种中西价值观构建差异表明，政党领导构建是一种有领导有组织的构建，与思想家各别构建相比，它毫无疑问有明显的优势。这主要表现在，它的目的更明确，具有明确的针对性，更重要的是，它可以集中社会的学术精英合作攻关，因而有可能提供更完整、正确和可行的价值观理论。但是，这种构建方式必须以党内民主、思想自由、对传统和国外开放为前提，如果缺乏这些必要条件，所构建的价值观就可能是主要领导人的价值观，这种价值观很容易发生偏颇。在当代人类问题日益突出的情况下，西方那种传统的构建方式已经不适应时代的需要。今天，不仅中国、西方的价值观，而且整个人类的价值观都需要有组织地进行构建。

三、自下而上构建与自上而下构建的差异

与以上两个差异相联系，中西价值观构建的第三个差异，是西方价值观构建的过程始终是自下而上的，而中国价值观构建始终是自上而下的。

西方价值观构建的整个过程都是思想家提出有关的理论和观点，然后由政治家从不同的理论观点中进行选择并将所选择的理论和观点运用于社会实践。文艺复兴和宗教改革是一种社会先进人士（包括思想家、艺术家、宗教家等）各别地提出思想观点，并形成一种运动。这种运动是民间性的，绝不是官方组织的。当然，这两个运动基本上没有形成系统的价值观理论，只是为启蒙运动的兴起作了准备。启蒙运动作为一种思想运动实际上也是一种民间形成并日益产生广泛影响的，它是反官方的，因而也没有官方参与其中，更不是官方组织的。其中的自由主义上升为主流意识形态和价值观，在很大程度上是启蒙思想家积极作为的结果。大多数启蒙思想家不仅是思想理论家，而且是宣传鼓动家。他们一方面猛烈抨击基督教教会和神学以及专制制度，无情地揭露其腐败的行径和虚伪的面目，使社会公众普遍认清它们的罪恶及腐朽没落性；另一方面又大力宣扬自然状态说、天赋人权说、社会契约说、人民主权说、三权分立说、权力制衡说等，使资本主义主流价值观的价值目标、核心理念和基本原则广泛深入人心，为社会公众普遍认同。正是在这样的时代背景下，西方资产阶级政治家顺势而为，以启蒙思想为依据推翻了天主教会和封建等级制的统治，并建立了资本主义制度。在资产阶级统治之下，西方价值观的完善和修正也基本上采取了以上方式。西方价值观采取这种方式与其涉及诸多国家有关系。因为西方价值观涵盖所有西方国家，而西方国家迄今为止尚没有一种统一的组织，当然也无法在全西方范围内有组织地对价值观展开研究。

与西方不同，中国价值观构建由于始终在中国共产党领导下进行，因而始终都是从党的中央到全党，然后再从全党到社会民众。在中国共产党领导价值观构建的历史上存在着有些理论构建的空白，但只要是自觉的价值观构建就是采取的这种自上而下的方式。例如，中国共产党在抗日战争最艰苦的1942年完成的"延安整风"

运动，就是一种自上而下的构建价值观方式。当然，这次运动主要是思想构建，而不是理论构建，所要解决的主要问题是用毛泽东思想统一全党的问题。改革开放以来开展的一系列学习邓小平理论、"三个代表"重要思想、科学发展观以及习近平系列讲话活动，实际上都是价值观的思想构建，而其方式都是自上而下的。无论是整风运动还是改革开放以来开展的各种学习活动，作为思想构建都包含了理论构建，因为从事理论学术研究的人群大多是中共党员，当然他们几乎都是人民群众，参与学习活动的对象涵盖了他们。因此，中国价值观构建的路径大致是这样的：党中央特别是主要领导人从全党吸取智慧提出价值观，通过学习宣传等途径传达到全党全社会，其中的思想家、理论家和学者通过学习展开进一步的研究，而其研究成果又被吸收到党的主要领导人提出的或丰富的价值观之中，然后再通过学习宣传传达到全党全社会，如此循环往复，进而推进中国价值观的丰富发展。

自下而上的构建方式的优点是某种价值观已经在社会上得到比较广泛的认同，因而当官方采用和推行这种价值观的时候，不需要通过大规模的学习宣传活动就能为社会接受，而其缺点是官方较难以贯彻其意图，而且当思想家们没有提出某种理论的时候官方往往因为缺乏某种理论依据而不能推行某种主张。西方的国家干预主义政策的实施就是一个典型的事例。我们可以设想，如果西方国家官方早在19世纪末就能够意识到自由放任主义的问题而提出国家干预主义的主张，通过组织学者进行论证，并开始实施这种政策，也许就不会出现1929年至1933年的西方世界的经济大危机，至少危机不会如此严重以至于威胁整个西方资产阶级的统治。自上而下的构建方式正好可以克服自下而上方式的这一问题，政治家的远见卓识可以在某种问题出现苗头的时候就提出某种主张，并通过政治力量推行这种主张，可以避免延误所导致的严重消极后果。例如，如果不是邓小平以他的深刻洞察"文化大革命"的问题，利用毛主席逝世后的特殊机会采取措施进行拨乱反正，而是等待思想家来提出主张，并等待这种主张为社会普遍认同，那么，中国经济政治就不会只是到崩溃的边缘，而是会完全崩溃。但是，自上而下的方式也有其自身的明显问题：一是并非每一位领袖人物都有深刻的洞察力或有为国家、为民众不惜牺牲自己的领导地位的思想境界。如果一位国家领导人无能、昏庸、独裁、缺乏政治经验或有私心，那么推行他的思想就将会导致极其严重的后果。中国共产党历史上的"王明路线"就是一个典型的事例。二是即使国家领导人的主张是正确的、有预见性的，要使这种主张为统治集团内部和社会普遍接受也需要花费巨大的精力和成本进行教育、宣传和实施，社会公众往往是因为它是官方提出的而常常持观望、疑虑的态度。当然，只要提出的价值观确实是正确的、符合国情的，最终将会为社会所接受，但我们必须对这一艰难过程有意识，而且要通过宣传教育、制度政策等途径使之落到实处。中国价值观构建目前就处于这种状态。

四、多国范围构建与一国范围构建的差异

　　西方价值观是西方各国思想家共同构建的，虽然各国官方采取的价值观有一些基本的共识方面，但各国之间仍然存在着不少差异，如美国价值观与欧洲价值观之间、西欧价值观与北欧价值观之间、英国价值观与法国价值观之间等等。而中国价值观是在一个国家内或者更准确地说是在中国内地范围内。这种差异决定了在中国容易采取政党领导、自上而下构建的方式，特别是一党持续执政的情况下更有可能如此，而西方不可能采取类似的方式。但是，由于西方价值观是一个包括多国的区域价值观，各个国家相互之间有一些基本共识和原则限度，因而不太容易出现因为其中一个国家领导人的问题而导致整个区域的价值观乃至整个社会现实发生灾难性的问题。20世纪西方某些国家领导人发动了两次世界大战，试图破坏已经确立的价值体系，但最终都没有达到目的，结果相反是以这些领导人灭亡告终。中国价值观的构建由于是在一国之内，缺乏这种国家之间的相互制约力量，因而当国家领导人出问题时就可能需要相当长的时间甚至要等到国家领导人去世才能得到解决。毛泽东的问题在新中国成立之初不久就已经表现出来，但由于种种原因长期得不到纠正，长达二十多年，最终酿成了"文化大革命"的灾难。正是吸取这一教训，中国废除了党和国家主要领导人终身制。当然，仅此还不够，还需要实行党内民主，保障党员和人民的自由民主权利，将政治权力完全纳入法制的范围之内，依法治国、依宪治国。只有这样，中国价值观构建才能充分发挥一国范围内由共产党领导构建的优势。

中西价值文化比较的启示*

从不同维度和不同层次对中西价值文化的比较分析，可以给我们今后如何构建超越于西方价值文化的先进价值文化诸多启示。其中特别重要的有下述四个方面。

一、构建科学正确合理的先进价值观

一个社会的面貌、性质取决于占统治地位的价值文化，而占统治地位的价值文化是其价值观或价值体系的体现。因此，价值观理论构建得是否正确合理，是这种价值观能否现实化为正确合理的文化的前提，也是它能否成为社会的主流价值文化的前提。西方资本主义价值文化之所以能成为西方社会的主流文化，重要的原因之一是西方资本主义价值观是经过长期精心理论构建形成的，有其合理性；而它之所以存在着诸多问题，为许多思想家所批判，今天又为许多国家所抵制，则是因为它的理论构建存在根本性缺陷和诸多问题，而其根本性的缺陷集中体现为它从个体主义异化为资本主义，并导致社会的全面异化。西方价值观构建的诸多问题所导致的社会全面异化的教训告诉我们，要高度重视中国价值观的理论构建，使之具有充分的科学性、正确性和合理性，成为先进的价值观。当然，中国价值观构建不是一蹴而就的，而是一个不断总结实践经验教训、不断深化理论探讨的与时俱进过程。只有在这个过程中，中国价值观才会逐渐达到完备、圆熟。

首先，中国价值观的先进性还需进一步增强。中国价值观是中国特色社会主义文化的核心内容，要实现社会主义文化的大发展大繁荣，中国价值观先进性还需要进一步增强。而要增强中国价值观的先进性，则需要"积极培育和践行社会主义核心价值观"，自觉、主动地加强社会主义价值观的理论构建，作出正确的构建战略选择。在全球化和信息化背景下的当代世界，无论是在国际舞台还是在一个开放的国家，都出现了价值多元、竞争的新格局。改革开放以来，西方价值观、传统价值观、各种宗教价值观等在我国竞相登台，甚至力图成为主流价值观。我国坚持和致力于构建的社会主义价值观就其性质而言无疑是先进的，而且在我国处于主导地位。但在价值多元、竞争的新格局挑战面前，要使社会主义价值观立于不败之地，真正成为主流文化，必须加强其构建，进一步增强它的先进性，使之现实化为当代最先进的价值文化。

---

* 原发表于江畅等：《当代中国主流价值文化及其构建》（第十章），科学出版社 2017 年版，原标题为"比较的启示"。

什么是最先进的价值文化？当代最先进的价值文化是集人类优秀价值文化之大成的最具竞争力的优势文化。它从根本上克服了其他价值文化的局限、缺陷和问题，尤其克服了其他价值观的专制性、资本化、异化等问题；同时，它又吸收了这些价值文化中的合理内容和精华。当代先进价值文化是全体社会成员共建共享的民主文化，它的主体是人民，人民是价值文化的创制者、建设者、享有者。当代先进价值文化是以社会成员幸福普遍实现为终极价值追求并被法制化的完整价值体系，是谋求社会成员普遍幸福的幸福文化。它能充分体现社会成员根本的和总体的利益，能最好地满足人的生存发展需要。它是顺应人性的，是人情化、人道化的，具有感召力、凝聚力和亲和力。同时，先进的价值文化还能在引导和控制其他价值文化的同时与之共存共荣，它具有宏大的气魄和博大的胸怀，具有开放性、包容性和自我完善性，是具有竞争力、影响力和控制力的主流文化。就当代中国而言，最先进的价值文化就是践行和体现社会主义核心价值观的文化，或者说，就是社会主义核心价值观的现实化，也就是社会主义核心价值体系从观念到现实的转化。加强中国价值文化构建，就是要使中国价值观成为人类最先进的价值文化。

我们要清醒地认识到，只有进一步增强中国价值观的先进性，才能使它在当代世界不同价值观竞争中取胜并立于不败之地。当代中国价值观要扼制西方资本主义国家的"文化霸权"和资本主义价值观对我国的入侵和渗透，必须比资本主义价值观更先进，尤其是要克服资本主义价值观自身存在的异化问题，充分彰显它的比较优势和卓越品质。在当代中国多元价值观格局中，社会主义价值观不仅要在竞争中取胜，而且要使其他价值观认可、认同，心悦诚服地接受引领和控制，成为主流价值观。这样，它就必须具有实力和竞争力，而真正的实力和竞争力只能来自于它自身的先进性。同样，只有中国特色社会主义价值观的先进性得到进一步增强和彰显，它才会得到社会成员的普遍认同，才会具有强烈而持久的感召力、凝聚力和影响力。中国特色社会主义价值观是中国特色社会主义文化之魂，是当代中华民族之魂，是社会主义中国的根本标志。只有中国特色社会主义价值观的先进性不断得到增强，才会有中国特色社会主义文化的大发展大繁荣，才会有中华民族的伟大复兴和强大，才会形成既有国际影响力和渗透力又有中国气派、中国风格、中国话语权的价值文化。

其次，中国价值观需要加强构建才能增强其先进性。中国价值观源自于马克思主义的创始人，是马克思主义价值观的现实化。他们所创立的马克思主义价值观无疑是科学的、先进的，但这种价值观还是预测性的、理论性的，在当时尚未充分地付诸实践。任何真理都必须与时俱进，马克思主义价值观要现实化为当代先进的社会主义价值观，还需要根据新的历史条件和时代精神进一步丰富和发展。20世纪以来，世界发生了一系列重大的历史事件，如社会主义制度的诞生、爆发两次世界大战、苏东社会主义解体、全球一体化进程加快等。这些重大的世界性历史事件提出了许多新的理论和实践问题，需要对什么是社会主义、如何建设社会主义的问题作出新的解答。正因为如此，党的十七届六中全会通过的《中共中央关于深化文化体制改革推动社会主义文化大发展大繁荣若干重大问题的决定》提出，要不断推进马克思主义中国化、时代化、大众化，要使马克思主义不断吸收新的时代内容，与时代发展同步伐、同进步。

社会主义价值观在20世纪开始现实化为价值文化形态，它是把马克思主义与各国具体的实践相结合的产物。虽然从苏联的十月革命起社会主义就开始了实践，但这种实践是在落后国家发生的，而且实践的时间较短，至今不过百余年的历史。更重要的是，由于多种原因，在将马克思主义价值观转化为社会主义价值观的过程中，其方案设计不充分、不完善，在实践过程中出现了诸多的问题，并没有充分显示社会主义价值观的先进性和优越性。这些情况表明，先进的社会主义价值观尚未完全构建起来，还需要继续构建。我们要根据时代化的马克思主义进一步调整思路，完善方案，使科学的马克思主义价值观现实化为先进的社会主义价值文化，使所构建的价值文化成为公认的、当代最先进的价值文化。

第二次世界大战之后，特别是苏联解体之后，全球化、信息化的进程进一步加快，各种价值观在碰撞、竞争中相互吸收、渗透、融合，并适应新的时代改革创新，以增强其竞争实力。今天的世界已经成为了各种价值观争斗、角逐的舞台，作为其主角之一的资本主义价值观在努力增强自己实力、争占价值观制高点的同时，千方百计地扼制甚至消解社会主义价值观。在这种价值观的竞争中，社会主义价值观只有进一步增强其先进性，才能有效抵御资本主义价值观"西化""分化"的图谋，才能最后取得胜利。今天，我们着力构建中国价值观，就是要进一步增强其先进性，使它比西方价值观更具有实力和竞争力。社会主义价值观的先进性不是自然而然具有的，也不是一旦具有就始终保持的。无论从理论上还是从实践上看，社会主义价值观的先进性必须与时俱进，只有不断加强构建才能进一步增强其先进性。否则我们力图使社会主义价值观成为我国主流价值观的目的就不可能达到。

最后，增强中国价值观的先进性需要作出正确的战略选择。加强中国价值观建设，增强其先进性，这是我国文化建设的根本任务，也是中国特色社会主义建设面临的紧迫任务。要完成好这一任务，需要认真研究我国应采取的构建战略，并作出正确的战略选择。

在当代价值观多元的情况下，做出正确战略选择的重要前提是知己知彼。一方面要认真深刻地反思我国现行的社会主义价值观，在明确其先进性和优势之所在的同时，找出其薄弱环节和存在的致命性问题；另一方面要深入研究其他价值观特别是资本主义价值观的优势、合理内容以及存在的根本缺陷。当代社会主义价值观本质上是先进的，但它比其他价值观起步晚，是一种新生的价值观，还在发展和完善的过程之中。我们要在知己知彼的前提下，充分吸取其他价值观的合理内容和有益经验，向对手学习，以彼之长，补己之短，使自己变得强大；同时又要克服它们存在的根本性问题，吸取它们的教训，避免走弯路。我们既不能妄自菲薄，也不能盲目自信，而要参照借鉴，兼收并蓄，改革创新。特别是要从资本主义价值观中吸取自由、平等、公正、民主、法治等方面的合理内容，更要从根本上克服它的资本化及其所导致的异化等弊端，实现对资本主义价值观的历史性超越，使自己更先进、更合理、更完善。

我国在近一个多世纪的社会主义实践中，根据科学社会主义理论形成了中国特色社会主义理论，特别是党的十七届六中全会提出了社会主义核心价值体系，党的十八大又进一步阐明了社会主义核心价值观。当前我国构建中国价值观面临的最急迫任务有两个方面：一是要根据中国特色社会主义理论特别是社会主义核心价值观进一步构建不同维度、不同层次的完整的中国价值观理论体系；二是要提供如何使中国价值观特别是核心价值观为社会公众普遍接受并使之道德化、法制化和政策化的科学、系统、完善的实践方案，从而使之真正做到"落细落小落实"（刘云山）。只有有了这样的理论体系和实践方案，中国价值观才能真正转化为中国价值文化，才能使中国价值文化的构建有计划、有步骤地顺利推进。

二、思想家与政治家各负其责

西方价值文化的一个突出特点是西方价值观得到了充分的现实化。西方价值文化虽然有其缺陷和局限，但它的构建是成功的。这种成功给我们的一个重要启示，是在构建过程中发挥重要作用的思想家和政治家分工明确，各负其责，分别从理论上和实践上完成各自的构建任务。西方近现代价值文化的构建过程大致上说是这样的：首先由思想家提出各种不同的价值观；然后政治家在各种价值观中进行挑选，并设计方案；最后政治家将设计方案制度化、法律化，并贯彻到社会生活的各个方面。在这个过程中，思想家提出的价值观是前提性的，没有他们提出的关于价值观的各种观点，不可能有随后的设计方案，也就不可能使价值观转变为社会的价值文化。虽然西方近现代思想家提出的价值观不尽相同，如有的是自由主义的，有的是共和主义的，但这些观点给政治家构建价值体系提供了素材和智慧，政治家可以在其中进行挑选和提炼，并进一步设计自己需要的价值体系方案。

对于西方各国近现代主流价值文化构建来说，思想家的贡献无疑是首要的。资产阶级是在批判和反对旧的价值文化中提出和确立新的价值文化的，同时又用新的价值文化批判和反对旧的价值文化。在这种破旧立新的过程中，资产阶级政治家发挥了决定性的作用，他们用政治实践建立了资本主义社会，最终用资本主义价值文化取代了基督教价值文化。但是，他们的政治实践是以新的思想理论为依据的。新的思想理论是通过艰苦的理论创新创立的。思想理论的创新，是西方近现代价值文化构建的前提和先导。只有从理论上创立了有生命力、感召力、战斗力的新价值文化，才能通过斗争打败旧价值文化，建立新价值文化。在西方近现代，从理论上创立这种新价值文化的并不是政治家，而是思想家，尽管政治家适时地选择了这种理论并使之付诸实践。近现代西方涌现出了一大批思想巨子，他们从不同角度对西方近现代主流价值文化及其构建做出了首要的贡献。

西方近现代思想家之所以能提出各种价值观，是因为思想家享有较充分的思想自由。从西方近现代历史看，除法国启蒙时期之外，西方各国虽然处于社会转型时期，基督教教会势力和封建势力仍然十分强大，但一系列革命运动给思想家营造了思想和言论自由的环境。在西方至今流传着伏尔泰的一句名言："我可以不同意你的观点，但我誓死捍卫你说话的权利。"这句名言深刻表达了西方近现代对思想和言论自由的充分尊重。正因为有了这样的自由环境，思想家才能够自由地思想，自由地发表言论。我们可以设想，如果思想家不享有充分的思想自由，像霍布斯的《利维坦》、洛克的《政府论》、亚当·斯密的《国富论》、约翰·密尔的《论自由》等具有反叛性的西方近现代价值观的经典著作是不可能问世的。即使是在封建专制主义势力十分强大的法国启蒙运动时期，也出版了孟德斯鸠的《法的精神》、卢梭的《论不平等的起源》和《社会契约论》等革命性的著作。自近代以后，西方资产阶级在构建资本主义价值文化的过程中，仍然十分重视社会环境的自由，确保思想家思想和言论自由的权利，应该说，思想家的思想和言论自由成为了这种价值文化的一个组成部分，成为了一种文化传统。正是在这种思想和言论自由的环境下，20世纪以来西方思想家提出了更多的关于价值观的观点，出版了不计其数的相关著作。这一切又为西方主流价值文化从近现代到当代的转换提供了依据。

政治家在西方近现代主流价值文化构建中也发挥了重要的作用，这种作用具有关键性的意义。政治家的作用可以概括为四个方面：第一，他们熟悉当时各种价值观的基本观点。西方近现代政治家都比较了解当时思想家的思想，甚至非常推崇他们的思想。据说法国大革命时期的罗伯斯庇尔就是卢梭的忠实信徒，他被称为"行走中的卢梭"。第二，他们对这些观点进行挑选，并在此基础上根据国情设计价值体系。这既是一个择优的过程，也是一个集中思想家智慧的过程。例如，英国选择了君主立宪制，而法国、美国选择了总统制。它们都是根据启蒙思想家的思想及本国的实际情况做出选择，并设计价值体系方案的。其中最典型的是美国。美国的开国政治家们就是根据启蒙思想家孟德斯鸠的"三权分立"思想设计美国的政治体制的。第三，他们将这种价值体系的终极目标、核心理念和基本原则制度化、法律化。我们看到，近代西方政治家在基本上完成价值体系的设计之后，就将其文本化为制度和法律。英国的《权利法案》、美国的《独立宣言》及随后的《美国宪法》、法国的《人权宣言》及随后的宪法，都是这样产生的。第四，他们根据法律治理国家。自近代开始，西方各国都实行宪政和法治，它们将价值体系制度化和法律化后按照法律管理国家，通过国家的行政管理，使制度和法律得以贯彻落实，从而使所选择的价值观和所设计的价值体系现实化，成为价值文化。

从以上分析可以看出，政治家在构建西方近现代主流价值文化中的主要作用，是在思想家提出的各种观点中进行选择，设计价值体系方案并使之法制化、现实化，而不是提出有关价值观的思想理论观点。在这里，思想家提出各种观点在先，政治家进行选择和构建活动在后。西方政治家一般不做思想家所做的事情，更不是首先由政治家提出观点，然后由思想家再对政治家的观点进行阐释和论证。政治家并不是不能提出有关价值观的观点，实际上每个人都有它自己的价值观，但政治家根据自己的价值观来进行社会价值体系的设计有很大的局限。首先，如果这样，他们就不会在各种思想观点中选择最正确、最先进的。当然，他们自己的思想观点有可能是最正确、最先进的，但更有可能不是这样。政治家成天忙于政治事务，没有精力从理论上研究价值观问题，从而获得真理性的知识，而且他们通常也不具备从事这方面理论研究的专业能力。他们的价值观也像普通人一样是通过学习和经验形成的，不系统、不完整，也没有经过理论的论证，基本上是常识性的价值观。显然，以这样的价值观为根据设计的社会价值体系很难是科学、正确和先进的。其次，政治家有自己的利益，并且代表着一定的利益集团，因而他们的价值观很难摆脱这种利害关系，成为真正公正的。如果以他们自己的价值观设计社会价值体系，这种价值体系就有可能是偏私的，不能代表全体社会成员的利益。西方近现代以至当代的政治家清醒地意识到了上述问题，将提出价值观的任务交给思想家，自己则将精力放在集中思想家的智慧上，有选择地根据他们的思想观点构建方案并付诸实施，这是十分开明和明智的。

要构建一种先进的价值文化就必须有先进的价值观，但先进的价值观并不是一个人能提供的，而必须集中大量思想家的智慧。思想家要出智慧，首先必须有思想的自由，周围的环境允许他们自由地思想，最好还能给他们自由思想提供条件。当然，思想家也要有追求真理、探索真理、捍卫真理的精神。西方价值文化构建的经验告诉了我们这个道理。有思想自由，才可能有好的价值观，才可能构建好的价值文化，也才能建设社会主义文化强国。党的十八大报告指出："建设社会主义文化强国，关键是增强全民族文化创造活力。要深化文化体制改革，解放和发展文化生产力，发扬学术民主、艺术民主，为人民提供广阔文化舞台，让一切文化创造源泉充分涌流，开创民族文化创造力持续迸发、社会文化生活更加丰富多彩、人民基本文化权益得到更好保障、人民思想道德素质和科学文化素质全面提高、中国文化国际影响力不断增强的新局面。"[①] 全民族文化创造活力产生和持续迸发的一个必要前

---

① 胡锦涛：《坚定不移沿着中国特色社会主义道路前进 为全面建成小康社会而奋斗——在中国共产党第十八次全国代表大会上的报告》，《人民日报》，2012年11月18日第1版。

提，就是思想家和文化工作者享有充分的思想自由和创作自由。

西方近现代政治家在构建价值文化的过程中给思想家以自由，让他们自由地研究和提出思想观点，并尊重和采用他们的思想观点。这些做法给我们的重要启示在于，政治家要开明、明智，要意识到就价值文化构建而言自己不是思想家，而是设计师，尤其是工程师；要意识到自己有自己的职责，有自己的优势，也有自己的局限；不能因为自己位高权重，就认为自己的观点、看法正确，是真理；不能唯我独尊，不去了解和吸取思想家的观点，相反要思想家来为自己的观点作阐释、作辩护或唱颂歌，甚至对与自己不一致的观点大加讨伐。当然，我们也要借鉴西方近现代的做法，从制度上保证思想家的思想自由，防止政治家以自己的价值观作为社会价值体系的依据。在中国价值观的建设过程中，政治家要像党的十八大报告所要求的，一方面，"必须走中国特色社会主义文化发展道路，坚持为人民服务、为社会主义服务的方向"；另一方面，必须"坚持百花齐放、百家争鸣的方针，坚持贴近实际、贴近生活、贴近群众的原则"。①

三、有调控地发展市场经济

西方近现代主流价值文化是适应市场经济兴起和发展构建的。市场经济发展与这种价值文化的构建处于一种良性互动的关系。一方面，市场经济既是它生长的土壤，又是它发展的动力；另一方面，它的形成和完善又大大地促进了市场经济的发展，而市场经济的发展又促进了这种价值文化的形成和完善。在这种关系中，尤其值得注意的是市场经济发展对西方价值文化构建的意义。

首先，市场经济客观上要求与之相适应的价值文化，西方价值文化正是适应这种要求建立起来的。资本是市场经济的命脉，市场经济运行的目的就是资本的增殖。市场经济的这种性质要求与之相适应的价值文化必须为资本的增值服务，使一切资源（包括物质资源和人力资源）都资本化，并能带来更多的资本。这样的价值文化就是一种资本化的价值文化。西方近代主流价值文化是资本主义价值文化，而资本主义价值文化的根本性质和基本特征是这种价值文化的资本化。它是围绕着如何使资本增值构建起来并运行的。西方近现代主流价值文化中备受推崇的自由、平等、民主、法治等，无不是服务于市场经济所追求的资本增值的。显然，没有市场经济就不会有西方近现代主流价值文化的萌生，没有市场经济的发展就不会有西方近现代主流价值文化的繁荣。市场经济是西方近现代西方主流价值文化的根基和动力。

---

① 胡锦涛：《坚定不移沿着中国特色社会主义道路前进 为全面建成小康社会而奋斗——在中国共产党第十八次全国代表大会上的报告》，《人民日报》，2012年11月18日第1版。

其次,市场经济以其自身的优势最终打败了中世纪的一切之与不相适应的价值文化,从而为西方价值文化成为主流文化扫清了障碍。基督教价值文化在西方统治达千年之久,它有强大的教会势力和世俗的政治权力作支撑,而且渗入到西方社会生活的方方面面和社会成员的灵魂。西方近代为推翻这种价值文化的统治进行了不懈的努力,如文艺复兴运动、宗教改革、启蒙运动等。这些努力对于推翻基督教价值文化的统治和构建资本主义价值文化无疑具有重要作用,但需要注意的是,最终从根本上动摇基督教价值文化统治并使之退出历史舞台的是市场经济的发展。而且上述的革命运动本身也是适应市场经济发展的要求爆发的。因此可以说,市场经济是一种生命力强大的经济,具有击败一切与之不相适应的价值文化的革命性力量。

最后,西方的市场经济为与之相适应的西方价值文化充满生命力和扩张性奠定了基础并提供了保障。市场经济是一种充满生机和活力的经济,它为了资本的增殖而永不满足现状,不断开拓进取,不断向内挖潜和向外扩张。与之相适应的西方近现代价值文化也具有同样的性质,这种价值文化是一种充满生命力的价值文化,也是一种扩张性的价值文化。今天西方国家在全世界推行他们的价值文化,其根源就在于作为这种文化基础的市场经济的扩张本性。

但是,市场经济又是一种有缺陷的经济。这主要表现在:它会导致社会不公。市场经济实质上是只讲经济效率,不讲社会公平的,如果没有政府的干预,必然导致富者愈富、贫者愈贫的两极分化问题和社会不公问题。市场经济还会产生负面效应。由于市场经济本质上是一种唯利是图,只要可能就会不择手段的经济,因而当这种经济充分发展时,其负面效应就会特别突出而且特别严重。如在市场经济条件下人们的那些不正常的、病态的需求不仅得不到遏制,相反被刺激、强化;市场经济引导和开发需求的结果会改变人们的需求结构,那些更有钱可赚的需求就会被放大,使之恶性膨胀,其结果会使人的需求结构畸形化;拼命地利用和开发无主的、无偿的自然资源,而不管其他人和子孙后代;厂商只要有钱可赚,在有可能逃避限制和处罚的情况下,就会不顾可能污染环境,破坏生态的严重后果。不受控制的市场经济也会导致人性异化。在市场机制的作用下,利益逐渐成为了人们一切活动的唯一动机,谋利是为了活着,活着就是为了谋利。金钱是利益的货币表现,于是金钱成为人追求的终极目标,成为人生价值的尺度,成为人一切行为的指挥棒。人的一切都被还原为金钱。人为金钱而生,为金钱而死。金钱至上、金钱万能成为了人们生活的信条。所有这些市场经济的问题在近现代西方社会一直都存在,并且没有得到有效的克服和防范。

西方的经验告诉我们,虽然市场经济是一种有缺陷的经济,但在人类有史以来的经济形式中,市场经济仍然是一种最先进的经济形式。只有以市场经济为基础并适应市场经济要求构建的价值体系才可能是先进的价值体系,也只有借助市场经济的力量才能冲破一切旧的价值文化的束缚,战胜旧的价值文化,清除一切旧价值文化的消极影响。西方的经验也告诉我们,要战胜旧的价值文化,肃清其消极影响,必须借助市场经济的力量,必须大力发展市场经济。另一方面,我们也要吸取西方近现代的教训,不能仅仅以市场经济为基础构建价值文化,否则所构建的价值文化就会是资本化的,而资本化的价值文化并不能使社会成员普遍幸福。

市场经济在中国刚刚兴起,还需要大力发展,特别是要建成全面小康社会和实现中华民族伟大复兴的"中国梦",还必须借助市场经济的力量。但是,我们必须对市场经济本身的缺陷和它可能产生的消极影响和效应有清醒的意识。德国的社会市场经济模式在克服市场经济的问题方面尤其卓有成效,值得重视。

德国社会调控的社会市场经济模式既反对经济上的自由放任,也反对把经济统紧管死,而要求将个人的自由创造和社会进步的原则结合起来。它要求既保障私人企业和私人财产的自由,又要求使这些权利的实行给公众带来好处。它要求国家对市场给予尽可能少但必要的干预,特别是在市场失灵的地方实行干预,要求国家在市场经济中主动起调节作用,并为市场运作规定总的框架。张精华在《德国经济》一书中对德国的社会市场经济作了这样的概述:"它要求一个由国家制造的机构化的道德与法律的外部秩序。这种秩序要有利于自由地、自负盈亏地根据自由法制国家的规划进行计划的个体之间的交换关系;它也要保证人在其对社会责任的觉悟下施展在市场上的经济自由,以利于造就一个经济上与社会上高效率的、合乎人道的秩序。"[①] 他认为,竞争是德国社会市场经济的核心内容,通过市场,主要通过竞争,实现尽可能的全面而稳定的经济发展;稳定的货币是社会市场经济的前提,即建立一个能够正常运转的货币秩序,以保障价格稳定;国家的任务是管理和监督市场上的竞争,理顺市场调节的过程,校正市场结果,以实现社会安全、社会公正和社会进步。[②]

德国的社会市场经济一方面表明了实行有控制的社会市场经济是可能的,另一方面也为人类普遍采取这种经济形式提供了有益经验。当然,中国的社会制度与德国有着根本不同,我们不能简单地照搬德国的经验。我们应在借鉴德国经验的基础上走出一条市场经济与社会主义制度有机结合的中国道路。要走出这样一条道路,需要解决三个关键性问题:一是如何处理市场主体利益最大化的追求与全社会共同富裕的关系问题,即怎样才能既不会使社会出现严重的贫富两极分化又不淡化人们追求利益最大化的动机的问题;二是如何建立完整而严密的制度防止人们唯利是图、不择手段的问题;三是如何防止市场经济原则泛化,使整个社会和人们的生活都市场化、资本化的问题。在这三个问题中,西方价值文化比较好地解决了第二个问题,而其他两个问题都没有解决好,而且没有办法解决。对于中国来说,所有这

---

① 张精华:《德国经济》,人民出版社 1994 年版,第 11～12 页。
② 参见张精华:《德国经济》,人民出版社 1994 年版,第 12～18 页。

三个问题都严重地存在着，因而需要在借鉴西方的经验并吸取西方的教训的前提下在社会主义制度框架内创造性地解决这三个问题。我们甚至可以预言，这三个问题解决好了，社会主义就在中国取得了完全的成功，中国价值文化就真正超越了西方价值文化，并成为当代世界最先进的价值文化。

四、关键在于制度化和法律化

在价值文化构建的过程中，当价值文化构建内容和方案确定之后，一个关键的环节就是要使构建的内容和方案法制化。这里所谓的法制化，是指首先要将方案制度化，在制度化的同时使之法律化，特别是要通过宪法将其确定为国家的制度。法制化的重要意义在于，使构建内容和方案在全社会得到的共识，在国家管理中得到贯彻和实施，并使之确定下来，保持它的稳定性、连续性和一贯性，不经过法定的程序任何个人和组织都不能随意更改。当价值文化的内容被法律化后，它就具有最高的权威性，政治权力必须服从它，为它的贯彻实施服务，这即是所谓的法治。

价值观的制度化、法律化，对于将其现实化为社会的主流价值文化具有非常重要的作用。首先，制度化、法律化的过程，特别是立宪的过程，是一个民主参与的过程，在这个过程中，不仅使所设计的价值体系广为人知，而且让广大的社会成员参与讨论，在讨论的过程中形成共识，进一步完善价值体系，并使之得到公认。这样，所设计的价值体系就具有了广泛的群众基础和权威性。其次，当社会价值体系的基本精神和原则转变为宪法条文之后，它们就上升为了国家意志，具有最高的权威性，必须在政治和社会生活中得以贯彻，任何人和任何机构包括政治家和政府都不能违背它，否则就会受到追究和惩罚。这样，社会价值体系的现实化就获得了强有力的保障，也就会形成与价值体系相一致的社会价值文化。最后，法律，特别是宪法具有稳定性、连贯性，当社会的价值体系法律化之后，就可以保证它的稳定性、连贯性。一种价值体系的具体内容是可以根据时代的变化而改变的，只有这样价值体系才能与时俱进，充满生机和活力，但是它的终极目标、核心理念和基本原则总体上不能变，否则它就不是它自身，而是其他的价值体系。要保持价值体系的核心价值的稳定性和连贯性，就必须通过法律特别是宪法的形式将其中的内容确定下来。宪法是保持社会价值体系稳定性、连续性的主要方式。美国宪法1787年制定、1789年生效以来，两百多年除了后来制定的27条修正案之外，基本上没有什么变化。美国宪法的稳定性保证了美国主流价值观的稳定性，正因为有了这种稳定性才逐渐形成了美国的主流价值文化。

价值观制度化和法律化是西方价值文化构建的一条重要经验，同时也是中国价值文化构建的一个"短板"。价值文化的构建关键在于制度化和法律化，这是我们对中西价值文化构建得出的一个最重要结论。

近现代西方政治家在构建其主流价值文化的过程中，采取的一个关键步骤就是使所设计的价值体系制度化、法律化，其重要体现就是以宪法为中心的民主政治。这是民主与法治结合的政治，它通过民主的途径形成全社会的共同意志并建立宪法，同时又通过宪法规范整个社会生活，包括政权的组织形式和运行模式。从主流价值文化构建的角度看，宪政就是将所设计的价值体系方案通过一定的程序转变成具有最高权威的宪法，通过宪法的权威性使价值体系及其要求贯彻到政治生活以及其他社会生活的各个方面，任何人包括政治家都不能改变价值体系的内容，不能违背价值体系的原则。西方近现代价值体系之所以能在西方社会现实化为主流价值文化，一个重要的原因就是西方各国实行宪政，使价值体系制度化和法律化。在一定意义上可以说，西方国家的宪法就是它们的价值体系制度化和法律化的集中体现。美国在《独立宣言》发布之后，很快就根据其内容和精神制定了美国宪法，法国在《人权宣言》发布之后，也很快制定了法国宪法，西方其他国家也都仿效美国和法国走宪政之路，以美国宪法为范例制定本国宪法。正是在实行宪政的过程中，西方近现代主流价值体系，特别是其中的最终目标、核心理念和基本原则得以制度化和法律化，它们在民主与法治的结合中成为了一种文化，即资本主义文化。

与西方形成鲜明对照的是，中国价值文化构建的过程始终没有解决好这个问题，价值文化构建的内容和方案要么没有法制化，要么法制化了但为在它之上的权力所随意更改甚至遭到践踏，最后成了通常所说的"有法不依，执法不严"。中国价值文化不能法制化的最重要体现是宪法至高无上的权威性得不到尊重，制定宪法草率，修改宪法随意，违背宪法不究。有研究认为，20世纪上半叶中国的宪法变迁史简直不堪回首。它以"君权宣言"开始，以破坏宪政的"临时条款"结束，历时41年（1908～1949年）。其间宪法性文件变动频繁。经立法机关（含宪法起草委员会）通过的各类宪法、临时宪法（约法）、宪法草案共15件，尚不包括同样变动频繁的组织法、选举法，其中胎死腹中的宪草5部（不包括合法性成问题的1930年"太原中华民国约法草案"），真真假假的宪法（包括破坏宪法的"临时条款"）共10部，平均约4年出台一部宪法，不到3年一部宪法和宪法草案。如果去掉8年抗战非常时期，则立宪修宪的频率更高。即使不与美国200多年就一部宪法相比，宪法变动之多恐怕在世界上也数一数二。但是这些文件中，除破坏宪法的"临时条款"以及政府组织的条款、国民党党治的条款得到实行外，凡涉及真正现代宪政原则的几乎未见兑现。仅就形式而言，真正生效的宪法只有1923年曹锟宪法和1946年宪法，两者加起来不到两年，且两者生效时国家并不统一。所以，在全国范围内生效的宪法（哪怕是形式上）一天也没有过。[①] 中国近现代宪法的这种状况表明，中国还没有实行法治，权力仍然在法律之上。

---

① 参见周永坤：《中国宪法的变迁——历史与未来》，《江苏社会科学》，2000年第3期。

新中国成立后，特别是党的十一届三中全会以来，党和政府深刻总结我国社会主义法治建设的成功经验和深刻教训，提出为了保障人民民主，必须加强法治，必须使民主制度化、法律化，把依法治国确定为党领导人民治理国家的基本方略，把依法执政确定为党治国理政的基本方式，积极建设社会主义法治。但法治建设还存在许多不适应、不符合的问题，主要表现为：有的法律法规未能全面反映客观规律和人民意愿，针对性、可操作性不强，立法工作中部门化倾向、争权诿责现象较为突出；有法不依、执法不严、违法不究现象比较严重，执法体制权责脱节、多头执法、选择性执法现象仍然存在，执法司法不规范、不严格、不透明、不文明现象较为突出，群众对执法司法不公和腐败问题反映强烈；部分社会成员尊法信法守法用法、依法维权意识不强，一些国家工作人员特别是领导干部依法办事观念不强、能力不足，知法犯法、以言代法、以权压法、徇私枉法现象依然存在。正是针对这些问题，党的十八届四中全会作出了《中共中央关于全面推进依法治国若干重大问题的决定》，提出了建设中国特色社会主义法治体系，建设社会主义法治国家的总体目标，对推进依法治国和依宪治国作出全面系统部署。因此，我们有理由相信，中国价值观的法制化进程将会大大加快。

从西方价值观制度化、法律化的经验看，构建中国价值文化关键是要将民主与法治结合起来，将主流价值体系方案的制订与宪法的修订结合起来。一方面，要将宪法修订的过程变成全民对主流价值体系方案形成共识的过程，变成集中全社会智慧完善主流价值体系方案的过程；另一方面，要将主流价值体系的主要内容（终极目标、核心理念和基本原则）制度化和法律化，使之成为国家意志，成为具有权威性和约束力的政治规范。与此同时，还要进一步提高宪法在国家中的地位，使之真正成为国家的最高权威，成为我国主流价值体系得以有效贯彻的可靠保证和中国主流价值文化构建的坚强有力的凭借。

寻求中西德性问题的共识*

——江畅教授与斯洛特教授关于德性伦理学的对话

2015年5月30日下午，美国著名德性伦理学家、迈阿密大学教授斯洛特先生在湖北大学哲学学院就德性伦理学话题与师生展开了一场自由交流活动，笔者与斯洛特教授就什么是德性论、什么是德性伦理学、二者之间是什么关系，以及什么是品质、什么是人格、二者之间又是什么关系等中西伦理学者所共同关注的问题展开了对话与交流，并形成了一些共识。中西伦理学家之间思想与思想的对话精彩纷呈，给参与对话的当事人带来了启迪，也令在场的听众思路和眼界大开，笔者相信这些对话内容也会引起有兴趣的读者对这些问题的关注和思考。

一、德性论与德性伦理学的关系

江畅教授：很高兴有这个机会和斯洛特教授进行自由交流。我想把我在研究德性伦理学过程中遇到的一些难以解决的问题拿出来向斯洛特教授求教。我研究德性问题起步较晚，在研究的过程中遇到了一些难以回答的问题，在研究西方德性思想史的过程中也没有获得这些问题的充分答案。就本人有限的了解而言，有些问题在学界似乎还没有意识到，当然也没有明确提出来。现在，我将这些问题拿出来，并谈一谈自己对这些问题的初步看法，也借此机会向斯洛特教授请教，或许对大家有些启发意义，或许还能促进学界对这些问题的重视和深化研究。

我在研究德性伦理学的过程中发现，在西方，德性伦理学的含义比较清楚，是指西方古希腊亚里士多德开创的以研究德性为重心的伦理学流派。他之前可以追溯到苏格拉底、柏拉图，他之后可以延伸到托马斯·阿奎那。近代由于伦理学研究的重心从德性问题转移到规范问题，德性伦理学被边缘化，20世纪50年代之后又开始复兴。我认为德性伦理学是西方伦理学的一个流派，它属于伦理学的德性论。在我看来，伦理学德性论可以用ethology一词来表述。这个词在现代西方的意思是动物行为学，但其词根来源于希腊文，与英文"伦理学"（ethics）一词的词根相同，可以用来指德性论，以与伦理学的"价值论"（axiology）、"道义论"（deontology）并列。所以，我认为可以用ethology指以研究德性为重心的伦理学研究，或者说指

---

* 原发表于《湖北大学学报》（哲学社会科学版），2015年第6期（与迈克尔·斯洛特合作）；中国人民大学复印报刊资料《伦理学》，2016年第2期转载。

伦理学的一个分支，即德性论。请问斯洛特教授的看法是什么呢？

斯洛特教授：我同意江畅教授的观点。我认为实践理性也是伦理学的一部分，虽然我不知道江畅教授所说的"ethology"是什么意思，但是如果我的理解没有错的话，如果"ethology"包括幸福问题研究的话，那么我非常认可江畅教授的观点，因为我们的确应该关心人类的幸福，应该关心我们自身的幸福。在我的专著《来自动机的道德》中曾说到过这个观点。在我看来，好的生活独立于德性，也即是说好的生活不仅仅只是来自于德性，这个是我在《来自动机的道德》这本书中提出的观点。基于这个观点，我非常认同江畅教授刚才所说的观点，即伦理学的研究大于德性的研究，德性伦理学只是伦理学的一个分支，一个流派。

江畅教授：我想做一点补充，德性论只是伦理学的一个分支或基本领域。我认为伦理学是人生哲学，除了研究德性外，伦理学还要研究善和恶的问题，研究道德价值的问题，其中包括至善，即幸福问题。至善对于人的生活来说就是一种善的生活，所以，就此而言，我和斯洛特教授的观点是完全一致的。伦理学就是回答什么对人是有价值的，什么样的生活是好（善）生活，如果更广泛一点，就包括一个社会应该是什么样的社会，什么样的社会是好（善）社会。

斯洛特教授：江畅教授刚才补充的这一点和我的观点是有共鸣的，我们都共同认为伦理学包含的内容要远远多于德性所包含的内容。这样一个观点，在我看来和亚里士多德的观点是具有类似性的，在亚里士多德看来，好的生活不是仅仅来自于德性，这个观点和我们是一致的。但我有另外一个观点跟江畅教授不太一致，我认为我们不能把好的生活和德性相等同，这一点是一定要注意的。我是从本能的角度来理解德性的，在德性里面，我认为仁爱自身就是善的，自身就是好的，我理解的仁爱就是从本能的角度来理解的。

二、德性品质与人格的关系

江畅教授：我之所以把伦理学看做是关于人生的哲学，在我看来，人格就是人性的现实化，现实化的人性创造了人的生活，它包括四个方面，即观念、知识、能力和品质。把伦理学看作人生的哲学，这个人生哲学的内容包括很多方面，其中引起哲学家关注的就是这四个方面。还有一个问题，实践理性和合理性的概念在我看来不是伦理学某一部分的概念，它是伦理学最基本的一种方法。我们无论是在善恶判断里面还是德性里面，什么样的品质是德性？什么是恶性？还有规范，怎么来制定？怎么执行？以及情感，什么样的情感才是善的？如何培养善的情感？这些都涉及实践合理性的问题，即实践理性问题。也许还可以包括，斯洛特教授所讲的阴和阳的问题。

斯洛特教授：江畅教授所说的是极有可能的，但是我曾讲到，西方哲学里面的这种实践理性是不对的,我在讲座中对西方哲学中的实践理性展开过批评。但是我认为建立在阴阳基础上的实践理性是对的,在今后的讲座中我会对这一点进行深入的阐述。例如,对于困在着火的建筑物里的人而言,如果不寻求逃生的通道,而是任其自然,觉得自己会不会被火烧着是一件无所谓的事情,那么,这个人就是非理性的,如果积极寻求逃生通道,这种实践理性就是对的。在有名的论文《行动、理由、原因》一文中,唐纳德·戴维森(Donald Davidson)提出了(我们可以称之为)欲望-信念的模式来解释意向性/目的性的人类行为。根据这种模式,我们可以解释为什么欲望和信念会结合起来引导人们去做一种特定的行为。现在,我认为这种模式可以解释绝大部分人类行为,尤其可以解释下面这种行为:在以目的为指向的欲望情境中,通过发现一种手段来满足欲望并制定相应的行动方案。在这种情境中存在着一种欲望,它会就满足欲望的手段不断获取新的信念,并基于这种信念去行动。从阴阳的角度而言,较之欲望,信念是一种阴,而较之信念,欲望是一种阳。信念自身或作为一个整体现象似乎具有阴性特质,而欲望自身或作为一个整体似乎具有阳性特质。信念自身似乎比欲望更具接受力,而欲望自身似乎比信念更具主动性和目的性。简而言之,信念和欲望是心灵的阴与阳。对于被困于着火的房子中的人来说,信念,即"着火的房子",不是纯粹智性的东西,它不是不活动的东西,不会仅仅只拥有心灵-对-世界这个方向的符合,事实上,它拥有世界-对-心灵这个方向的符合,也就是说,它必然会产生欲望,涉及实践的含义。任何发挥作用的心灵必定会包含信念和欲望这两种元素,这两种元素不仅必然会共存于任何可能发挥作用的心灵之中,而且它们彼此具有阴阳互补性。发挥作用的心灵包含着并必然包含着阴性的信念和阳性的欲望,二者紧密相连,并在这个意义上形成了信念与欲望的阴阳互补性,我们认为,信念和欲望自身彼此都独自具有不可分割的阴阳互补性。受到信念和欲望推动而产生的逃生这种行为,就是我所赞成的实践理性。

江畅教授:我赞同这个观点,我认为实践理性本身就是阴和阳这两个方面,不完全是理性。

斯洛特教授:我想补充一点,世界上没有一个被称之为所谓的纯粹理性的东西,这个东西是不存在的。我之所以在概念上把信念与感情或情感联系在一起,我自己的部分理由来自我对信念持有的看法。我们认为,拥有开放心灵的人在某种程度上对别人喜欢而至少他们开始的时候不喜欢或实际上不认可的观点和看法持有一种智性的同情。但是,以一种绝对明晰的观点来看,这种假定意味着:那些没有获得人们同意的观点、论点或理论,较之人们初次见到它们的时候,它们会变得更加讨人喜爱,人们喜欢用某种方式来看待他们初次看不顺眼的事物。这意味着,一个人开始的时候持有的、对看待事物或理解世界的敌对方式战胜了各种其他的、不符合其心意的看待事物或理解世界的方式。不过,在这种情形中,赞赏指向了某种相当抽象的东西，这意味着，当你开始相信你不相信的东西的时候，不同意你的那些人对某个观点或某些观点（或论点）持有了一种赞赏的态度，而你在开始的时候却没有这种态度。这强烈地显示出，相信一个东西，就内在地涉及一种情感态度，它对某种看待事物的方式的赞赏超过了与此不一致的看待事物的其他方式。情感的态度就是一种情感，即使它所指的对象是抽象事物并在一定意义上（或者说有时候）要弱于我们对朋友、亲人或某些政治党派所感觉到的情感。所以，信念具有智性或理论意义上被赞赏的含义，出于理论和（其他）实践目的牵涉到对命题的赞赏就会被证明是错误的。

江畅教授：斯洛特教授的论述很有道理，另外我想讨论"品质"在人这里是什么地位？我把它看做是人格的一个构成部分，我认为人格由四块构成，一是观念；二是知识；三是能力；四是品质。我认为人格是人性的一种现实化，每个人都有人性，把它现实化在现实当中变成一个现实的人，那么就获得了人格，品质就是人格的一个部分。如果品质只是人格要素的性质，而且如果人格像心理学所理解的那样，是由能力和品质构成的，那么品质就成了能力的性状。按照这种对人格的理解，品质似乎是能力的品质，因为人格中除了品质之外就只有能力了。如果人格像本人所理解的那样，那么品质就成了观念、知识和能力的性状。如果把观念、知识、能力看做是人格要素，那么品质就不仅是能力的品质，而且也是观念和知识的品质。这样，品质是德性的，就意味着能力是道德的，或者意味着观念、知识和能力是道德的，当然也可以意味着整个品质是道德的。简而言之，在人当中或人格当中，品质是什么地位？

斯洛特教授：在英文当中，人格这个词可以用"personality"这个词表达，但英文的"人格"一词的意思更窄，比如说我会说法语，这样一种能力是不包含在"人格"里面的。江畅教授有说到人格分成几个方面，尤其是品质这一点，比如说一个人他的性格非常乐天派，很快乐，他有这样的一个品质，我们可以说他是有这样一种性格特征。然而在我看来，这个人比较乐天派，比较快乐，我们可以描述这是他的性格，但我们不能说这是他人格的组成部分，这是我要说的另外的一点。

三、品质的来源问题

江畅教授：人的气质、人的性格不是人格的主要构成要素，但它实际上也会对人格的形成提供一些帮助。我关心的一个主要问题是如果我们不这样理解德性或者品质的话，我们应该把德性或品质放在人的哪一块？有人说德性是意志的品质，意志才有善恶的问题，就是说意志才有品质问题。亚里士多德认为是人的行为和情感有品质问题。我说的品质问题是人格的一个构成部分，它涉及很多方面，比如有道德的品质，道德上好还是不好；比如认识能力也有品质问题，反应快不快，思维是否敏捷，记忆力好不好。我们考虑德性只是品质的一个道德的问题，我们所说的品质是指哪一块而言的？

斯洛特教授：我不太清楚西方心理学家对人格做出过什么样的划分，我个人在这点上还不怎么了解。但我可以肯定的是，西方的心理学家们在做研究的时候，他们的哲学味是非常淡的，他们在概念上经常很混乱，所以即使西方的心理学家不同意你的看法，我觉得也没什么关系，相反，有可能你是对的。

江畅教授：那么品质属于哪个部分，它和意志有关吗？

斯洛特教授：我可以肯定地说，品质不是意志，在1785年有一位思想家康德在他的书中说，品质可以受到训练，从这个角度可以认为品质不是意志。品质不会来自康德哲学中所说的意志，这是我坚决要说的一个观点。亚里士多德在他的伦理学中说，品质来源于教育，对于这一观点我也是不认可的。关于"品质"，我认为"品质"这个词的内涵要大于"道德品质"，比如，有的人他特别能干特别有计划，这样的人，我们说他具有能干的品质，然而他是否具有很高的道德品质，这个难以打等号。所以"品质"这个词的内涵要大于"道德品质"的内涵，并不是所有的品质都是道德品质，那么既然这样的话，品质从何而来呢？在我看来，品质来源于同情共感（empathy）的能力，所以我认为儿童是被父母通过同情共感的方式被教育成人的。所以，在抚育孩子的过程中，父母需要教育孩子要有更多的关爱之心，要培养孩子具有更多的同情共感的移情能力，换句话说，这种同情共感的能力是一种非常敏锐的情感感知性。因为同情，作为一种感觉，离不开同感。但是，我在讲座中说过，同感以人类的模仿需要或本能为基础。我在讲座中还论述过，以同感为基础的已被证实的信念具有阴阳性，只是没有把类似的观点应用于道德领域。同情作为一种感觉要求他人具有接受性的同感，这种类型的同感是接受性的而非被动的，至少其中的部分原因是因为同感涉及对他人的接触以及对他人信念和态度的接纳（就像休谟所说）。这种以吸收某种原因为目的的接纳和接触，是主动的，它受目的所控制或约束，即使并不具有自我意识。因此，同情的感觉涉及的同感同时具有阴阳的特征。与此类似，作为动机的同情是一种关怀的动机，它涉及情感（渴望提供帮助，如果未能如此，就会感到失望）。但是，同情的主动性动机内在地涉及一种以同感为基础看待他人处境的方式，因此，它要并必然要在主动寻求帮助他人的同时接受他人。事实上，当一个人尽力帮助他人的时候，建立在同情基础上的阳性行为必然会对同情者所了解的他人不断变化的处境表示同感或者说感到敏感，同时也对自己起初的时候对他人处境和需要的误解而感到敏感。那么现在为了区分什么是道德品质，我还想再谈一谈能干的品质，对于能干这一品质，有的人很能干，有的人他不怎么能干，对于这一品质在我看来它也是不能被训练的。

江畅教授： 道德品质的内容在斯洛特教授看来来自共感，人天生就有这样一个内在的道德品质的源泉。这其中就涉及一个问题，从苏格拉底到柏拉图再到亚里士多德，他们基本上都认为人天生就具有这些优良品质，我们现在要做的就是如何把这些品质发掘出来。他们认为人的德性品质不是外在的社会要求的内化，而是人的特有功能即理性所达到的完善状态。实际上，苏格拉底的"接生术"非常形象地表达了这种内生论的观点。而内化论则是我国伦理学界、乃至教育界流行的观点，这种观点认为人的德性是外在的社会道德要求的内化。比较这两种观点可以看到，按照亚里士多德和苏格拉底的理解，德性是人的功能或本性的完善状态，即优秀。既然如此，我们说德性是内生的，完全能说得通。但是，如果我们把德性理解为道德的品质，而这种品质体现的是社会道德要求，那么，我们就不好说德性的内容是内生的，而应该说来自于外部，是社会道德要求的内化。但是，这样就有一个问题，如果德性的内容完全是外在的，人为什么会接受，为什么能接受，而这里所说的"会"和"能"是人形成品质的前提。我认为，这里是不是存在着一个"契合"的问题。即人性在长期进化中形成了一些德性品质的自然倾向，这种倾向在外在的社会道德要求与之契合，并有意无意地不断强化时，就会形成德性品质。而如果外在的社会道德要求不能与之契合，就难以形成德性品质。当然，我们不能否认，在没有德性的情况下，一个人的行为在外在压力之下仍然可能是符合道德要求的。而在中国，流行的一种看法是，认为人的道德品质是通过教育而来的，通过教育把社会的道德规则转化为人的内在的品质，不是人本身有的这些品质，而是社会外在的要求把它转化为内在的。按照斯洛特教授所说，德性品质的主要来源还是人性和人的那种情感，而不是主要来自于社会。

斯洛特教授： 刚才江畅教授讲到了关于教育的一种流行观点，即教育的过程就是把外在的东西转换成内在的道德规范的过程。这一观点在我看来来源于荀子，这个观点不是孟子也不是孔子的观点，我个人同意孟子和孔子的观点。因为孟子和孔子都认为人性中天生就有着某种善的东西，我同意他们的观点。但是对我而言，在我的研究中，我并不会对人性做出这样的假设，我不会假设人性天生就是善的，或人性天生就是恶的，但是我同意孔子和孟子提出的这样一种观点。接下来我想谈一谈，人为什么需要父母？在这个地方我需要强调一下，什么是人性中坏的东西？如果一个孩子从小就在爱的环境中长大，他长大后就比较善于助人，他有一种助人的倾向在里面；如果一个孩子带着恨长大，他在与其他小朋友的相处中，会不喜欢其他人，这个时候他就需要父母的干涉，需要父母教导他怎么去同情共感，小孩子有时候也是会思考的。当孩子在恨的环境中长大，就需要父母的干涉，父母需要教会他同情共感的能力，教会他思考，让他明白自己的行为会导致什么样的后果，所以要培养这样一种情感的能力。

四、社会是否存在德性的问题

江畅教授： 在苏格拉底、柏拉图那里，不仅个人存在着德性问题，社会也存在着德性问题。在他们那里，德性意味着优秀。如果这样理解，社会当然存在着德性，即社会的规定性存在着是否优秀的问题。但是，如果我们将德性理解为主体的一种道德的品质，那么社会存在不存在德性问题？我认为，社会是个人的扩大，个人存在着德性问题，社会当然也存在着德性问题。我后来谈的那种看法有两个方面，一方面人的德性品质是直接与人性相关的，人性为什么会有这样一种向善的品质？是因为人类长期进化的结果。只有当人拥有这样一种好的品质时，才会生存地好，人拥有包含这一因素的本性。本性在正常情况下会成长为一种好的品质，但如果遇到不好的社会环境或家庭环境，就会有变异发生。另一方面，不同社会有不同的要求，不是所有的社会都是按照人性自然生长的好来形成品质，社会的道德要求会干预人性自然向善的一种进程。如果一个社会是好的，它就会与人性向善相一致；如果社会不好，就会抑制人性向善的本性，那么这个社会就是糟糕的。社会环境和家庭环境这两个方面都是起作用的。如果一个人拥有好的家庭环境，但是社会干预是不好的，那么他就有可能由好变坏；如果一个人本性是好的而家庭环境不好，也会把他本来好的本性让它变坏。我们看到，西方的德性伦理学家，包括斯洛特教授，他们都有一个特点，主要研究个人的品质和德性。但在柏拉图那里，他将个人品质和社会品质联系起来。我们研究德性问题，既包括个人的德性问题，也包括社会的德性问题。也就是说，伦理学既要研究个人的好生活，也有研究这种好生活得以成立或依赖的好社会。我认为这样一个好社会的品质问题，也应该是伦理学关注的一个问题，也就是说，好品质不仅仅是作为个体的人类有好品质问题，作为整体的人类，作为一个共同体的人类，也有好品质问题。

斯洛特教授： 我充分认同江畅教授的观点，我认为的确如此，社会也是有品质的。在我的《出自动机的道德》这本书以及《道德情感主义》第九章，我讨论过这个观点，社会的确也是有品质的。对于好的社会，我同意你的观点，它是有德性的。但是我认为好的社会的品质和好的个人的品质，二者之间的连接点是情感，这种情感就是关怀。

江畅教授： 我们讨论的这些问题，许多看法都是一致的，斯洛特教授更强调情感在其中的作用，我认为在这一点上可能我们还是有不一致的地方。所有我们刚才说的伦理学研究的这些方面，比如价值、规范、德性、情感等方面，这些方面的基础可以更广泛一点，我认为还是以包括情感在内的人性为基础。我是不赞成仅仅以理性为基础的，这一观点认为整个伦理学仅仅建立在理性的基础上，例如像以康德为代表的理性主义思想家们的观点。人性是一个复合的、综合的整体，按照传统心理学的看法，知、情、意即知识（理性）、情感、意志都是它的基础，所以我们如果在这个基础上形成完善的人的综合的伦理，我们就认为人性最好的一种状态就是我们所说的智慧，其中包括情感。

斯洛特教授：我认为江畅教授这样的看法存在一些危险，比如说有可能会把人性本身视为善的。在我看来，如果说把道德的基础视为人性，这个是很有风险的。在我看来，道德的基础就是同情，而同情来自于共感。今天我没有讲这样一个观点，这一观点在《道德情感主义》一书中有阐述，我认为同情和共感就是道德的基础。我认为把人性视为道德的基础，这种做法的风险是非常大的，那么把同情和共感视为道德的基础就是我的观点。在这本书中，我之所以这样说，我的原因是，我认为我们能够同情式地理解道德善，对道德善有一种同情式的理解。

江畅教授：我可以再思考斯洛特教授的意见。斯洛特教授也可以这样考虑，我们要构建一个善的生活、好生活，它可能确实要以人性为基础，从各个方面使人性得到很好的实现。但是我们如果单独从情感的角度讲，从道德的角度讲，斯洛特教授的看法还是可以考虑的。如果说我们把非道德方面的需要看作是来自于人的理性方面，那么道德方面的需要可看做是主要来自于人的同情和共感，这也是一个思路。

道德的心理基础[*]

——关于情感主义伦理学的对话

应湖北大学高等人文研究院和哲学学院的邀请,美国当代道德情感主义代表人物、迈阿密大学哲学系迈克尔·斯洛特教授于今年八月份来到武汉。斯洛特在武汉期间,笔者以"道德的心理基础"这个问题为核心,从道德的人性基础、道德品质的心理基础以及道德行为的心理基础三个方面反复与斯洛特教授进行对话。通过对话,双方增进了了解,深化了交流,为更深层面的学术交往与合作打下了良好基础。

一、道德的人性基础

江畅:德性以及道德源自人性。古往今来,哲学家们对于人性有着不同的理解和界定。在我看来,人性是由人之所以为人的各种潜在规定性所构成的整体,人性的整体就是由人谋求存在、生存、生存得更好的各种潜在特性所构成的统一整体。生存得更好,既是人性的目的,也是人性现实化的人生目的,因为谋求生活得更好是人亘古不变的本性。从心理学角度看,谋求生存得更好的各种人性潜能是多方面的,其内容包括人的认识、情感、意志和行为等。作为潜能存在的人性只是潜在的人性,它需要经过开发才能成为现实化的人性,然而,人性潜能的开发必须要在一定的环境中才能进行。因此,人性的现实化是人性、作为和环境三者的函数。在人性现实化的过程中,人形成了各种现实的能力,如认识能力、情感能力、意志能力和行为能力等。总之,道德归根到底源自人谋求生存得更好的本性,由于人的本性是一个复合整体,因而道德也相应地体现在不同方面。人性有认识的潜能,道德就有了认识的方面;人性有情感的潜能,道德就有了情感方面;人性有意志的潜能,道德就有了行为方面以及由以形成的意志定势即品质方面。所有这些方面是相互关联、不可分割的,我们只是为了理论研究的需要才对它们做出相对的划分。严格说来,只有说道德源自人的本性,说人的作为整体的心理或传统哲学所说的"心灵"是道德的心理基础,才是最准确、最完整的。因此,说道德就其整体而言源自人性的某一种潜能都是片面的、不正确的。

斯洛特:江畅教授把生存得更好视为人性亘古不变的目的,并且把人性视为以

---

[*] 原发表于《道德与文明》,2017年第1期(与迈克尔·斯洛特合作)。

生存得更好为目标的人性潜能的现实化，对此，我是赞同的。人性的确有一种谋求生存得更好的目的在里面。关于人性，孔子没有明确用善恶进行定位，但是，继孔子之后，儒家都倾向于用善恶来进行界定，比如孟子把人性视为善，荀子把人性视为恶，北宋理学家张载用"天地之性"和"气质之性"调和了孟子和荀子的人性观，但依然没有偏离对人性的善恶进行定义这种传统。江畅教授在讨论人性的时候，以生存得更好为起点，而不是以对人性的善恶进行界定为起点，这既体现了江畅教授的人性论与中国传统道德哲学赖以产生的人性论之间的不同，又体现了江畅教授的人性论的独特之处。

江畅：道德的心理基础直接产生于人性的现实化过程中，也就是说，人性现实化存在着道德或不道德的问题。因为人性的现实化直接产生人性的社会化问题，从而使人性现实化过程与人性的社会化紧密相关，并把人直接改变成社会动物。人是社会性动物，这种社会性客观上要求人性在现实化的过程中不仅要有利于自己更好地生存，也要有利于他人乃至社会共同体更好地生存。当人性沿着社会所期望的方向不断现实化的时候，人就会在这个过程中逐步产生正确的善恶观和良好的道德判断能力，形成良心、仁爱、圣爱等道德情感，并培养出德性的品质以及正当的行为，也就是说，形成包括道德认识、道德情感、道德意志以及道德行为在内的道德的不同方面。因此，道德的不同方面都源自人性的各种基本潜能及其现实化的过程，最终指向谋求生存得更好这个人性本性目的的实现。人性现实化的结果使人的潜能转化为现实的能力，这种现实的能力构成了道德的心理基础。从心理的角度看，人的现实能力主要包括认识能力、情感能力、意志能力和行为能力，因此，这些能力构成了道德的不同方面的基础，而道德的不同方面大致都与这些能力相对应，因而道德的不同方面都有相应的心理基础。正确的善恶观以及道德判断力以人的认识能力，尤其是理性认识能力为基础；道德情感的心理基础是人的情感能力；道德品质和道德行为则属于人的意志能力。人性的不同方面构成了道德的不同方面的根基，而作为这些潜能现实化结果的不同心理能力则构成了道德不同方面的心理基础。由此看来，道德，不像理性主义者所说的只是根源于理性，也不像情感主义者认为的只是根源于情感，而是根源于包括理性、情感在内的人性潜能，并以源自人性潜能的现实能力为心理基础的。

斯洛特：江畅教授谈到了人性现实化的不同方面，如认识能力、情感能力、意志能力和行为能力等，并认为这些不同的能力构成了道德的不同方面。什么是认识能力？康德认为一个人在做道德善的行为时是不需要情感的，只需要纯粹理性就行了，我认为这种观点是有问题的。在我看来，纯粹理性是不存在的。因为理性本身都和信念有关，所有的信念都和情感有关系。这对中国人应该不陌生，因为中国人相信的是"心"，而"心"在中国哲学中就是情感与理性的结合体。我觉得对中国哲学而言，信念里面包含情感，不是新观点。传统西方哲学认为与认识能力紧密相连的"信念"不包含任何情感因素，然而，我的研究显示，"信念"不可能离开情感单独存在，一切信念都包含情感的因素，因此，不能抛开情感而单独谈论正确的善恶观以及道德判断。至于意志，如果江畅教授把它理解为与行为选择相关的东西，那么，很显然，意志也是一种和情感相关的东西。至于道德行为，理性无法为行为提供动机，能为行为提供动机的只有情感，因此，道德行为也和情感有着紧密的关系。就此而言，我同意江畅教授的观点，即道德建立在人性现实化的基础上，但我认为，人性的现实化的不同方面都根植于人的情感，或和人的情感有紧密关系。离开了情感，没有办法讨论人性潜能的现实化问题，也无法讨论与现实化过程紧密相连的各种能力问题。

江畅：人性是一个复合整体，既有情感，又有欲望，还有认知，至少有这三个方面，就是我们过去所说的知情意。道德有一块是和情感相连的，我同意斯洛特所说的，从共情（empathy）开始，产生善的感情。但是，另一方面，从欲望里面产生的，比如，我要得到一件东西；在追求得到的过程中，比如，认识；哪个东西更有价值，比如善恶观或价值观。这三个方面难以截然分开。道德智慧更多地和道德认识相关，也和道德情感与道德意志有关，纯粹从情感讲，情感也会受到意志的影响，但仅仅从情感的角度，很多东西无法解释，比如，关爱自己，比如，不自杀，仅仅从共情怎么解释？

斯洛特：我从来不会说所有情感都是道德的基础，我认为只有一些情感才是道德的基础。例如，我从来不会说愤怒是道德的基础，也不会说恐惧是道德的基础，我只说了一些肯定性的、积极的情感才是道德的基础。有些感情是不属于道德的，比如，我想要喝茶，这是一种欲望，这种欲望中包含着情感，当我拥有这种情感的时候，如果我喝不到茶，我就会感到失望，但是，想要喝茶这种欲望不属于道德。道德认知也蕴含了情感，在《阴阳哲学》这本书里面，我讨论说，认识论有情感因素在里面，比如，如果我相信了一个东西，我们对这个东西在情感上就有了一种赞成态度。现在我要进一步讨论道德知识和道德智慧：我举过一个典型例子，道德知识建立在情感基础上。这个例子不在《道德情感主义》这本书里，在受南希·斯诺（Nancy Snow）影响所写的一篇文章里面，我谈过那个例子。休谟在《人性论》结尾部分说，当我们看见一个朋友帮助另一朋友时，我们就会被朋友的温暖所感动，朋友在展示这种温情的时候，在道德上是善的；当我们感受到这种温情时，我们就会对这种善有一种认知；当一个人伤害另一个人时，我们会从这种行为中感觉到寒意。这就是道德智慧。

二、道德品质的心理基础

江畅：人性各种潜能现实化的结果都存在品质问题，基于我对人性的理解，人的认识能力、情感能力、行为能力、意志能力乃至体力等，都有品质问题。作为一种特殊的能力，意志能力与人性潜能现实化过程中的认识能力和情感能力大为不同。就意志本身而言，意志能产生和控制人的有意行为，它关系到行为选择以及对所选择行为的践行，等等，不仅涉及主体与自身的关系，而且涉及主体与他者（包括他人、组织、国家、环境等）的关系，出自意志的行为会对自己和他者产生有利或有害的影响。就意志与认识能力和情感能力等其他人格要素的关系而言，一方面意志能协调认识能力、情感能力、行为能力（包括体力）及其活动；另一方面，人格中其他要素（如观念、知识等）也会潜在地对意志发生作用，因此，意志是一种综合调控机能。这种综合调控机能在长期运用的过程中会形成一些定势、倾向或意向，这些定势、倾向或意向就是意志的品质。

斯洛特：就我所讨论的情感而言，一方面，它涉及对行为对象的选择和对所选择行为的践行；另一方面，当我们谈论行为的选择的时候，我们始终无法离开自我与他人的关系单独来谈论这个话题，因此，建立在情感基础上的行为选择必定会对自己和他人产生有利或有害的影响。就情感与认识能力的关系而言，我认为没有哪一种认识能力会离开情感单独存在，西方理性主义传统曾坚定地相信"信念"和情感毫无关系，在我看来这种看法是有问题的，我在我的新书《阴阳哲学》中对这个问题有更详细的论述。我觉得江畅教授所理解的意志和我所理解的情感之间没有差异，江畅教授所理解的意志就是我所理解的情感，二者是一回事。

江畅：由于意志品质和行为有关，因此，出自意志的行为一般会对自我和他人产生有利或有害的影响，所以意志品质会具有道德意义。并非所有的意志品质都具有明显的道德意义。有些意志品质，如德性和恶性，直接具有道德意义，另一些意志品质，如创新、进取、合作等，并不具有明显的道德意义，正因为它们不具有明显的道德意义，因此，它们的德性取决于它们是否建基于那些直接具有道德意义的品质之上。当它们建立在德性品质上时，它们就是德性，否则就是恶性。一种品质之所以能成为德性，原因在于它有利于德性拥有者以及德性拥有者活动于其中的共同体成员更好地生存，或有利于其中一者更好地生成而他者更好地生存。一般来说，这种有利的程度（即范围、深度或高度）越大，品质的好性越大，德性水平越高。

斯洛特：你理解的情感涉及行为的选择以及选择的动机，在这个意义上，我理解的情感就是你所说的意志，我认为我们在这个问题上没有分歧。然而，在什么样的意志品质才是德性品质这个问题上，我的看法和你不同。关怀伦理学强调人对人的关怀和关心，然而，在我看来，不关心对方的情感状态，不接受对方的情感，就无法真正关心或关怀一个人。因此，如果在追求生存得更好的过程中，如果我们要过一种在道德上为善的或体面的生活，我们就会关心并会按他人的意愿而行动，这里的他人不仅仅指和我们有亲密关系的人，而且指和我们没有亲密关系的众多陌生人。这些陌生人和我们的关系更远或至少我们不怎么了解本人,这些人的困难、苦难或悲剧性的处境在呼求着我们的同情和帮助,除此之外,我们还会致力于避免打击或伤害他人或使他们现在的处境比见到我们之前的处境更糟。我们有时会做出道德判断并遵循(在某种程度上)能帮助我们和他人和谐、公正而和平相处的道德感觉或原则。因此,为了生存得更好,首先要从情感下工夫,在我看来,共情在这个过程中扮演着至关重要的角色。道德来自于共情,共情构成了道德赞同的基础,也构成了道德品质的基础。

江畅:我和斯洛特教授有不一致的地方。斯洛特和情感主义者都把情感视为道德的基础,因此道德品质的培养也需要通过情感的路径来完成。我认为,我们的品质并不属于道德情感的范畴,而是属于意志的范畴,道德善的认识/知识,也不属于道德情感。道德包括很多东西,情感只是一个方面。我们不能说道德就以情感为基础。

斯洛特:我不同意江老师所言。我注意到,当你说道德的时候,实际上你还指的是行动的动机。以同情为例,同情是一种德性,这种德性具有阴阳两面性,不仅仅是一种情感,而且是一种动机。情感主义不仅可以解释道德德性,而且可以解释道德动机、道德知识。我在《道德情感主义》这本书中论证的核心问题是,情感,尤其是共情(empathy),能成为道德判断和道德的基础。我所说的共情虽然是一种情感,但与其说它是一种情感,不如说它是一种情感机制。共情能成为道德判断的基础,是因为它能成为道德赞同的基础。共情何以成为道德判断的基础?我觉得可以用但不能完全用克里普克的指称固定理论加以解释,因此,在对指称固定理论进行改造后,我认为依靠这种新的指称固定理论可以使我们相信,这种新的指称固定理论可以消除克里普克的指称固定理论用于道德领域时所产生的各种问题。我的指称固定理论表明,建立在共情基础上的道德赞同具有先天的特性,它不仅可以成为道德判断的基础,而且可以成为道德的基础。我在《道德情感主义》中论证的核心问题是,情感能成为道德的终极基础。这本书把共情视为道德世界的胶合剂,道德具有客观性,但同时具有内在的动机性,共情能把道德的客观性以及主观情感性很好的连接起来。如果江老师有兴趣,我建议你看看我这本书,看看这种观点是否能说服你。至于你说的道德认知/知识问题,的确,在西方理性主义传统中,道德认知/知识被认为和情感没有关联,但是,在我看来,道德认知/知识问题是可以建立在情感的基础上的,《阴阳哲学》详细论证了情感何以能成为道德认知/知识问题的基础这个问题。如果你有兴趣,也建议你读一读,看看能不能赞同其中的观点。

江畅:现在我想谈谈德性品质的形成问题。在我看来,作为意志长期活动积淀的结果,德性品质不是自然而然形成的,而是德性主体在教育和其他因素的长期影响下,在生活和实践中不断运用理智进行选择和确认,并将这种确认转变为意愿和行为逐步形成的。这个过程就是德性的养成过程，在这个过程中，理智发挥着重要作用。作为意志品质的道德品质有些是自发形成的，有些则是自觉修为的。自发形成的道德品质是个人在他人和环境的影响下形成的道德品质，主要特点是个人对道德及其形成缺乏意识和主动意愿，因此，这种道德品质一般来说是不完整的，而且随着主体的成长，主体很容易对这样的品质发生怀疑。自觉形成的道德品质，指的是主体到了一定的年龄之后，在某种因素的影响下开始对自己自发形成的道德进行反思、批判和确认，并在此基础上形成并养成自己的道德。这种"养成"的过程包含了主动性，意志在这个过程中发挥着决定性的作用。一般说来，道德品质都被视为个人修为的结果，是意志作用的结果，所以，道德品质是意志长期作用相同行为所积淀下来的东西。当未被意识到的动机对人的活动发生影响时，德性的养成不需要道德智慧，但一旦这种无意识状态转变为有意识的状态而对人的活动发生影响时，德性的养成就需要道德智慧。

斯洛特：任何一种优秀的道德理论都会重视道德教育问题，也就是道德品质的培养问题。每一种道德理论，真正好的道德理论，都有道德教育目标，比如，康德、亚里士多德都有道德教育目标，但是，功利主义没有道德教育目标。我自己在写作《道德情感主义》尤其是第一章的时候，我也致力于讨论过道德教育问题。我在《教育理论与研究》这本期刊上发表过一系列文章讨论道德教育问题。我同意江畅教授的观点，道德品质是培养的结果，但是，与江畅教授不同的是，我认为道德品质的培养有赖于对共情能力的培养。

三、道德行为的心理基础

江畅：刚才我们谈了道德品质问题，现在我想谈一谈道德行为问题。道德行为有四个产生途径：一是道德品质；二是道德情感；三是道德要求，如原则、规范等；四是出于恶意歪打正着。除最后一种道德行为之外，其他所有道德行为都是受意志支配的行为，意志是行为的内在根源。出于道德情感的行为，大多数都受到意志的控制，少数不受意志控制的行为，会成为失控的行为，比如拍案而起、勃然大怒等。出于道德要求的行为，不管是自愿的还是被迫的，如果一个人长期按照道德要求做事并逐步形成了如此行事的习惯，那么，这种习惯就会演变成道德品质，如此久久为功，以至于后来不再需要意志发挥作用就能自然而然地对按道德要求行事，这时候，按照道德要求行事就会变成按照道德品质行事。总之，道德行为就是受意志支配的行为，意志是道德行为赖以产生的内在根源。

斯洛特：江畅教授所说的意志实际上指的是行为的选择以及自我与他人的关系问题，这和我所理解的情感是一回事。那么，在这里我要说的是，道德行为赖以产生的途径只有一种，即共情（empathy）这种情感。共情涉及两个方面的内容，即，情感的投射（projective）与情感的接受（receptive）。以同情这种情感为例，我们认为，同情包含两种内容，这两种内容都蕴含在同一个事实之内，即，我们既把同情称为动机（motive）也把它视为一种感觉（feeling）。也就是说，同情同时涉及感觉和动机。我们的问题是：这两面或两方面是如何紧密联系起来的呢？我的答案是，二者通过阴阳联系起来，阴阳是共情的内在运行机制。根据我所说的阴的概念，对他人感觉产生同感是一种接收形式，因此，是阴。以帮助他人为目标的动机，也是同情的一部分，它以一种具体的、有目的的方式显现其目的性。一个有同情心的人，如果不主动了解如何帮助他人，也不懂得如何把他所了解的东西付诸实践，该人真正具有的同情心会极大地受到质疑。因此，同情的动机层面必须要在一定程度上具有以目的为导向的主动的理性控制，因此，它具有阳的品性。如果我对某些人因疼痛表现出的痛苦表达共情，那么，我就会接收他们因疼痛所表现出的痛苦。但是，因某物而痛苦，就概念而言，必然产生终结或缓和痛苦的动机。因此，感受到疼痛的人就会产生终结或缓和其痛苦的动机，然而，在某种程度上，我见到他们的痛苦就会明白他们的痛苦及其这种痛苦所指向的对象，我也会产生和终结或缓解这种痛苦的动机。因此，在我所描述的情感性共情的情形中，同情的感觉层面和动机层面不存在分裂，以接受痛苦为内容的"阴"以及以缓解或终结痛苦为内容的"阳"很好地把二者链接起来了。因此，当我通过共情接收他人的痛苦及其内在所指的动机时，我也接收了他们消除疼痛的动机，我自己也有了某种消除或减少疼痛的动机。离开了同情的阳面即动机，同情的阴面即感觉将无法存在。以上的例子表明，道德行为只能出自情感，而不是出自任何其他因素。能够催生道德行为的情感只有共情这种情感。道德行为的发生直接受共情推动，是共情中阴阳两面中的阳面。

江畅：你从情感追溯到了阴阳，的确，阴阳要比情感更好解释道德现象，我们中国本来就有把阴阳用于解释很多事物的传统。阴阳和情感两者能不能等同？阴阳与德性伦理学的关系是什么？

斯洛特：中国哲学家可以做也有能力做这个工作，但是他们没有做这个工作。阴阳和情感不能等同，比如，抑郁没有阴阳，既没有接受性，也没有目的性，是一种情绪。但是，抑郁是一种活动性的情感。阴阳不是亚里士多德德性伦理学、尼采伦理学以及斯多亚德性伦理学的基础，它能成为情感主义的德性伦理学的基础。情感主义德性建立在情感之上，各种各样的情感，在正常运转的心灵中，都具有阴阳特性。对我而言，情感主义德性伦理，是被阴阳结构所支撑的，阴阳是情感主义德性伦理学的最重要的潜在基础。我在好几本著作中都详细地讨论了这个观点。在所有情感中，我最关心的情感是"共情"（empathy）。共情可以解释其他各种情感，比如同情（compassion），就可以用共情进行解释。同情，在英语中是一种感觉，是一种动机，二者同时出现，就是因为共情。在中国文化中，同情也是如此，既是感觉，也是动机。感受到他人的痛苦，是阴，消除他人的痛苦，是阳，二者是密不可分的。感知是阴，是因为我们接收到了他人的痛苦，这种接受能力（receptivity），我们称之为阴。西方哲学由于理性主义的影响而不怎么重视情感的接受性或接受能力，然而，我注意到，中国哲学没有这种缺陷。相反，相对于西方哲学明显具有的理性主义以及与此相关的情感上的投射性和目的性，中国哲学比较重视阴，比较重视情感的接受性或接受能力。但令我感到奇怪的是，尽管如此，但是，中国却没有一个单独的词来描述或表达我所说的接受能力或接受性这种现象。这是很有意思的。但是，你知道，生活在水中的鱼对水是没有概念的，与此类似，中国对接受能力也没有特别的概念。有人问我，汉语中的"受"或"感应"是否能代表我所说的这种接受能力，我认为不行，因为我所说的接受能力还暗含着一种想要接受的欲望，有一种主动性在里面，比"受"或"感应"包含的内容更多。我曾经和很多中国哲学家讨论过这个问题，他们都告诉我，很难找到一个词和我说的接受能力或接受性精确对应。

江畅：中国哲学的确包含非常丰富的情感因素，中国确实没有西方的那种纯粹的理性主义。你强调情感在道德中的地位，在今天看来尤其有意义。关键是，是不是把一切都可以归结到这一点上来，比如，理性也可以用情感来解释等，我认为还需要更充分的解释。比如，有时候，出于情感，我不会这么做某个行为，但最后还是做了某个行为，因为理智告诉我要这么做，我听从了理智的建议。

斯洛特：说道德建立在阴阳的基础上，不是说建立在某种唯一的情感基础上，而是建立在各种不同的情感基础上，同时，还要说所有的情感都建立在阴阳基础上。比如认识论，认识论建立在情感基础上，但不是建立在某一种情感的基础上，所有情感都建立在阴阳基础上。阴阳结出了繁多的果。阴阳本身就是一种价值，包含了两种不可分割的价值元素，这两个都是好的，比如，接受能力，目的性，两者都是好的，二者都能生长出很多理论。只有以情感为基础，我们才能做出道德的行为。

江畅：儒家文化讲"慎独"和"修身"，从来不从阴阳角度讲道德，也不从接受能力来解释道德，也从不讨论情感的投射性和接受性。孟子的四端有点像"共情"，但确实没有阴阳的概念，也没有接受性，也没有投射性或意向性。在儒家那里，善端是前提，只是为了善端生长出来，所以才有格物致知，形成道德上的认识。儒家的前提相当于斯洛特所说的阴阳，但没有用斯洛特所说的接受能力或投射能力。

斯洛特：虽然没有明确提出来要用阴阳角度分析，但事实上，他们有这样一个潜在的背景。我只是要把中国哲学背后隐藏的东西揭示出来。你会说，一个对中国文化和中国哲学毫无所知的外国人何以做到这点？这一切在我的思想上都是自动发生的，是不知不觉形成的，我越了解中国哲学，我就更能把中国哲学中的阴阳思想拿来和我互动。孟子的四端中的恻隐之心可以建立在共情基础上，但是，你可以讨论恻隐之心而对共情一无所知，比如，希伯来圣经讨论这种情感，但没有共情的概念。虽然不讨论共情，但共情却是必需的，但他们不讨论它。在我看来，孟子的思想中似乎只有一个地方讨论过共情，即"天下皆备于我"。但是有人告诉我，后来的很多阐释，都偏离了孟子的本意，所以，我不清楚他是否明确用过共情这个概念，不清楚孟子有没有有意识地把共情纳入到作为四端之一的恻隐之心中去。

江畅：中国的阴阳观，已经有了斯洛特的意思。天，乾，就是阳，天行健，君子以自强不息；阴，坤，就是地，地势坤，君子以厚德载物。自强不息就是朝外的，厚德载物就是带有阴的接受性的意思。阴阳观是没有问题的，问题是儒家和道家没有和原初的阴阳观对接起来。整个诸子百家，基本上都不重视阴阳，道家发展到道教的时候，倒是比较重视阴阳了。中国文化传统的确是重阳轻阴，老子虽然重视阴，但在中国传统的主流观念中，阳一直比阴更受重视。

斯洛特：感谢你提到的这个观点。在易经和其他经典中，阴和地联系起来，在这种意义上，阳就是天。在中国文化看来，阳比阴重要，天比地重要。然而，我的观点是，阴阳是同等的。哲学家有特殊的理由支持这个看法，因为哲学家所追求的是知识和智慧，如果没有一种接受能力，哲学的目标是无法达到的。

德性之心理基础*

——兼评道德情感主义

德性的心理基础是什么,自古以来伦理学家有不同的看法。其中有两种观点是主要的:一是认为德性的基础在于理性,这是因为有理性人才获得德性。古希腊罗马的苏格拉底、柏拉图、亚里士多德、斯多亚派,以及现代的新亚里士多德主义、新斯多亚主义大致上持这种观点。二是认为德性的基础在于情感,这是因为人有某种本源性的情感人才有德性。这一派最典型的代表是近代英国情感主义者和当代情感主义者迈克尔·斯洛特,也可以包括认为德性在于快乐和痛苦的感觉或感受(这只是在宽泛的意义才属于情感)的快乐主义者。由于情感是多种多样的,因而主张德性的基础在于情感的思想家对于德性的基础在于什么样的情感意见并不一致,有人主张在于快乐痛苦,有人主张在于同感,也有人主张共感(移情)。除这两种主要观点之外还有一些不那么典型或不那么有影响的观点,如认为德性在于心灵所获得的上帝的启示或恩惠。笔者认为,所有这些观点都是值得商榷的,理性、情感、上帝可能是某种道德或道德形式(道德认识、道德情感、道德信仰)的心理基础,而不是道德品质心理的心理基础。道德品质以及道德行为的心理基础在于意志,有意志才有道德品质,才有德性。本文试图从以下四个方面对这种观点加以阐述,以就教于持各种不同观点的同仁。

一、道德的根基是人性,道德的不同方面有不同的心理基础

关于什么是人性,古往今来有种种不同的理解和界定。笔者认为,人性是由人之所以为人的潜在规定性构成的整体,而"这个整体就是由人谋求存在、生存、生存得好、生存得更好的各种潜在的特性构成的统一整体",也可以简单地说,"人性是由谋求生存得更好的各种潜在特性构成的统一整体"。[①]这里,生存得更好是人性的目的,也是作为人性现实化的人生的目的,而谋求生活得更好是人亘古不变的本性。谋求生存得更好的各种潜在特性或潜能,从心理学的角度看,包括人的认识、情感、意志和行为等方面的潜能。人性是潜在的东西,它需要通过人开发潜能的作为现实化,而人开发潜能的作为是在环境中进行的。因此,人性的现实化是人性、

---

* 原发表于《湖北大学学报》(哲学社会科学版),2017年第1期;中国人民大学复印报刊资料《伦理学》,2017年第4期转载。

① 关于意志的结构,参见拙作《德性论》(人民出版社2011年版)第442页。

作为和环境三者的函数。人性的潜能现实化就形成了人的现实能力，包括与潜能相应的认识、情感、意志和行为的能力。

人性现实化存在着道德不道德的维度。这是因为人是社会性动物，这种社会性客观上要求人性潜能现实化不仅要有利于一个人自己更好的生存，而且要有利于他生活于其中的共同体中的他人乃至共同体本身。社会正是把这种客观要求看做是道德的，并通过各种措施来促进人性朝着道德的方向发展。当人性总体上沿着社会所期望的道德方向现实化时，人就会在这个过程中生发出正确的善恶观和良好的道德判断能力，良心、仁爱、圣爱等道德情感，德性的品质以及正当的行为。它们构成了道德的不同方面，分别属于道德认识、道德情感、道德意志、道德行为的范畴，而所有这些道德的方面都是人性道德地现实化的结果。总之，道德源自人性，道德的整体源自人性的整体，道德的不同方面源自人性的各种基本潜能及其现实化过程，而又都最终指向人谋求更好生存的本性的实现，指向生存得更好的人生目的。当然，在不同的人那里，它们并不是同步进行的，必定有现实化的程度不同，但它们常常是相互促进、良性互动的，从总体构成了一个人的道德水平和整体上的道德人格。

人性现实化的结果使人的潜能转化为现实的能力，这种现实的能力就构成了道德的心理基础。从心理的角度看，人的现实能力主要包括认识能力、情感能力、意志能力和行为能力，这些能力构成了人的道德的不同方面的基础。道德的不同方面大致上是与这些能力相对应的，或者说属于这些能力，因而都有相应的心理基础。正确的善恶观（正确的善恶观是在长期的道德认识活动中积淀的基本道德观念）和良好的判断能力是以人的认识能力特别是理性为基础的；道德情感的心理基础是人的情感能力，特别是一些情感主义者所主张的"共感"；道德品质和道德行为则基于人的意志能力，特别是基于欲望和兴趣的"有意于"和"有求于"的意愿结构和抉择结构①，是通过现实的意志活动形成的。所有这些心理能力根源于人性的潜能，因此，人性的不同方面构成了道德的不同方面的根基，而作为这些潜能现实化结果的不同心理能力则构成了道德不同方面的心理基础。由此看来，道德不是像理性主义者所说的只是根源于理性，也不是像情感主义者所认为的只是根源于情感，而是根源于包括理性、情感等在内的人性潜能，并以源自人性潜能的现实能力为心理基础的。

广义上说，人性的各种潜能现实化的结果都存在品质问题，也许古希腊人就是在这种意义上把人在各方面表现出来的优秀看做是德性（aretê）。这种德性显然不是道德意义上的德性，而是人各方面的品质的优秀。根据品质的这种意义，人的认识能力有品质问题，有所谓认识的德性（亚里士多德称之为"理智德性"）；情感

---

① 江畅：《德性论》，人民出版社2011年版，第112页。

能力也有品质问题，有所谓健康的情感、高尚的情感等；行为能力也有品质问题，如有办事效率高低、工作质量好坏等；甚至人的体力也有品质问题，如力量大小、耐力好坏等。在这种意义上，人的意志能力同样有品质问题，通常所说的钢铁般的意志就是意志的坚毅品质。与其它能力不同，意志能力的品质一般都关乎行为选择、关乎所选择行为的践行等，涉及与自身的关系、涉及自我与他者（包括他人、组织、国家、环境等）关系，出自它们的行为会对自己和他者产生有利或有害的影响。于是，这些品质就具有道德的意义，那些有利于自我和他者的品质被社会认定为道德的品质或德性，相反的品质则是不道德的品质或恶性。

二、道德品质的形成是作为人的综合调控机能的意志活动积淀的结果

意志作为人的一种特殊能力与认识能力、情感能力不同，它不仅能产生和控制人的有意行为，还能协调认识能力、情感能力、行为能力（包括体力）及其活动，而且人格中其他要素（如观念、知识等）也会潜在地对意志发生作用，因此，意志是一种综合调控机能。这种综合调控机能在长期运用的过程中会形成一些定势、倾向或意向，这些定势、倾向或意向就是意志的品质。道德品质就是意志长期活动积淀的结果，属于意志品质。

如前所述，由于意志品质与行为相关，而出自意志的行为一般会对自我和他者产生有利或有害的影响，因而意志品质一般具有道德意义。但是，意志品质的情形比较复杂，除了直接具有道德意义的品质（德性和恶性）之外，还有一些并非具有明显道德意义的品质，如进取、创新、合作的品质。不过，这些不具有明显道德意义的品质受直接具有道德意义的品质的制约，其道德性质取决于它们是基于那些直接具有道德意义的品质。当它们基于德性品质时，它们就是德性，否则就是恶性。笔者曾经将德性划分为基本德性和派生德性，前者是德性的基本要求，是一个正常的人必须具备的，不具备就不是一个正常人，而是有问题的人或恶性之人。就是说，基本德性从总体上规定着一个人的品质是不是道德的，突破了它一个人的品质就是恶性的。派生德性则是德性的更高要求，或者说是倡导的德性，它们是一个优秀的人应该具备的，不具备它们一个人即使是一个正常的德性之人，也不是一个优秀的、德性高尚的人。这种德性之所以是非基本的，就是因为这种品质必须以基本德性为前提才是德性，否则它们就不是德性，甚至是恶性的帮凶。[①]正因为如此，意志品质一般都具有道德性质，都可以作道德评价。

作为意志品质的道德品质有些是自发形成的，有些则是自觉修为的。从个体成长的历程看，一个人在道德成熟（一般来说一个人在参加工作以后一段时间才能达

---

① 江畅：《德性论》，人民出版社 2011 年版，第 87 页。

到道德成熟）之前会有一个道德品质自发形成过程和自觉养成过程。在道德品质自发形成时期，个人是在他人和环境的影响下形成道德品质的，其主要特点是个人对德性及其形成没有意识，也没有主动的意愿。这样形成的道德品质是自发的道德品质，其德性品质是自发德性。由于没有对这样的品质形成确信，在外在因素的影响下品质具有者很容易对这样的品质发生怀疑，同时这样形成的品质通常也是不完整的。显然，在自发的道德品质形成的过程中，意志有一定的作用，因为完全没有意志的作用，单纯的外在影响不可能使一个人形成某种道德品质，但是意志对道德品质形成的作用很有限。人到了一定年龄后，在某种因素的影响下会开始对自己的自发德性反思、批判和确认，并在此基础上养成自己的德性，这就进入了德性养成过程。这里所说的"养成"本身就包含了主动性，意志在养成过程中发挥着决定性的作用。在德性的整个形成过程中，意志的作用有大有小，但一般都把道德品质看做是个人修为的结果，看做是人意志作用的结果，因此，正常人具有的品质都会进入道德评价的范围。我们通常评价一个人的某种品质是德性还是恶性，并不会考虑这种品质是自发形成的，还是修为的，而是把修为看做是不言而喻的或应有的作为。从这种意义上看，意志的品质都被看做是人的意志发挥作用的结果。

道德品质的形成是意志长期作用相同行为所积淀下来的。亚里士多德说，品质是来自相同的现实活动，他这话的意思是品质是通过相同类型的活动不断重复形成的。他认为德性形成有三个条件，即有所知，有所选择，并且在行动中必须勉力坚持到底。这里所说的选择和坚持到底都是意志过程，而且这里所说的勉力坚持到底，意思是要长期在相同情境作出相同的选择才能使不断重复的意志过程转变为品质。[①]亚里士多德的看法揭示了意志与道德品质形成之间的关系，道德品质是认识、选择、行为再加上持续重复的结果，而这显然是意志这种综合调控机制发挥作用的产物。

三、非出自道德品质的道德行为也源自意志，但源自意志的有意识动机

道德品质和道德行为都是意志作用的结果，那么两者之间的关系如何？或者说意志作用道德品质与作用道德行为之间有什么差别？道德行为通常由四种途径产生：一是出于道德品质行动产生的；二是由道德情感产生的，如出于良心的行为，出于仁爱的行为等；三是按照道德要求（原则、规范等）行事产生的，包括自觉的和被迫的；四是出于恶意歪打正着产生的。除最后一种道德行为外，其他道德行为

---

① 参见[古希腊]亚里士多德：《尼各马科伦理学》，苗力田编：《亚里士多德全集》第八卷，中国人民大学出版社1992年版，第28、32页。

都是意志行为，意志是行为的内在根源。如果我们把道德品质与出于道德品质的行为看做是一体的，或者说假定有某种品质必定会在大致相同的情境中出于品质行动，那么，道德品质与其他道德行为的关系，就是它与由道德情感产生的道德行为和按道德要求行事产生的道德行为的关系。这里可以对它们之间的差异作一些辨析。

出于道德情感的道德行为，在一些极端的情况下可能超出了意志的控制，是失控的行为，如拍案而起、勃然大怒等，但一般都是受意志控制的。例如，一个人出于对灾区人民的同情慷慨解囊，这就是一种意志行为，需要行为者作出选择，如是否捐款、捐多少、怎么捐，还需要将这一选择付诸实施，直到所捐的款捐出去。因此，这类出自道德情感的道德行为是一次性的意志行为。与出于道德情感的行为不同，出于品质的行为通常是会不断重复的行为，只要情境大致相同，就会出于相同的品质产生相同的道德行为。一个诚实的人通常会在任何需要他说真话的情境中说真话，而不需要意志再做出选择并使所作的选择变成动机（这是有意识的动机）并付诸行为。当然，一些人在原初道德情感（如同情）的基础上形成了持久、强烈的关爱感情，不管自己是否产生了同情心，只要某地发生了灾难就毫不犹豫地伸出援手。这时的关爱情感就不再是纯粹的道德情感，而同时也是道德品质。一个持续地具有关爱情感的人同时也是一个具有关爱品质的人。

按照道德要求行事的道德行为，可能是自愿的，也可能是被迫的。一般认为前者具有道德价值，后者不具有道德价值或道德价值不高。无论哪一种情形，它们通常只是一次性的或几次性的，假如一个人长期自觉的按照道德要求行事，并且他逐渐养成了如此行事的习惯，那么，这样的习惯即使不是道德品质，那也距离道德品质不远了。出于品质的行为最初也往往是按照道德要求行事的行为，有些行为还可能是被迫按道德要求行事的行为。这种情形在小孩那里最明显，小孩的许多道德行为都是家长、老师要求小孩做而小孩自己不愿意做的。但是，当一个人有了自我意识之后，他可以反思自己的一次性或多次性的道德行为，发现这种行为有利于自己或有利于他人，甚至有利于所有人，并决定以后在相同的情境下自觉地按道德要求行事。如此久久为功，后来就逐渐不再需要意志发生作用就会自发地按道德要求行事，这时按道德要求行事就变成了出于品质行事了，也就是变成了出于无意识的道德动机行事。

由以上分析可以看出，所有道德行为都源自意志，而出自道德品质的行为是意志长期作用的结果，以至于这种行为由起初的出于有意识动机的行为逐渐转化为出自无意识动机的行为，而其他道德行为都是出自有意识的动机的行为，而当它们转化为出自无意识的动机的行为时，它们也就转化成为了出于道德品质的行为。这种情形一方面表明道德品质源自意志，是相同意志行为逐渐积累的结果；另一方面也表明并非所有源自意志的行为都会转化或都有必要转化为意志的品质。从这一事实我们引申出三个结论：

第一，任何一个人都不可能使所有的源自意志的行为都成为出自道德品质的行为。人的道德行为是随时随地大量发生的，即使一个人是德性完善、高尚的德性之人，他也不可能只是出于德性行动，因为他面临的道德情境是十分复杂的。有一些情境可能是他从未面对过的情境，在这种情况下，已具有的德性不足以应对，这时需要根据道德要求行动。也有一些表面看与过去面对的情境类似而实际上性质完全不同的情境，在这种情况下，简单地出于德性行动可能产生不道德的行为，这时需要做出正确的道德判断和选择，然后根据正确的道德选择行动。这就是说，即使是一个德性之人，他也要善于做出正确的道德判断和道德选择，也就是要有道德智慧。从这种意义上看，一个真正的道德之人不只是一个德性之人，他还必须是（道德）智慧之人。

第二，作为意志品质的德性并非在类似的道德情境下总是做出相同的正确选择并付诸行动就可以形成的。一般来说，这样形成的德性不过是自发的德性，而不是自觉的德性。要使德性成为自觉的德性，除了要在类似的情境下总是做出相同的正确选择之外，还需要行为者具有德性意识，需要他自觉的修为，从而有选择地培养自己的某些德性。这就是说，自觉的德性除了需要反复的实践练习之外，还需要道德智慧的作用，需要运用道德智慧使自己的德性完整并达到更高的水平。道德智慧的这种作用尤其体现在那些派生德性的形成方面。一般来说，自发形成的德性通常是一些基本德性，如善良、诚实、正直等，而要使德性完整①和达到更高的层次（德性通常由派生德性来提升其层次），那则需要道德智慧发生作用，因为只有道德智慧才能使一个人认识到德性的完整性和层次性问题，才会不懈追求德性的完善和提升。

由以上两个结论以及前面的论述可以进一步引申出第三个结论，即不能将德性等同于道德，即使仅就个人而言也是如此。道德除了道德品质之外，还包括道德认识、道德情感、道德行为这些方面，更为重要的是包括作为一切道德基础和母体的道德智慧。就道德品质而言，也只有在具有道德智慧的条件下，才会有完善的德性，即完整而又层次高的德性。

四、道德情感主义的问题在于将道德情感等同于道德（包括道德品质）

通过以上的陈述和辨析我们可以看到，道德归根到底源自人谋求生存得更好的本性，由于人的本性是一个复合整体，因而道德也相应地体现在不同方面。人性有

---

① 完整的德性除了日常的德性（常识德性）之外，还包括家庭德性、职业德性、个性生活的德性等。这些方面的德性可能与常识德性存在着交叉关系，但常识德性通常不可能涵盖所有这些方面的全部德性。

认识的潜能，道德就有了认识的方面，人性有情感的潜能，道德就有了情感方面，人性有意志的潜能，道德就有了行为方面以及由以形成的意志定势即品质方面。所有这些方面是相互关联、不可分割的，我们只是为了理论研究的需要才对它们作出相对的划分。严格说来，只有说道德源自人的本性，说人的作为整体的心理或传统哲学所说的"心灵"是道德的心理基础，才是最准确、最完整的。因此，说道德就其整体而言源自人性的某一种潜能都是片面的、不正确的。道德理性主义者认为道德的心理基础是作为人的高级认识能力的理性，这无疑是看到了道德包含的理性一面，看到了理性对于道德的重要作用，而忽视了道德所包含的理性之外的情感、意志和行为方面，因而它不能解释许多道德现象，当然也不能给人们提供正确完整的道德指导。道德情感主义者针对道德理性主义提出，道德的心理基础是人的某种情感（如同感、共感、同情等），这显然是击中了道德理性主义的要害，也有助于克服道德理性主义的局限性，但它由此走向了另一种偏向，否认了道德认识、道德意志、道德行为所具有的本性根据，当然也同样不能完整地说明道德的本性根基和心理基础。许多当代德性伦理学家已经对道德理性主义（其典型形式是以功利主义为代表的结果主义和以康德主义为代表的道义论）的问题作了深刻的批判和剖析，这里笔者只是分析一下道德情感主义本身的问题。

据笔者了解，道德情感主义者（无论是近代英国情感主义者，还是当代情感主义者）的共同问题也许在于把道德情感等同于道德。例如，近代情感主义早期代表人物沙夫茨伯里就认为善恶产生于情感，情感本身有善恶，自然情感是善的感情，自我情感是可善可恶的情感，而非自然情感则是恶的情感。德性在于自然情感和自我感情的协调与和谐，使两者实现协调与和谐的是作为人的特有能力的"道德官能"（the moralsense，亦译为"道德感""道德感官"），道德官能通过对人的情感进行反思会形成一种新的情感，即正当不正当感，这种情感对原有情感产生爱憎态度。①近代英国情感主义者虽然对什么样的情感是道德的基础存在分歧，但都肯定道德派生于情感，至少在源头上与认识、意志、行为没有什么关系。当代著名情感主义者迈克尔·斯洛特在他的后期著作中致力复兴近代情感主义，将所有的德性归结为关怀，而将关怀追溯到人的被称为"共感"（empathy）的情感，甚至认为所有的道德都根源于共感。

就斯洛特而言，他在对"共感"与"同感"（sympathy）做出仔细辨析的基础上将关怀的心理基础归结为共感是完全正确的，因为关怀从性质上说是一种道德情感，它必定根源于人的情感潜能或能力，而共感说是一种原初的情感（按斯洛特的看法，它本身并不具有道德性质）。当然，关怀一旦作为一种德性就已经不再是单

---

① 参见[英]沙夫茨伯里：《论德行或价值》，沙夫茨伯里：《人、风俗、意见与时代之特征》，李斯译，武汉大学出版社2010年版。

纯的情感，而且是一种品质，诺丁斯（Nel Noddings）在"自然关怀"与"伦理关怀"之间做出区别也许用意就在于此。自然关怀是一种单纯的道德情感，而伦理关怀就已经成为了一种道德品质。斯洛特的问题在于，他似乎将人所有的德性归结为关怀或由关怀派生的，并进而将道德本质上归结为关怀。他的观点的逻辑进路是：共感产生同情，同情产生关怀，而关怀就是德性，就是道德，因此，道德最终源自作为情感的共感。显然，这是一种比过去大胆的逻辑扩展或衍推。

　　这种大胆的衍推面临两方面的问题：一是就情感本身而言，共感并不是所有道德情感的根源，不能用共感解释所有的道德感情。例如，我们对自己没有共感，而只有自爱，由自爱派生的道德情感显然不能用共感解释。又如，我们对大自然没有共感，但我们有对大自然的关怀和热爱的道德情感。二是就道德而言，如前所述，道德是一个体系，由不同的部分构成，不用说属于道德认识的道德判断、属于道德意志的德性、属于道德行为的规范很难仅用共感或其他道德情感加以解释，作为道德基础和母体的道德智慧更是不能仅用道德情感可以解释得了的。道德智慧包含道德情感，但它肯定也包含道德理性（实践理性），包含道德意志等诸多因素。在一定意义上说，道德智慧不只是道德的基础和母体，而且是一种达到高级层次的道德。显然，道德智慧只能是根源于人谋求生存得更好的本性及相关的各种潜在特性，而不只是根源于某种原初的情感或道德情感。

　　笔者认为，斯洛特面临的这两方面的难题不只是他面临的，而是所有道德情感主义者共同面临的，而且是他们无论如何都无法破解的。

"未来之走向"篇

应当重视中国特色社会主义基础理论构建*

在拙作《儒家道德与中国社会主义精神》①一文中，笔者提出要将儒家道德主义与科学社会主义（指马克思和恩格斯的社会主义）融合起来，构建中国特色社会主义基础理论体系，这一理论体系可称之为儒家社会主义。使用"儒家社会主义"这一术语不过是为了突出中国特色社会主义基础理论的中国思想文化特色和强调科学社会主义与传统思想文化特别是儒家道德主义之间的融合，不排除使用其他更恰当的表述。"儒家社会主义"这一概念早已有人提出过，但这一概念被用来指传统儒家思想，而不是指融合儒家思想与科学社会主义的中国社会主义。需要指出的是，"社会主义"或"共产主义"是近代才出现的概念，而且有其特定的基本含义，这就是主张建立以财产公有制或生产资料公有制为基础的人人平等、社会公正的理想社会。是否主张实行财产公有制或生产资料公有制，是判定一种理论是不是社会主义的基本依据。我们注意到，先秦儒家并不主张财产公有制或生产资料公有制，它虽然主张"天下为公"，然而这里所说的"公"并不是指公有制。"天下为公"字面上含有天下是公共的这种意思，但主要指的是政治上把天下传给贤者而不是传给儿子。除了"天下为公"这一表述之外，在先秦儒家经典中并未见有其他有关建立公有制的主张。因此，将"社会主义"这一"帽子"戴在先秦儒家头上是不能成立的，也是不严肃的。先秦儒家思想与其说是社会主义的，不如说是道德主义的。正是这种道德主义可以与科学社会主义融合起来，我们可以在这种融合的基础上构建作为中国特色社会主义理论之基础的理论体系。为了与已有的"儒家社会主义"区别开来，我们可以相对于"科学社会主义"把中国特色会主义基础理论称为"儒学社会主义"。

一、中国特色社会主义理论与其基础理论的关系

从理论上看，中国特色社会主义理论作为指导中国革命和建设的理论基础和指导思想是一个完整的思想体系，包括两个基本部分：一是基础理论部分；二是应用理论部分。中国特色社会主义理论的源头是科学社会主义，而其中两个部分的构建逻辑次序应该是科学社会主义与中国传统思想文化相融合，形成中国特色社会主义的基础理论；然后将这种基础理论应用于中国不同历史时期的实际，形成中国特色

---

* 原发表于《决策与信息》，2017年第4期；中国人民大学复印报刊资料《中国特色社会主义理论》，2017年第8期转载。

① 参见江畅：《儒家道德与中国社会主义精神》，《思想理论教育》，2017年第2期。

社会主义的应用理论。然而，实际的情况是，在改革开放前，科学社会主义并没有与中国传统文化相融合，因而没有形成中国特色社会主义的基础理论，而是直接与中国不同阶段的实际相结合，形成了不同形态的中国特色社会主义的应用理论。

导致这种理论构建实际情形的原因比较复杂，但其中有两个原因是主要的：一是救亡图存的民族生存压力；二是社会急剧变革时期对传统思想文化的敌视态度。

科学社会主义传入中国的时候正值中国沦为西方列强殖民地半殖民地的时期，救亡图存成为中华民族全民族面临的最紧迫问题。在这种情况下，刚刚打开国门的中国先进知识分子意识到中国传统思想理论无法解决中国面临的紧迫问题，因而试图从世界各国的思想库中寻求能够解决中国问题的济世良方。俄国十月革命一声炮响使一些中国知识分子意识到，马列主义是解决中国存亡问题的先进思想理论，于是他们致力于这种思想理论的传播，并将这种理论与中国实际相结合，运用它来解决中国面临的现实问题和根本问题。当时中国的先进知识分子没有时间考虑甚至根本没有想到要将马列主义与中国传统文化相融合，构建一种能解决中国存亡以及中国未来健康发展的中国理论问题，而是直接将马列主义用来指导中国革命实践。20世纪上半叶是中国的巨变时期，北伐战争、国民党对共产党的围剿、抗日战争和解放战争，这些重大的历史事件几乎没有给中国共产党人留下一点冷静思考如何对待传统思想文化、是否要从传统思想文化中继承什么的问题，更不可能想到要把马列主义与传统思想文化融合起来。中国共产党人当时所关注的焦点是如何将先进的马列主义运用于中国实际，是教条地还是结合中国实际地加以运用的问题。虽然在这个过程中几经严重挫折，最终产生了马列主义与中国实际相结合的毛泽东思想。中国革命胜利后，历经一系列政治运动和"文化大革命"的折腾，直到实行改革开放才先后产生了科学社会主义与新时期中国实际结合的邓小平理论、"三个代表"重要思想、科学发展观和习近平治国理政思想等新时期的中国特色社会主义理论。

改革开放前，中国没有构建中国特色社会主义基础理论固然与当时救亡图存的严峻形势有直接关系，但也与当时中国处于急剧社会变革时期的人们对传统文化的敌视态度有直接关系。1911年爆发的辛亥革命彻底推翻了专制王朝，中国进入了对传统思想理论进行全面清算的时期。在当时的先进知识分子看来，中国之所以会在西方列强的坚船利炮之下沦为或正在沦为殖民地半殖民地的国家，根子就在于作为当时的社会（清朝）以至秦汉以来的皇权专制主义社会所依据的思想理论，主要是先秦时期的儒家思想理论——孔孟之道。在清王朝已经被推翻的情况下，他们把仇恨的怒火都指向了旧文化，特别是儒家思想理论，于是有了新文化运动，有了新文化运动的响亮口号"打倒孔家店"。在这种情况下，先进知识分子的所思所想是如何彻底清除孔孟之道的影响，根本不可能意识到把被认为是先进的各种理论与陈腐的儒家思想理论融合起来。在所有先进知识分子中，信奉马列主义的知识分子更为激进，因为他们所信奉的思想理论被认为是针对当代许多先进知识分子认为是先进的西方自由主义来更为先进的理论。他们所追求构建的是这样一种制度，这种制度类似于比当时许多先进知识分子认为是先进的西方资本主义制度更为先进的俄国十月革命所建立的社会主义制度。于是，他们与传统思想文化决裂的情绪更激烈，态度更坚决。这种情形和态度一直延续到新中国成立，延续到改革开放，而在"文化大革命"中达到了极致，其显著标志是"破四旧、立四新"运动和批林批孔运动。在这种对传统思想理论持敌视态度的情况下，根本不可能考虑把被认为是最先进的马列主义与落后腐朽的儒家思想理论融合起来。

　　主要由于上面两个原因，在我国实行改革开放前，我们没有注意到要构建中国特色社会主义的基础理论，更没有意识到要将科学社会主义与中国传统思想文化相融合的问题。最早意识到这个问题是2006年召开的党的十六届六中全会。这次全会明确提出了建设社会主义核心价值体系，社会主义核心价值体系当然是中国特色社会主义理论中的基础理论。而第一次使用"中国特色社会主义理论"这一概念是2007年召开的党的十七大。十七大报告中明确指出，改革开放以来我们取得的一切成绩和进步的根本原因，归结起来就是开辟了中国特色社会主义道路，形成了中国特色社会主义理论体系。关于中国特色社会主义体系包括哪些内容，报告只是说包括邓小平理论、"三个代表"重要思想以及科学发展观等重大战略思想，没有谈及其中的基础理论方面的内容，也没有提及十六届六中全会已经提出的社会主义核心价值体系，而且没有将毛泽东思想作为中国特色社会主义的内容之一。真正将中国特色社会主义基础理论建设提到议事日程的是党的十八大。党的十八大明确提出了培育和践行社会主义核心价值观，并且明确了核心价值观所倡导的"24个字"。十八大以后，党中央不仅采取了一系列学习、宣传、贯彻核心价值观的措施，而且通过多种途径加大了核心价值观的研究力度。应该说，中国从此开始了自觉的中国特色社会主义基础理论建设。不过，直到今天，在我国理论界还是没有明确核心价值观就是中国特色社会主义理论或者是其中的重要部分。就是说，核心价值观没有被明确纳入中国特色社会主义理论体系，甚至没有明确回答核心价值观与中国特色社会主义理论是什么关系的问题。

　　今天看来，核心价值观就是中国特色社会主义理论中的基础理论，但是它并不就是或不等于中国特色社会主义的基础理论，而是其中的重要内容，甚至是其中的核心内容。中国特色社会主义基础理论应该是科学社会主义与中国传统思想文化在当代中国和世界新情况下的融合。儒家思想文化是在中国传统社会长期占统治地位的思想文化，在传统思想文化中具有代表性，因此，科学社会主义与传统思想文化融合主要要与儒家思想文化相融合，我们也是据此把这种融合的结果称为儒学社会主义的。儒学社会主义实质上是具有中国传统文化内涵的当代中国社会主义基础理论。它可以用这样一种公式简单地加以表达：儒学社会主义＝科学社会主义＋先秦儒家思想（儒家道德主义）＋全球化时代人类先进思想文化。当然，这里所用的

"+"不是简单的相加或物理性混合，而是融合，是化学性反应，是创新，它所创建或构建的是一种能够长期指导中国特色社会主义建设事业的基本理论形态。

概言之，儒学社会主义与中国特色社会主义理论的关系可以从三方面看：从内在结构的角度看，中国特色社会主义理论包括基础理论和应用理论两个基本部分，儒学社会主义是其中的基础理论部分；从建设路径的角度看，儒学社会主义作为中国特色社会主义理论中的基础理论，应该成为中国特色社会主义理论中的应用理论提出和运用的依据，同时，儒学社会主义又要不断从中国特色社会主义应用理论中吸取鲜活、丰富的营养，以使之不断完善；从思想来源的角度看，作为中国特色社会主义基础理论的儒学社会主义主要来源于科学社会主义和儒家道德主义，而中国特色社会主义的应用理论主要来源于儒学社会主义理论。由此看来，儒学社会主义是中国特色社会主义理论体系中最重要的组成部分，它规定和制约着中国特色社会主义应用理论，并通过应用理论对中国实践和生活发生影响；同时，它又是中国特色社会主义理论体系区别于当今世界上任何其他理论体系的基本标志，中国特色社会主义理论体系的中国特色、中国风格、中国气派主要由儒学社会主义来集中体现和显示。

二、构建社会主义基础理论的必要性和重要意义

今天提出构建中国特色社会主义基础理论有很多理由，这些理由体现了构建的必要性和重要意义。这些理由可归结为以下五个方面：

第一是完善中国特色社会主义理论体系的需要。任何一个成熟的社会形态，作为其思想基础和理论依据的系统理论，实际上都包括了基础理论和应用理论两个方面。近代以来，西方形成了一种以自由主义为代表的资本主义思想理论，这种思想理论在不同国家有不尽相同的应用，如有英国的资本主义思想理论、美国的资本主义思想理论、德国的资本主义思想理论等。而每一个资本主义国家又有不同时期适应不同实际情况形成的不同思想理论（治国理政思想理论），如美国有华盛顿主义、罗斯福新政、里根主义等。因此，对于今天的西方世界来说，差不多每一个国家的思想理论实际上具有三个层次：作为其思想理论体系基础的自由主义、自由主义在各国应用形成的具有不同国别特色的思想理论（如美国的实用主义）、不同时期的不同统治者提出的治国理政思想。这三个层次的思想理论就构成了一个西方国家的思想理论体系。从此类历史情形反观当代中国的思想理论体系，我们不难发现，其中有科学社会主义，有毛泽东思想等将科学社会主义运用于中国不同时期实际的应用性理论，而其中的科学社会主义是西方近代的产物，它没有中国国情特别是中国传统文化的基础和背景。就是说，当代中国的思想理论体系之中缺乏一个应有的部分，即科学社会主义与中国传统思想文化相融合，同时体现当代中国和世界时代精

神的那种可以贯穿于整个中国社会主义历史阶段的基础理论。正因为如此，我们需要构建这样一种基础理论。只有构建了这种基础理论，当代中国的思想理论体系才是完整的。今天提出构建中国特色社会主义基础理论，最直接的原因就是为了进一步健全和完善中国特色社会主义理论体系。

第二是为中国长期稳定发展提供思想理论基础和依据的需要。一种社会形态要长期稳定发展，需要有一种一以贯之的基本理论，它是该社会赖以存在的思想基础和理论依据。皇权专制主义之所以能统治中国传统社会两千多年，就是因为不同朝代都把先秦儒家思想理论奉为占统治地位的思想理论；西方资本主义世界之所以在相当长一段时期内持续繁荣和内部基本统一，则是因为西方各国有着基本认同的自由主义思想理论。我们不难想象，如果没有儒家思想理论，就不可能有中国传统社会的长期延续，也不会有不同时期中国社会内部的统一；如果没有自由主义，同样不会有西方资本主义世界的统一和持续繁荣。我们注意到，儒家思想也好，自由主义也好，它们都是在本土上创立的思想理论，而不是一种纯粹外来的思想文化。自由主义思想理论对于一些西方国家来说也是外来的，如美国、加拿大、澳大利亚，但这些国家的主体居民大多来自欧洲，而且这些国家在接受自由主义的过程中也形成了自己的思想文化。最典型的是美国，自由主义与美国本土的思想文化相融合，产生了实用主义。这种实用主义就是美国资本主义社会的基本思想理论，不管美国的总统换了多少，他们提出了什么样的治国理政思想，实用主义都是美国人的共同思想基础和精神支柱。今天我们提出构建儒学社会主义理论，就是要将科学社会主义与中国传统文化融合起来并根据我国社会主义发展的需要构建一种本土化的中国社会主义。这是社会主义的中国形态，它适用于整个中国特色社会主义建设的全过程，是中国特色社会主义事业的指导思想和理论依据，也是中国人民的思想基础和精神支柱。

第三是为社会主义核心价值观提供理论基础、论证和辩护的需要。党的十八大提出培育和践行社会主义核心价值观，社会主义核心价值观是当代中国主流价值观的核心内容。社会主义核心价值观尚处于建设的过程中，建设的重要任务之一就是要给它提供理论支持。这种理论支持至少包括三个方面：一是给它提供理论基础，也就是要使核心价值观乃至整个当代中国价值观具有深厚的思想文化底蕴和丰富的思想文化内涵。核心价值观只有置于这种理论的基础之上，它才会成为丰富的、鲜活的、能与社会公众的民族文化心理对接的。二是给它提供理论论证，也就是要使核心价值观的正确性、合理性、逻辑性（自洽性）得到有说服力的阐述，使人们能够信服它，进而认同它、践行它。缺乏这种理论上的严格而充分的论证，即使采取再强力的措施对人们进行宣传、教育和灌输，一种价值观最终都不可能被社会公众所接受。三是给它提供理论辩护，也就是对在核心价值观面临各种批评、责难、反对的时候能够有效应对，使之立于不败之地。这是对提供坚实的理论基础和充分而有力的理论论证为前提，没有这个前提，核心价值观是不可能得到辩护的。但是，辩护通常是它已经有了理论基础和得到了理论论证之后发生的，而且是一个持续不断的过程。由于时代和条件的变化，任何一种价值观都会面临种种挑战，因而需要有理论为它提供辩护，并在辩护的过程中修正和完善它。核心价值观正是在这种辩护中与时俱进的。自从党中央提出建设核心价值观以来，我们在理论建设方面做了不少工作，但尚未建立能够为它提供理论基础、论证和辩护的系统理论。今天提出构建儒学社会主义理论，其重要意图之一就是要将它置于系统完整的理论滋养和保护之中。

第四是传承和弘扬优秀传统文化的需要。党的十八大以来，党中央和习近平总书记特别强调弘扬优秀传统，要求对传统文化进行创造性转化和创新性发展。这就提出了这样一个问题：对传统文化中的思想文化进行创造性转化和创新性发展所形成的思想文化应该是一种什么样的思想文化？显然，它不会是科学社会主义，但它是以科学社会主义为指导对传统文化进行转化和发展形成的。同时，它既然是对传统文化的转化和发展，它也就不是原来意义上的传统文化，而又与传统文化有承继关系。因此，这种思想文化应该是一种新的思想文化形态，这种新的思想文化形态是用科学社会主义以及当代人类的先进思想文化对中国传统思想文化进行创造性转化和创新性发展的结果，是具有中国传统文化底蕴的当代中国思想文化。为了突出其中国思想文化特色，我们称之为儒学社会主义。从这种意义上看，今天提出构建儒学社会主义既是对传统思想文化进行创造性转化和创新性发展的需要，也是在当代传承和弘扬优秀传统思想文化的必然要求。

第五是中华文化走向世界的需要。伴随着我国的经济实力日益强大，文化强国建设和推动中国文化走向世界被提上了议事日程。2004年，党的十六届四中全会第一次明确提出"推动中华文化更好地走向世界"，2011年，党的十七届六中全会再次提出"推动中华文化走向世界"，并对中华文化如何走向世界作了全面部署，从此"中华文化走向世界"上升为国家战略。当我们提出要让中华文化走出去的时候，我们必须考虑要让什么样的中华文化走出去、什么样的中华文化才能真正走出去、什么样的中华文化走出去后能够对世界产生广泛影响这样一些问题。中华文化绵延五千多年，源远流长，其内容博大精深，丰富多彩，纷纭复杂，但从历史形态来看，中华文化可以划分为传统文化和当代文化。我们要推出中国传统文化，更要推出中国当代文化。中国特色社会主义理论是中国当代的思想文化，也是中国当代文化的精神内涵，而其中的基础理论更是当代中国文化的内核和实质，也是当代中国文化中最具有中国特色、中国风格、中国气派的内容，是当代中国文化区别于其他一切文化形态特别是当代西方文化的基本标志。在实施中华文化走出去战略的时候，最重要的就是要让中国特色社会主义理论中的基础理论走出去，通过它走出去增强整个中国文化的辐射力和影响力，因为这种理论才集中体现了中国对人类未来发展道路的主张和谋划，是解决当代世界面临的种种难题的"中国方案"。然而，正如前文所述，中国特色社会主义理论的基础理论还未完全形成。今天提出构建儒学社会主义理论，正是为了促进这种基础理论的形成，并使之成为当代世界最先进、被别的国家所重视的从而想要拿回去的思想文化。当这种理论形成的时候，中华文化才可能是其他国家最需要的文化，因而也才能够真正走向世界。

三、构建中国特色社会主义基础理论的可能性

前文已经指出，中国特色社会主义基础理论是三种基本因素融合的结果，即科学社会主义、儒家道德主义和全球化时代人类的先进思想文化。在这三种基本因素中，科学社会主义和儒家道德主义又是更基本的因素，因为这两种因素规定了这种理论的基本性质：它是社会主义的，同时又是具有中国传统文化底蕴的。正因为如此，我们将这种理论形态称为儒学社会主义。

从科学社会主义传入中国开始一直到改革开放前，科学社会主义历来被视为中国传统思想文化特别是儒家思想理论的对立物，可以说它是被作为儒家思想理论的批判者和替代物引入中国思想文化领域和社会生活的，它与儒家思想理论似乎势不两立、水火不容。经过了近百年的复杂历史进程，特别是经过改革开放以来的一系列思想解放运动，我们过去那种对传统的激烈反叛情绪和态度慢慢地冷静了下来。我们逐渐清醒地意识到，自己的传统文化并非都是糟粕，其中有许多合理的、有价值的内容，它们是古人智慧的结晶，体现了中华民族共同的精神寄托和价值追求，也程度不同地反映了人类生存和发展的共性和规律。当我们以这样的态度来对待传统文化的时候，我们就会考虑对传统文化中优秀内容的继承和弘扬问题，就会想到传统文化与作为我国当代指导思想的科学社会主义的关系问题，特别是会思考有没有可能将两者融合起来以形成一种具有民族根基的中国社会主义形态的问题。如果我们认真考虑到所理解的科学社会主义是一种开放的、与时俱进的思想体系，所理解的传统文化是那种已经融入我们血脉、成为我们基因的那种原生态的（先秦的）儒家思想文化，那么，对科学社会主义与传统文化能否相融合问题的回答就是肯定的。

在拙作《儒家道德与中国社会主义精神》中，笔者把儒家思想理论视为一种道德学说，称为儒家道德主义，并从道德的角度探讨了科学社会主义与儒家道德主义融合的必要性和可能性。[①] 这里再从两种理论在性质和内容上的非对立性（相容性）、类似性和互补性三个方面对两者融合的可能性做进一步的阐述。

两种思想理论能否融合，一个重要的前提是两种理论在性质上是否对立。一般来说，两种性质对立的理论谈不上融合，充其量只能是一种理论可以从其对立的理

---

① 参见江畅：《儒家道德与中国社会主义精神》，《思想理论教育》，2017年第2期。

论中吸取一些有益的因素或借鉴它。衡量一种思想理论基本性质的主要依据有三个方面：其一，它是站在广大人民群众的立场上，还是站在少数统治者的立场上；其二，它主张建立的社会制度是以公有制为基础，还是以私有制为基础；其三，它追求的社会理想是人人平等的公正社会，还是自由竞争的两极分化社会。

就第一个方面而言，科学社会主义和自由主义是两种完全对立的理论。科学社会主义站在全人类的立场上，主张通过解放无产阶级达到解放全人类，而自由主义实质上是站在在自由竞争中取胜的少数资产者的利益的立场之上的。科学社会主义主张实行生产资料公有制并在此基础上建立"每个人的自由发展是一切人的自由发展的条件"的平等社会；而自由主义主张建立以财产私有制和市场经济制度为基础的"人人为自己、上帝为大家"的自由社会。科学社会主义主张建立"以每个人的全面而自由的发展为基本原则"的自由人联合体；而自由主义主张个人自由发展和凭实力自由竞争，而不考虑竞争必然导致的贫富两极分化。近代以来的历史事实表明，自由主义和科学社会主义彼此之间都从对方吸收了一些有益的内容，但它们没有发生融合的事实，甚至也没有融合的意向，而且也许永远也不可能融合，其原因就在于它们是两种水火不容的理论。

把科学社会主义与儒家道德主义加以比较，情形则完全不同。它们虽然是两种性质不同的理论，但在性质上不是完全对立的。首先，科学社会主义主张推翻现存的资本主义制度，建立全人类普遍获得解放和自由的共产主义；儒家虽然没有明确提出改变现存社会制度，但主张建立"天下为公"的"大同"社会。其次，科学社会主义主张消灭私有制，反对市场经济；儒家虽然不主张公有制，但它也不主张私有制，更谈不上反对市场经济。最后，科学社会主义主张全人类解放，包含了对无产阶级和劳苦大众的深厚感情；儒家虽然主张爱有等差，但也包含了"老吾老以及人之老，幼吾幼以及人之幼"的人情关怀。从这些方面看，科学社会主义与先秦儒家不仅不对立，而且在很大程度上是可以相容的，甚至是相似的。

科学社会主义与先秦儒家的相似性突出地体现在两个方面：一是两者都主张建立一种人性化、人道化、人情化的理想社会，科学社会主义将这种社会称之为共产主义社会，而儒家道德称之为"大同"社会。它们在这种社会的基础和实现路径方面的主张不同：就社会基础而言，科学社会主义主张消灭私有制，而儒家没有这样的明确主张；就实现路径而言，科学社会主义主张通过无产阶级革命和无产阶级专政；而儒家主张修身、齐家、治国、平天下。但是，如果我们将它们关于这种理想社会构建的思想进行对比，不难发现它们十分相似。这种相似主要体现在科学社会主义主张生产资料公有制，而儒家道德主义主张"天下为公"，虽然它们对理想社会构想的细节不尽相同，但它们构想的理想社会都是不同时代人们都很向往的美好社会。二是两者关注的焦点都是人完善和发展的理想人格问题，即"成人"的问题。儒家道德主义重视人的道德人格完善问题，而科学社会主义关注的焦点是人从资本的奴役下解放出来而获得全面而自由发展，因而人的完善、发展是两者的共同轴心。而且，两者都认为人的完善和发展不是一种自然而然的过程，而是自我建构或造就的结果；个人的完善和发展离不开共同体，而共同体的和谐又离不开个人的完善和发展，两者互为因果、良性互动。①

科学社会主义与儒家道德主义之间可互补的内容更为丰富。从两者之间最重要的相似方面看，它们之间的互补对于今天中国主流价值观构建尤其具有意义。

就理想社会而言，科学社会主义与先秦儒家之间的互补性很强。马克思和恩格斯所设想的共产主义社会是这样的社会：它是物质文明高度发达的社会，社会成员过上了充裕的物质生活，实行按需分配；它是消灭了阶级的自由人联合体，每一个人在其中都能获得全面而自由的发展；它是以公有制为基础的有计划的产品经济社会，以谋求剩余价值为目的的市场经济不复存在；它是没有民族分隔和对立的社会，公共权力失去了政治性质，社会意识形态也会消失；它是人类成为自然、社会和自身主人的社会，人类从必然王国进入了自由王国。儒家对"大同"社会同样作过经典的表述："大道之行，天下为公。选贤与能，讲信修睦。故人不独亲其亲，不独子其子，使老有所终，壮有所用，幼有所长，矜、寡、孤、独、废疾者皆有所养。男有分，女有归。货，恶其弃于地也，不必藏于己；力，恶其不出于身也，不必为己。是故谋闭而不兴，盗窃乱贼而不作，故外户而不闭。"（《礼记·礼运》）不用作过多分析就可看出，马克思和恩格斯设想的社会主义或共产主义社会与儒家的大同社会之间的互补性：前者是一种在物质发达条件下人获得全面而自由发展的个性化社会，而后者是一种社会成员公正、诚信、关爱、和睦、各得其所、充满温情的道德化社会。这两种社会都是人们向往的，因而两者不仅可以互补，而且对它们加以融合会使人类的理想更为完美。

从理想人格的角度看，科学社会主义强调人的全面而自由发展，这里所说的"全面发展"无疑包含着人的道德发展和完善，但马克思和恩格斯对此没有阐明，更没有给予应有的强调。儒家道德主义缺乏科学社会主义关于人的全面而自由发展的思想，但其中包含的丰富道德思想可以通过批判性、创造性的转化融入科学社会主义。比较重要的有：第一，一个人要成人，首先必须成为道德之人。第二，人的禀赋不同，人的发展因而会存在着差异，需要给人们指出发展的阶梯。它一方面给人们指出了"修齐治平"发展的完整路线图，另一方面又将人格划分了小人、君子、豪杰、圣人等不同层次，鼓励人们成为君子以至圣人。第三，一个人要"成人"，关键在于自己的修养，而修养有各种各样的路径和方法，如"慎独""致良知""知行合一""穷则独善其身，达则兼济天下"等。第四，个人"成人"需要不同类型的共同体培育，而各种共同体只有由具有理想人格的人构成才能达到和谐和

---

① 参见江畅：《儒家道德与中国社会主义精神》，《思想理论教育》，2017年第2期。

完善。儒家特别重视家庭对于人生存和"成人"的意义，将家与国、天下联系起来。给科学社会主义补充这些内容，可以使它更富有道德意蕴和仁爱精神。

正因为科学社会主义与儒家道德主义之间存在着上述融合的可能性和必要性，再加上这种融合具有重要的现实意义，所以当代中国应当努力推动这种融合，构建一种更适合中国国情又能更好指导中国社会发展的思想理论。

四、构建中国特色社会主义基础理论的逻辑进路

中国特色社会主义理论的基础理论本身应是一个完整的理论体系。构建这一理论是一个庞大的复杂工程，需要中国学术界和理论界的研究者共同努力、协作攻关才能完成和不断完善。这里仅就儒学社会主义如何构建以及如何不断完善提出一个大致的逻辑进路。

第一，确立构建中国特色社会主义基础理论的基本原则。我们所要构建的儒学社会主义是中国特色社会主义理论的基础理论，它是以马克思主义为指导、植根于中国传统思想文化、吸收人类优秀思想理论成果、立足于中国现实和着眼于中国社会未来发展并顺应人类文明发展总趋势的先进思想理论体系。儒学社会主义的这些基本内涵，实际上也是我们构建它应坚守的基本要求或基本原则。

（1）以科学社会主义为基本立场和理论指导。我们要构建的儒学社会主义虽然具有中国传统思想文化底蕴，但它的根本性质是科学社会主义的，而不是儒家道德主义的。因此，我们必须坚持马克思主义的立场、观点和方法，只有这样，儒学社会主义才是马克思主义的中国化，而不是某种中国传统思想文化的复兴。

（2）对传统思想文化实行创造性转化和创新性发展。习近平多次谈到对传统文化要进行创造性转化和创新性发展，这就明确指出了在推进马克思主义与传统思想文化相融合的过程中，要对传统文化进行批判改造，使之与时代对接，而不是简单地照搬照抄。

（3）吸收人类思想文化中一切可利用的优秀成果。科学社会主义与传统思想文化相融合是儒学社会主义的内核，但并不是它的全部。它要成为人类最先进的思想理论，还必须尽可能多地接受人类一切可利用的优秀思想文化成果，包括中国传统文化中儒家道德主义之外的有价值内容。唯有如此，它才能不仅能够成为具有中国特色、中国风格和中国气派的理论，还能够成为世界其他国家想要学习和借鉴甚至想要引进的理论，从而对世界进步和人类幸福作出更大贡献。

（4）立足当代中国现实并着眼于中国社会未来发展。我们所要构建的儒学社会主义是指导中国社会发展的理论，因而它必须接地气，这个地气就是中国现实。同时，它又要能为中国社会发展提供指导，指引中国社会朝着更美好的前景发展。立足中国现实，为中国实践服务，能够解决中国问题并规导中国发展，它才能为中国

人民所认同和信奉。

（5）顺应世界文明发展的总趋势。在全球化的时代，人类已经成为了命运共同体，世界文明越来越一体化，离开了世界文明发展的大道，中国文明不可能健康发展。因此，我们构建儒学社会主义不仅要重视中国的现实和发展，也要充分考虑与世界文明对接，使中国融入世界文明发展的潮流，而且还要体现大国的责任和担当，从而为世界文明进步做出更大贡献。

第二，找准构建中国特色社会主义基础理论的基点特别是马恩社会主义与儒家道德主义融合的基点。任何一种完整的理论体系都有一个基点或出发点，这种基点通常也是这种理论的归宿，因而在理论体系中具有价值取向的意义。在人类思想史上已有的理论体系中，存在着两种对立的基点：一种是个人，一种是社群。事实上，在一种社会理论构建的过程中也只能在这两个基点中做出选择。同样，在构建儒学社会主义的过程中，这种选择是不可回避的。

在中国传统社会，儒家道德主义实质上是以个人"成人"为基点的，它立足于人成为君子来构建整个思想理论体系。但是，当儒家道德主义上升为统治阶级的意识形态以后，它就逐渐突出了其中的人伦内容。到了宋明理学那里，这种人伦的要求被客观化为"理"或"天理"。天理的实质是整体（社群）的要求。当这种思想理论提出"存天理，灭人欲"时，它就从先秦儒学以个人为基点、以"成人"为目的的道德主义演化成了一种以整体为基础、以"灭欲"为目的的伦理主义。在结束了皇权专制主义对中国的统治以后，宋明理学的这种基点和归宿或隐或显的被继承下来，我国实行改革开放前主导的思想理论所采取的就是这种整体主义取向。之所以强调构建儒学社会主义要将科学社会主义与儒家道德主义融合起来，实际上就是表明儒学社会主义要坚持两者的相同基点和相同归宿。它们相同的基础点是作为社群终极实体的个人，而不是社群；它们的相同归宿则是要使个人成为应当成为的人。由个人组成的社群的意义仅在于，它服务于所有社会成员成为他们应当成为的人。

值得注意的是，科学社会主义对于这一基点和归宿作出了更为明确的规定：在没有了阶级和阶级对立后的社会，所有的人都是自由的，每一个人的自由发展以其他所有人的自由发展为条件，因而社会成员是普遍自由的，而社会则是一种"以每一个个人的全面而自由发展为基本原则"的自由人联合体。"代替那存在着阶级和阶级对立的资产阶级旧社会的，将是这样一个联合体，在那里，每个人的自由发展是一切人的自由发展的条件。"[①]这正是儒学社会主义的基石，它规定了个人与社群的基本关系，明确了社群的终极指向。

---

① ［德］马克思、恩格斯：《共产党宣言》，中共中央编辑局编译：《马克思恩格斯文集》2，人民出版社2009年版，第53页。

第三，谋划中国特色社会主义基础理论的架构。任何社会的完整基础理论都是一种有机的思想体系，这种体系就是贯穿社会占主导地位的意识形态（通常简称为"社会意识形态"）的核心思想。按照马克思主义的观点，社会的结构由三个基本层次构成，即经济基础、上层建筑和意识形态[①]。意识形态是经济基础和上层建筑在思想上的反映，同时它又是经济基础和上层建筑的理论基础和指导思想，两者之间存在着复杂的互构、互动关系。一般来说，意识形态是与社会生活形态相对应的，社会有多少种生活形态就有多少种意识形态。社会生活形态是多种多样的，而且常常是犬牙交错的，不好做出明确的划分。按照目前我国的划分，社会生活包括经济、政治、文化、社会和生态五大基本形态，那么也就有与之相应的社会意识形态。除此之外，还有像哲学、文艺、宗教这样一些与五大基本意识形态交织在一起但层次更高的形态。在诸种意识形态中，总有某种核心思想贯穿于其中，核心思想是意识形态的灵魂，其理论表达形式就是社会的基础理论。核心思想的实质内容就是社会的核心价值观，包括一个社会追求实现的价值目标、实现目标的手段、实现目标过程中必须遵循的规范、保证规范得以遵守的控制机制等基本方面的观念。

第四，提出并论证中国特色社会主义基础理论的基本原理和原则。任何一种社会的基础理论都有一些基本原理和原则，它们是得到论证的基本观点（或主张）和要求。儒学社会主义基本原理和原则确立的理论依据主要有三个方面：一是科学社会主义的一些基本原理，如社会主义必然胜利、社会主义和共产主义社会是物质文明高度发达的社会、社会主义和共产主义社会以每一个个人的全面而自由发展为基本原则等；二是对传统思想文化进行创造性转化和创新性发展所形成的原理和原则，其中比较重要的有"成人""仁爱""忠恕之道""五常""大同"等思想；三是马克思主义与中国实际相结合所形成的一系列思想理论中包含的一些基本原理和基本原则，如"百花齐放、百家争鸣"、"共同富裕"、"三个代表"、"科学发展观"和"以人民为中心"，等等。除了这些理论方面的依据，儒学社会主义基本原理和原则的建立还需要考虑中国现实情况以及中国和世界的未来发展走向，吸收人类优秀思想文化成果。

为了尽快完成中国特色社会主义基础理论的理论构建，需要建立一些相关的理论研究基地。儒学社会主义理论涉及多个不同学科，是一种跨学科的研究，因而这些研究基地的研究者不能是单一学科的，而应当是多学科的。他们从不同的学科视野共同研究儒学社会主义所涉及的一些重大理论问题，不仅要提出基本原理和原则，而且要提供合理性和可行性论证，使这些原理和原则可以得到充分有力的辩护，以增强其社会认同度和公信度。

---

① 意识形态（ideology）一词在英文中实际上指观念形态或思想形态，其中的"意识"不是低级意识，而是高级意识，即思想。因此，将"ideology"译为"思想形态"更为准确。

应重视核心价值观社会认同的伦理研究*

社会主义核心价值观（以下简称"核心价值观"）建设的根本任务之一是要使其得到全社会的普遍认同。习近平在中央政治局第十三次集体学习时强调："要切实把社会主义核心价值观贯穿于社会生活方方面面。要通过教育引导、舆论宣传、文化熏陶、实践养成、制度保障等，使社会主义核心价值观内化为人们的精神追求，外化为人们的自觉行动。"① 使核心价值观内化为精神追求和外化为自觉行动的前提是核心价值观得到普遍的社会认同，而这个问题就其根本性质而言不仅是一个政治问题，更是一个道德问题，需要从伦理的角度给予重点关注。近年来，核心价值观的社会认同问题已经引起了学界的高度重视，并取得了一些研究成果，但从伦理的角度研究不够。目前国内学界有诸多研究成果涉及核心价值观社会认同的问题，但比较多的是从马克思主义理论特别是思想政治教育等学科进行研究，而从伦理学的角度研究核心价值观的道德化并通过其道德化使之得到社会认同的成果尚多不见，更不见有这方面系统的社会调查和研究专著。实际上，从伦理角度研究核心价值观社会认同问题，还不仅仅是指伦理学要研究这一问题，而是指包括伦理学在内的相关学科（如马克思主义、政治学、社会学、心理学、教育学等）要从伦理的、道德的角度研究它，从而协同解决如何使核心价值观"内化"和"外化"的问题。鉴于此，本文明确提出应当重视核心价值观社会认同的伦理研究，并就其研究的一般性问题及重点和难点问题提出初步的看法，以期引起学术界和理论宣传界对这一问题的重视和研究。

一、核心价值观道德化与核心价值观社会认同

使核心价值观得到社会认同有诸多路径。最常见的、也是社会普遍重视的路径，是学习、教育、宣传或传播等。这种路径的主要特点是"直接影响"，即通过这种路径使社会成员（包括个人、各种组织、党政机关等）直接面对核心价值观，或者说使核心价值观直接对社会成员发生影响。这当然十分重要，因为通过这种途径社会成员可以直接了解、领会、掌握、运用、贯彻核心价值观。但是，这种途径也有其局限性。那就是社会成员在多大程度上把握和应用核心价值观是因人而异的，没有什么外在的制约力，也没有什么内在约束力，而且社会也很难掌握社会成

---

* 将发表于《华中科技大学学报》（社会科学版），2018年第2期。
① 习近平：《使社会主义核心价值观的影响像空气一样无所不在》，新华网，2014年2月25日。

员对核心价值观认同和实行的程度（广度和深度）。因此，使核心价值观得到认同不能仅仅靠"直接影响"，还需要诉求"间接约束"的路径。这种路径就是通过将核心价值观的内容和要求转化为社会的法制（法律和制度）、道德、政策等社会控制机制对人们起约束作用，使人们在一定意义上不得不培育和践行核心价值观。借助社会控制机制使核心价值观对人们发生影响，这显然是一种间接影响。

从我国目前的情况看，在培育和践行核心价值观方面，人们非常重视"直接影响"，"间接影响"也开始受到重视。习近平指出："要发挥政策导向作用，使经济、政治、文化、社会等方方面面政策都有利于社会主义核心价值观的培育。要用法律来推动核心价值观建设。各种社会管理要承担起倡导社会主义核心价值观的责任，注重在日常管理中体现价值导向，使符合核心价值观的行为得到鼓励、违背核心价值观的行为受到制约。"① 为深入贯彻习近平总书记系列重要讲话精神，中共中央办公厅、国务院办公厅印发了《关于进一步把社会主义核心价值观融入法治建设的指导意见》，要求运用法律法规和公共政策向社会传导正确价值取向，把核心价值观融入法治建设。但是，总体上看，对"间接影响"重视还不够，还没有将核心价值观融入整个国家治理过程，通过社会制约机制使核心价值观对全体社会成员发生影响。这种"间接影响"的力度要比前面所说的"直接影响"大得多，因此我们必须给予高度重视。

法制、政策和道德这三种现代社会的主要控制机制，在核心价值观现实化（得到社会认同方面是其中的一个重要方面）中发挥着不同的作用，它们相互补充、相互促进，而且不能有所缺失和相互替代。其中，道德具有法制和政策所不具有的独特优势：首先，道德在人们的个人生活和社会生活中无所不及，它不仅渗透社会生活，也渗透个人生活，甚至渗透到人的内心深处（如需要、欲望、情感、意志、观念等），因此，将核心价值观转化为道德，就可以使之深入人心，贯穿整个社会生活及其过程。其次，道德不仅包括规范体系和机制，而且包括导向体系和机制，它在规范人们行为的同时引导人们追求更高的理想，因此将核心价值观转化为道德可以使之成为人们的理想、信念和追求，并且能使人们自觉地遵循体现核心价值观的法制、政策的规范要求。最后，现代道德虽然一般不具有强制性，但它有诸多手段使人们遵循社会规范并追求社会理想，如前面所说的舆论、教育、修养，以及良心、责任感、义务感、风俗习惯等，因此道德可以更有效地将核心价值观内化。由此看来，使核心价值观转化为道德，或者说使之道德化（主要指使核心价值观转化为社会和人们的道德观，使其内容和要求转化为人们的人格理想、内心信念、优秀

---

① 习近平：《使社会主义核心价值观的影响像空气一样无所不在》，新华网，2014 年 2 月 25 日。

品质和行为准则），是使核心价值观得到社会认同的必由之路。①

然而，我们必须注意到，自市场经济兴起以来，在利益最大化原则的冲击下，也由于价值多元化的消极影响，我国出现了道德在社会生活中退隐，甚至被边缘化、被"祛魅"的问题。人们谈赚钱、发财津津乐道，理直气壮，而道德却被看作"高大尚"而束之高阁，敬而远之，甚至成为了一些人调侃、嘲笑的对象。一项关于目前民众的社会心态状况的调查显示，在被调查的教师、公务员、军人、科技人员、工人、农民中，除军人之外，其他五个群体选择"困惑迷茫"的人数都很多，最高的为教师，占68.7%。②另一项关于公民道德素质中最突出问题的调查显示了这样的结果：有道德知识，但不见诸行动的占80.7%；既无知，也不行动的占11.4%。③有的学者甚至认为，强大的资本力量愈来愈难以受到制约，民族心态业已严重失序、失衡、扭曲。④所有这些问题都是社会生活被市场法则严重浸染或侵蚀的表征。在这种情况下，即使核心价值观转化成为了道德，而要确立其应有的权威性，使之"返魅"，进入人们的生活和心灵，从而得到广泛认同，真正实现大众化，仍然是需要从理论和实践上加以解决的重大问题。这一问题的症结在于，核心价值观社会认同必须依赖核心价值观的道德化，然而道德本身却在相当大的程度上丧失了使核心价值观得到社会认同的应有功能。这是我国在核心价值观认同方面面临的最大困局，如何走出这一困局是今天全党全社会面临的难题。只有解决了这一难题，才能谈得上核心价值观的道德化，核心价值观的社会认同才会落到实处。由此看来，在我国当前，核心价值观道德化的主要任务是构建体现核心价值观的道德体系。

我国现行的道德源自革命战争年代的革命道德，而作为一种完整系统的社会道德体系形成于中华人民共和国成立之后。它是在继承革命战争年代优良的革命道德的基础上适应社会主义计划经济构建起来并与之相适应的道德。这种道德对于计划经济体制的建立和运行起到了重要的维护和保障作用，对于建立在计划经济之上的整个社会生活秩序，对于那个时期我国人民社会主义道德品质和人格的塑造也起过重要的积极作用。但是，改革开放之后，特别是实行市场经济体制以来，经济体制以及与之相适应的其他社会体制的深刻变化以及外域价值观和道德观的广泛影响，使过去基于计划经济形成的道德体系明显地与之不相适应。按照历史唯物主义

---

① 关于这三种社会控制机制对于核心价值观社会认同作用的优势和局限，可参阅江畅、周海春、徐瑾等著《当代中国主流价值文化及其构建》（科学出版社2017年版）第六章（核心价值观的培育和践行与主流价值文化的构建）。

② 马向真：《当代中国社会心态与道德生活状况研究报告》，北京：中国社会科学出版社2015年版，第35页。

③ 樊浩等：《中国伦理道德报告》，中国社会科学出版社2012年版，第20页。

④ 袁祖社：《优良价值理性信仰与美好心灵生态的制度文化重建——中国传统价值观的现代性转化是如何可能的》，《湖北大学学报》（哲学社会科学版），2016年第4期。

的观点，道德作为一种特殊的社会意识现象，它是社会经济关系的反映，同时又对社会经济关系发生影响。当社会经济关系发生变化时，道德必须作与之相适应的变化，否则它就会对社会经济关系变化起阻碍作用。恩格斯指出："人们自觉地或不自觉地，归根到底总是从他们阶级地位所依据的实际关系中——从它们进行生产和交换的经济关系中，获得自己的伦理观念。"① 经过三十多年的改革开放，我国社会公众的道德观念和行为准则事实上已经发生了巨大变化，而且还正处于深刻的变化过程中。然而，我国社会倡导的道德观念和推行的道德体系变化较小，整体上看与我国社会体制和社会生活的急剧改变不同步，不适应，也与人们实际奉行的道德相脱离。因此，更新道德观念，构建与当代中国现实相适应的道德体系势在必行，刻不容缓。习近平指出："核心价值观是文化软实力的灵魂、文化软实力建设的重点。这是决定文化性质和方向的最深层次要素。一个国家的文化软实力，从根本上说，取决于其核心价值观的生命力、凝聚力、感召力。"② 习近平为我国当代道德体系构建指明了方向，这就是我们所要构建的道德体系必须是体现核心价值观精神和要求的道德体系，这种道德体系实质上就是核心价值观的道德化。

我国实行的体制改革是社会主义制度的自我完善。因此，今天构建与核心价值观相一致的核心道德体系不是要将现行的道德体系推倒重建，而是必须坚持现行道德体系的基本社会主义性质。但是，"构建当代中国道德体系不是我们通常所说的'加强建设'，而是要以更新和调整为前提的。"③ 就是说，当前我国道德体系构建并不是要推翻现行道德体系，而是要在新的社会历史条件下，根据核心价值观的精神和要求对现行道德体系进行更新和调整，使之与新的社会条件相适应，体现核心价值观的新精神、新要求，使社会道德体系构建与核心价值观建设有机统一起来。核心价值观是对中国特色社会主义建设实践的观念反映、概括和升华，同时又是这种实践的核心内容和价值体系，核心价值观建设与中国特色社会主义建设的伟大实践之间是内在一致、良性互动的。因此，构建体现核心价值观的道德体系，实际上就是要体现当代中国新的社会条件和时代精神的历史必然性和客观要求。

二、核心价值观社会认同伦理研究的目标和基本任务

如何使核心价值观道德化，特别是如何重建道德的权威性，使道德渗入社会生活和人们心灵，从而通过道德的途径实现核心价值观的社会认同，这是核心价值观伦理研究所要解决的中心问题。其意义主要在于，通过研究如何使核心价值观道德

---

① ［德］恩格斯：《反杜林论》，《马克思恩格斯文集》9，人民出版社 2009 年版，第 99 页。
② 习近平：《使社会主义核心价值观的影响像空气一样无所不在》，新华网，2014 年 2 月 25 日。
③ 江畅、范蓉：《论当代中国道德体系建设》，《湖北大学学报》（哲学社会科学版），2015 年第 1 期。

化从而使之深入人们的内心,转化为人们的人生理想、内心信念、优秀品质和行为准则,从伦理的角度回答核心价值观社会认同问题,为党和政府培育、弘扬和践行核心价值观提供智力支持和理论依据。在当前情况下,研究解决这一问题,必须以社会精英人群(主要包括政界精英、商界精英和学界精英)为重点,着重从三个方面研究回答核心价值观如何通过道德化的途径深入人心的问题:一是构建体现核心价值观同时与当代中国传统和现实以及世界文明走向相对接的理论道德体系的问题,即核心价值观的道德理论化问题;二是这种理论的道德体系现实化为得到社会公认的社会实际道德体系的问题;三是这种得到公认的道德体系的要求内化为社会成员的内心并外化其行为的问题。有针对性地研究回答核心价值观如何道德化,并通过其道德化使核心价值观得到社会普遍认同,就是核心价值观社会认同伦理研究的目标。为了实现这一总体目标,还必须针对核心价值观社会认同和道德化方面存在的障碍和阻力具体研究回答如何使核心价值观转化为人们的善恶观念、道德品质、道德情感,并落实到道德行为上这些问题。研究和回答这些问题就是核心价值观伦理研究的具体目标。实现这些目标的宗旨,是研究回答如何使核心价值观的社会认同不只是停留在认知层面,还要贯彻到人们的知、情、意、行等各个方面,使之成为人们坚定不移的信念这一深层次问题,从而在理论上解决核心价值观真正的、充分意义上的社会认同问题,为党和政府的核心价值观构建提供理论依据和智力支持。

为了实现上述目标,核心价值观社会认同伦理研究面临着以下六项基本任务:

(1)从道德的角度调查研究核心价值观社会认同的现状。既然核心价值观道德化是核心价值观得到普遍社会认同的根本途径,那么,我们必须了解自党的十八大提出培育和践行核心价值观以来,核心价值观在社会公众道德化方面达到了多大的程度、多大的范围。这项工作只能通过社会调查研究来完成。这种社会调查主要包括三个方面:一是问卷调查;二是访谈;三是典型个案考察。在社会调查的基础上进行数据分析处理,并根据数据研究核心价值观目前道德化的程度和范围,以及存在的主要问题,特别是要重点调查研究核心价值观社会认同和道德化面临的阻力和障碍是什么、来自何方以及如何克服等问题。通过调查研究,准确把握核心价值观社会认同、核心价值观道德化的现状和问题,以及道德在社会中的地位及面临挑战的状况,剖析核心价值观社会认同和道德化面临障碍和阻力的原因,形成对核心价值社会认同和道德化状况的清醒认识和正确估价。这种调查不是一次性的,而是定期持续进行的,不仅需要进行全国范围的面上的调查研究,还需要专题的、重点的、局部的调查研究。通过持续的、多方位的跟踪调查研究,掌握人们对核心价值观及其道德化认知认同的变化情况,针对变化的情况提出动态的对策。

(2)研究根据核心价值观构建与之相适应的道德体系和运用所构建的道德体系推进核心价值观的社会认同问题。核心价值观提出之后,我们就面临着如何根据核心价值观来构建道德体系的问题，如何使新构建的体现核心价值观的道德体系得到社会认同的问题。社会的道德体系一般可划分为道德标准体系和道德控制体系两个方面：前者包括从基本道德规范到最高道德理想的要求，它们构成道德不道德、道德水平高低的标准；后者是怎样使社会的道德要求转化为人们的人格理想、内心信念、德性品质、道德情感和行为准则的道德机制。因此，构建体现核心价值观的道德体系包括两方面的任务：一是构建体现核心价值观的道德标准体系，即是狭义的道德体系，它包括一般道德原则、基本道德规范、不同生活领域的道德要求和道德理想（道德人格理想和道德社会理想），其中一般道德原则表达整个道德要求的基本价值取向；二是构建体现核心价值观的道德标准体系得以发生作用的道德控制体系，主要包括社会舆论氛围的营造，学校德育教学，各种非教学性的德育，选人用人道德状况考核机制，社会的扬善抑恶机制。其中特别是要针对我国实际情况研究回答如何打造学校、家庭、社区、社会和网络"五位一体"的道德教育模式，如何建立精英人群认同核心价值观的约束机制，以及如何杜绝网络媒体的唯利是图等严重阻碍核心价值观的突出问题。这方面的研究对于核心价值观伦理认同研究来说是总体性的，它规定着其他子课题研究的方位和任务。

（3）研究核心价值观内化为人们的道德价值观特别是善恶观，通过道德价值观体现核心价值观的问题。核心价值观道德化的首要内容和任务就是根据核心价值观确立社会的善恶观，以及使这种善恶观成为公众个人的善恶观路径和措施。体现核心价值观的道德观并不就是核心价值观，而是核心价值观的道德化。这种道德化的核心价值观或体现核心价值观的道德观是什么，它如何使核心价值观落细落小落实，这不仅需要理论上的研究，而且要将理论研究的成果转化为全社会的共识。在我国目前的道德体系和人们的道德观并不都是体现核心价值观的，有些内容可能还与核心价值观背道而驰的情况下，从理论上构建体现核心价值观的道德观、从实践上使之成为全社会的共识就是摆在全党全社会的严肃问题，亟待我们加以解决。"核心价值观建设，重要的是坚持以立为本、立破并举。"① 体现核心价值观的道德观建设亦应如此。因此，既要研究根据核心价值观确立的善恶观是什么，更要研究如何使这种善恶观转化为人们的道德信念。在价值和道德价值多元的当代，要着重阐明社会主义善恶观的含义、要求及其正确性，为社会主义善恶观的合理性提供论证和辩护，并旗帜鲜明地反对和驳斥各种不正确的善恶观。

（4）研究核心价值内化为道德品质，通过道德品质使核心价值观转变为人们的道德人格和心理定势。道德品质是人们在其善恶观的指导下自发地或自觉地形成的心理定势和意向，有了道德品质就会在相关的情境下出于道德的动机行动。同时，品质又是人格的重要构成部分，它规定着人格的道德性质（是否道德），道德品质

---

① 《政协常委会第十二次会议开幕 俞正声出席、刘云山作报告》，《人民日报》，2015年8月27日1版。

从总体上看就是道德人格。因此,当根据核心价值观确立的善恶观转化成了道德的品质(德性),核心价值观就通过道德的途径成为了人们的人格和动机,转化为了人们的心理元素和精神支柱。为此,必须研究如何使体现核心价值观的善恶观以及相应的一般道德原则转化为个人的品质和人格,从而使核心价值观得到深度的认同。特别是要针对目前突出的"坑蒙拐骗""假冒伪劣"、职务犯罪等严重社会问题,研究回答如何使爱国、敬业、诚信和友善等核心价值理念普遍转化为人们的德性路径问题。

(5)研究核心价值观内化为道德情感,通过道德情感体现核心价值观的问题。人们的健康生活和幸福离不开情感,人们对价值观和道德观的认同也离不开他们的情感。这就是亚里士多德所说的,"善性以及幸福主要依赖于人们的情感状态"①。心理学家发现,甚至理智也离不开情感,情感的缺失可能会导致非理智行为的产生。"如果一个人失去所有情感,他将变成'理智的傻瓜'。"②道德情感是推动人们确立道德信念、培养道德品质和从事道德行为的强大动力。因此,核心价值观伦理认同研究必须重视如何培养人们特别是青少年对体现核心价值观的善恶观及相应的一般道德原则的道德感情,研究解决如何通过培养道德情感来促进核心价值观的深度社会认同。在当前,要针对盲目向往美国,崇拜西方价值观和生活方式的风潮,着重研究回答如何通过道德情感的培育和强化来增强人们对祖国、对中国共产党、对社会主义特别是中国特色社会主义事业的认同态度和热爱感情的问题。

(6)研究核心价值观外化为道德行为,通过道德行为体现对核心价值观的认同的问题。道德的重要使命之一是要使人们道德地行动,即行善,而使人们行善的主要手段是利用责任、义务等规范来约束人们的行为。在一定意义上可以说,社会规范规定着道德行为。因此,我们要关注核心价值观的原则和要求如何体现为社会规范(包括道德规范)的问题,更要关心体现核心价值观的社会规范如何转化为个人的行为准则的问题,尤其要着重研究回答党政干部、知识分子和优秀企业家这几个社会精英群体如何贯彻落实党的十八大报告提出的八个"必须坚持",使之成为执政为民、建设祖国、服务社会的行为准则和内心信念的问题。

三、当前核心价值观认同伦理研究需要重点关注的问题

一种价值观得到普遍社会认同往往需要一个相当长的过程,价值观的道德化同价值观社会认同几乎是同一个过程,因而也是一个长期的过程。历史上不乏这方面

---

① Nancy Sherman, *Making a Necessity of Virtue*, Cambridge: Cambridge University Press, 1997, p. 35.
② 参见[英]麦特·里德雷:《美德的起源——人类本能与协作的进化》,刘琦译,中央编译出版社2004年版,第150页。

的先例。西方的基督教从公元1世纪产生和开始传播到米兰敕令颁布（公元313年）承认其合法性，经历了300多年。从这时到它的价值观得到社会较普遍的认同，即使从西罗马帝国灭亡（公元476年）算起，也经历了150多年。西方近现代价值观得到社会普遍认同也经历了一个漫长的过程。如果我们以约翰·密尔的《论自由》（1859）和《论代议制政府》（1861）为西方资本主义价值观最终形成的标志，而这种价值观严格说来到第二次世界大战后才得到了西方各国及其公众的普遍认同，那么其间也经历了100年左右的时间。如果从英国资产阶级革命成功（1688年）这种价值观开始被推行算起，到第二次世界大战结束，它在西方世界普遍得到认同经历了250多年的时间。中国传统社会儒家价值观从孔子提出（从孔子前479年去世算起）汉武帝以"抑黜百家，表彰六经"（公元前136年）为标志正式"独尊儒术"，经历了300多年。当然，在汉武帝之前儒家价值观一直没有得到统治者的赏识和推行，这是它没有得到社会普遍认同的重要原因之一。当代我国社会主义核心价值观建设是党的十八大正式提出的，迄今不过几年时间，而且它尚未完成理论的构建，因此，它要得到社会普遍认同还有一个相当长的过程。然而，中国特色社会主义建设事业的快速发展和当代世界各种价值和文化的激烈竞争格局迫切需要加快我国的价值观建设，党和国家也将建设核心价值观的任务上升到了前所未有的战略高度。在这种情况下，我们必须加快核心价值观建设的进程，特别是要通过核心价值观的道德化推进其社会普遍认同。

就我国目前的情况而言，通过核心价值观道德化推进其社会认同需要着重做好以下几项紧要的工作。

第一，根据核心价值观的精神和要求，结合我国目前道德的实际，构建与之相一致并且使之得到贯彻的道德体系。目前，我国正在进行全面深化改革，而这种改革主要是指体制改革，对思想观念（包括道德观念）的更新重视不够。从目前我国学界的研究情况看，道德观念更新问题尚未明确提出，更没有对这一问题作系统、深入的研究，值得我们高度重视。我们需要根据核心价值观更新道德观念，并以此为基础在内容和结构上对我国现行的道德体系作必要的调整，构建与核心价值观相一致并能使其落实到人们的道德生活的道德体系。从理论的角度看，构建体现核心价值观的道德体系包括两个方面：一是对核心价值观道德化作出理论阐述和论证，完成体现核心价值观的道德体系的理论建构，特别是确立道德体系的总体价值取向、一般道德原则、基本道德规范以及不同生活领域的道德要求；二是根据这种理论设计使体现核心价值观要求的道德入心入脑的实施方案，主要包括如何使道德进入不同学段的学生教材和课堂，进入普通公众的日常生活，并成为他们的生活需求，尤其是进入社会精英的生活，使他们同时成为社会的道德精英。这个问题实质上就是根据核心价值观的原则和要求构建与之相适应并能使之进入社会生活和人们心灵的具有感召力和亲和力的理论（观念）道德体系，以及使这种理论道德体系成为社会普遍认同并具有约束力的问题，最终通过道德的途径使核心价值观入心入脑。从理论上解决了这个问题，就从根本上解决了道德意义上的核心价值观社会认同问题。为了突破这一重点问题，首先要弄清楚目前核心价值观道德化的现状，然后立足于对这种现状的科学分析，根据核心价值观的精神和要求以及中国特色社会主义建设的实际需要进行理论上的研究和创新，从而提供有关我国未来道德建设的方向、重点以及路径和措施的理论和方案。

第二，从道德的不同维度研究回答核心价值观的道德化及相应的社会认同问题。在我国，关于道德的主导观念认为，道德是调整人和人之间关系的一种特殊的行为规范总和，而其本质在于它是社会意识中的一种特殊规范体系。[①] 这种观念的实质在于，它把道德理解为行为规范，与其他的行为规范（如法律）的不同之处在于它是一种诉诸传统习惯、社会舆论和内心信念来实现的非制度化的内在规范。这种规范论认为道德是行为规范并没有错，问题在于道德不只是行为规范，其本质不是规范。道德是什么？道德是人类借以更好地生存的智慧，因而它是人类的生存方式，是智慧的生存方式。作为人类智慧生存方式的道德不只是一种行为规范，而是一种价值体系，其中包括行为规范。道德涉及对什么是道德的（善的）、什么是不道德的（恶的）以及什么是最高的善（至善）的认识，人的情感、品质、行为都存在着善恶问题。总之，道德是一个由道德认识、道德情感、道德品质和道德行为构成的复杂社会现象，也是以一定善恶观为指导，以追求善（包括德情、德性、德行）为指向的社会价值体系，社会可以通过这一体系来规范和引导人们。我国目前流行的道德即规范的观点有明显的偏颇，尤其不利于使核心价值观内化于人们的内心。因此，我们必须更新这种道德观念，将道德理解为道德价值、道德情感、道德品质、道德行为几个部分构成的有机系统，对行为直接进行约束的道德规范只是道德中的一个部分，并非全部亦非中心。与此相应，在研究回答核心价值观的道德化及相应的社会认同的过程中，不仅仅要使核心价值观成为相应的道德规范，更要使之成为人们的善恶标准、价值信念、人格理想、道德品质、道德动机、道德追求、道德情感等，从而使核心价值观深入人们的灵魂和生活，真正从深层次认同核心价值观。

第三，针对核心价值观社会认同及其道德化过程中面临的难题提供重点治理的有效对策。从理论上构建与核心价值观相一致并促进其社会认同的道德体系固然重要，也难度很大，但要在当前道德被"祛魅"、许多人对道德存在逆反心理的情况下使在理论上构建起来的道德体系"返魅"、让人们普遍认同和接受它，这是一个难度更大的问题。解决这个问题的前提是重新确立道德在社会生活和人们心目中的权威地位，使人们认同它、信赖它。目前核心价值观社会认同和道德化乃至道

---

① 参见罗国杰主编：《伦理学》，人民出版社1989年版，第51页。

德本身面临着诸多难题，如学校、家庭、社区、社会、网络教育的对立甚至反向影响；部分党政干部、知识分子、商界名流等社会精英与党和政府不同心同德，缺乏道路自信、理论自信、制度自信和文化自信，甚至不负责任地"唱衰"、无原则地起哄跟风；一些影响极其广泛的媒体大亨、网络大亨被资本绑架，使所把控的互联网成为与核心价值观唱对台戏的无障碍且能隐身的舞台，等等。因此，要针对这些严重阻碍核心价值观社会认同的问题提出有效对策，为构建"五位一体"的和谐教育、为使社会精英成为认同核心价值观的表率、为严防媒体唯利是图而肆意"恶搞"提供资政建言。针对这些问题，我们要通过社会调查对核心价值观道德化的现状特别是存在的突出问题作出较为系统和正确的评估，并在此基础上分析导致问题的原因，针对严重阻碍核心价值观社会认同和道德化的突出问题提出相应的对策。除此之外，我们还需要从以下几个方面为从根本上克服这些问题的发生创造条件：首先，努力使我们根据核心价值观构建的道德体系科学、合理、可行，同时又人性化、人道化、人情化，既接地气又暖人心，能很好地满足人们对道德的期待；其次，提供如何利用各种途径有效地对人们进行道德宣传教育，特别是提供如何利用好现代技术和新媒体（如互联网、手机客户端、微信、博客、短信等）的方案，寻求加大道德对社会生活和个人心灵渗透的力度，使道德的影响像空气一样无所不在的有效途径；最后，努力从传统文化中寻求智慧资源，弘扬崇尚仁义道德的优秀传统，将传统文化中有效、实用的教化手段进行现代转换，使之服务于核心价值观社会认同和道德化。

此外，还要在突破重点问题和破解难题的同时，引进和寻求一些使核心价值观得到认同的新方式、新路径。例如，可以将"隐性教育"引入核心价值观社会认同和道德化的过程中。"隐性教育是行为主体在正式教育或非正式教育活动的某种环境中，有意或无意通过直接体验或间接观察获取非预期的某种经验的过程。"[1]这种方式可以使核心价值观以"潜移默化""润物细无声"的方式对社会公众的思想、观念、态度、情感产生影响，使之与显性教育相互促进。在这方面，美国的经验可以借鉴。美国既注重在学校中实施隐性教育，也重视在社会环境中渗透隐性教育。学校中的隐性教育主要通过设置综合的哲学社会科学课程、建立隐性课程和开展社会实践活动等方式进行隐性教育。社会环境中的隐性教育主要是指利用大众传媒、公共设施、社会文化和社会风气强化受教育者对主流价值观的认同、接受和内化。美国隐性教育的理论和实践，对我国发挥哲学社会科学在核心价值观中的"融入作用"、创设良好的教育环境并积极鼓励受教育者参加社会实践具有积极的启示作用。[2]

---

[1] 沈嘉祺：《论隐性教育》，《教育探索》，2002年第1期。
[2] 参见郭小香：《美国隐性教育的实施路径及其启示》，《湖北社会科学》，2010年第12期。

中国文化的创造性转化及愿景*

自鸦片战争以后，我国传统社会占主导地位的文化（简称为"传统文化"）开始受到冲击，到辛亥革命其统治地位崩溃。从此，我国占主导地位的文化进入了一个从传统到现当代转化的过程。党的十八大以后，习近平总书记提出要努力实现传统文化的创造性转化和创新性发展，从根本上调整了我国文化从传统到当代转化的路向，这对于当代中国文化的繁荣发展乃至对中国特色社会主义建设事业都具有十分重大的意义。深刻领会习近平总书记的这一要求，清醒地认识到传统文化创造性转化面临的困难并明确转化的未来走向，是我国哲学社会科学工作者的神圣使命和历史责任。本文试就我国文化从传统到当代的创造性转化①问题谈一些初步的看法，以就正于学界同仁。

一、创造性转化的发生、过程与现状

我国文化从传统到现当代的转化是在西方强势文化向全世界扩张和渗透以及由此引起的人类走向全球化的宏观背景下发生和演进的，是多种因素共同作用的结果，经历了一个相当漫长的过程，而自觉对传统文化进行创造性转化则是从党的十八大之后开始的。

自鸦片战争开始，西方列强凭借近代其先进文化的竞争力、现代科学技术和资本的强大物质力量（不只是"船坚炮利"）打开了古老中国封闭的大门，使中国传统文化丧失其抵御能力并失去其存在的合理根据。但是，传统文化的衰落并不是引起我国文化从传统到现代转化的原因，它只是为这种转化提供了前提，或者说起到了触媒的作用。引起这种转化的直接原因，是在我国日渐陷入被动挨打、丧权辱国惨状的情况下，有志于救亡图存的仁人志士或者通过改良的途径改革传统社会制度或者通过革命推翻传统政治统治的努力。这些仁人志士不仅有一腔爱国热情，而且通过不同途径（如通过留学日本或受俄国影响）受到西方近代文化的影响，因而主张照搬西方、利用西方或借鉴西方文明以改革现存社会制度和政治统治。在不同派系和势力的争论乃至暴力斗争中，最终以孙中山为代表的革命派占据了主导地位。

---

* 原发表于《华中科技大学学报》（社会科学版），2016年第6期。

① 习近平总书记关于如何对待传统文化问题谈到的是"创造性转化"和"创新性发展"两个方面。笔者认为，"创造性转化"主要是就传统主导文化而言的，而"创新性发展"是就所有传统文化而言的。本文所涉及的主要是传统主导文化向当代主流文化创造性转化问题。请参阅拙作《对传统价值观创造性转化和创新性发展若干问题的思考》（《当代中国价值观研究》2016年第1期）。

不过，他们并不主张全盘西化，而是主张借鉴和有条件地利用西方文明。

20世纪初的革命派孕育了国民党和共产党，两党在政治主张和价值追求上存在着重大差异，但是，它们在对待传统制度和文化上都是持激进的否定态度，主张建立与传统不同的文化和社会制度。国共两党从合作到分裂，再从敌对到战争，中经抗日战争的再次合作和抗战胜利后的再分裂、再敌对、再战争，最终共产党取得了胜利，建立了新中国。共产党在1949年执掌中国政权之后，我国的社会制度和面貌发生了根本变化，但一直到开始实行改革开放这段时期，共产党仍然坚持世纪早期革命派的那种对传统完全否定的态度，在"文化大革命"期间甚至达到了登峰造极的地步。

从人类历史发展的过程看，在社会转型的初期，执政者往往会对前一社会形态持敌对的激进态度，但随着转型的深化，他们对前一社会形态的态度会逐渐理性化、理智化，不再持简单的全盘否定态度，而是努力从中吸取合理内容。中国近现代的情形亦是如此。至少在从1911年辛亥革命前后开始一直到20世纪90年代实行市场经济体制的近一百年时间里，我国主要致力于在救亡图存的过程中建立新的社会制度和文化，其基本路径是"破旧立新"，通过"破旧"来"立新"。因此，这个过程是一个重建的过程，而不是一个转化的过程。两者之间的区别在于，前者是推倒重来，甚至以为把所有"残渣"清理得越干净越好，把"旧地基"清除得越彻底越好；后者则是类似于化学反应的过程，通过对在原有因素中加入新因素以生成一种完全不同于旧东西的新东西，新东西中有原有因素但在性质上完全不同于旧东西。我国真正意识到对传统要进行这种化学反应式的创造性转化而不能简单地否定，是与我国实行市场经济体制之后面临诸多新问题直接相关的。

1978年12月我国实行改革开放的基本国策，一方面改变了新中国成立后实行的封闭政策，对国外特别是西方实行开放，另一方面也对传统不再采取简单否定的做法，而是持比较宽容的态度，传统文化伴随着对外开放也逐渐在中国大陆有了市场。但是，我们尚未清醒地意识到要对传统文化实行创造性转化。20世纪90年代实行市场经济体制后，经济基础的变化带来了整个社会生活的剧变，出现了许多过去未曾有过的新问题。其中最突出、也是最严重的问题是诸如官员腐败、"假冒伪劣"、两极分化及道德失序等，而这些问题的出现与新中国成立后所确立的意识形态、价值观（念）和社会制度与市场经济通行的规则特别是最大利益化原则不相匹配直接相关。这些问题无法在原有的制度和文化框架内解决。正因为如此，在市场经济兴起和发展约20年（党的十八大）后，我国提出建设社会主义核心价值观和全面深化体制改革的问题，而在这两个方面我们面临着巨大的难题。

就建设社会主义核心价值观而言，我们面临着一种改革开放前所没有的新情况，即这时的传统文化已经在我国社会具有相当的影响力，甚至有人主张用传统文化取代社会主义文化作为当代中国的主导文化，而改革开放前传统文化在中国大陆没有任何市场。在这种情况下，就存在着我们所要建设的价值观如何对待传统文化的问题。我们不可能再不理睬传统文化，更不可能完全否定传统文化。另一方面，不少社会调查和人们的直觉表明，党的十八大提出的"24个字"的社会主义核心价值观要深入人心，需要与国民的民族心理和文化基因承接，否则，不可能真正入脑入心。因此，在建设核心价值观的过程中唯一理智的选择就是弘扬优秀传统文化，对传统文化实行创造性转化。

就全面深化改革而言，我们面临着确定改革方向的问题。关于全面深化改革朝哪个方向改，党中央提出要走中国特色社会主义道路。显然，这条道路不是西方的那种制度和文化完全与市场经济相一致的道路；也不可能是传统社会主义的道路，因为正是这条道路不适应市场经济才提出要进行全面深化改革；当然也不可能完全是马克思主义创始人设想的道路，因为那条道路是否认市场经济的。中国特色社会主义道路就是要在坚持市场经济体制并吸收西方与之相适应的制度和文化内容的前提下，坚持传统社会主义和马克思主义的基本立场，从而使之成为社会主义的；同时吸收优秀传统文化内容，从而使之成为具有中华民族特色的。当然，这并不是所有这些因素的简单相加，而是让它们发生"化学反应"，成为一种中国文化的新形态。这种形态相对于经典马克思主义而言就是中国化、时代化的马克思主义，相对于传统社会主义而言就是中国特色社会主义，相对于传统文化而言就是实现了创造性转化的当代中国文化。

另一方面，我国改革越深入越全面，人们就越会感觉到传统的一些消极落后因素严重地阻碍了新制度和文化的建立。自辛亥革命以来，我们一直对传统文化持简单否定的态度，没有以冷静理智的态度对传统文化进行深入剖析，并在此基础上根据时代精神和实践需要对它进行创造性转化。于是便形成了这样的一种矛盾局面，即从人们的言行和社会外表看，没有什么传统文化的影子，人们甚至抵制传统文化或对之反感，而传统的一些因素（包括积极的因素和消极的因素）在人们内心深处仍然隐含地或潜在地发生着作用。其中消极因素的作用（如权力、人情大于法律）成为改革的深层次阻力和障碍。我们认识到，要从根本上解决这些问题，不能再简单地否定传统文化，而要在细致梳理的基础上实现创造性转化。

正是在这样的时代背景下，党的十八大以后，习近平总书记在强调传承弘扬中华优秀传统文化的同时，一再要求努力实现传统文化的创造性转化和创新性发展。早在2014年2月24日，习近平总书记在主持十八届中央政治局第十三次集体学习时指出，弘扬中华优秀传统文化，"要处理好继承和创造性发展的关系，重点做好创造性转化和创新性发展"。在2014年9月召开的中央民族工作会议上，习近平总书记又指出："弘扬和保护各民族传统文化，不是原封不动，更不是连同糟粕全盘保留，而是要去粗取精、推陈出新，努力实现创造性转化和创新性发展。"在2015年9月纪念孔子诞辰2565周年国际学术研讨会暨国际儒学联合会第五届会员大会开幕会上，习近平总书记则明确提出了要"努力实现传统文化的创造性转化、创新性发展"①这一对待传统文化的基本要求和原则。习总书记提出的这一要求和原则，是我国走向现代化和实现中华民族伟大复兴征程中不可回避的重大理论和现实问题，它既是事关传统文化在新的历史传统下能否得以传承和怎样得以传承的问题，也是事关当代中国价值观建设和我国文化的未来发展问题。于是，传统文化创造性转化和创新性发展的问题就被提到了全党和全社会的面前。

习近平总书记所说的"传统文化创造性转化和创新性发展"赋予了传统文化向当代转化全新含义。传统文化向现当代转化可以是不理睬甚至完全否定传统文化而重新构建一种全新的文化，我国改革开放前的做法基本上就是如此；也可以是在肯定传统文化有其合理性和价值的前提下根据新时代的精神和新实践的要求使之转化为与时代精神和实践要求相适应的文化，这就是习近平总书记所要求努力做到的转化。前一种转化至少从辛亥革命前后就已经开始，而后一种转化则是党的十八大前后才提上议事日程的。不言而喻，后一种转化要比前一种转化复杂得多，艰难得多。它不仅要求承认传统、尊重传统、珍视传统，而且要求在对传统文化的精华糟粕、经验教训进行系统深入梳理、研究的基础上使传统文化与今天的时代、实践和世界文明对接，使之作为文化遗产为今天我国的文化强国建设服务。必须对传统文化进行创造性转化，这是我国文化建设的经验教训昭示给我们的选择，是当代中国文化繁荣发展的必由之路。虽然这一过程刚刚开始，而且面临着深层次的难题，但我们仍要按照习近平总书记的要求下大工夫努力攻克这一难题。

二、创造性转化面临的主要难题

如果说实现传统文化的创造性转化比简单地否定和抛弃传统文化复杂、艰难得多，通过以下进一步的分析，我们还将可以看到实现这种转化面临的巨大难题。实现传统文化的创造性转化得面对以下三种明显的情形：一是从经济基础来看，传统文化的基础是自然经济，而我国今天实行的是市场经济体制；二是从意识形态来看，传统文化是皇权专制主义，其理论依据主要是儒家学说，而我国当代主流意识形态是马克思主义及其中国化，是社会主义文化；三是从上层建筑来看，传统文化是皇权专制制度，而我国现行的制度、体制和机制是新中国成立后确立的社会主义制度，而这种制度又处于全面深化改革之中。问题的复杂性主要不在于我们得面对这些情形，而在于我国现实的经济基础与主流意识形态和上层建筑两者之间存在着不相适应的问题，在这种情况下，就存在着我们对传统文化进行创造性转化是转向其中的一方面还是另辟蹊径的问题。"文化总是时代的先行者"，"社会的转型通常

---

① 参见《人民日报》，2014年9月25日第2版。

首先表现为文化的转变"①，因此，这个问题就是我国当前进行传统文化创造性转化面临的根本性难题。这个难题说到底就是创造性转化的方向或价值取向的问题。这个问题不解决，创造性转化就没有方向，就是盲目的，当然也不可能真正实现。

新中国成立后，我国实行的是计划经济体制，并在此基础上建立了社会主义制度。然而，改革开放前近三十年的实践表明，这样一种经济社会结构并没有从根本上改变我国贫穷落后的面貌，尤其是"文化大革命"使我国经济走向了崩溃的边缘，我国的社会生活秩序陷入混乱，我国的社会主义制度面临着严峻的挑战。在这种情况下，党的十一届三中全会决定实行改革开放，力图通过改革经济体制和改变过去对外封闭格局来应对所面临的挑战。伴随着改革开放的深入，我们逐渐意识到，要改变我国贫穷落后的面貌仅仅对原有的计划经济体制进行改革而不转变这种体制本身并不能从根本上解决问题，于是在20世纪90年代引进市场经济体制，并用市场经济体制取代计划经济体制。显然，这不是一般意义的改革，而是具有实质性意义的变革。这一变革的深刻社会后果不仅在短短的一二十年时间里改变了中国经济落后的面貌，使我国物质文明迅速繁荣，而且也使整个社会体制乃至意识形态和思想观念越来越严重地不适应市场经济发展的要求。我国选择了坚定地走大力发展社会主义市场经济之路，而这种新型经济基础与原有的上层建筑和意识形态相冲突也日趋突出，并且通过一系列严重的社会问题表现出来。

为解决这一根本性的社会冲突，我国社会做出了很多努力。其中最重要的有以下四个方面：第一，建设社会主义核心价值体系和核心价值观。核心价值观和价值体系是意识形态的核心内容，是社会生活和社会结构的灵魂，要建立与市场经济相适应的社会制度、体制和机制，首先必须更新根本的总体的价值观念，即价值观。为此，2006年召开的党的十六届六中全会提出了建设社会主义核心价值体系的任务，2012年召开的党的十八大又进一步提出要培育和践行社会主义核心价值观。这意味着要更新价值观念，建立一种适应新时代和新实践要求的新价值观。第二，推进马克思主义中国化、时代化和大众化。马克思主义是我国革命和建设事业的指导思想，无论是发展市场经济还是建设社会主义价值观都必须在马克思主义指导下进行。然而，马克思主义要发挥这种指导作用其本身必须与时俱进，于是2009年召开的党的十七届四中全会提出要推进马克思主义中国化、时代化和大众化。第三，全面深化体制改革。指导思想的与时俱进和价值观的更新，需要落实到制度体制的层面才能真正对社会生活发生作用。因此，2013年召开的党的十八届三中全会做出了从经济、政治、文化、社会、生态文明和党的建设等方面全面深化体制改革的决定。在社会制度体制体系中，法律制度具有关键性的意义，所以2014年召开的党的十八届四中全会又做出了全面推进依法治国的决定。第四，弘扬优秀传统

---

① 李建华、姚文佳：《社会全面转型与道德引领》，湖北大学学报（哲学社会科学版），2016年第3期。

文化。改革开放以来，对传统文化的开放政策，使传统文化迅速在中国大陆兴盛起来，在这种情况下，建设社会主义价值观、使马克思主义中国化和时代化以及全面深化改革，都面临着如何对待传统文化的问题，而且优秀传统文化确实蕴涵着有助于克服社会生活过分市场化的问题。因此，习近平担任中共中央总书记以来反复强调要弘扬优秀传统文化。所有这些努力概括说来就是要在理论和实践上探索一条史无前例的中国特色的社会主义道路。这是一条根本不同于皇权专制主义和西方资本主义，也与传统社会主义有所不同的全新社会文化发展之路。

1997年召开的党的十五大明确提出"在社会主义条件下发展市场经济"，由此开始了中国特色社会主义道路的自觉探索。二十年来，我国适应社会主义市场经济发展的要求，通过深化改革开放，在经济、政治、文化、社会、生态文明等各个方面取得了全面的进步，中国特色社会主义事业呈现出蒸蒸日上前所未有的繁荣局面。事实雄辩地证明了选择这条道路的无比正确性。然而，中国特色社会主义道路尚处于探索之中，在这一探索过程中，我国的社会和文化发展始终都会面临着不同选择的挑战，我们必须在面临挑战的进程中走出一条真正成功的中国特色社会主义之路。

在我国选择了发展市场经济这一经济体制之后，我们就面临着三种基本的选择：一是完全走市场化之路，这条路就是"西化"之路，西方资本主义制度和文化就是完全适应市场经济的要求建立起来的。二是寻求与马克思主义创始人的社会主义理想相适应的经济形态。马克思恩格斯虽然没有明确提出社会主义阶段应有什么样的经济形态，但他们对市场经济是持基本否定态度的，如果我们严格按照他们的社会主义理想建设社会主义，就必须寻求一种不同于市场经济形态的经济形态作为经济基础。三是在坚持马克思恩格斯设想的社会主义理想的前提下有限度地利用市场经济，构建一种在市场经济基础上的社会主义文化和社会。改革开放以来，这三种选择历来都有拥护者，实行市场经济体制之后，不同选择的拥护者之间的争论更趋激烈。党中央做出了第三种选择，这无疑是一种实现中华民族伟大复兴的正确选择。我们不能走"西化"之路，因为这条道路既不可能普遍化，也存在着诸多不可克服的弊端，而我国改革开放之前的实践证明，否定市场经济不可能使国家强大起来。然而，第三种选择虽然是中华民族的伟大复兴之路，但同时也是这三种选择中最艰难的。因为不言而喻，第一种选择虽不可能在中国获得成功，但有西方可利用的资源；第二种选择则是我们过去习惯走的路，尽管事实证明不成功，但走起来轻松；而第三种选择则是一条全新的道路，需要我们在理论与实践上持续不断的艰难探索。这条路难就难在，我们既要大力发展市场经济，又不能走整个社会市场化之路；我们要全面深化改革，又不能背离社会主义原则。其焦点在于，要把过去被认为是水火不相容的市场经济和社会主义这两者有机地结合起来，使之相互促进、相得益彰。"市场经济与文化建设固然有着目标和价值的不同，但在实践中二者存在着密切的相互作用关系。"①既然我们要坚持实行市场经济体制，我们就不能不考虑市场经济对价值观念、意识形态、社会制度乃至文化体系的影响。

当代中国社会面临着不同的选择，因而在这种历史境遇中进行传统文化创造性转化就存在着转化的不同方向问题：转化为市场化的文化，转化为传统社会主义文化，还是转化为今天我国正致力于建设的中国特色社会主义文化？这种转化方向的选择不只是一种设想，而是在现实生活中存在着重大意见分歧的。如果我们认定，传统文化只能转化为中国特色社会主义文化，那么，在这个转化过程中就必须解决市场经济与社会主义意识形态和制度体系之间的冲突这一难题。对于这一难题，我国目前采取的路径是试图通过传统文化的创造性转化来实现现代市场文明、马克思恩格斯的社会主义理想和传统文化的有机融合，从而生成一种全新的文化形态。

三、创造性转化的愿景

我国对传统文化实行创造性转化从党的十五大（1997年）算起，迄今不过20年时间，即使加上此前的传统文化转化过程，也不过百余年历史。西方完成从传统文化到现代文化的转化经历了六百多年的历史，我国传统文化转化已经走过的历史，对于一种社会文化的转化过程来说只是一个开始。不过，在现代文明的条件下，越是在转化的早期，越是需要对转化进行理性的构想和设计。如果说我们今天已经明确了传统文化创造性转化的未来之路只能是通过传统文化创造性转化来实现现代市场文明与社会主义理想的有机融合，那么，我们就需要对这种融合的未来图景进行构想和设计，从而为这种转化确定目标，为市场经济与社会主义理想之间冲突的解决从而实现两者的有机融合指明方向。这种构想和设计也可以说就是当代中国文化发展的愿景。

总体上看，传统文化创造性转化所要形成的是一种市场经济和科技创新在经济领域充分发挥作用、人民具有主体地位、法律在社会生活中具有最高权威、以每个人全面而自由发展为旨归、生活充满真情友爱的和谐主义文化。具体地说，通过对传统文化实行创造性转化所要形成的文化应包括以下六方面的基本内容：

第一，市场经济和科技创新充分发挥创造物质财富和激发经济活力的作用，国强民富，社会成员个人拥有可靠的生活保障。事实证明，市场经济有其独特优势和不可克服的弊端，在人类尚未发现更好的经济形态之前，必须充分利用市场经济激发社会个体进取创新的活力，实现国家富强，人民富裕，彻底消灭贫穷和落后，通过市场经济发展和科技创新水平的提高，努力营造强者能充分发挥聪明才智、弱者拥有可靠生活保障的经济基础和社会条件。在我国全面深化改革的现阶段，经济体

---

① 郝书翠：《论中华优秀传统文化软实力优势的发挥》，《湖北大学学报》（哲学社会科学版），2016年第4期。

制改革的核心问题是处理好政府和市场的关系,使市场在资源配置中起决定性作用并更好地发挥政府作用。"建设统一开放、竞争有序的市场体系,是使市场在资源配置中起决定性作用的基础。必须加快形成企业自主经营、公平竞争,消费者自由选择、自主消费,商品和要素自由流动、平等交换的现代市场体系,着力清除市场壁垒,提高资源配置效率和公平性。"① 市场经济具有极大地促进社会经济发展的作用,但也有其不可克服的缺陷。美国著名社群主义思想家桑德尔曾对此给予了深刻的揭露:"如果某人愿意花一笔钱来满足自己的性欲或者购买一个肾脏,而另一个同意此桩买卖的成年人也愿意出售,那么经济学家问的唯一问题就是'多少钱'。市场不会指责这种做法,而且它们也不会对高尚的偏好与卑鄙的偏好加以区别。交易各方都会自己确定所交易的东西具有多大价值。"② 因此,必须通过法律、制度、道德等社会控制机制有效杜绝市场规则对非经济领域的渗透,防止社会生活市场化和资本化。有限制地发挥市场经济和科技创新的作用,既要吸取市场经济文明的积极内容,又要继承中国传统文化先义后利的非物质取向,这是实现传统文化创造性转化所形成的中国特色社会主义文化不同于西方资本主义文化的基本特征。

第二,社会是其成员共有、共建、共享的,享有公民权的个人的社会终极主体和主人地位得到确保。在现代社会成员多元化、多样化的历史背景下,社会是所有社会成员(包括个人、企业及其他各种社会组织)共有的社会,也需要所有社会成员共同建设以促进其发展,同时所有社会成员都有权利分享社会的一切资源和机会。所有社会成员都是社会的主体和主人,而享有公民权的个人则是社会的终极主体和主人,他们拥有立法权、选举权和被选举权,享有政治参与权,拥有表达政治见解的自由和渠道。当社会成为其成员共有、共建、共享的时候,当国家真正成为"民有、民治、民享"的时候,人民群众就会有越来越强烈的认同感和归属感、越来越多的获得感和幸福感。"全面小康是全体中国人民的小康,不能出现有人掉队""一个都不能少"(习近平语)。在全面建成小康社会的基础上,在全社会实现"五有",即学有所教、劳有所得、病有所医、老有所养、住有宜居。这一特征显然是在吸取现代民主观念的基础上对传统文化中王朝是社会的主体和主人的创造性转化。

第三,实行法治,法律在社会生活中拥有最高权威的地位,一切权力在法律之下运行。确立法律特别是宪法在国家中至高无上的地位,将一切权力置于法律之下运行,运用法律防止权力的滥用、误用及不作为,这是当代人类的普遍共识。实现传统文化的创造性转化,就是要从根本上改变传统社会的人情大于法,权力高于法,"刑不上大夫"的观念和做法,真正实现依法治国、依宪治国。为此,必须"形

---

① 《中共中央关于全面深化改革若干重大问题的决定》,《人民日报》,2013 年 11 月 16 日第 1 版。
② [美]桑德尔:《金钱不能买什么——金钱与公正的正面交锋》,邓正来译,中信出版社 2012 年版,引言ⅩⅡ-ⅩⅢ。

成完备的法律规范体系、高效的法治实施体系、严密的法治监督体系、有力的法治保障体系，形成完善的党内法规体系，坚持依法治国、依法执政、依法行政共同推进，坚持法治国家、法治政府、法治社会一体建设，实现科学立法、严格执法、公正司法、全民守法，促进国家治理体系和治理能力现代化"①。

第四，社会成员各受其教，各尽所能，各得其所，每个人获得全面而自由的发展。每一个人都有平等的受教育机会，从根本上克服现行"应试教育"和醉心于名校和高学历的弊端，使每一个学生都能够享受适合自己天赋和兴趣的教育，个人的潜能能得到充分的开发。社会不仅能充分提供就业，而且就业质量高，所开发出来的才能够得到最充分的发挥。从业者具有良好的职业道德、职业素质和专业能力，爱岗敬业，具有强烈的事业性、责任感。社会公平正义，每一个社会成员都各得其应得，强者受到尊重和鼓励，弱者得到应有的充分社会保障，失败者有东山再起的机会。社会不公和两极分化从根本上得到克服，社会为其成员获得全面而自由发展营造公正的环境，并创造有利条件。这一特征是马克思恩格斯社会主义理想的重要体现，它从根本上克服了资本主义制度不可克服的贫富两极分化的痼疾，也使传统文化中的"不患寡，患不均"的平均主义观念创造性地转化为以有适度差别的平等为特征的现代公正观念。

第五，个人品质、人格完善，家庭稳定、和睦、温馨，社会人性化、人道化、人情化，生态环境宜人美丽。传统文化特别重视个人、家庭、国家、天下之间的关系和个人对家庭、国家、天下的责任，强调修身、齐家、治国、平天下。这是优秀的文化传统，弘扬这种传统有助于克服市场文明所导致的以个人为核心、个人自由权利至上等个人主义偏颇。当然，传统文化的这种"修、齐、治、平"观念也存在着局限，它完全将个人淹没在整体之中，不考虑个人的自由、权利和个性发展。对此，我们也需要进行创造性转化，在肯定个人相对独立自主、人权得到切实尊重和保障的前提下构建家庭、社会、天下的和谐秩序，使个人与共同体相互促进，良性互动。生态平衡从根本上得到恢复，自然环境得到有效保护。生产空间集约高效、生活空间宜居适度、生态空间山清水秀，给自然留下更多修复空间，给农业留下更多良田，给子孙后代留下天蓝、地绿、水净、气洁的美好家园。② 传统的"天人合一"追求逐渐转化为自然环境与人类生活相协调、相融和的现实，实现现代化与田园诗化的有机统一。

第六，多元主体相互尊重，价值多元共存，社会主流价值观得到普遍认同并融入社会生活。市场经济是一种利益主体多元化的经济，在这种经济的影响下，社会主体必然多元化，不同主体有不同的利益诉求和价值追求，不同的利益群体有不同

---

① 《中共中央关于全面推进依法治国若干重大问题的决定》，新华网，2014年10月28日。
② 参见辛向阳：《"中国梦"与"两个一百年"》，《中共贵州省委党校学报》，2013年4期。

的价值体系。这是现代市场文明的一个积极后果。美国著名民主理论家达尔认为，以组织形式表现的社会主体多元化是现代民主社会的重要特征。"正是在民主国家，独立组织的存在才受到政权机构的最完全的保护；正是在民主国家里，独立组织才得以繁荣。"[①]他还认为，"这些组织并不仅仅是民族国家政府民主化的直接结果。它们对于民主程序自身的运行、对于使政府的高压统治最小化、对于政治自由、对于人类福祉也是必需的。"[②]由于实行市场经济体制和建立民主政治，中国正在成为主体多元化的国家，社会的价值观也日趋多元化。在这种新的历史条件下，"要改变对非主流文化（无论是西方文化、传统文化，或是其他文化）排斥、打压的做法，在允许其存在和发展的前提下，充分吸取其中合理的、有价值的内容，为我所用，使我国主流价值文化成为包含当今人类一切文化中优秀内容的真正最先进的文化"[③]。

传统文化创造性转化所形成的当代中国文化，从根本上说是和谐主义文化，和谐主义是这种文化的总体价值取向和一般价值原则。这种价值取向和价值原则承继了作为中国文化传统精髓的和谐观念，它是传统文化"致中和"、"和为贵"、"以和为美"、"和以处众"、"家和万事兴"、"以和邦国"、"协和万邦"及"和而不同"等文化基因的体现；同时，它将这种文化基因孕育于多元化的现代社会，强调在尊重个人和所有社会主体独立自主权利的前提下谋求彼此之间的"和平共处、相辅相成、相得益彰、良性互动"[④]。传统文化创造性转化就是要将传统文化追求人和、家和、国和、天下和、天地人和的全面和谐精神创造性地转化为现代和谐主义。和谐主义就是传统文化中和谐观念和精神的现代提炼和表达。

---

① ［美］达尔：《多元主义民主的困境——自治与控制》，周军华译，吉林人民出版社2011年第2版，第31页。
② ［美］达尔：《多元主义民主的困境——自治与控制》，周军华译，吉林人民出版社2011年第2版，第1页。
③ 江畅：《论价值观与价值文化》，科学出版社2014年版，第125页。
④ 江畅：《幸福与和谐》，人民出版社2005年版，第7页。

人民幸福与中国社会发展*

随着"中国梦"得到中华儿女的普遍认同，人民幸福也逐渐被党和政府以及公众明确作为中国社会发展的终极目标。这对于国家富强、民族振兴、社会长治久安，对于彰显社会主义生命力、推动中华文化走向世界以及为人类和平和幸福提供中国方案，都具有不可估量的重大意义。本文试图对人民幸福作为中国社会发展终极目标的确立、确立的重大意义、人民幸福的含义和实现条件以及现阶段实现人民幸福的现实路径作一宏观性的阐述，以期引起理论界和学术界对人民幸福问题的应有重视。

一、人民幸福终极目标的确立

在习近平明确将人民幸福作为"中国梦"的三项内容之一确定为中国社会发展的终极价值目标以前，中国人经历了近一个世纪艰难探索的过程。

鸦片战争之后，中国逐渐陷入了半殖民地半专制的社会，中华民族面临着"亡族灭种"的危险，中国各派政治势力都在谋求救亡图存。中国共产党把马克思列宁主义与中国实际相结合，试图走俄国十月革命的道路，通过不同于孙中山领导的旧民主主义革命的新民主主义革命建立真正的民主共和国，并通过社会主义革命建立无产阶级专政和社会主义制度，以逐渐走向消灭阶级的共产主义社会。在新中国成立前，中国共产党的基本任务是反帝、反专制、反官僚资本主义，实现国内和平和民族独立，建立新民主主义的中国（党的七大称之为"独立、自由、民主、统一与富强的新中国"）。经过28年艰苦卓绝的奋斗，中国共产党领导中国人民最终夺取了政权，建立了社会主义新中国。

新中国成立后的30年，中国以实现共产主义为社会的终极目标建设社会主义，但没有将马克思主义创始人所确立的人类终极价值目标（共产主义）中国化为中国社会主义社会的终极目标。于是出现了有时直接将共产主义作为社会的终极目标，曾经甚至提出过"跑步进入共产主义"的口号，而更多的时候则将一些社会发展的阶段性中心任务当作了社会的终极目标，如实现"巩固无产阶级专政""无产阶级专政下继续革命""实现四个现代化""发展社会生产力"等。社会主义社会发展终极目标的飘忽不定是改革开放前中国社会发展不断发生左右摇摆的重要根源。

---

* 原发表于《当代中国价值观》，2017年第4期。

实行改革开放以后，伴随着全球化时代的到来和改革开放的不断深化，以及市场经济体制的引入和发展，国家富强、民族振兴和人民幸福的问题日益凸显出来，成为事关国家稳定发展的头等大事。正是在这种新的时代背景下，中共中央对建党以来的历史经验进行了反思和总结，逐渐清醒地意识到中国共产党领导中国人民浴血奋战究竟是为了什么这一根本性问题。江泽民在庆祝中国共产党建党80周年大会上第一次明确指出，中国共产党的80年，是为民族解放、国家富强和人民幸福而不断艰苦奋斗、发愤图强的80年。中共十六届六中全会进一步明确把和谐社会看做是"国家富强、民族振兴、人民幸福的重要保证"[①]。这里中国共产党实际上已经将人民幸福作为中国特色社会主义建设事业的终极目标。中共十八大把建设中国特色社会主义的总任务归结为"实现社会主义现代化和中华民族伟大复兴"，随后习近平在2013年的"两会"上将中华民族伟大复兴称为"中国梦"，而"中国梦"就是要实现国家富强、民族振兴、人民幸福。他说："实现全面建成小康社会、建成富强民主文明和谐的社会主义现代化国家的奋斗目标，实现中华民族伟大复兴的中国梦，就是要实现国家富强、民族振兴、人民幸福，既深深体现了今天中国人的理想，也深深反映了我们先人们不懈追求进步的光荣传统。"[②]至此，人民幸福和国家富强、民族振兴一起最终被确定为中国特色社会主义建设的终极目标，而在这三位一体的目标结构中，不言而喻，人民幸福更具有终极性意义。[③]

今天，中共中央有关文件更多地把包括"人民幸福"在内的中国梦的实现作为"两个一百年"的目标，而不是整个中国特色社会主义建设的目标。但是，我们可以肯定，即使到新中国成立100周年中国梦实现了的时候，人民幸福也将永远是中国特色社会主义建设的终极目标。当中国真正实现了人民幸福，中国社会进入到了理想境界，达到了美好状态，但这并不意味中国发展的终结，而是在更高阶段上的开始，人民幸福又有了新的内涵。因此，追求人民幸福是一个不断超越的永续的动态过程。将人民幸福确立为中国未来社会发展的终极目标，是中国共产党在长期探索中逐渐作出的历史性正确选择，它不仅为中国社会发展指明了方向，而且也为整个人类社会发展应确定的终极目标提供了中国方案。确立这一目标是中国社会发展同西方社会发展之间的最重要区别，也是当代中国价值观区别于西方价值观的最显著特点。

中国共产党之所以能够最终将人民幸福明确确定为中国社会发展的终极目标，除了她是中国人民和中华民族利益的忠实代表，肩负着不断探索中国社会发展的正确道路并带领中国人民沿着这条道路奋力前行的历史重任，还有三个重要因素是值

---

① 《中共中央关于构建社会主义和谐社会若干重大问题的决定》，《人民日报》，2006年10月19日第1版。
② 《习近平在第十二届全国人民代表大会第一次会议上的讲话》，《人民日报》，2013年3月18日第1版。
③ 关于三者之间的关系，笔者曾多次论及过，可参见江畅、张媛媛合著的《中国梦与中国价值》（武汉出版社2016年版）第154页。

得高度重视的。充分认识这三大因素的综合作用对人民幸福终极目标确立的意义，可以增强我们对这一目标正确性、可行性的自信。

其一，马克思主义的社会理想。中国共产党人是马克思主义的忠实信仰者，把人民幸福作为社会发展终极目标体现了马克思主义创始人马恩所追求的理想，即建立"以每一个个人的全面而自由发展为基本原则"[①]的自由人联合体，"在那里，每个人的自由发展是一切人的自由发展的条件"[②]。马恩的理想有三层基本含义：一是人的自由发展，二是人的全面发展，三是每一个人都全面而自由发展。如果我们把"个人的全面而自由发展"理解为现代人幸福的基本意蕴，那么马恩理想社会的终极追求就是所有社会成员（每一个个人）的幸福。作为我国社会发展终极目标的"人民幸福"中的"人民"正是指所有的社会成员，人民幸福所意指的不是某些人、少数人的幸福，甚至也不是指大多数人的幸福，而是指所有社会成员的幸福。中国共产党把人民幸福作为中国社会的终极追求，显然体现了马恩理想社会的根本要求。"人民幸福"是马恩"每一个个人的全面而自由发展"的中国表达，而这一表达融合了中国传统文化的元素。

其二，传统文化的丰富滋养。在中国20世纪初的"问题与主义"之争中，马克思主义最终能为一些中国先进知识分子所接受，中国共产党以它为指导思想并最终能在中国取得胜利，皆因它与中国文化传统有着根本性的契合之处。中国传统"大同"理想对"天下为公"及"老吾老，以及人之老；幼吾幼，以及人之幼"的追求，所表达的实质上就是社会成员普遍幸福的观念。这种观念就其基本立场而言与张扬个人本位和个人自由权利至上的近代西方自由主义观念是根本对立的，而与马恩主张的"每一个个人全面而自由发展"相一致。虽然中国共产党成立之后的几十年一直对传统文化持否弃态度，但是在潜意识里仍然承继着中国传统文化的基因。在实行改革开放后，伴随着对传统优秀文化的弘扬，中共中央对这种基因有了日渐清醒的意识，并努力使所信奉的马克思主义基因与这种传统文化的基因相对接，以使两者融合，实现"基因重组"。重组的直接结果就是将人民幸福作为社会的终极目标观念的确立。这种观念中包含了对每一个个人都获得全面而自由发展追求的因素（马克思主义的），也包含了构建这样的个人生活于其中的家庭、国家和天下一体的德化共同体或联合体的因素（中国传统文化的）。这是马克思主义与中国传统文化相融合的结晶。

其三，对西方现代文明的借鉴。确定人民幸福为终极目标，最终明确地把中国社会发展道路与西方区分了开来，因为西方近代以来的社会发展路向是个人自由。

---

① [德]马克思：《资本论》第一卷，中共中央编辑局编译：《马克思恩格斯文集》5，人民出版社2009年版，第683页。

② [德]马克思、恩格斯：《共产党宣言》，中共中央编辑局编译：《马克思恩格斯文集》2，人民出版社2009年版，第53页。

这里有两个区别：一是中国方案的主体是人民，而西方方案的主体是个人，其区别在于前者指所有社会成员，后者虽然也指每一个人，但在凭实力竞争取胜的社会条件下只有胜者才有真正的自由，而永远不可能让每一个人都自由；二是中国方案追求的是幸福，而西方方案是自由，幸福包含自由或以自由为前提，但自由并不意味着幸福，一个一无所有的自由人当然不会是幸福的。不过，人民幸福作为中国社会的终极目标，其中包含了诸多西方文明的因素。且不谈市场经济、现代科技这些物质性的因素，社会主义核心价值观中的"自由""平等""公正""民主""法治"等理念都是西方近代倡扬并赋予现代含义的。它们虽然是属于全人类的优秀精神财富，但它们是源自西方的，更为重要的是，西方近代以来的思想家和政治家为将它们确定为社会的价值理想不懈奋斗了几百年。正是他们的努力才使我们能够享受这些优秀的思想观念成果，并使我们能够"站在巨人的肩上"超越它。

对于社会发展的终极目标，人们常常有一种误解，以为终极目标就是在时间上最终要达到的目标。于是，过去人们常常将共产主义看作是在将来某个时间达到的理想社会，如同基督教所说的"天堂"要到人死后才可能进入一样。实际上，终极目标并不同于最终目标。"终极目标是就两种意义而言的。一是就根本意义而言。就是说所有其他的目标都是由这种终极目标派生的，最后又都指向这种终极目标。它既是根基，又是依归。二是就总体意义而言。就是说，所有其他的目标都从属于它，服从于它，服务于它。它既是全体，又是核心。"[①]把人民幸福作为中国社会发展的终极目标就是这种意义上的终极目标，它不是指中国特色社会主义建设最终达到的那种理想状态，不是建设的终点和最后结局，而是指中国特色社会主义建设现实追求的理想状态，也是建设的现实指向和任务。就是说，它是这样一种既具有根本意义又具有总体意义的目标，即中国特色社会主义建设的其他目标都是由它派生，最终又指向它，都从属于它、服从于它、服务于它。我们把人民幸福作为社会发展的终极目标，就是要把人民幸福作为中国特色社会主义建设的中心任务。我们说以人民为中心，实质上就是要以人民幸福为国家治理的中心工作，国家治理要围绕它展开并以它为检验国家治理好坏的标准。

二、将人民幸福作为终极目标的意义

笔者曾在《中国梦与中国社会的终极价值目标》[②]一文中对中国梦（包括人民幸

[①] 江畅：《幸福与和谐》（第2版），科学出版社2016年版，第62页。
[②] 该文发表于《道德与文明》2013年第4期，后收入拙著《论价值观与价值文化》（科学出版社2014年版）作为第八章。

福）作为中国社会发展的终极价值目标作了较为系统的阐述，这里再就人民幸福作为中国社会发展的终极价值目标的重要意义作进一步的阐释。习近平提出中国梦概念以来，海内外中华儿女广泛地谈论着中国梦提出的重大意义，但大多是从中国梦的三项基本内容即国家富强、民族振兴和人民幸福谈论的，较少见有就人民幸福这一目标展开的专门讨论，因而对于确定这一目标的重大意义的阐述也不够深入和充分。笔者认为，在中国梦的三项目标中，人民幸福更具有根本性和普适性，把人民幸福作为终极价值目标不仅对于中国社会发展意义重大，对于整个人类社会发展、对于人类命运共同体建设也具有深远的意义，至少可以说是中国为确立人类社会发展终极目标提供的中国方案。

以人民幸福作为终极目标最直接的意义是这一目标深得民心，因而有利于社会的长治久安、幸福美好。自从人类有了意识之后，其有意识的活动一般都是有目的的，当把目标作为对象加以追求时，目的就变成了目标。人为了某种目标而活动，这也许由来已久，但人着眼于某种目标而安排活动，使活动按照安排进行，这则是相当晚的事。人类作为群体动物，从一出现开始就在群体中出于需要而谋求生存。群体的情形与个体的情形差不多，其最初的行动不是被目的所驱动，而是被需要直接驱动。但是，当人类进入文明社会之后，情况发生了变化，作为基本社群的国家开始根据统治的需要确立目的和目标，并将这种目标贯彻到社会生活，以影响个体的活动，努力使之服从于国家的目标。这样，统治者的目的及相应的目标而不是统治者的直接需要成为了国家活动的动因。这种动因从需求到目标的转变，是人类文明的重大进步。因为实现了这种转变，国家可以更周密地考虑自己究竟需要什么，在这些需要中哪些是根本的，哪些是重要的，哪些是非根本的和次要的，然后确定满足需要的顺序，而且还要考虑以什么方式才能更好地达到目的，从而国家能够更加自觉地控制自己，使自己发展得更好。

然而，传统国家基本上都是由战争中取胜的一方建立起来的，国家逐渐形成了统治者和被统治者两大阵营。统治者为了维护自身的利益而不断强化对被统治者的统治，通过维护统治地位以实现其自身的利益便成为了国家的目的。在这种国家格局中，统治者也可能为了自己的目的适当考虑被统治者的利益，但在两者发生冲突时统治者常常将被统治者的利益弃之不顾，甚至以牺牲他们的利益来保全自己的利益，因而统治者的利益和被统治者的利益在社会地位上不可能是平等的。就是说，在传统国家中，统治者不可能兼顾全体社会成员的利益，社会成员的普遍幸福不可能作为社会发展的终极目标。由于存在着统治者和被统治者之间的尖锐利益冲突，因而传统国家的统治者尽管采取各种措施不断强化自己的统治，但结果却是战祸连绵，王朝更迭不断，不仅老百姓生活在水深火热之中，统治者也如同坐在火山口上一样提心吊胆，不得安宁。这就是黄炎培先生所说的中国传统社会不可逃避的那种历史周期律（率）："'政息宦成'的也有，'人亡政息'的也有，'求荣取辱'的也有。"

中国共产党领导中国人民进行革命建立了人民当家做主的国家，从根本上改变了传统国家的利益格局，社会不再以统治者为中心，而是以人民为中心，不再是将统治者的利益实现或者说不再是将以实现统治者利益为指向的政治统治，而是将全体社会成员的利益和幸福作为社会的终极目标。这是一种具有深刻历史意义的重大转变，明确将"人民幸福"作为国家的终极追求则表明中国共产党对这种转变有了更清醒的意识和自觉，也表明了中国共产党真正找到了跳出黄炎培先生所说的历史周期律的一条新路。这条新路之所以"新"，是因为它颠破了传统国家的统治者与被统治者对立的格局，国家的主人不再是传统意义的统治者，而是全体人民，国家的管理者本身也是人民的一部分，他们所从事的管理工作具有特殊性但其宗旨是为人民服务的，其目的是使全体人民的幸福普遍得以实现。不言而喻，这条新路是会得到全体中国人民认同和拥护的康庄大道。沿着这条路走下去，中国不仅不会发生被统治者推翻统治者的斗争，不会发生统治者内部争权夺利的内乱，从而真正实现长治久安，中国人民还会过上幸福安宁的生活。

以人民幸福作为终极目标的另一重大意义在于，这一目标充分体现了中国社会主义的本质特征。人类从传统社会走向今天的路子不尽相同，中国是在特定的历史时空走上社会主义道路的，而西方国家走的却是资本主义之路。必须肯定，西方的资本主义之路为中国走上社会主义道路作出了重要贡献，它不仅为我们提供了许多现代思想观念和经验借鉴，它还孕育了作为我国指导思想的马克思主义。然而，几百年的历史表明，西方的资本主义之路确实存在着异化问题。西方近代的先哲原本是追求西方人普遍获得解放和自由，而且西方人也确实获得了相对于天主教教会、基督教神学和君主专制主义统治和奴役的解放和自由，然而在这个过程中，西方人却最终受到一种新的东西的控制，这就是随着市场经济发展而来的资本的力量和逻辑，并且形成了新的统治阶级（资产者）和被统治阶级（无产者）格局。虽然西方社会在第二次世界大战后稳定了几十年，但社会贫富两极分化、经济危机周期性爆发、享乐主义盛行、社会生活过度市场化等问题已经成为西方社会的一道道魔咒，使其不可解脱。马克思主义创始人马克思和恩格斯生活在资本主义问题暴露得最充分的19世纪，他们不仅深刻批判了这种制度，还针对这种制度创立了科学社会主义学说。中国正是在科学社会主义学说的影响之下走上了一条完全不同于西方资本主义的全新道路。

自从马恩创立科学社会主义以来，社会主义在理论和实践上都得到了极大的丰富和发展，已经成为今日世界最有影响的思想理论体系之一。马克思主义传入中国后不久就开始了中国化的过程，它既与中国实际相结合，也与中国传统相融合，在结合和融合的过程中，马克思主义中国化为中国特色社会主义理论。中国特色社会主义理论最具有意义的贡献就是把马克思主义的全人类性的共产主义理想具体化为中国式的社会主义理想，而其至要就是把人民幸福确定为中国社会发展的价值目标。这一目标不仅体现了马克思主义的共产主义理想，也承继了中国传统文化中的"大同"理想，而且将两者奠基于并统一于当代中国的社会主义建设事业。其要义有三：一是坚持马恩共产主义理想的基本内涵即"每一个个人的全面而自由发展"的自由人联合体；二是吸收中国传统文化特别是先秦儒家的道德主义精神，特别是"成人"的人格（即成为君子人格，包括豪杰、圣人等更高层次的人格）精神和"大同"（即家庭、国家、天下一体）情怀；三是将前两者落实到中国特色社会主义建设事业的伟大实践之中，使之在实践中统一起来，通过实践不断丰富和深化其内涵，并具体化为中国特色社会主义的终极目标和最高追求。因此，今天中国的人民幸福目标已经不再只是马恩那种单纯意义上的社会理想，而是中国建设和发展致力于实现的实实在在的实践方案和行动指南；它已经不是一般意义上的社会主义的伟大理想，而是具有丰富中国内涵的中国特色社会主义的现实追求。

以人民幸福作为终极目标还具有更为深远、广阔的意义，这就是它为人类发展的未来方向提供了中国方案，而这种方案代表了人类未来发展的总趋势。从历史的角度看，人类的发展经历了一个从分散在世界各地的社群到国家化再到全球化的漫长过程。在近代以前，分散在世界各地的人类是以不同的社会形式存在的，这些形式有氏族、部落、传统意义上的国家，前两种形式几乎在世界各地都存在过，而只有一些地区的人类从氏族、部落过渡到了传统意义的国家，如亚洲和欧洲。这些不同形式的社群彼此之间有过不同的交集（包括战争、和平的融合等），但从未形成过一个统一的整体。它们都有自己生存的目的，但不一定确立了有意识的、自觉的社会发展目标。从近代西方的海外探险、海外掠夺、海外殖民开始，世界原来分散的社群在国家化的同时也开始了人类全球化的过程。第二次世界大战促进了国家化进程的完成，随后全球化加速发展。第二次世界大战结束后，世界市场的形成，国家之间经济、政治和文化交往和交流的需要，以及环境保护、反对恐怖主义等方面的紧迫要求，加上科学技术在交往、交流方面提供的强有力支持，人类今天已经成为了一个事实上的命运共同体。在这种新的历史条件下，生活在同一个命运共同体中的人类就面临着未来朝什么方向发展、应当追求什么样的共同价值目标的问题。如果在这个问题上不能形成基本共识，生活在同一共同体中的人类就会陷入混乱，甚至会因为所追求的价值目标相互冲突而相互残杀最终导致人类毁灭。

在人类国家化和全球化的过程中，西方近现代价值观和文化由于西方经济、军事和技术等方面的强势地位而流布到了世界各地，并对非西方国家的本土价值观和文化产生了强烈的冲击。在这种冲击面前，非西方国家经历了一个从被动受冲击到主动抵御冲击的过程。当它们意识到西方价值观本身具有的不可克服的问题及其导致的严重负面效应的时候，它们中的大多数就开始从抵御西方价值观和文化走向弘扬、构建和向国际推出本土价值观和文化，于是出现了今天世界文化多元化的格局。然而，到目前为止，绝大多数非西方国家的价值观和文化尚处于弱势地位，不足以与仍处强势地位的西方价值观和文化相抗衡。究其原因，关键在于这些国家没有找到能够为其他国家普遍接受的价值观，特别是终极价值目标。当代中国也正在构建自己的价值观，由于中国所要构建的价值观是马克思主义的，而马克思主义作为思想体系是与作为西方近现代价值观理论基础的自由主义根本对立的，因而它有可能超越西方价值观而成为人类最先进的价值观。将马克思主义与中国传统文化相融合并基于当代中国现代化建设的实践确定的人民幸福的终极目标，是当代中国价值观的最显著标志，它从根本上克服了西方终极价值目标的那种名义上推崇个人自由而实际结果是贫富两极分化的最大弊端。因此，这种价值目标不仅适用于中国，而且也适用于其他国家，包括西方国家。西方国家要走出自身的异化，用人民幸福取代个人自由作为其社会的终极价值目标是最值得借鉴的一种方案。

三、人民幸福的含义及其实现条件

既然当代中国把人民幸福规定为我国社会发展的终极目标，并且这一规定具有重大的意义，那么我们就需要进一步弄清人民幸福意味着什么，实现人民幸福必须具备那些社会条件，特别是作为人民基本共同体（社群）的国家应当为人民幸福准备些什么和做些什么。只有弄清楚了这些问题，国家才能明确并切实履行自己对公民的责任，公民也才能认识到自己应该为自己幸福准备些什么和做些什么。

"人民"在中国是一个古老的术语，早在《诗经》中就有"质尔人民，谨尔侯度，用戒不虞"（《诗经·大雅·抑》）的说法。在中国古代，"人"和"民"是两个概念，前者泛指属于人这个物种的个体成员，而后者则与"众""庶"、"黎"等概念相类似，指社会最底层的普通百姓。在汉语中，人民是一个集合名词，不能用量词限定它，如不能说"一个人民"或"一些人民"。在西方语言中，"人民"一词的对应英文词（people）虽然也是集合名词，但有复数形式，而对应的意大利文词（popolo）、法文词（peuple）、德文词（volk）则都是指一个有机的整体或一个"全体"。这些词的含义与汉语中的"人民"大致同义，不过自近代开始"人民"一词有了构成国家主权的主体的含义，美国总统林肯所说"民有、民治、民享的政府"[①]中的"民"就是在这种意义上使用的。中国共产党领导闹革命依靠的是最底层的劳苦大众，这些人就被看做是人民或人民群众，而与之对立的那些阶级（如地主阶级、资产阶级）则不属于人民，他们通常被视为"敌人"。因此，自中国共产党成立后，"人民"就成为了一个与"敌人"相对立的政治术语，指占社会人口总数百

---

① ［美］亚伯拉罕·林肯：《葛底斯堡演说》，［美］戴安娜·拉维奇编：《美国读本：感动过一个国家的文字》，林木椿译，许崇信校，生活·读书·新知三联书店 1995 年版，第 354 页。

分之九十以上的劳动人民群众。实行改革开放以后，"人民"一词的政治色彩被逐渐淡化，虽然今天它常常是指相对于党政领导而言的普通群众①，但已经不是相对于敌人而言了。从中国宪法的有关规定看，人民应该是指拥有中国国籍的中国公民。2004年修订的中国宪法虽然没有给"人民"做出界定，但其中的第三十三条规定："凡具有中华人民共和国国籍的人都是中华人民共和国公民。"我们可以根据这一规定将人民界定为全体中国公民，包括领导干部和普通百姓，也包括那些罪犯以及被剥夺政治权利的罪犯（他们虽然被剥夺了政治权利，但没有被剥夺公民身份或资格）。虽然今天许多中国人心目中的人民指的是普通百姓，但它应该是指所有具有中国国籍的公民，而不是指党政干部不在其中的绝大多数普通百姓。如果我们将人民理解为全体中国公民或全体中国社会成员，那么人民幸福就是指他们的幸福，即全体中国社会成员（包括党政干部和罪犯）的幸福。

那么，应该怎样理解幸福？人们对幸福的理解差异很大。笔者虽然对幸福作过多次界定，但认为从社会主义终极目标的角度看，将幸福理解为马恩所主张的每个个人的全面而自由发展也许是我们中国人能够普遍接受的。按照马恩的设想，共产主义社会是其社会成员普遍获得全面而自由发展的社会，作为共产主义初级阶段的社会主义社会，应当将马恩的这一理想作为其终极价值目标——人民幸福的基本内涵。在当代社会条件下，全面而自由发展既意味着人的潜能得到尽可能充分的开发和发挥，也意味着生存需要、发展需要（特别是精神需要）和享受需要得到尽可能好的满足。根据这种理解，一个全面而自由发展的人能通过努力奋斗逐步使其人性闪耀善和美的光辉，人格完善而高尚，个性获得健康而丰富的发展，生活充满乐趣、充满创意和充满魅力。由于人的全面发展包含道德的完善，因而为了凸显其道德的意义，可以将全面而自由发展的人理解为道德之人、自由之人和全面发展之人，是三者的有机统一。显然，人的全面而自由发展状态就是人的幸福状态。这是一种好生活或美好生活，而这里所说的"生活"是作为一个整体的生活，涵括家庭生活、职业生活、个性生活、网络生活等生活的各个方面。②根据这种对幸福的理解，人民幸福在其最充分的意义上就是每一个社会成员都获得全面而自由发展，每一个社会成员都成为道德之人、自由之人和全面发展之人。当然，由于种种原因，任何社会，即使是共产主义社会也不可能达到这种十全十美的理想境界，但社会主义社会可以以此为终极目标加以追求，通过不懈的努力使这一目标尽可能充分地得到实现。

---

① 我国官方语言中经常说领导干部要全心全意为人民服务、密切联系群众、权为民所用、利为民所谋等等，这表明人民群众并不包括国家管理者。在这一点上，我国目前的人民观念与传统的人民观念没有实质性的区别。

② 参见江畅：《我们需要什么样的幸福？》，《光明日报》，2017年1月23日；《儒家道德与中国社会主义精神》，《思想理论教育》，2017年第2期。

人民幸福是一种社会成员普遍全面而自由发展的生活状态，达到这种生活状态需要具备或满足一定的条件，包括社会条件和个人条件两个方面。以人民幸福作为中国社会发展的终极目标，就是要努力创造这些条件，从而使人民幸福的理想变为现实。

从全体社会成员全面而自由发展的角度看，实现人民幸福的目标需要具备许多条件。概括起来主要有五个方面：

一是要具备所有社会成员的潜能都能得到尽可能充分开发所需要的社会条件。这方面的条件主要在于社会的教育特别是学校教育状况。一个社会的适龄成员入学率越高、受学校教育的程度越高，越有助于社会成员潜能的充分开发。要使其成员能够全面而自由发展，社会首先必须大力发展教育事业，使其成员普遍受到充分而适宜的教育，从而使他们真正具备充分实现人生幸福和自我价值现实的可能性。

二是要具备所有社会成员开发出来的能力都能得到尽可能充分发挥所需要的社会条件。这涉及的是就业状况。一个社会的成员就业越充分、职业越是与个人开发出来的能力相适应，越有助于社会成员的能力的充分发挥。要使其成员能够全面而自由发展，社会也必须给每一个人提供充分实现自我价值的就业机会，使他们有创造性地发挥聪明才智的机会和舞台，并通过聪明才智的发挥获得职业成功感或成就感。

三是要具备所有社会成员的生存需要能得到尽可以充分满足的社会条件。这涉及的是社会成员的生存保障问题。一个社会给所有社会成员（无论他们是否从事职业）提供的基本生活保障越充分，越是有助于社会成员的生存需要获得满足。要使其成员能够全面而自由发展，社会还必须建立良好的生存保障机制，充满人情关怀，使人们在追求成功的过程中无后顾之忧，对生老病死以及意外伤害无所恐惧，能够从容面对生活。

四是要具备所有社会成员的发展需要有得到满足的可能需要的条件。发展需要主要是人自我实现的需要。社会不可能给每一个社会成员提供发展需要满足的一切条件，但可以为他们的发展需要的满足提供充分而又公平的基础和机会。一个社会给其成员在这方面提供的基础越坚实、机会越多，越是有助于他们的发展需要获得满足，他们越有可能获得全面而自由的发展。

五是要具备所有社会成员感到社会自由、平等、公正、民主、和谐所需要的社会条件。在现代社会，仅有前面四个方面的条件还不够，还需要营造这样的社会环境，在这样的社会环境中，社会成员普遍会感到：自己是自由的，不受任何奴役、压迫、剥削和强制；自己有和其他社会成员同样的人格、尊严、权利、机会，不受歧视和侮辱；自己在生活的各个方面受到公正的待遇，没有社会不公感；自己是社会和国家的主人，有参政议政的权利和机会；自己生活的环境是安全的、稳定的、有序的，人与人之间相互尊重、相互信任、相互合作、相互友爱。需要指出的是，社会成员的这些感受不是凭空产生的，而必须有事实根据，只有社会环境真正是自由、平等、公正、民主和和谐的，社会成员才可能普遍产生这种感受。

这五个方面的条件都有底线要求和理想状况。一般来说，社会成员要普遍获得全面而自由发展必须在所有这些方面都达到底线要求，而这些条件越是接近理想状况，越是有利于社会成员普遍获得全面而自由发展。而且，这些社会条件是一个相互关联的完整系统，其中的基本要素缺一不可，否则人们的发展就可能是有局限的或者是受强制的。

社会成员的全面而自由发展也需要社会成员个人的主观条件，这就是人格完善。人一生的整个过程实际上包括三个层次：作为人整个生命现实过程的人生，作为个体综合规定性的人格，现实化为人格的人性。人生—人格—人性，这是人从表层到深层的结构。人性就是人禀赋的各种潜质，即所具有的那些可以实现的可能性，包括潜在的需要、潜在的能量、潜在的能力以及潜在能力积累为成果和形成为定势的可能性。人性虽然是潜在的，但可以现实化为人格。人格就是人性的现实化，其结构是与人性基本同构的，但有一些变化。其变化主要体现在，需要体现为欲望和情感，而能力中的认识能力及其相应的行为会形成知识和观念的积累（即精神）。

这样，人格就成了动力、精神、能力和品质四层次的结构，它们也可以被看做是人格的四大基本要素。人格的动力层次本身是一种结构，是人性中需要—欲望动力机制和欲望—情感动力机制的现实化。它是人格中最深层的结构，包括基于需要的欲望和情感。人格中的精神层次在人性中有其潜质，但这些潜质不构成人性的独立层次，因而它是人格中的一个派生层次。这个派生层次是由人运用其认识能力进行认识活动形成的知识和观念。能力是人格中的最重要因素，它是一个人的人格能否达到完善、一个人的生活是否幸福、一个人的自我能否得到充分实现的决定性因素。品质是能力形成和运用过程中形成的活动定势。由于人的活动特别是见之于行为的活动涉及与他者（他人、社群、环境）的关系，因而从社会的角度看所有的品质都存在着道德不道德的维度。

人格在一定意义上就是人的综合素质，在这种意义上，人性与人格的关系就是禀赋与素质的关系，而人格与人生的关系就是素质与素质发挥的关系。一个人的素质是一个人在人性禀赋、身体成熟、环境影响和个人作为等因素交互作用所达到的人生境界。这标志着一个人是什么样的人，一个人会过怎样的生活，他的人生达到了什么样的高度或什么水准。人格是判断一个人的内在根据，而判断的标准则是人格对人性开发的程度，或者说人格实现人性的程度。人格完善是指一个人的人格充分实现了他的人格。人格完善的内涵十分丰富，涉及不同的要素、层次和结构，其中最重要的是人格要素是否健康、人格结构是否完整、人格性质是否道德、人格层次高低和人格是否具有鲜明个体特色这些方面的问题。一般来说，人格完善具有人格健全、人格道德、人格高尚、人格个性化四个主要特征。[①] 人格完善意味着人性现实化达到了最充分的程度，是一种理想状态。一个人人格完善，他就能够自我实现，就具备了幸福生活所需要的充分的主观条件。因此，一个人要获得全面而自由发展，要成为幸福的人，他就必须努力追求人格完善，并在生活过程中努力使不断完善着的人格的功能充分发挥出来。追求人格完善的过程实际上就是为幸福生活准备主观条件的过程，就是追求幸福的过程。

需要指出的是，社会成员是否普遍追求人格完善、人格能否尽可能地达到完善，与社会条件有关。一个社会的条件有利于其成员全面而自由发展，具备了以上所说的五个方面的基本条件，这个社会里的人们都会注重和追求人格完善；相反，一个社会的条件不利于其成员全面而自由发展，其成员就不仅不重视人格完善，相反还会出现各种人格问题。同时，人格完善还需要引导和教化，一个社会越是注重引导和教化，人们越有可能重视人格完善。当然，这种引导和教化必须有相应的社会条件与之配套，否则就会流于说教，引起人们的反感。

四、实现人民幸福的现实路径

如前文所述，把人民幸福作为社会发展的终极目标并不是要把它作为某个历史时刻达到的那种理想境界，而是要把人民幸福作为中国特色社会主义建设的中心任务，使它贯穿于、落实到当前中国正在进行的现代化建设的各个环节和整个过程。这个过程并不只是我们通常所说的社会主义初级阶段，而是在实现世界大同之前中国特色社会主义建设的整个历史过程。从当代人类发展总态势和全球一体化的必然走向看，世界大同势在必行。在世界大同格局最终形成之前，中国作为日益强大的大国不仅要率先实现中国人民的幸福，而且有责任基于中国经验提供全人类幸福的中国模式，以推动人类共同体的最终形成，实现马恩的共产主义和中国先哲的"大同"理想。这是一项规模浩大、任务艰巨的历史性工程，完成这项工程，中国现阶段有许多工作要做，其中以下五项工作是十分重要的。

第一，调整社会发展的战略目标。中国共产党自成立以来，一直将马恩在全球实现共产主义的理想作为自己的奋斗目标并进行不懈追求，但是，由于中国特殊的历史条件和全球化的曲折历程，中国共产党成立九十多年来不得不解决不同历史时期国内的紧迫任务。在新中国成立之前，中国共产党面临的主要任务是推翻"三座大山"，新中国成立后为了改变一穷二白的落后面貌不得不将经济建设作为中心任务（其间走过了一些弯路）。一直到今天，经济建设仍被作为中国建设和发展的中心，国家富强、民族振兴也被作为与人民幸福同样重要的价值目标。2010年中国

---

① 参见江畅：《德性论》，人民出版社2011年版，第222~224页。

成为了世界第二大经济体，2020年中国将建成全面小康社会，2049年（新中国成立一百年）中国将"建成富强民主文明和谐的社会主义现代化国家"。到那时，中国将彻底扔掉贫穷落后的帽子，社会发展的战略目标也必须完全从以经济建设为中心转向以人民幸福为中心。今天到新中国成立一百周年只有三十多年的时间，因而这种战略目标的调整需要从现在开始。习近平提出"中国梦"，将人民幸福作为其中三项基本内容之一，后来他又提出"坚持以人民为中心的工作导向"①，这一切表明我们党已经开启了社会发展目标的调整。当然，这种调整还需要更自觉、更主动，真正将人民幸福、每一个社会成员的全面而自由发展作为国家发展的终极追求和现实任务。

第二，完善主流价值体系。社会终极目标的调整需要社会价值体系与之相配套。自中共十六届六中全会提出建设社会主义核心价值体系和中共十八大提出培育和践行社会主义核心价值观以来，中国社会主义核心价值体系的结构和内容已经基本明确，而且体现了"中国梦"这一终极价值目标。目前，核心价值观还在通过各种途径融入社会生活的不同领域，如中共中央办公厅、国务院办公厅印发了《关于进一步把社会主义核心价值观融入法治建设的指导意见》，把社会主义核心价值观全面融入民法总则成为2016年3月召开的十二届全国人大五次会议代表的普遍共识。

但是，我们还要注意到，就核心价值体系本身而言，尚未明确将人民幸福作为其中的中心或最高目标，更值得注意的是，我们对以核心价值观为核心内容构建完整的当代中国价值观体系注意不够，没有明确提出构建以人民幸福为终极价值目标的当代中国价值观的任务。不少人将社会主义核心价值观等同于当代中国价值观，甚至认为社会主义核心价值观是相对于其他非社会主义价值观而言的，不了解社会主义核心价值观是当代中国社会主义价值观（主流价值观）的核心体系而非全部，不了解不进一步构建与核心价值观相配套的不同维度、不同层次的价值观体系，核心价值观是不可能真正融入社会生活、进入人们心中的。因此，实现人民幸福的终极价值目标，必须进一步凸显人民幸福的终极价值目标的地位，进一步根据核心价值观的精神和要求构建由不同维度和不同层次价值子系统构成的完整价值观，并使之现实化为社会的价值体系和文化。

第三，提升国民整体素质。在社会主义中国，人民是国家的主体和主人。人民幸福需要人民自己创造，健全的社会价值体系需要人民自己构建。因此，人民的整体素质如何直接关系到人民获得幸福的广度和深度，关系到我国构建的价值体系是否具有中国特色、是否是人类最先进的，关系到中国的前途和命运。国民的整体素

---

① 习近平：《坚持正确方向创新方法手段 提高新闻舆论传播力引导力》，新华网，2016年2月19日，http://news.xinhuanet.com/politics/2016-02/19/c_1118102868.htm。

质在不同时代有不同的含义。在中国传统社会，国民的整体素质主要体现在国民能否按照统治者的意志行事，能否成为驯服的良民百姓；而在当代中国社会，国民的整体素质则主要体现在国民能否成为国家的主人，能否创造自己幸福所需要的社会条件和培育自己幸福所需要的自身条件。因此，国民在国家生活中的主人地位对国民的素质提出了更高的要求。这种要求可以从层次和维度两个角度看。

从层次的角度看，国民的整体素质涉及人性的质量水平、人格的完善程度和人生的创造状况。影响人性质量水平的关键因素是优生。优生就是要通过必要的措施保证中国人的子代具有尽可能健康、优良的禀赋，为后天培养提供优越的主体资质。影响人格完善程度的主要因素是优育，即有良好的家庭养育、学校教育和社会熏陶。优育不仅在于要给孩子成长提供尽可能充分的教育，而且这种教育需要注意个体的差异，即所谓的因材施教。影响人生创造状况的关键因素是个人的能动性和创造性。这既需要教育和环境的影响，更需要个人自己的自我意识和积极努力，个人的人生是否幸福、是否有意义最终取决于个人自己。个人是自己的真正作者，个人的幸福和价值只能由自己创造。

从维度的角度看，国民素质涉及动力、精神、能力和品质的状况及其发挥。动力包括需要—欲望动力机制和欲望—情感动力机制，涉及需要和情感是否得到合理开发，是否健康和丰富；精神主要包括知识和观念，涉及知识是否丰富、渊博，观念是否正确；能力主要是指专业能力，涉及是否通过教育获得与自己的潜能大致相应并符合社会需要的卓越的生存和发展能力；品质则主要指道德品质，涉及是否通过修养获得优良的道德品质。即使在人民当家做主的中国，也不可能使所有国民在素质上都完全达到上述要求，但只有绝大多数身心状况正常的国民达到上述要求，才能说国民的整体素质是高的。

在目前我国国民素质普遍偏低的情况下，如何努力使绝大多数国民的素质按照上述要求得到不断提升，是现阶段实现人民幸福必须重视的任务。

第四，推动人类命运共同体建设。人类只有一个地球，各国共处一个世界，实现中国人民幸福离不开世界环境，世界好，中国才能好；中国好，世界才更好。习近平在第七十届联合国大会一般性辩论时的讲话中明确提出："和平、发展、公平、正义、民主、自由，是全人类的共同价值，也是联合国的崇高目标。目标远未完成，我们仍须努力。当今世界，各国相互依存、休戚与共。我们要继承和弘扬联合国宪章的宗旨和原则，构建以合作共赢为核心的新型国际关系，打造人类命运共同体。"[①] 人类命运共同体，也是人类文明大家庭，不是一花独放，而是百花齐放；是"各美其美，美人之美，美美与共，天下大同。"习近平曾以"和"文化理念提出对

---

① 习近平：《携手构建合作共赢新伙伴 同心打造人类命运共同体——在第七十届联合国大会一般性辩论时的讲话》，《人民日报》，2015年9月29日第2版。

待世界文明的四大原则:"维护世界文明多样性"、"尊重各国各民族文明"、"正确进行文明学习借鉴"和"科学对待文化传统"。①

如何构建人类命运共同体?习近平在博鳌亚洲论坛2015年年会上的主旨演讲中指出:迈向命运共同体,必须坚持各国相互尊重、平等相待,必须坚持合作共赢、共同发展,必须坚持实现共同、综合、合作、可持续的安全,必须坚持不同文明兼容并蓄、交流互鉴。②在2017年1月联合国日内瓦总部的演讲中,习近平又进一步指出,大道至简,实干为要,构建人类命运共同体,关键在行动,国际社会要从伙伴关系、安全格局、经济发展、文明交流、生态建设等方面作出努力:坚持对话协商,建设一个持久和平的世界;坚持共建共享,建设一个普遍安全的世界;坚持合作共赢,建设一个共同繁荣的世界;坚持交流互鉴,建设一个开放包容的世界;坚持绿色低碳,建设一个清洁美丽的世界。③习近平关于构建人类命运共同体的一系列重要演讲,深刻、全面、系统阐述了人类命运共同体理念,提出了世界各国共同推进人类命运共同体构建的重要性,并提出了构建人类命运共同体的基本原则和行动纲领,为中国在追求人民幸福的过程中如何努力推动人类命运共同体建设指明了方向。

第五,推进社会善治。要真正贯彻和实现人民幸福的终极价值目标,需要改变社会治理方式,推动社会治理从过去单纯的国家治理转向多元的社会善治。善治(good governance)的本意是良好的治理,这是得到越来越普遍认同的社会治理方式。通常认为,善治是使一定社会共同体(通常是基本共同体,在现代社会通常指国家范围内的社会)的公共利益最大化的社会治理过程,其本质特征在于政府与企业、社会组织、公民对公共事务的合作治理,是政府与市场、社会的一种新型关系,因而它不同于传统意义上的单一国家治理,也不同于近代以来的民主治理。导致社会治理从单一的国家治理到多元的社会治理的原因主要是社会主体日益多元化。传统社会以及近代以来的民主社会的主体是国家(以政府为代表)和国民或公民个人,由国家作为社会治理者对社会进行治理。当代社会伴随着市场经济的发展和利益主体多元化,出现了多元的社会主体,不仅国家和公民是社会的主体,企业、各种社会组织(如政党、群团组织、宗教组织等)都成为了社会主体。在这种多元主体的社会结构中,国家不可能完全代表和实现各类主体的利益,相反过度的国家治理还会妨碍或损害不同社会主体的利益,因而需要建立一种政府与各类不同

---

① 《习近平用"和"文化人类命运共同体》,新华网,2015年8月8日,http://news.xinhuanet.com/politics/2015-08/08/c_128106637.htm。

② 习近平:《迈向命运共同体 开创亚洲新未来——在博鳌亚洲论坛2015年年会上的主旨演讲》,新华网,2015年3月29日。习近平:《推动建设人类命运共同体》,新华网,2015年4月23日。

③ 习近平:《共同构建人类命运共同体——在联合国日内瓦总部的演讲》,《人民日报》2017年1月20日2版。

社会主体对公共生活的合作治理,而善治则是表示两者之间达到了良好合作状态。

与单一国家治理方式不同,善治承认公共权力中心多元化,虽然政府的善政是前提,但政府与其他公共权力中心不是治理者与被治理者的关系,而是平等合作、依赖互动的新型关系;善治着眼于整个社会的良好治理,是公共利益的最大化,而不是政府利益或某个集团利益的最大化;善治不是对社会公共事务实行自上而下的单一向度的治理,而是一个上下互动的治理过程,主要通过合作、协商、伙伴关系、形成认同和确定共同目标等方式实施对公共事务的治理;善治不受政府范围的限制,公司需要善治,社区需要善治,地区需要善治,国家需要善治,国际社会也需要善治。有学者对善治的特点作了这样的概括:就治理主体而言,善治是"善者治理";就治理目的而言,善治是"善意治理";就治理方式而言,善治是"善于治理";就治理结果而言,善治是"善态治理"。[1]

就我国目前的情况而言,推动社会治理走向善治的关键是建立多元治理和和谐治理的新格局。所谓多元治理,即引入竞争,就是促使政府改变自己对于公共权力资源的垄断性角色,让非政府组织和企业等都可以在法律的框架内,成为社会治理的主体。所谓和谐治理,即崇尚合作,就是在政府的主持之下实现分工合作、良性互动、运行协调的共治。[2] 善治体现了当代社会治理的新要求,是更加完善的民主实现形式。当我们真正将多元治理、和谐治理有机地统一起来时,中国必将走向善治社会,人民幸福的价值追求也必将在善治中得到更加圆满的实现。

---

[1] 陈广胜:《走向善治》,浙江大学出版社 2007 年版,第 2 页。
[2] 参见陈广胜:《走向善治》,浙江大学出版社 2007 年版,第 110~111 页。

我们需要什么样的幸福观[*]

美国哲学家、心理学家威廉·詹姆斯曾说过："如果我们要问'人类主要关注的是什么？'我们应该能听到一种答案：'幸福'。"改革开放前中国人避讳幸福问题，"中国梦"的提出，人民幸福被写在了我们党和国家的旗帜上。近年来，人们广泛地谈论幸福，大胆地追求幸福，"幸福"成为当代中国最时尚的"关键词"。然而，不少人将幸福仅仅理解为个人的感受，似乎只要自己感觉到幸福那就是幸福，无所谓幸福的标准，当然也不可能在幸福问题上形成共识。那么，我国社会是否应该、是否能够在幸福问题上形成共识？回答是肯定的。这种共识就是作为社会主义核心价值观有机组成部分的幸福观，即马克思主义幸福观。假如十三亿多人不能在幸福问题上形成基本共识，我们怎么能够将人民幸福作为社会的共同目标去追求，怎么着眼于人民幸福去建设中国特色社会主义？"上下同欲者胜。""同欲"就是"认同"、就是"共识"。有幸福认同才有中国梦的真正实现。因此，我们需要在新的历史条件下弘扬和发展马克思主义幸福观，并努力使之得到普遍认同。

一、对两种流行幸福观的反思

在我国公众持有的各种幸福观中，有两种十分流行。一种可谓之为资源占有幸福观，它把幸福等同于占有资源（金钱、财富、权力等），认为占有的社会资源越多越幸福。另一种把幸福看做是感性欲望（物质欲望）的满足，以为感性欲望越是得到满足、获得的享受越多越是幸福。这种物质享受幸福观比前一种幸福观更为流行，为更多的人所奉行。

这两种幸福观自古以来就存在，它们虽然在人性中有其根源，但受到市场经济利益驱动机制的激发，从过去的羞羞答答走向了今天的大胆直白。在市场经济条件下，谋求利益最大化成为了人们行为的普遍动机。所有社会资源本身都是利益，而且可以作为带来更大利益的资本。于是，在不少人那里，占有资源便不再是作为幸福的必要条件，而成为了人生的目标，成为了自我实现的标志。市场经济发展的一个重要后果是消费主义盛行。市场主体为了获得更多的利润，不断刺激和开发人们的消费欲望，给人们欲望的满足提供了目不暇接、花样翻新的产品和服务。在这种消费主义的社会环境中，人们很容易以为欲望得到越多满足、得到越高层次的满足就越幸福。于是，物质享受幸福观便流行起来。

---

[*] 原发表于《光明日报》，2017年1月23日第15版。

资源占有幸福观和物质享受幸福观在我国的流行虽然有其客观原因，但都是偏颇的幸福观，已经导致和可能导致人生和社会问题。

资源占有幸福观最大的问题是会导致人生异化，即将作为幸福条件的占有资源当作了幸福本身，并受控于占有欲，从而损害人生和社会。占有一定的资源是人生幸福的必要条件，但它只是幸福的条件而不是幸福本身。一旦将资源占有当作人生目的加以追求，当作幸福本身，那么占有欲望就会不断膨胀，最后充斥整个心灵，人不再是自己生活的主人，而成为了不断膨胀的贪欲的奴隶。导致当前我国严重腐败问题的一个重要主观原因，就是将占有理解为幸福，以为占有越多越幸福。

物质享受幸福观的问题不在于追求物质享受，而在于仅局限于此而忽视了人的其他需要的满足，容易导致心理问题。人的需要或欲望有不同的层次，物质需要是人的最低层次的需要。除此之外，人还有情感的需要、社会尊重的需要，以及丰富的自我实现需要。所有这些需要都要得到一定程度的满足，心理才能平衡和和谐，否则就会发生心理问题，甚至会患上抑郁症之类的心理疾病。把物质欲望的满足作为唯一追求，必然会导致这样的恶性循环：欲望得不到满足会感到痛苦、郁闷、愤懑，得到满足又会感到无聊，于是又会追求更多、更强烈的欲望的满足，为此又不得不全力打拼、疲于奔命，如此循环往复，直至心灵不能承受欲望之重。物质享受幸福观的问题就在于此。这种幸福观盛行是当代中国人之所以普遍感到活得累、活得身不由己、感觉空虚和无聊的一个重要原因。

二、幸福的真实含义：人的全面而自由发展

如果我们不能将幸福理解为社会资源的占有或物质欲望的满足，那么，我们应当如何理解幸福呢？或者说，幸福的真实含义是什么？就是人的全面而自由发展。按照马克思的设想，社会主义社会是一种社会成员普遍获得全面而自由发展的社会。在这种社会条件下，全面而自由发展意味着潜能得到尽可能充分的开发和发挥，生存需要、发展需要（特别是精神需要）和享受需要得到尽可能好的满足。全面而自由发展的人能通过努力奋斗逐步使其人性闪耀善和美的光辉，人格完善而高尚，个性获得健康而丰富的发展，生活充满乐趣、充满创意和充满魅力。显然，人的全面而自由发展状态就是人的幸福状态。这是一种好生活或美好生活，而这里所说的"生活"是作为一个整体的生活，涵括家庭生活、职业生活、个性生活、网络生活等生活的各个方面。

把幸福理解为作为整体的生活美好，是人类长期以来得到普遍认同的一种幸福观。中国古代的《尚书·洪范》中谈到人的幸福时，认为幸福就是享有"五福"（寿、富、康宁、攸好德、考命终），包括长寿、富贵、健康安宁、敬修德性、老而善终等方面。这是把幸福理解为一种各方面都好的生活。古希腊的"幸福"一词是

eudaimonia，其意思与英文对应词 happiness 意指欲望的满足不同，它是指作为整体的生活的兴旺或繁荣。亚里士多德在肯定幸福在于"生活优裕和行为良好"的基础上提出，幸福在于外在的善、身体的善和灵魂的善的统一。不过，他强调作为灵魂善的德性是其中最重要的因素，认为幸福是"德性最完满的运用和实现活动"。当代新西兰伦理学家克里斯丁·斯万顿等人认为好生活的概念主要有三种：值得欲望的（令人满足的）生活；值得赞赏的（道德的）生活；既值得欲望又值得赞赏的生活。他们认为，第三种观点是自古以来为更多学者接受的观点。根据这种观点，把幸福理解为道德的生活或理解为令人满足的生活都是片面的，真正的幸福是在这两者之间达到了"平衡的"生活。

　　人的全面而自由发展，是马克思在继承人类优秀思想成果的基础上针对资本主义制度下人片面、畸形地生存提出的一种社会理想。它反对现代文明使人单向度、低层次地生存，反对人的生活过分物欲化、功利化、世俗化、市场化，反对人性的扭曲和异化，强调潜能的全面实现，个性的自由发挥，强调社会要把其成员的普遍幸福作为终极价值目标，并为这一目标的实现创造一切可能的条件。在当代，人民普遍幸福最重要、最基本的社会条件是国家富强和民族振兴。因此，将国家富强、民族振兴作为我国社会的终极价值目标，是人民普遍幸福的客观需要，也是社会主义的本质要求，体现了马克思主义中国化、时代化的突出特点。

　　把幸福理解为全面而自由发展或整体生活的美好，归根到底是人性和人的本性使然。人们对人性的看法见仁见智，但都会承认人性是多层次、多向度的潜在可能性有机统一的整体，而人的本性则是人性所共有的谋求生活得更好的要求。人性的潜在可能性包括潜在需要、潜在能量、潜在能力，以及潜在能力积累的成果（知识）和形成的定势（观念、品质等）等方面。仅就潜在需要而言，就涉及生存、发展和享受等不同层次和维度。人性的整体性、丰富性决定了人生的整体性、丰富性。我们经常谈自我实现，真正的自我实现就是凭借谋求生活得更好的本性把人性的丰富性充分地实现出来。丰富的人性可能性实现出来了，那就是幸福，就是马克思所说的人的全面而自由发展，而实现的过程就是在幸福之路上不断前行。

　　通过反思和回味，一个人会由对自己全面而自由发展的状态感到满意产生愉悦感。这种愉悦感就是我们经常说的幸福感，它是由成就感、获得感、和谐感等形成的整体美好感受。在主观感受上，幸福和快乐都是愉悦感，但幸福是由人的根本的总体需要得到满足、对人的作为整体的生活美好感到满意产生的愉悦感，而快乐则是人的各种具体的、个别的欲望获得满足产生的愉悦感。幸福不同于快乐。无论在人类思想史上还是在现实生活中，不少人将幸福与快乐搞混，以为快乐就是幸福，这也是当前我国物质享受幸福观流行的观念原因。快乐对于人的生活十分重要，但人要活得快乐，也要"活得高尚、活得正当"（苏格拉底语）。

三、追求人的全面而自由发展

既然幸福在于人的全面而自由发展,我们每一个想获得幸福的人就要努力追求自己的全面而自由发展。

首先,把全面而自由发展作为人生的终极目的,而不迷恋于那点可怜的感性欲望满足。当代英国伦理学家朱丽娅·安那斯指出:"幸福是生活中最好的东西,是我们的善中的最善。"要获得自己生活整体上的美好,必须将这种作为至善的幸福作为终极目的追求。这种目的是目的本身,其他一切目的都是实现它的手段,而不是相反。人生来就会追求欲望的满足,而且满足欲望的多寡决定着人生丰富与否,因而幸福不排斥对欲望满足或快乐的追求,相反以快乐的获得丰富其内容。但是,要将对快乐的追求作为整体生活繁荣的部分或有益补充,而不能取而代之成为了目的本身。

其次,使资源的占有服从于、服务于幸福,而不让自己成为外物及其占有欲的奴隶。幸福需要一定的客观条件,包括占有适度的社会资源,但这决不意味着占有得越多越幸福。这就是亚里士多德所强调的:"应该为了灵魂而借助外物,不要为了外物竟然使自己的灵魂处于屈从的地位。"在物质需要得到适度满足的情况下,要追求精神需要的满足,使人性的潜能得到尽可能充分的发展,切忌将人生的目光始终聚焦于占有,任由贪欲恶性膨胀,否则人生必然发生异化。

再次,凭借自己的努力、通过贡献他者(包括他人和社群)实现自我和获得幸福,而不是通过对他者的索取甚至损害获得幸福。不断努力奋斗才会获得自我实现,从而获得幸福。人是政治动物,社会性是人的本质属性。人需要他者,既要有父母妻儿,也要有朋友路人,还得有单位、社区、国家乃至人类。幸福包含了这一切,也体现在对他们的贡献之中。这就是《周易》所倡导的"君子以自强不息"、"君子以厚德载物"。由此看来,那些"啃老""傍大款"的人不可能获得真正的幸福,而那些唯利是图、不择手段的人则不仅不能获得幸福,相反会给幸福造成损害,以至丧失幸福。

最后,不断通过伦理反思和人格修养提升人生境界,而不满足于现状、停滞不前。苏格拉底说:"未经省察的人生是没有价值的。"一个人要真正获得幸福,需要反思和审视自己的人生,思考"我应该过什么样的生活""我应该成为什么样的人"的问题("苏格拉底之问")。这种对人生的伦理反思是获得幸福的入口。在这种反思的基础上,还要不断加强自己的品德和人格修养,努力提升人生境界,从而使自己的人生和幸福层次更高、格调更美、丰度和深度不断扩展,达到真善美的完满一体。《大学》要求"自天子以至于庶人,壹是皆以修身为本",其真义也许就在于此。

构建当代中国人的幸福观*

中华民族是一个崇尚幸福、向往幸福、追求幸福、创造幸福和注重享受幸福的民族。中国人的幸福观源远流长，丰富多彩。早在先秦时期，《尚书·洪范》即提出了先民"寿"（长寿）、"富"（富贵）、"康宁"（健康平安）、"攸好德"（修行美德）、"考终命"（长寿善终）的所谓"五福"幸福观，后来古老的"五福"发展成了被称为"吉祥"的新"五福"（福、禄、寿、喜、财）。在传统文化中，"五福"是中国人的一种美好、吉祥的人生理想，是独具民族个性特色的幸福观，它反映了中华民族对幸福的热切渴求和美好企盼，体现了中国人对于好生活的宏观认识和总体把握。改革开放以来，中国社会发生了深刻的巨变，全方位深度地改变着我国社会生活，同时，也带来了传统幸福观的历史性嬗变，当代中国人的幸福观呈现出多样化、复杂化的局面。

在这种多样化、复杂化的格局中，当代中国人在幸福观上也逐渐达成一些积极的共识：一方面将个人的好生活与其个人的好人格以及与好家庭、好社会、好自然紧密地联系起来；另一方面对所有这些方面赋予了新的时代内涵。好生活是幸福的核心内容，但它不再被理解为传统社会的"五福"，也不再被理解为更多资源的占有或物质欲望的满足，而是被理解为人的全面而自由发展。好人格是幸福需要的主观条件，它也不只是传统意义上的仁义道德或干事创业的能力，而是人的优良品质、丰富知识、卓越能力、以及健康体魄等方面有机构成的完善整体。好家庭、好社会、好自然这三个方面则是幸福所需要的客观条件，它们也都被赋予了现代意蕴。例如，今天的社会已经不仅仅指国家，而且指世界，好生活不仅需要好国家，也要求建立和平、安全、合作的人类命运共同体。这些共识是当代中国人幸福观的雏形，要使这些共识成为完整系统的幸福观，还需要加强理论上、观念上和实践上的构建。

构建当代中国人的幸福观有许多工作要做，以下四个方面是应有的基本遵循：

首先，当代中国人的幸福观要体现社会主义核心价值观的精神和要求。国家富强、民族振兴、人民幸福的"中国梦"是核心价值观的终极价值目标，当代中国人的幸福就是人民的幸福，构建当代中国人的幸福观最重要的是使之体现"中国梦"的价值追求。人民幸福需要国家富强和民族振兴作为物质基础和社会条件。只有国家富强了，民族才能振兴，而只有国家富强、民族振兴，人民才能幸福。国家贫弱则民族衰微，当然也不可能有人民幸福。国家富强、民族振兴归根到底又是全国人

---

* 原发表于《人民日报》，2017年3月1日第7版。

民普遍过上幸福生活,人民幸福更具有根本性、终极性。从这种意义上看,中国社会的终极价值目标也可以更简单地说,就是人民幸福,或者说就是普遍幸福。因此,当代中国人的幸福观是人民幸福的幸福观,它以人民为主体和中心,以人民的普遍幸福为终极指向和最高追求,以国家富强、民族振兴为基础和保障。

其次,当代中国人的幸福观要弘扬和更新优秀传统幸福观。中国传统幸福观拥有丰富的观念文化资源,其中饱含有价值的内容和积极合理的因素,如对国泰民安、丰衣足食、平平安安等日常生活理想的追求,对善良、勤劳、节俭、谦让、诚实、守信等致福路径的倡导,特别是对家和邻睦、安康吉祥、敬祖畏天、行善积德、慎终追远的强调。这些内容和因素对于治疗及时行乐、尽情享受、贪得无厌、无所顾忌、不择手段等现代流行病以及良知麻痹症无异于妙药良方。然而,传统幸福观是在传统社会自然(小农)经济、宗法封建和皇权专制制度土壤中自发形成的,它建立在社会成员普遍清贫困苦的物质匮乏的基础上,深受政治上的压迫、经济上的剥削、苛捐杂税、频发的战乱等社会因素的消极影响。由于这些原因,传统社会实际奉行的幸福观存在着很大的局限性,如讲求实惠、满足现状、目光短视、患得患失,以及不重视个人的自由、权利和个性发展等。这些局限集中到一点就是对幸福的理解比较狭隘。因此,当代中国幸福观要在弘扬优秀传统幸福观的同时对它进行创造性转化和创新性发展,使之成为民族特色和时代特色兼具的现代幸福观。

再次,当代中国人的幸福观要反映和回应人类共同价值。在第七十届联合国大会上,习近平主席演讲指出:"和平、发展、公平、正义、民主、自由,是全人类的共同价值。"伴随着全球化时代的到来,各国相互联系、相互依存的程度空前加深,人类生活在同一个地球村里,生活在历史和现实交汇的同一个时空里,越来越成为你中有我、我中有你的命运共同体。全人类的共同价值就是在人类命运共同体形成过程中逐渐形成的价值共识。当代中国人的幸福需要持久和平、普遍安全、共同繁荣、开放包容、清洁美丽的世界,当代中国人的幸福观需要反映和回应全人类的共同价值,积极推进人类命运共同体建设。"大行之道也,天下为公"是自古以来中国人的追求,协和万邦、和而不同、"泛爱众"和"兼相爱"等理念代代相传。当代中国人的幸福观要弘扬传统文化中的"大同"精神和"天民"情怀,使人类共同价值成为其基本内涵。

最后,当代中国人的幸福观要由全社会共同构建。传统社会实现幸福观主要是个人或家庭的事情,在社会安定和政治清明的条件下,个人或家庭只要通过努力就可以实现"五福"。在当代中国,个人的幸福不仅需要个人有完善的人格和不懈的努力,还需要经济、政治、文化、社会、生态文明整体上的协调和可持续发展,特别需要自由、平等、公正、民主、法治的社会条件,需要得到保护的自然环境。当代中国人的幸福主体已经不再只是个人或家庭,还包括党和政府以及企事业单位和各种社会组织。因此,构建当代中国人的幸福观需要全社会各种类型、各个层次的主体明确责任,通力合作。

正如习近平总书记所言:"站立在960万平方公里的广袤土地上,吸吮着中华民族漫长奋斗积累的文化养分,拥有13亿中国人民聚合的磅礴之力,我们走自己的路,具有无比广阔的舞台,具有无比深厚的历史底蕴,具有无比强大的前进定力。"我们相信,当代中国人一定会写下无愧于我们伟大时代的绚丽幸福篇章!

努力使创新成为国家和人民的优良品质*

自改革开放开始，中国就进入了一个改革的时代，三十多年的改革为我国创新时代的来临作了充分的准备。从2006年2月国务院出台的《国家中长期科学和技术发展规划纲要（2006—2020年）》明确提出"把建设创新型国家作为面向未来的重大战略选择"，到2015年10月召开的党的十八届五中全会进一步把创新作为引领"十三五"时期及未来发展的第一大理念，标志着中国创新时代的到来。建设创新型国家和实现国家的创新发展需要国家和人民的创新意识，更需要在这种意识之下形成的普遍品质。只有当创新成为人们的心理定势和自发意向时，创新才会渗透于并体现在国家和人民的一切活动中。如此，中国人民才会真正成为创新性的人民，中国才会真正成为创新型的国家并走上创新发展之路，中国文化才会成为充满创新活力的文化。然而，如何使创新成为国家和人民的品质的问题尚未引起足够的重视，本文试就这一问题谈一点初步的意见。

一、创新品质是创新活动的定势和意向

"品质"一词在不同的情景有不尽相同的含义。一般来说，品质是人们基于禀赋特别是气质形成的、体现在心理和行为活动中并对其有定势作用的比较稳定的独特心理特性。在哲学史上，亚里士多德最早系统研究品质问题，他对品质含义的理解具有代表性和权威性。"对于亚里士多德来说，正如对于我们来说一样，这个术语得涉及一个人的持久特性；就是说，得涉及影响一个人怎样看、怎样行动和怎样生活的态度、感受和信念。作为一种持久状态，不仅可以用这些东西解释某人为什么以现在这种方式行动，而且可以解释某人为什么能被指望以某种方式行动。"[①]品质是一种个性心理特征。个性心理特征主要由观念、知识、能力和品质四个要素构成。品质是与其他个性心理特征有机地结合在一起形成的，并且体现在人的各种活动中。人在以一定的观念、知识、能力与现实世界的人和事物打交道的过程中，通过认识、情感、意志和行为活动会形成一定的态度倾向，这种态度倾向又会以一定的形式表现在个人的活动之中，构成个体的特有活动方式，这就是人的品质特征。个人有品质，国家也有品质，品质是个人、国家的特性或特有的规定性。个人和国

---

* 原发表于《伦理学研究》，2016年第3期（与笔者的博士研究生张卿合作），内容有所补充。
① Nancy Sherman, *The Fabric of Character: Aristotle's Theory of Ethics*, New York: Oxford University Press, 1989, p. 1.

家的许多品质是相同的，柏拉图就曾将智慧、勇敢、节制、公正看做是个人和国家都应具备的德性品质。创新也是如此，它是创新时代作为社会成员个人和国家应同时具备的德性品质。

人的德性品质（简称"德性"）各种各样，大致上可以划分为基本德性和派生德性。基本德性是德性的基本要求，是底线的德性。这种德性是正常人必须具备的，不具备就不是正常人，而是有问题的人或恶性之人。之所以基本德性是底线，是因为它从总体上规定着一个人的品质是不是道德的，突破了它一个人的品质就是恶性的。因此，是否具有基本德性是一个人的品质是不是德性的基本标志。派生德性则是德性的更高要求，或者说是倡导的德性。这种德性是优秀的人应该具备的，如果不具备，即使是正常的德性之人，也不是优秀的、高尚的人。派生德性之所以是非基本的，是因为这种德性必须以基本德性为前提才是德性，否则它们就不是德性。创新就是一种重要的派生德性，它以基本德性为前提同时又高于基本德性，是一种高层次的优秀德性。

创新就是创造新的东西。"一般说来，创新包括两个方面：一是从无到有，即对原来没有出现的问题进行新的研究，作出新的回答；二是突破原有的理论和观念，对原有的问题作出新解释，提供新答案，从而超越原有的理论和观念。"①前者是创造，后者是改造，创新就是通过创造和改造获得突破性发展或业绩的。创新是一种意识、一种能力，也是一种品质，创新品质可以使创新意识成为创新习惯，可以推动创造能力培养和增强，并为其正当运用提供保障。创新作为一种德性品质是人们的心理定势和固定意向，其特征主要体现在四个方面：一是态度特征，体现为在任何情况下都以创新的态度对待工作和生活，并将这种态度落实到行动上，把创新作为事业成功主要的途径；二是意志特征，体现为把创新作为自己的明确目标，并为实现这种目标刻苦努力，克难奋进，坚忍不拔；三是情感特征，体现为对创新倾注满腔热忱，使创新成为自己的兴趣爱好，热爱创新、勇于创新、专注创新，甚至使创新成为了乐生要素；四是理智特征，体现为具有强烈的创新意识，在工作和生活中习惯于从创新的角度思考问题，形成了创新思维定势，具有卓越的创新能力及必要的知识和技能。所有这些创新品质特征之间是相互联系，彼此制约，构成一个具有动力性的创新品质结构。

创新品质与其他德性品质一样，不是与生俱来的，而是后天形成的。创新品质是人自觉开发创新潜能的结果。人类在漫长的进化过程中获得了特有的自主性、自觉性和创造性的潜能，每一个正常人从出生开始就具备了这种潜能。当然，每一个人生来所禀赋的创新潜能质量是不尽相同的，但每一个人无疑都具有这种禀赋。正因为如此，每一个人都可以成为具有创新品质和能力的人。但是，创新作为一种高

---

① 江畅：《理论伦理学》，湖北人民出版社2000年版，第8页。

级品质和能力,并不会自发地从潜能变成现实,这种转化需要通过教育,需要有有效的环境影响,特别是需要个人持续的学习、练习和修养,不断开发这种潜能,使之转变为人的基本素质。对于国家而言,道理是相同的。每一个国家因其公民具备创造的潜能而具备这种潜能,而这种潜能变为国家具备的德性和能力,直接取决于全体公民创造潜能的开发和发挥,而这本身又取决于国家是否有创新意识,是否将创新作为发展目标或国家战略,是否建立了创造性教育的制度和激励创造素质培育机制。

二、创新发展急需国家和人民具备创新品质

在国际科技竞争与合作不断加强、新科技革命和全球产业变革步伐加快的新的历史条件下,建立国家创新体系,走创新型国家之路,已成为世界许多国家政府的共同选择。从世界上公认的创新型国家的情况看,其共同特征是:创新综合指数[①]明显高于其他国家,科技进步贡献率在70%以上,研发投入占GDP的比例一般在2%以上,对外技术依存度指标一般在30%以下。与创新型国家相比较,我国自主创新能力还不够强,我国国民的创新素质普遍偏低。根据有关研究报告,2004年我国科技创新能力在49个主要国家(占世界GDP的92%)中位居第24位,处于中等水平。这种状况与我国作为世界第二大经济体的地位不相适应,影响我国综合实力和国际竞争力的提升。因此,在国际发展竞争日趋激烈和我国发展动力转换的形势下,必须把发展基点放在创新上,形成促进创新的体制架构,塑造更多依靠创新驱动、更多发挥先发优势的引领型发展。当前,我国正处在全面建成小康社会的关键时期和全面深化改革开放、加快转变经济发展方式的攻坚时期,创新发展更尖锐地提到了全党全社会的面前。

进入新世纪以来,党和国家高度重视创新型国家建设,致力于建立有利于自主创新的体制机制,大力推进理论创新、制度创新、科技创新。早在2006年2月国务院出台的《国家中长期科学和技术发展规划纲要(2006—2020年)》中就明确要求把提高自主创新能力作为调整经济结构、转变增长方式、提高国家竞争力的中心环节,把建设创新型国家作为面向未来的重大战略选择。同年10月召开的党的十六届六中全会所做出的《中共中央关于构建和谐社会的若干重大问题的决定》把改革创新作为我国的时代精神,提出"坚持把创新精神贯穿到治国理政的各个环节,使一切有利于社会进步的创造才能得到发挥,保护创新热情,鼓励创新实践,

---

① "创新综合指数"是用来综合评价创新能力的指标体系,一般包括投入指标和产出指标,两类指标中最为重要的是全社会研发投入占国内生产总值的比重、研发人员数量、对外技术依存度、国际科学论文被引用数、本国人专利年度授权量等。

完善创新机制,宽容创新挫折,增强自主创新能力,建设创新型国家",并要求到2020年创新型国家基本建成。2012年7月召开的全国科技大会再次提出,到2020年要基本建成适应社会主义市场经济体制、符合科技发展规律的中国特色国家创新体系,进入创新型国家行列。同年9月中共中央、国务院印发的了《关于深化科技体制改革加快国家创新体系建设的意见》,对加快国家创新体系建设做出了全面部署。2015年3月召开的十二届人大第三次会议提出推进大众创业、万众创新。从此,创新不再局限于科技创新和体制创新,而是扩展到了全民,将创新与创业有机地联系起来。2015年10月召开的党的十八届五中全会进一步提出,实现"十三五"时期发展目标,必须牢固树立创新、协调、绿色、开放、共享的发展理念。全会强调,创新是引领发展的第一动力,必须把创新摆在国家发展全局的核心位置,不断推进理论创新、制度创新、科技创新、文化创新等各方面创新,让创新贯穿党和国家一切工作,让创新在全社会蔚然成风。

  关于如何建设创新型国家,实现创新发展,《关于深化科技体制改革加快国家创新体系建设的意见》主要从科技创新的角度提出,要强化企业技术创新主体地位,促进科技与经济紧密结合;加强统筹部署和协同创新,提高创新体系整体效能;改革科技管理体制,促进管理科学化和资源高效利用;完善人才发展机制,激发科技人员积极性创造性;营造良好环境,为科技创新提供有力保障。党的十八届五中全会根据全面建成小康社会的需要,提出了培育发展新动力、拓展发展新空间、深入实施创新驱动发展战略、大力推进农业现代化、构建产业新体系、构建发展新体制、创新和完善宏观调控方式等我国创新发展七大措施。这些措施全面、系统而强有力,而要实现理论、制度、科技、文化等各方面的创新,其根本和关键在于提高全民的创新素质,并从而提高国家的创新素质。全民和国家创新的一切作为是以其创新素质为前提和基础的,全民的创新素质从根本上规定着创新作为可能的限度,规定着创新作为的大小。当前我国创新综合指数不高,科技进步贡献率较低,创新能力偏弱,其根源主要在于全民乃至整个国家的创新素质较差。

  创新素质包括多方面,其中有三个方面是主要的,即创新意识、创新能力、创新品质。创新意识是创新素质的前提,只有形成了强烈的创新意识,人们才会在意识到创新的重要性的基础上从不同方面去从事创新。创新能力是关键,只有具备了卓越的创新能力,人们才能在创新的过程中达到创新目的,获得成功。创新品质是根本,只有具备了优良的创新品质,创新才会成为人们的心理定势和固定意向,在相应的情境下会去从事创新。对于具备优良创新品质的人来说是自然而然的事情,它会以未被意识到的动机对人的行为发生作用,因而创新就成为创新品质具有者习以为常的习惯。创新品质的形成需要以创新意识作为前提,但创新品质一旦形成,创新意识就会转变为创新品质的因素自发地发生作用。当然,有了优良的创新品质,还可能在一些特殊情况下进一步强化创新意识,把创新作为自己的责任。创新活动的成败及其成效大小直接取决于创新能力，但有了创新意识，人们才会自觉自愿地提高创新能力，而当人们具备了创新品质后才会进一步强化创新的责任感和使命感，为社会发展而不断努力地提高并最大限度地运用创新能力，使之获得最大效果和良好社会效益，防范创新能力的误用和滥用。不难想象，一个没有创新优良品质的人，不可能使他的创新潜能充分开发出来；即使具备一定的创新能力，也不一定能最大限度地发挥出来；即使能运用创新能力，也可能发生行为偏差，做出有损于他人、社会和环境的事情来。由此看来，创新品质对于创新素质来说具有根本性的意义，是创新能力培养、提高和正当运用的可靠保障，也是创新意识转化为心理倾向的标志。

因此，提高创新素质最重要的是要培育和塑造优良的创新品质。当一个国家的人民普遍具备了优良的创新品质，这个国家也就具备了优良的创新品质，其创新能力也会得到充分的培育和正当的运用，国家的整体创新素质因而会得到大大提升。正是基于这种考虑，笔者提出，在我国实施建设创新型国家战略、以创新发展为第一要务的今天，要着力于培育和塑造全民和国家的创新品质，推动国家创新素质和创新形象的整体提升，使创新深深扎根于悠久中华文化的沃土，成为古老中华民族的新鲜血液和源头活水。

三、加大培育国家和人民创新品质的力度

把我国建设成为创新型国家，实现"十三五"期间及以后的创新发展，从根本上说，只有国家和人民具备创新品质才有可能，而我国目前无论是国家层面、社会层面还是公民个人层面其创新品质并未完全形成。那么，当前我们就面临着如何使创新成为国家和人民的品质的问题，或者说如何加大培育国家和人民创新品质的力度问题。这是一个摆在全社会面前的战略性课题，需要通过系统深入研究做出回答，这里提出几点粗浅的看法供党政部门参考和学界讨论。

第一，增强创新品质意识，充分认识培育国家和人民创新品质对于创新型国家建设和创新发展的根本意义。自2006年以来，党中央和国务院一系列文件把建设创新型国家作为国家战略和社会发展的第一要务，有力地促进了全社会创新意识的觉醒，大大提高了国家的整体创新能力，国民的创新素质也有了明显的提升。应该肯定，我国的创新时代已经到来。但是，从前文分析也可以看出，我们尚未意识到培育国家和人民创新品质对于创新型国家和创新性发展的根本重要性，因而在如何培育全民的创新品质方面用心、用力不够，这不能不说是我国在创新型国家建设、实现创新性发展方面存在的一个重大缺憾。无论是创新型国家建设还是创新性发展，其实现的根本路径在于国民创新素质的增强。前文已指出，创新素质包括创新意识、创新能力和创新品质三个基本方面，而创新品质在其中具有根本性的重要意

义,只有全民普遍具备创新品质,创新意识和创新能力的增强才是可持续的,也才会有可靠的保障。在当前全民创新意识、创新能力方面已取得长足进步的情况下,应该将全民创新品质的培育提上议事日程,采取有效措施培育全民的创新品质,使创新意识、创新能力和创新品质相互促进、相得益彰,从而整体提升全民的创新素质。

人是有意识的动物,只有当我们意识到了创新品质的重要性时,我们才会重视和自觉地进行创新品质的培育。从个人的角度看,我们意识到了创新品质的重要性,我们就会在进行个人品质修养的过程中自觉进行创新品质的修养,使创新成为我们的心理定势和行为习惯。从国家的角度看,我们意识到了创新品质的重要性,我们才会将创新品质的培育贯彻于整个国民教育的全过程,从娃娃抓起,将其作为学生品质是否优良的重要标准,也才会营造全社会推崇创新品质、追求塑造创新品质的氛围,激励社会公众自觉培育创新品质。从我国当前的情况看,普遍增强创新品质意识是加大全民创新意识培育的重要前提和出发点。创新能力是容易通过创新活动显现出来的,而创新品质则是隐性的,容易被人们忽视,因此创新意识是我们重视创新品质和自觉培育创新品质的基本前提。

第二,全面实行创新性教育,着力通过学校教育培育接班人和建设者的创新素质特别是创新品质。众所周知,在现代社会,人的品质主要是通过学校教育来培育的,创新品质也是如此。学校教育对创新品质的培育,像对其他一些派生德性品质(如进取、合作)的培育一样,不仅要通过思想品质方面的教学和一些相关的实践环节来培育,而且要将创新品质教育贯穿于所有的课程教育中,贯穿于教育教学的全过程。同时,为了培育学生的创新性品质,学校也要适应这种要求,使整个教育成为创新性教育。我国目前盛行的主要是"应试性教育",其主要特征是以考试得高分为追求,考试成为了安排教学的指挥棒,并以考试分数高低来评价学生的优劣。这种教育引导学生死记硬背,围绕教材、老师和课堂转,不鼓励以想象、发散思维和创造精神等为特征的创新。其结果,学生没有问题意识,缺乏个性特征和探索精神,发现问题、分析问题、解决问题的能力差,眼高手低,创新意识、创新能力和创新品质得不到应有的培育,创新素质低下。当代中国人普遍创新素质差,不能不说与我国学校教育是这样一种应试性教育有着密切关系。今天,我们要提高全民的创新素质特别是创新品质,就必须将现行的应试教育转变为创新性教育。创新性教育的特点是以培育学生的创新素质为中心全面培育学生的综合素质,在不断增强学生创新意识的前提下,着力培育学生的创新品质和提高学生的创新能力,并使三者协调一致,相互促进。

现代学校类型、层次十分复杂,创新素质的培育是所有学校的首要任务,不过,不同类型和层次的学校应当有所侧重。一般来说,层次低的学校(中小学)要在增强创新意识的前提下培育创新品质,而层次高的学校(大学和各种培训学校)

则要在进一步强化创新品质的基础上提高创新能力。要改变目前将品质教育局限于思想品德课的做法，将创新品质教育渗透到所有的教学过程，在培育学生创新能力的过程中锻炼他们的创新品质。创新品质不是孤立的，而是与其他品质相互关联的，需要其他品质的支撑或与之互动。例如，创新品质是与开拓、进取品质直接关联的，具有开拓、进取品质的人更勇于创新，更易于形成创新品质。创新品质需要以勤奋、刚毅为基础。在所有派生德性中，创新德性是最难得形成的，而且创新活动也是最艰难的。一个人如果不刻苦，他就不可能去从事艰苦的创新活动，当然也不能形成创新的德性。创新常常面临着失败的挑战，如果缺乏百折不挠的刚毅品质，创新品质也难以形成。

第三，营造良好的创新环境，引导全民自觉进行创新品质修养。培育创新品质，需要有利于创新品质培育的氛围，需要有创新的社会环境。如果说在校学生创新品质的培育主要靠教学，那么社会公众创新品质的培育则主要依赖于社会环境。什么样的社会环境是创新的环境？今天中国流行的"全民创业、万众创新"说法，可以说表达了对这种环境的期待。早在2014年9月夏季达沃斯论坛上，李克强总理发出"大众创业、万众创新"的号召。他提出，要在960万平方公里土地上掀起"大众创业""草根创业"的新浪潮，形成"万众创新""人人创新"的新态势、新氛围。此后，他在2015年的政府工作报告，以及首届世界互联网大会、国务院常务会议等不同场合中频频阐释这一主张。李克强总理的这一主张产生了强烈的反响。全国政协委员、新东方集团董事长俞敏洪接受记者采访时指出，改革需要创新，创新才可以扭转"中国山寨"的尴尬。他指出，中国的创新项目95%都不是创新的，而是拷贝的，真正的有含量的创新可能不到1%。全国政协委员、中国银行监事梅兴保在政协讨论《政府工作报告》的发言中也多次呼吁"全民创新"。他认为，"在经济新常态下，发展动力要通过改革创新推动。不仅要靠产品创新、制度创新、管理创新，还要使我国创新大军从企业少部分研发人员扩散到每一个社会公民。"所有这些说法表明，万众创新已成为新常态经济和社会发展的必然选择。

培育全民的创新品质就是需要这样一种万众创新的社会氛围。这种人们争相创业创新的环境会促使人们创新意识的增强，会迫使人们努力提高自己的创新能力，同时在丰富的创新实践中，人们的创新品质也会得到涵养和锻炼。当然，目前"全民创业、万众创新"的环境还只是政府和公众的期待，要使这种期待变成现实，还需要做许多工作，还有一个漫长的过程。但是，只要我们努力去打造这种局面，这种局面就会很快形成。另一方面，我们在营造创新品质培育所需要的环境过程中，也要加强对公众自觉进行创新品质修养的引导，使他们在努力提高创新能力、积极参与创新实践的过程中，加强创新品质的修养，全面提高创新素质。

第四，完善创新成果保护和激励机制，让具备创新品质的创新性人才脱颖而出。创新型国家和实现创新发展，关键在于具备创新品质的创新性人才，而这样的人才脱颖而出会引导公众培育创新品质，提高创新素质。具备创新品质的创新性人才脱颖而出既需要创新成果激励机制，也需要创新成果保护机制。前者对创新成果及其生产者给予奖励，后者对创新成果的产权给予保护。改革开放以来，在"尊重知识、尊重人才"方针的指引下，我国建立了一系列的创新成果及其生产者的激励机制，如各种科研成果评奖，以及对各类优秀科研人才给予特殊政策。这些激励机制大大促进了我国创新成果和创新人才的涌现。伴随着"依法治国"基本国策的实施，知识产权保护法等法律法规在保护创新成果方面也发挥了日益重要的作用。但是，我们也应该看到，在创新成果保护和激励机制方面还存在一些问题。这主要表现在：第一，我国各种创新成果及其生产者的激励机制，主要激励的是那些重要创新人才和重要创新成果，而不能涵盖所有的社会公众，因而还不适应"万众创业""人人创业"的需要。第二，这些激励机制尚未真正做到常态化、正规化，经常出现因一时之需而采取某种激励措施，而且创新成果奖励制度不完善、不规范，导致粗制滥造的研究成果多，精品力作少。第三，虽然知识版权方面的法规早在1982年就已经出现，而且迄今已初步形成了体系，但执法不严的问题十分突出，致使剽窃创新成果成风、"假冒伪劣"猖獗等严重社会问题。第四，主流意识形态和主流媒体所推崇和宣扬的典型主要是那些基本德性优秀的人物，对创新德性优秀的人才关注不够，我国树立的道德典型几乎全是非创新型人物，创新品质优秀的创新性人才得不到应有的道德褒奖。上述这些问题程度不同地阻碍了创新成果和创新人才的产生和推出，因此，完善创新成果和创新人才的保护和激励机制，是加大培育全民创新品质力度必须着力解决的问题。

中国话语与中国话语权之辨析*

近年来，伴随着中国经济快速发展和国家物质实力日益强大，人们越来越感到中国的文化发展还没有与之相适应，世界上到处都有"中国制造"，但"中国话语"并不多见。于是，中国话语问题、中国话语权问题受到了广泛重视。关于这两方面的问题已有很多研究成果问世，但我注意到，人们对"中国话语"和"中国话语权"两个概念之间的关系研究不够，因而对于中国究竟是缺乏话语还是缺乏话语权尚未形成共识。这里，我试图从"中国话语"和"中国话语权"两个概念的简要辨析，进而表达这样一种基本观点：即中国不是缺乏话语，而是缺乏世界上先进的话语，因而在世界上话语权尚显不足，但中国话语有希望也应该成为世界的强势话语。

一、中国话语与中国话语权是相互关联的两个不同概念

我们所说的中国话语是指当代中国话语。这种话语所涉及的主要不是表达（包括书面表达和口头表达）的方式，而是表达的内容。表达的方式和表达的内容是存在着区别的，不同的表达形式可以表达相同的内容，相同的形式可以表达不同的内容。例如，美国、英国、澳大利亚等英语国家话语的表达方式基本相同，但它们的话语并不完全相同。它们的话语之所以不同，主要在于它们话语的内容不同。同样，中国内地和中国台湾地区虽然在表达方式上大致相同，但其话语迥然有异。从这种意义上看，中国话语像其他国家话语一样，实质上是思想体系，是作为国家立国依据和治国指导的思想体系，因而也可以说是官方意识形态。中国话语就是中国思想，中国思想是通过理论的形式表达的，因而中国话语也可以说就是中国理论，中国理论是表达中国思想的话语体系。中国思想中的核心内容是中国价值，而中国价值包含中国道路、中国态度、中国主张，因此，中国话语的核心是中国价值，或者说，中国价值观。在一定意义上可以说，当代中国话语就是中国价值观的表达。

话语权，并非说话的权利，更不是我们能不能发声，而是我们是否拥有让别人听从我们说话的权力。有人将中国话语权理解为中国声音，这是不正确的。在今天这样的自由世界，只要你不妨碍别人，无论你怎样发声、发出多大的声音，那都是你的权利。话语权不是指你能发声，而是指你发出的声音别人听、别人学、别人照你说的样子去做，因而话语权实质上是话语或声音的影响力。我们所说的中国话语

---

* 原发表于《文化软实力研究》，2016年第4期。

权，所指的正是中国价值及其话语对世界上其他国家的影响力，影响力越大话语权越大，没有影响力就没有话语权。因此，如果说中国话语主要是指中国理论，那么中国话语权所指的则是中国理论对其他国家的影响力。

显然，中国话语和中国话语权两者是相互关联的，但又有不同。其关联在于，有中国话语才可能有中国话语权，有中国话语权表明有中国话语，话语是话语权的前提。一般来说，特别是在平等竞争的世界里，只有那种正确、先进的话语才会获得话语权。话语权的大小是与话语的正确性、先进性成正比的。由此看来，话语与话语权又显然是不完全相同的。有话语并不一定有话语权，话语权作为话语对他人的影响力，一般以别人愿意接受为前提。今日世界几乎每一个国家都有自己的话语，但并不是每个国家的话语都对别的国家有影响力。同样，有中国话语并不意味着就有中国话语权。当中国话语不正确、不先进并因而缺乏影响力，没有什么国家接受时，中国话语就不具有话语权。

在价值及其话语多元的今日世界，存在着一种或几种价值及其话语比其他价值及其话语更先进，因而更有影响力，为更多的国家认可、接受甚至付诸实践的情形，那么，这一种或几种价值及其话语就被认为在世界上拥有话语权。众所周知，自20世纪中叶以来，西方话语成为了世界强势话语，拥有非西方国家所不具有的话语权，其原因就在于它不仅在西方得到了充分的实践证明，而且对世界上许多国家产生了广泛而深刻的影响。当然，在西方世界内部，不同国家的话语权也不相同，其中美国拥有话语霸权的地位。

不可否认，获得一个国家的话语权也与这个国家是否努力宣传、推广它有关系。例如，今天中国实施"中华文化走出去"战略，采取诸如在世界各地开办孔子学院等强有力措施，当然有助于扩大中国话语的影响力。美国到处推销"美国价值观"也是美国话语影响很大的重要原因。但是，宣传推广虽然重要，但不是根本性的。如果一种话语不正确、不先进，无论怎样极力宣传推广它，别的国家最终也不会接受它，相反可能会不理睬它甚至抵制它。而一种话语是否正确、是否先进，不在于这种话语的拥有者宣称它正确、先进，而在于这种话语的正确性和先进性在本国的实践中得到了充分证明。

认清中国话语与中国话语权的区别是十分重要的，因为认识到了这种区别，我们才不会只管中国话语的打造或构建，只管它的中国特色，而不管它是不是世界上先进的，相反我们会着眼于增强中国话语权来打造中国话语，努力使中国话语成为世界上先进的，乃至最先进的。

二、当前中国已有话语而尚未在世界上获得足够的话语权

当前一种比较流行的看法是认为中国缺乏中国话语，因而主张构建或打造中国

话语。我不赞成这种看法,我认为当代中国已经有了中国话语,至少我们实际上自认为有了中国话语。前面说过,中国话语的基本形态是中国理论,这就是中国特色社会主义理论体系。

党的十七大就已经明确提出了"中国特色社会主义理论体系"的概念并对这一体系作了阐述。党的十七大报告指出:"改革开放以来我们取得一切成绩和进步的根本原因,归结起来就是:开辟了中国特色社会主义道路,形成了中国特色社会主义理论体系。"关于这一理论体系,报告作了这样的概括:"中国特色社会主义理论体系,就是包括邓小平理论、'三个代表'重要思想以及科学发展观等重大战略思想在内的科学理论体系。这个理论体系,坚持和发展了马克思列宁主义、毛泽东思想,凝结了几代中国共产党人带领人民不懈探索实践的智慧和心血,是马克思主义中国化最新成果,是党最可宝贵的政治和精神财富,是全国各族人民团结奋斗的共同思想基础。中国特色社会主义理论体系是不断发展的开放的理论体系。"① 党的十八大报告删除了"等重大战略思想"这几个字,对这一界定做出新的表述:"中国特色社会主义理论体系,就是包括邓小平理论、'三个代表'重要思想以及科学发展观在内的科学理论体系,是对马克思列宁主义、毛泽东思想的坚持和发展。"② 党的十八大报告指出,中国特色社会主义道路,中国特色社会主义理论体系,中国特色社会主义制度,是党和人民九十多年奋斗、创造、积累的根本成就,必须倍加珍惜、始终坚持、不断发展。党的十八大以后,习近平总书记发表了一系列讲话,讲话进一步丰富了中国特色社会主义理论体系。

显然,中国特色社会主义理论体系就是当代的中国话语体系的基本形态,它凝结了几代中国共产党人带领人民不懈探索实践的智慧和心血,集中体现了当代中国思想、中国价值和中国主张。不可否认,这一体系还将随着中国特色社会主义建设实践不断丰富发展,但是,我们不应该也不可能在这一话语体系之外再去构建另一种理论体系和话语体系,相反,我们必须对这种理论体系和话语体系有坚定不移的自信。对于这一点,党的十八大和习近平同志都给予了强调。党的十八大报告告诫全党:"全党要坚定这样的道路自信、理论自信、制度自信!"习近平总书记在中共中央政治局第二十次集体学习时强调:"必须高度重视理论的作用,增强理论自信和战略定力,对经过反复实践和比较得出的正确理论,要坚定不移坚持。"③ 他在纪念中国共产党成立 95 周年大会上的讲话中又特别指出:"全党要坚定道路自信、理论自信、制度自信、文化自信。当今世界,要说哪个政党、哪个国家、哪个民族

---

① 胡锦涛:《高举中国特色社会主义伟大旗帜 为夺取全面建设小康社会新胜利而奋斗——在中国共产党第十七次全国代表大会上的报告》,《人民日报》,2007 年 10 月 25 日第 1 版。
② 胡锦涛:《坚定不移走中国特色社会主义道路 夺取中国特色社会主义新胜利》,《人民日报》,2012 年 11 月 18 日第 1 版。
③ 习近平:《坚持运用辩证唯物主义世界观方法论》,新华网,2015 年 1 月 24 日。

能够自信的话,那中国共产党、中华人民共和国、中华民族是最有理由自信的。"①

然而,我们也应该看到,虽然我国已经形成了或者说基本形成了中国理论或中国话语,但这并不意味着中国已经在世界上拥有了与人口大国、经济大国相匹配的话语权。不可否认,改革开放以来,特别是近一些年来,中国在世界上的话语权正在不断增强。这突出地表现在中国的国家领导人在一些重大的国际组织和国际会议上所阐述的中国对世界事务的主张得到了许多国家的认可或赞同,也体现在中国实施的"中华文化走出去战略"使世界上许多国家加深了对中国文化和中国价值的了解,我国经济上的迅速崛起也引起了其他国家对中国理论的关注。但是,我们仍然感觉到与西方比较起来我国的话语权尚未达到我们所期望的程度。那么,问题发生在哪里?有人认为,问题在于中国声音不够响亮。我认为,今天中国在世界上的声音已经足够响亮,问题在于声音响亮并不意味着话语权就大。如果我们作深入的反思,就会发现我们的话语权还比较弱,这主要体现在,中国话语、中国理论特别是中国价值为世界上其他国家接受得还不够多,尤其是与西方国家相比较还存在着很大的差距。

三、中国话语权不足的原因主要在于中国话语尚未获得充分的实践证明

导致中国话语权较弱的原因很复杂。首先,西方率先获得了世界话语权,而中国话语则问世不久。第二次世界大战结束后,西方现代文明走向繁荣,这种繁荣客观上证明了西方近代以来形成并奉行的价值观(西方话语)的有效性,因此许多国家纷纷向西方学习借鉴,其中有相当一部分国家走上了西方资本主义道路。于是,西方价值和话语就成为了世界的强势价值和话语。由于这种价值观源自西方,而且在西方已经取得了成功,因而当这种价值观走向世界时,西方世界就拥有了这种价值观的话语权,这就如同今天世界上的技术标准一样,谁最先发明了一种技术标准,谁就控制了这种技术标准的话语权。与西方不同,中国价值虽然已具雏形,但并未完全成熟,更为重要的是,它尚未得到实践的充分证明,而且中国价值从开始出现到今天时间还很短,世界上许多人还不了解它。因此,中国价值在世界上的影响力还相对较小,还没有多少国家学习借鉴中国,走中国道路。

其次,西方话语已经在世界上盛行很久且力量强劲,而尚不成熟完善的中国话语存在着与西方话语较量的问题。西方话语已经在世界上盛行了很长时间,影响深远,而且西方国家还在不断强力推行。在这种情况下,中国话语在对其他国家发生影响的时候面临着与西方价值竞争的问题,面临着西方国家千方百计抵制的问题,

---

① 习近平:《在庆祝中国共产党成立95周年大会上的讲话》,人民网,2016年7月1日。

因而很难在短时间内对其他国家产生强大影响。

再次,中国话语存在着实质上是西方话语的中国版的嫌疑。中国在相当短的时间内迅速走向强大,在许多外国人看来,其原因是中国实行了对外开放特别是对西方开放,因而他们认为是因为中国从西方学习了许多东西,其中包括西方价值,所以中国才获得如此快速发展的。客观上说,中国的迅速强大,其前提是改革开放,而其关键是引进了市场经济。在许多人看来,西方话语就是市场话语,或者说是与市场经济相适应的话语。中国的现实也表明,中国社会市场化的程度在某些方面比西方有过之而无不及。所有这些也许会导致一些国家认为,与其向中国学习,不如直接向西方学习。这种想法无疑也是影响中国国际话语权的一个重要原因。

最后,中国话语特别强调中国特色,容易导致人们认为这种话语只适合于中国。西方话语的一个重要特点是强调他们的思想、价值、文化、主张等等都是"普世"的,即具有普遍而永恒的意义。例如,他们到处宣扬所谓的普遍人权、永恒正义,把生命、自由、平等、私有财产等看做是所有人与生俱来、不可转让、不可剥夺的自然权利。因此,他们认为他们的话语是全世界适用的,是对人类永久有效的。例如,美国政府就把"美国价值观"看做是放之四海而皆准的价值观,并据此在世界各地予以大肆兜售。与西方不同,我国自改革开放以来特别强调中国特色,不只是话语,还有道路、制度都鲜明地打上了"中国特色"的旗号。这里不是要否定使用"中国特色",而是要说明,中国的话语、理论、价值、道路、制度、文化等所有这一切都打上"中国特色",客观上会导致外国人认为中国的这一切只适合于中国,而对他们的国家不适合。

在所有这些原因中,中国话语没有得到充分的实践证明是最主要的原因。前文谈到,西方话语在世界的强势影响得益于西方国家第二次世界大战后社会的高度繁荣。在人们看来,西方现代文明的高度发达证明了西方所奉行的话语、所信奉的价值的正确性、先进性,于是西方话语、西方价值身价倍增。今天的中国话语主要形成于中国改革开放后,它几乎是与当代中国实践同步行进的,它与中国实践相互促进、相互支持,其中中国话语无疑对中国实践起到了指导作用,也可以说中国实践是在中国话语指导下进行的,并且取得了历史性的巨大成就,使中国社会发生了翻天覆地的变化。从这种意义上看,中国实践在一定程度上得到了证明。但不可否认的是,在中国跻身于世界经济大国的同时,中国的社会问题日益增多且十分严重,最典型的是官员腐败、"假冒伪劣""坑蒙拐骗"、两极分化、环境污染等。"中国成就"是与"中国问题"相生相伴的,人们会看到中国取得的经济成就,当然也会看到中国存在的问题。当人们看到中国问题如此严重时,他们就会感到中国话语的正确性、先进性还没有得到实践证明,因而就会对中国话语持疑虑的态度,因而也就不敢轻易地接受中国话语,走中国道路。由此看来,影响中国国际话语权的主要原因可能主要就在于人们的这种疑虑,而从根本上说在于中国话语的正确性、先进性在中国本身尚未得到充分证明。不言而喻,一种正确性、先进性在本国没有得到充分证明的话语,人们是不会轻易接受和仿效它的。

四、增强中国话语权的根本路径在于中国话语的正确性、先进性得到实践的检验

既然中国话语权不足的主要原因在于中国话语的正确性、先进性尚未得到中国实践的充分检验,那么,要增强中国在世界上的话语权,就必须着重解决中国话语的正确性、先进性的实践证明问题。这是一个极其棘手的难题,它涉及理论和实践相互关联、相互缠绕的两个方面,但前提和关键则在于在实践中并通过实践发现理论上存在的问题。习近平同志在纪念中国共产党成立95周年大会上的讲话中指出:"理论上不彻底,就难以服人。"[①]中国话语、中国理论要成为正确的、先进的,要成为其他国家可接受并因而成为有影响力的,必须克服其自身的不彻底性,克服其中的问题。

那么,中国话语的问题在哪里?当代中国实践日益表明,中国话语的一个根本性问题可能在于还没有从理论上完全解决社会主义(共产主义)理想与市场经济之间的矛盾问题。中华人民共和国的建立标志着中国走上了社会主义道路,实行了社会主义制度。习近平同志在纪念中国共产党成立95周年大会上的讲话中反复强调"不忘初心、继续前进"。我们党的初心是什么?就是为实现共产主义而奋斗。建立共产主义社会是马克思主义创始人的社会理想,新中国的建立表明中国走上了追求共产主义理想的征程。然而,新中国是从"一穷二白"开始建设的,而且由于种种原因,新中国成立后到改革开放前中国并没有从根本上改变贫穷落后的面貌。为此,党的十一届三中全会决定实行改革开放的基本国策,而其最重要的一步是引进了市场经济,使市场经济成为了中国的基本经济形态和经济基础。实践证明,市场经济确实具有无比巨大的威力,在短短的二十年左右时间里,中国经济获得迅速发展,成为世界第二大经济体。然而,随着市场经济的发展,市场经济与社会主义、共产主义的"初心"的矛盾日益突出,"中国问题"从根本上说就是这种矛盾的不同表现。这些实践上的问题之所以发生,其根源在于理论上尚未找到解决这一问题的有效方案。

我们知道,马克思主义创始人的共产主义理想是建立在对资本主义否定的基础之上的,而资本主义实质上是一种完全与市场经济相适应的观念、制度和文化或者说"话语"。今天,我们一方面实行本质上是与市场经济对立的社会主义,另一方面又要大力发展市场经济。两者之间不可避免地会发生冲突。为了解决这一冲

[①] 习近平:《在庆祝中国共产党成立95周年大会上的讲话》,人民网,2016年7月1日。

突，党中央做出了全面深化体制改革的决定。然而，全面深化体制改革面临着一个价值取向的问题：是完全适应市场经济要求，还是努力限制市场经济以致最后使市场经济退出中国历史舞台？这两种取向虽然都可以使"中国问题"得到比较彻底的解决，但结果是完全不同的。如果采取前一种价值取向，中国就会成为市场化的国家，实质上就会走上资本主义道路；而采取后一种价值取向，中国就会成为真正意义上（马克思、恩格斯意义上）的社会主义国家，这样我国就会"不忘初心"，但这样做我们就要限制以至放弃市场经济。我国不会做出前一种选择，因为习近平同志指出："在坚持马克思主义指导地位这一根本问题上，我们必须坚定不移，任何时候任何情况下都不能有丝毫动摇。"①但是，作后一种选择，就存在着在没有找到具有市场经济的发展力量而没有其不可克服的问题（如两极分化、周期性经济危机等）的情况下，我们应该怎么办的问题。我认为，中国话语、中国理论要彻底，就必须对这一问题做出理论上的回答。

对于这一问题，目前我国采取的方案是发挥好两个作用，即既发挥好市场的作用，又发挥好政府的作用，使两者协调地发挥作用。习近平同志指出："要用好'看不见的手'和'看得见的手'，努力形成市场作用和政府作用有机统一、相互促进，打造兼顾效率和公平的规范格局。"②这是一种在保留市场经济的前提下，通过政府的作用来防范和克服市场经济不可避免地导致问题的方案，值得深入研究。这种方案面临的最大挑战，是政府在发挥作用的过程中不可避免地会参与和干预经济生活，而在此过程中，如何才能有效地防范市场和资本对政府权力的侵蚀和控制。这是一个世界性的难题，更是当前社会主义中国面临的十分突出的难题。

我们有理由相信，如果"中国理论"能回答这一难题，并能得到实践的证明，它就会成为当代世界正确的、先进的话语，就会在世界上逐渐取代西方话语目前所具有的强势地位。事实表明，西方话语虽然今天仍然在世界上处于强势地位，但已是强弩之末。破坏性不断增强的周期性经济危机、以美国为首的西方世界对非西方国家的干预及其导致的战争和灾民、令全世界惶恐不安的恐怖主义、不可再生资源的迅速消耗等人类性的灾难，已经再清楚不过地表明西方话语必须被超越，否则人类毁灭的日子就不会太远。从全世界来看，今天有可能超越西方的也许只有中国。在这种情况下，中国应肩负起大国应有的责任，着眼于全人类来解决"中国问题"，创新和完善中国理论，使之成为世界新的强势话语。

---

① 习近平：《在庆祝中国共产党成立 95 周年大会上的讲话》，人民网，2016 年 7 月 1 日。
② 习近平：《携手构建合作共赢新伙伴 同心打造人类命运共同体——在第七十届联合国大会一般性辩论时的讲话》，《人民日报》，2015 年 9 月 29 日 2 版。

论中华文化"走出去"与当代中国价值观构建*

早在 2000 年 10 月召开的党的十五届五中全会就从经济的角度第一次明确提出要实施"走出去"战略；2004 年 9 月召开的党的十六届四中全会通过的《中共中央关于加强党的执政能力建设的决定》第一次明确提出"推动中华文化更好地走向世界"；2011 年 10 月党的十七届六中全会通过的《关于深化文化体制改革推动社会主义文化大发展大繁荣若干重大问题的决定》再次提出"推动中华文化走向世界"，并对中华文化如何走向世界作了全面部署。这一系列决定标志着中华文化"走出去"已经上升为国家战略。近几年理论界和学术界对中华文化走出去问题进行了深入探究和热烈讨论，为实施这一战略提供了理论论证和智力支持。笔者认为，在研究和讨论这一问题的时候，还需要特别重视让什么样的中华文化走出去、什么样的中华文化才能真正走出去、什么样的中华文化走出去后能够对世界产生广泛深刻持久的积极影响这样一些问题，而这些问题又涉及一个更值得重视的问题，即怎样实现中华文化由自己想"走出去"向别国想"拿回去"转变的问题。本文试就这些问题进行初步的阐述。

一、"中华文化"与"走出去"的含义辨析

对于推动中华文化走出去这一国家战略，必须进行认真周密的设计，而进行这种设计的一个重要前提，就是要弄清"中华文化"及"走出去"这两个概念本身意味着什么。只有明确了这两个概念的本身含义和意义，我们才能进一步确定我们应该让什么样的中华文化走出去、为什么让这样的文化走出去或者说让这样的文化走出去干什么。

中华文化延绵五千多年，源远流长，其内容博大精深，丰富多彩，纷纭复杂。从内在构成看，有物态文化、制度文化、行为文化和观念文化等；从文化层次看，有主文化、亚文化以及以民俗为主要内容的区域文化等；从民族构成看，有汉族文化和不同的少数民族文化；从历史演进看，有漫长的古代文化、短暂的近代文化和现代文化，以及当代正在构建的文化；从价值评判看，中华文化中有优秀、合理的成分（精华），亦有腐朽、陈旧的成分（糟粕），如此等等。那么，中华文化走出去战略所说的"中华文化"是指所有这些文化，还是指其中的某些部分？显然，我们

---

* 原发表于《文化发展论丛》（中国卷，2016）（与笔者的硕士研究生李文龙合作），社会科学文献出版社 2016 年版。

不会、也不应该不加区别地让所有中华文化走出去，而必须有选择地推出中华文化中那些传播出去对别国有利并因而对自己有益的真正有价值的内容。

那么，中华文化中的哪些内容是对别国有利并因而对我国有益的呢？这里所说的"对别国有利并因而对我国有益"，作为判断中华文化走出去的标准有以下四层次含义：其一，走出去的不能是对别国有利而对中国有害的中国文化，如历史遗留下来的某些极其珍贵的文物、国家的核心机密等。这样的文化走出去会损害中国的利益。其二，走出去的不能是对中国无益而对别国有害的文化，如传统文化中的一些糟粕。这样的文化走出去不仅别国不会接受，可能还会损害中国的形象。其三，走出去的不能是对中国有益而对别国有害的文化，目前中国的某些消费文化（如过度包装），虽然这样的文化为别国所接受可能为中国的某些厂商在当地牟利开辟市场，但对接受这种文化的国家有害；其四，走出去的只能是对别国有利并因而对中国有益的文化，如中国优秀的传统文化、当代中国的先进文化，这样的文化别国会接受，并因而有助于树立中国的良好形象，提升文化软实力促进中外文化的共同发展和繁荣[1]。由此看来，让中华文化中的哪些内容走出去需要我国做出合理的选择，不能笼统地让中华文化走出去。

另一方面，中华文化并不只是既成的文化，而是与时俱进、发展变化的文化。别国的需求也不是一成不变的。因此，中华文化在持续走出去的过程中，需要考虑如何适应别国的文化需求变化。如果我们把别国的文化需求看作是一种世界文化市场需求而中华文化是需求的供给侧的话，那么作为文化供给侧的中华文化就要适应世界文化市场的需要建设和发展。在这种情况下，我们更不能只是有什么样的文化就推销什么样的文化，而要着眼于别国的文化需求建设自己的文化，使自己的文化适销对路。适销对路的文化并不只是对别国有益的文化，还应该是别国急需的文化，是能够解决别国面临的社会问题和发展问题的文化。虽然在全球化背景下，别国面临的问题与中国面临的问题具有许多的相似性，但绝不可能完全一样，因此这就要求中国文化建设不仅要考虑自己的特殊问题，而且要考虑与别国共同面临的问题、世界共同面临的问题。中国文化建设如果只考虑本国的问题，而不考虑与其他国家共同面临的和世界共同面临的问题，所建设的文化就不可能满足别国的需求，就不可能在世界文化市场上占据份额。因此，中华文化中对别国有益的内容，绝不能局限于已有的文化，还必须包括现在和未来建设的文化，而且后者是重点。我们只有不断建设对别国有益同时又能满足别国现实需求的文化，中华文化才会在世界文化市场上永远立于不败之地。

实施中华文化走出去战略，不仅要慎重考虑让哪些中华文化走出去，而且还要考虑"走出去"意味着什么。这里所说的"走出去"，当然是为了让中华文化"到

---

[1] 刘学蔚、郭熙煌：《我国对外文化传播的现状与困境——以海外孔子学院为视角》，《湖北大学学报》（哲学社会科学版），2016年第3期。

达"其他国家,让其他国家知晓,但不仅仅如此,它还有更深层的含义。通过实施中华文化走出去战略,让别国了解中华文化肯定是必要的,而且是达到更深层目的的前提,因为别国不了解中华文化,便谈不上实现进一步的目的。那么,这种更深层的目的是什么呢?一般来说,一个国家推动自己的文化走出去有两种深层的目的:一是让本国文化对其所到达的国家在文化上进行渗透甚至取代所到达国家的文化,以达到本国的某种经济、政治或军事的目的。这样做的好处是文化输出国可以从被输出国获得现实的利益并扩大自己的文化影响,但是这种不可告人的自私的目的和动机终究会被别国觉察,所输出的文化会遭到文化输入国的抵制和反对。二是使本国文化在进入他国之后接受别国的审视和检验,让别国通过与本国的文化以及进入本国的其他国家的文化进行比较来评价本国文化是不是真正优秀的、先进的,而本国借此来反思自己的文化,重新审视自己文化的优劣、先进与否,并借此来完善自己的文化。这样做,输出的文化就会在文化相互交流、相互借鉴中不断走向完善,成为更优秀、更先进的,并因而更有可能走出去。

第一种目的是今天世界各国,特别是那些发达国家让自己的文化走出去的真实目的。今天中国实施推动中华文化走出去战略的目的显然不在于此,而是第二种目的。在今天世界文化多元化、政治多极化的格局之下,第二种目的才应成为当代中华文化走出去应有的根本目的。虽然世界上许多国家包括西方发达国家没有意识到这种可能应成为使自己的文化走出去的真正目的,更没有自觉地这样去做,但我们应该确立这样的目的,因为只有这样,中华文化才会在走出去的过程中真正走向强大,才会对世界产生更大的影响力和正能量。当然,中华文化今天尚处于努力自己推销自己的"走出去"阶段,还没有达到让别国都想要"拿回去"的程度,但假如我们确定了这样的目标并努力追求将其实现,中华文化就有可能成为世界各国争相引进、学习和借鉴的先进文化。到那个时候,不是我们运用政治的力量推动中华文化走出去,而是别国想方设法要将中华文化拿回去。从"走出去"到"拿回去"的转变,对于中华文化来说是一个历史性的转变,今天实施推动中华文化走出去战略归根到底就是要促进这种转变的尽快实现。

实现中华文化从自己想要走出去到别国想要拿回去的转变,其前提是要着眼于别国想要拿回去来实施中华文化走出去战略,实现"走出去"与"拿回去"的有机统一。实现了这种统一,中华文化走出去就不会让别国误以为是中国想将自己的文化强加于别国,取代别国的文化,搞文化霸权主义。相反,中华文化走出去的过程就会成为别国自觉自愿地学习中华文化,吸收和借鉴它,并将其融入自己的文化的过程,同时也是中华文化从别国那里学习、吸收和借鉴的过程。通过这种互相的学习、吸收和借鉴,中外不同文化就会形成良性互动,实现共同发展和繁荣。当然,在国外对中华文化尚不十分了解的情况下,着力向世界推介中华文化是必要的,但要使世界越来越多的国家接受中华文化,最终还是取决于中华文化自身对于别国的价值和魅力。

二、别国最想"拿回去"的中华文化

实施推动中华文化走出去战略最终是要使中华文化成为别国想要拿回去的文化,那么我们就必须努力让走出去的中华文化成为别国想要的文化。在今日世界,什么样的文化是大多数国家想要的文化呢?或者说,别的国家会对走出去的中华文化有什么样的期待呢?

在近代以来的人类历史上,世界各地人群或国家的文化基本上是封闭的。当然也有一些时期的一些人群或国家为了经济上的目的进行侵略扩张,并将自己的文化强加于别的人群或国家的情形,但其目的通常并不直接是为了推行自己的文化。到了近代,西方列强为了殖民掠夺而开始自觉地将自己的文化向别的国家和地区推销,并使自己的文化逐渐对世界许多地区和国家产生了重要影响。20世纪以后,伴随着世界各地的非西方民族觉醒和国家独立,这些国家鉴于西方文化的优越性开始从对西方文化的被动接受转向主动向西方文化学习。整个20世纪,西方文化成为许多国家想拿回去的文化。

然而,西方文化虽然是20世纪以来的一种强势文化,拥有优越性和强大竞争力,但也存在着两大问题:一是这种文化试图渗透甚至取代受影响国家的文化,而且伴随着文化渗透而来的是经济上的掠夺、政治上的干预和军事上的侵略。这些国家都是欠发达国家,其竞争实力无法与西方国家相抗衡,因而在西方的文化渗透面前常常无力抵御,但这是受西方文化影响的国家的民族自尊心和现实利益诉求所不能接受的。二是这种文化伴随其繁荣本身的问题日益凸显,如贫富两极分化、周期性经济危机、社会生活过度市场化等,这使许多非西方国家不愿意将这种文化完全拿回去。这两个方面的问题,使许多非西方国家越来越不愿意"西化",它们采取各种措施抵御西方的文化渗透。但另一方面,在全球化背景下,西方文化以及与之伴随的经济、政治、军事的渗透现实地存在,如果没有实力与之抗衡,这种渗透就不可避免。在这种情况下,许多无力构建足以与西方文化抗衡的文化的欠发达国家,就寄希望于有一种比西方文化更优秀、更先进的文化可以"拿回去",这种文化不仅要能使自己的国家繁荣富强,而且不存在西方文化的两大问题,它可以提升和完善本国文化而不取而代之。应该承认,"西方话语权的削弱为新兴文化体系的确立提供了空间"[①]。

当代中国实行改革开放特别是市场经济体制使中国快速走向强大,综合国力得到了巨大的提升,已经成为世界第二大经济体,国际影响与日俱增。中国近三十多

---

① 李建华、姚文佳:《社会全面转型与道德引领》,《湖北大学学报》(哲学社会科学版),2016年第3期。

年的发展速度远远快于近代以来的西方各国,而且这种发展不是通过经济、政治、文化等方面的渗透实现的,而是通过自己的体制改革和学习、借鉴别国的先进经验和文化,利用别人的资金、技术实现的。中国的发展道路和成功经验,使许多欠发达国家寄希望于从中国"拿回去"比西方更先进、更有利于自己发展的文化。在这种情况下,中国政府主动适应这种需要,实施推动中华文化走出去战略,可谓是抢抓机遇、顺势而为。不可否认,实施这种战略有着中国自己国家利益的考虑,但更重要的是,中国是出于一个大国特别是正在迅速走向强大的国家所肩负的世界责任考虑。因此,中国的这一战略决策具有重要的世界意义,它将有助于推动世界各国文化的共同发展和繁荣。但是,中国在实施这一战略的过程中,必须考虑什么样的中国文化才是世界大多数国家最需要的、最想要的。

文化的核心内容是它的价值观。在价值观多元化而处于强势地位的西方价值观面临严峻挑战的今日世界,世界上大多数国家最需要、最想要的应是最先进的价值观。那么,什么样的价值观是当今人类的最先进价值观?笔者在谈到社会主义价值文化的先进性时曾经谈到过当代最先进的价值文化,一般来说,这种看法也适合用于价值观。当代最先进的价值文化是集人类优秀价值文化之大成的最具竞争力的优势文化。它从根本上克服了其他价值文化的局限、缺陷和问题,尤其克服了其他价值文化的专制性、资本化、异化等问题;同时,它又吸收了这些价值文化中的合理内容和精华。当代先进价值文化是全体社会成员共建共享的民主文化,它的主体是人民,人民是价值文化的创制者、建设者、享有者。当代先进的价值文化是以社会成员幸福普遍实现为终极价值追求并被法制化的完整价值体系,是谋求社会成员普遍幸福的幸福文化。它能充分体现社会成员根本的和总体的利益,能最好地满足人的生存发展需要。它是顺应人性的,是人情化、人道化的,具有感召力、凝聚力和亲和力。同时,先进的价值文化还能在引导和控制其他价值文化的同时与之共存共荣,它具有宏大的气魄和博大的胸怀,具有开放性、包容性和自我完善性,是具有竞争力、影响力和控制力的主流文化。① 当代最先进的价值观就是能够转化为这样的先进价值文化的价值观,构建当代中国价值观就是要构建这样的先进价值观。这样先进的价值观也是别的国家想要拿回去的文化。

同时,在全球化的背景下,当代中国文化要成为别的国家想要拿回去的文化,还必须能有效地回答当代中国和世界的问题。当代中国面临的问题有三类:一是发展中国家面临的问题;二是中国面临的独特问题;三是当代世界各国面临的共同问题。这三类问题在今天不是分离的,而是紧密关联的,其中大多是世界各国特别是发展中国家面临的共同问题。当代中国文化只有从理论和实践的结合上正确地回答这些问题,中国文化才能站在世界文化的制高点,才会有强势的话语权。如果我们

---

① 参见江畅:《论社会主义价值文化的先进性》,《伦理学研究》,2013年第2期。

将这种正确的答案看做是解决当代中国和世界问题的"药方",那么这种"药方"无疑是世界各国最需要的。这种"药方"不是中国文化的所有方面能够提供的,从根本上说要由当代中国价值观提供。然而,中国价值观并没有现成的答案。中国价值观要提供这种答案,必须增强问题意识,着眼于中国和世界面临的时代问题,加强自身的构建,使自己成为当代最具解释力和指导力的先进价值观。

应当充分肯定的是,当代中国价值观正在沿着这个方向构建。正因为如此,当代中国价值观在构建的过程中就显示出巨大的威力和极大的魅力。但是,我们也应该看到,当代中国价值观要真正成为当代世界最先进的、被别的国家所重视的、从而想要拿回去的文化,还有许多工作要做,面临着不少的难题,其中最大的难题是市场经济这种经济形态与原有的社会制度或体制之间的冲突。这个问题不仅是当代中国面临的难题,也是世界欠发达国家面临的共同难题。欠发展国家大多是在原有制度框架内引入市场经济的,而不是像西方那样社会制度是在市场经济基础上生长的。这些国家要富强繁荣就不得不采用市场经济这种经济形态,而一旦采用市场经济,原有的社会制度就与之相冲突。中国当前正在全力解决这一难题,所采取的最主要措施就是全面深化体制改革,同时全面推进依法治国,建立法治国家。如果中国能通过价值观构建有效地解决这一难题,真正成功地走出一条中国特色社会主义道路,也就是说,如果能够克服西方价值观的两大问题,当代中国价值观的先进性就会充分显示出来。如此,中国价值观走出去就将不再只是我们自己推动的结果,而主要是别国自愿从中国拿回去的。

三、着眼于别国"拿回去"构建当代中国价值观

在全球一体化和市场化的新时代,实施中华文化走出去战略,必须有世界文化市场的意识,了解别国的文化关注焦点,不能搞那些盲目的、无效的文化输出。因为那样的文化即使走出去,也不会产生什么实质性影响、甚至还会引起别国反感。只有着眼于世界文化市场的需求输出中国已有文化和建设与之相适应的文化,也就是说只有着眼于别国想要"拿回去"推出和建设中华文化,中华文化才会成为世界有影响力、有更大市场份额的文化。

从世界文化市场需求来看,世界各国特别是欠发达国家最需要的(可能也是最想要的)中华文化是什么样的文化呢?我们认为,这样的文化是当代中国文化,而不是中国传统文化;是当代中国主流文化,而不是非主流文化;是当代中国的主文化,而不是亚文化。这是因为,改革开放以来构建的当代中国主流文化使中国迅速发展和走向强大,于是,这种文化为世人所瞩目以至想引进、吸收和消化。无论是中国传统文化也好,还是非主流文化也好,或是各种亚文化,它们大多在中国改革

开放之前就存在，它们的存在并没有使中国强大。中国传统文化虽然曾在传统社会使中国强大过，但在近代以来的社会则再也没在起到过去曾起到的作用。非主流文化（主要是中国传统文化、西方文化以及各种宗教文化等）要么在过去的中国就存在，要么是从外域进入中国的文化。任何一种亚文化都是从属于主文化的，它们大多在改革开放以前就存在，因而更不可能使中国迅速强大。在当代，使中国迅速强大的文化主要是当代中国的主流文化，因而这种文化成为了别的国家最需要的中国文化，当然也是中国最值得走出去的文化。正因为如此，别国希望从当代中国主流文化中找到解决自己快速发展面临的本国问题的秘诀；而我国则可以从别国是否真正接受当代中国文化来验证它，从别国接受它增强自己的文化自信，从与别国文化的交流、互鉴中丰富完善它，使它成为可普遍接受的更优秀、更先进文化。于是，中外文化就找到了需求和满足的结合点，也为中华文化走出去奠定了坚实的基础。

我们这样说，并不否认中国优秀传统文化走出去的必要性和重要性。因为当代中国主流文化是中国传统文化的创造性转换和创新性发展，不了解中国传统文化就不可能真正了解当代中国文化，而且中国优秀传统文化本身也具有重要价值，传播出去有利于别的国家也有助于提高我国文化的国际声望和影响力。但是，我们必须明确，我们让中国优秀传统文化走出去的主要目的还是为了当代中国主流文化走出去。我们这样说，也不是否认中国的非主流文化走出去的必要性和重要性，但当代中国存在的非主流文化，实际上要么是中国传统文化，要么是外来文化，要么是宗教文化，而中国传统文化（包括传统的道教和佛教文化）走出去的意义已如前述，而其他宗教和外来文化本身就是外来的，我们不必再用力推动它们走出去。至于各种亚文化，我们也有必要推动它们走出去，它们都可以成为主流文化走出去的载体和桥梁，但是，各种亚文化主要是民间文化交流的内容，国家只需要提供开放的环境和优越的条件，它们就可能走出去。总之，我们这里所说的文化是中国最需要走出去也是别国最想拿回去的文化。这种文化只能是当代中国主流文化，而不是中国的其他文化，尽管它们走出去也是必要的，而且对主流文化走出去也是有益的。

一种文化是一种价值观的现实化，当代中国（主流）文化就是当代中国（主流）价值观的体现。当代中国文化之所以日渐在世人面前显示其魅力，是因为作为这种文化核心内容的当代中国价值观正在成为一种人类先进的价值观，正在显示出它对于一直在世界有强势影响力的西方价值观的优越性。然而，我们必须清醒地意识到，当代中国价值观是改革开放后才开始自觉构建的一种价值观，是一种正在处于构建之中、尚未成为当今世界的强势价值观。正因为如此，作为这种价值观体现的当代中国文化还需要通过实施"走出去"战略走向世界，以达到其他国家力图将其"拿回去"的程度。这就是说，当代中国文化要从自己想要"走出去"转向别国想要"拿回去"，还需要加强自身建设，而这种建设的核心内容就是当代中国价值观。

改革开放以来,特别是党的十六届六中全会以来,我国高度重视价值观建设,致力于建设社会主义核心价值体系,培育和践行社会主义核心价值观。在党中央的坚强领导和强有力推动下,以社会主义核心价值观为核心内容的当代中国价值观,其理论构建和实践构建相互促进,当代中国价值观在全社会得到了日益广泛的认同,并显示出强大的实践力量。事实证明,我国构建的价值观是与我国大力发展市场经济、全面深化改革和建设中国特色社会主义的需要相适应的,并且为中华民族伟大复兴和实现社会主义现代化提供了可靠保障。当代中国价值观的构建促使中国开始走向强大,而中国开始走向强大又对当代中国价值观的构建提出了新的要求,这就是要使当代中国价值观和以之为核心内容的文化走向世界。正是适应这种需要,党中央提出了"推动中华文化走向世界"的战略。在这种新的情况下,当代中国价值观的构建不仅要着眼于中国特色社会主义建设事业的需要,而且还必须考虑中华文化走出去的需要。中华文化要能真正走出去,需要实现从自己想要"走出去"到别国想要"拿回去"的转变。从这种意义上看,当代中国价值观构建需要考虑中华文化走出去需要,从根本上说,也就是要考虑怎样让别国想要将中华文化拿回去,要考虑别国对中华文化的需要,特别是要考虑别国的文化需求,并据此建设自己的文化。唯有如此,中华文化才能真正走出去。

当代中国价值观构建考虑别国对中华文化的需要,关键是要考虑怎样将中国价值观构建成能回答和解决当代中国和世界面临的难题的当代人类最先进的价值观。因为只有这样的价值观以及以之为核心内容的文化,才是别国想要拿回去的,并使之与本国的国情和实际相结合,形成适合自己的国家而又先进的文化。如果一种价值观只适合本国的情况,不具有人类的先进性,因而也不具有普遍适用性,那么这种价值观即使走进别的国家,别的国家充其量只会表示赞叹,而不能将其融入自己的社会生活。因此,在我国实施中华文化走出去的今天,我们要在使当代中国价值观适合于中国社会发展和具有中国特色的同时,还要使它适应当代人类的发展,成为能得到世界各国普遍认同、愿意引进和融入自己文化的人类先进价值观。当代中国价值观建设和文化建设就是要"立足于改革开放和现代化建设的实践,着眼于世界文化发展的前沿,发扬民族文化的优秀传统,汲取世界各民族的长处,在内容和形式上积极创新,不断增强中国特色社会主义文化的吸收力和感召力"[①]。

---

① 辛鸣:《十七届六中全会后党政干部关注的重大理论与现实问题解读》,中共中央党校出版社2011年版,第212页。

人类共同价值体系的构建*

伴随着全球化时代的到来，全人类已经越来越成为利益相关、命运与共的命运共同体。然而，并非每一个国家、每一个人都对此有清醒的意识，还有不少国家和个人在做着损害人类共同体的事情。今天，世界面临着前所未有的灾难性难题和全球性挑战，许多人对人类的前途和命运深感忧虑。在这种情况下，着眼于人类幸福和世界和谐，在全人类范围内形成普遍价值共识，构建具有约束力的人类共同价值体系已经成为当代人类面临的重大而紧迫的任务。本文试就人类共同价值体系构建问题提出一些初步想法，以期引起对这一问题的重视和讨论。

一、人类命运共同体的形成与人类共同价值体系构建的紧迫性

人类是社会动物，其重要体现就是人类总是生活在共同体之中。今天看来，人类生活的共同体各种各样，同一个人可能同时生活在多个不同的共同体之中。在所有不同类型的共同体之中，有一种给人类提供基本生存保障的共同体，即基本共同体。从人类历史看，人类的基本共同体经历了氏族、部落、民族、国家等形式，自20世纪开始，国家成为人类普遍的基本共同体。国家成为今天人类的基本共同体形式是近代以来国家化运动的结果。人类国家化的过程在一定意义上可以说就是人类早期的全球化过程，只不过在人类完成国家化过程之后全球化过程不断加速，以至于今天的人类已经基本上全球化了。全球化的一个直接后果，就是在人类以往所有的共同体形式中增加了一种新的形式，即人类共同体。在人类全球化到来之前，人类虽然生活在地球上，但并不是生活在同一个共同体之中，因为那时的人类是分散的，没有相同的价值追求和直接的利益关切。而随着全球化时代的到来，人类已经在事实上形成了一个命运休戚与共的共同体。

促使人类共同体形成的因素与促进全球化的因素基本上是相同的，至少有以下五个基本方面：其一，经济及贸易的世界化和世界性经济（金融）危机。其二，人员的国际交往和文化的国际交流、交融、互鉴。其三，世界性的会议、赛事和组织（包括联合国组织）。其四，现代科学技术发展，特别是信息技术超越国界、无孔不入的影响及其带来的高科技犯罪。其五，世界性的环境危机、战争以及恐怖主义。一方面，所有这些因素把全世界各个国家和各个民族的人们越来越紧密地联系在一起。托马斯·弗里德曼认为有十大因素"碾平"了世界，这十大因素的汇合创造了

---

* 原发表于《文化发展论丛》（世界卷，2016），社会科学文献出版社2017年版。

一个全新的平台。"这个平台的运作目前已经不再受到地理、空间、时间的限制，在不久的将来甚至不再受到语言的限制。再往前发展，这一平台将会处于一切事物的中心。"①另一方面，其中的一切负面因素（如世界性经济危机、全球性环境危机、跨国的高科技犯罪、世界性和局部性战争以及国际性恐怖主义等）则特别直接而现实地将人类的命运紧紧地联系在了一起，使人类已经在事实上形成了一个命运共同体。正如弗里德曼尖锐指出的："更多地方的更多人现在能够进入这个平台相互联系、竞争和合作，不幸的是，也前所未有地相互毁灭。"②

人类在客观上已经形成了命运共同体，然而，人类并没有形成一个真正的利益共同体。目前人类的基本格局是局部的有政府与全人类的无政府。在人类国家化之前，人类最初像动物一样分散居住在地球上的各个地方，后来逐渐形成了不同的生活共同体，如氏族、部落、民族，也有一些传统意义上的国家。虽然不同的共同体之间也存在一些像战争之类的对人类整体具有破坏性的行为，但总体上看还不至于对人类整体造成严重的威胁。然而，人类国家化之后，各个国家不断强化国家意识和爱国主义，把国家利益置于至高无上的地位，不考虑他国利益，不顾甚至损害人类整体利益。碳排放问题就是一个典型的事例。全球气候变化是人类面临的共同威胁，它不仅会导致海平面上升，给临海国家和地区带来灭顶之灾，还会对全球的自然地理环境造成深刻影响，进而引发一系列连锁反应。全球气候变化的成因是复杂的，从人类活动的角度看，二氧化碳等温室气体的大量排放是不可忽视的重要因素。有数据表明，从工业革命到1950年，发达国家的二氧化碳排放量占全球累计排放量的95%。1950～2000年，发达国家的碳排放量则占到全球的77%。今天，发达国家和发展中国家在减排问题上争论不休，很少有国家真正站在人类整体利益考虑问题。碳排放问题是目前人们已经注意到的最明显的问题，但还有许多人们没有注意到、也许需要很多年以后才会凸显出来的潜在的灾难性问题。

国家至上主义和民族利己主义的严重后果表明，今天作为国家化结果的国家有政府比过去没有国家或只有少数国家的时代对人类整体利益、对地球环境的破坏要大得多。过去，分散人群的力量是非常有限的，而当所有这些分散的人群组成一个个的国家，他们便在各国政府的组织之下形成了过去分散人群远远不可比拟的强大力量。当各国运用这种力量不择手段地去谋求本国利益，而不顾甚至损害其他国家和整个人类的利益时，战争、军事干预、恐怖主义、经济和文化渗透、生态和环境破坏、难民潮等问题就会不可避免地出现。如此一来，地球环境承受不了，世界处于争斗甚至战乱的可怕状态，人类的生存和发展陷入极大的威胁之中，人类的前途和命运面临着严重的"全球性挑战"（习近平语）。这就是今天人类的"公地悲剧"。

---

① ［美］托马斯·弗里德曼：《世界是平的：21世纪简史》，湖南科技出版社2006年版，第158～159页。
② ［美］托马斯·弗里德曼：《世界是平的：21世纪简史》，湖南科技出版社2006年版，第159页。

地球就是各国共同拥有的"公地",每个国家都有使用权,但没有权力阻止其他国家使用,而每一个国家都倾向于过度使用,其结果必然造成资源的枯竭和环境的破坏。人类公地悲剧的"悲"就悲在每个当事国都知道资源将由于过度使用而枯竭,环境将由于不断加深的污染而破坏,但每一个国家对阻止事态的继续恶化都感到无能为力,而且都抱着"及时捞一把"的心态加剧事态的恶化。人类公有的家园因产权难以界定而被竞争性地过度使用或破坏性地滥用,致使人类整体陷入严重的生存危机。人类公地悲剧与通常意义的公地悲剧不同,人类公地的拥有者是被霍布斯称之为"利维坦"的国家,全世界约200个威力无比的"利维坦"对人类共同家园的破坏力要远远大于无数单个个人,这两者是无法相提并论的。

公地悲剧的发生是因为没有管理者,人类悲剧发生的原因也是因为人类没有管理机构,或者更准确地说,地球的不同区域是有政府的,而整个地球是无政府的。1945年,美国、中国等一些国家发起成立了联合国这样一个貌似世界管理机构的组织。应该承认,联合国成立70年来一直致力于促进各国在国际法、国际安全、经济发展、社会进步、人权及实现世界和平方面的合作,而且取得了巨大的成绩,到今天,联合国已经涵盖了全世界所有的主权国家。但是,联合国并不是真正意义上的世界管理者,它不具有国家政府那样的功能和作用。联合国的决议与其说是命令,不如说是建议,所涉及的当事人可以接受这种建议,可以不接受,也可以有保留地接受。作为联合国最具有权力的安理会虽然有权采取军事行动,但其作用也仅限于在尊重国家主权的前提下"维和",对于侵略别国的国家不能采取军事措施加以干预,因而实质上它不过是一个武装性的救助机构。联合国在世界不具有真正的权威性,其根源在于缺乏世界"机器"作为后盾。在这种情况下,联合国无法强有力地控制各国对人类公地采取的不择手段、唯利是图的行为,虽然联合国也为人类发展制定了某些规划,但这些规划也缺乏执行力。

导致今天已经一体化的人类缺乏管理机构,或者说已有的联合国不能真正发挥世界管理机构的职能的原因是复杂的,但其根本原因在于人类至今没有形成价值共识或共同价值观,没有建立起作为一个共同体的世界应有的价值体系。人类面临的严重生存危机警告我们,人类必须从客观上的命运共同体转变为现实的利益共同体,必须构建这种共同体应有的价值体系,这种价值体系必须得到全人类包括个人、组织、国家的普遍认可,并对他们具有约束力和引导力。形成人类价值共识、构建人类价值体系是当代人类面临的最迫切、最重大的任务,是人类避免由公地悲剧导致最后毁灭的基本前提,应当引起世界各国乃至全人类的高度重视。

二、人类共同价值体系的结构

在全球化的进程中,伴随着西方文化的强势影响,今天的人类已经形成了一些源自西方近代提出的价值观念的价值共识，如自由、平等、公正、民主、法治等。这些价值共识无疑是当代人类先进的价值共识，然而，这些基本价值对于一个国家的生存和发展来说也许足够了，但对于整个世界来说却是不够的，在主权国家存在的情况下，过分强调这些价值还可能招致以人权干预主权的指责。因此，人类共同价值体系可以包含这些价值因素，但它们不是其核心要素或基本内容。笔者认为，构建人类共同价值体系必须考虑今天国家化的现实，考虑不同国家的历史和文化，考虑各国对西方价值普遍抵制的情绪，由此，我们所要构建的人类共同价值体系才会具有普遍接受性，并因而具有普遍约束力。同时，这种价值体系又要反映和代表全人类的根本的总体的利益，兼顾国家和单个人的利益，能够促进人类自由和福祉的普遍实现，并为人类安宁和安全提供基本保障。

基于上述考虑，笔者认为，人类共同价值体系应由作为终极目标的人类普遍幸福，作为核心理念的和平、发展、合作、共赢、公正、和谐，作为基本原则的人类利益至上、尊重国家主权、维护基本人权、恪守和平底线、协商解决冲突这些主要要素构成，人类应该在所有这些方面形成价值共识。人类共同价值体系必须从根本上突破人类个体的利己主义、人类国家的国家至上主义的局限，以世界和谐主义为基本价值取向。就是说，人类共同价值体系应是和谐主义的世界价值体系。[①]

首先，要将人类普遍幸福确定为人类共同价值体系中的终极目标，确定为人类一切行为和事务追求的终极价值。这里所说的人类普遍幸福，既指所有的人类个体（个人）的幸福，也指人类整体的幸福。在这两个层面中，人类个体的普遍幸福更为根本，因为只有人类个体普遍幸福，才会有人类整体的幸福。但是，人类整体的幸福并不等于人类个体幸福的总和，它在人类个体幸福之外还包括一些其他的要求。例如，它要求人类和谐相处，只有所有人的幸福是彼此协调一致、相互促进和共赢的，才能谈得上人类整体幸福。又如，人类整体幸福要求人类个体幸福有一些起码的标准，只有达到这种水准才能看作幸福。这即是通常所说的"幸福指数"（国民幸福总值——gross national happiness，GNH）。达不到这样的基准而只有个人自我感觉的幸福并不是真正的幸福。同时，人类普遍幸福既包括基本需要的满足，也包括发展需要的满足。就个体而言，基本需要主要是指物质需要，发展需要主要是指自我实现或者说个人全面而自由发展的需要，个体的幸福是基于物质需要得到基本满足的发展需要得到较好的满足。就国家和人类整体而言，幸福既包括经济发达，也包括文化繁荣，是物质文明、精神文明和生态文明的和谐发展。

将人类的普遍幸福确定为人类追求的终极目标，其理由在于整个人类已经形成了一个命运共同体，人类每一个个体的幸福、每一个国家及其人民的幸福都事关人类整体的幸福和其他国家人民的幸福。因此，人类的一切活动、一切追求都应当着

[①] 关于世界和谐主义，参见江畅所著《幸福与和谐》（人民出版社2005年版）第三篇"世界和谐论"。

眼于、有利于人类普遍幸福，任何有害于人类普遍幸福的行为都是应当受到谴责的不道德行为。

为了实现人类普遍幸福，人类需要确立和平、发展、合作、共赢、公正、和谐六大核心价值理念。和平就是各个国家之间以及各个国家的人民之间和睦共处，没有战乱，没有恐怖主义，没有流行性的致命疾病，没有生态和环境的威胁。和平是人类普遍幸福的起点和底线，没有和平，其他一切都无从谈起。发展就是各国的经济和文化持续稳定的发展。用习近平的话说，我们所要追求的发展，是争取公平的发展，让发展机会更加均等；坚持开放的发展，让发展成果惠及各方；追求全面的发展，让发展基础更加坚实；促进创新的发展，让发展潜力充分释放。[①] 在目前世界各国拥有主权的格局之下，各国的发展必须与其他国家合作，通过合作释放更大的发展潜力和动力。合作不只是经济方面的，而且是政治、文化、社会、生态各方面的，在今天，世界的安全和平尤其需要国际合作。不同国家的合作并不要求合作各方一味地做出自我牺牲，而是要通过合作促进各自的发展，实现各方的共赢和利益最大化。无论是合作还是共赢，都必须以公正为前提。就世界而言，公正就是要使世界各国各得其应得，各得其所。世界公正与一个国家的公正一样，并不是要求简单的结果平等、条件平等，而是要求国格平等、机会平等、权利和义务平等，而且要求给最贫穷落后的国家提供基本生活保障。当上述所有方面得到了实现，也就实现了世界和谐。世界和谐的最重要标志是："第一，世界各国的独立、主权必须得到尊重，它们必须都是自主的主体，可以自由地构建自己的价值体系，选择自己的生活方式和发展道路；第二，国家不分大小、强弱一律平等，它们必须能以平等的身份参与国际竞争和国际合作；第三，世界的事务必须由各国通过民主的方式共同管理；第四，世界的秩序必须主要是由各国公认的世界性法制维持的。"[②] 这样的世界，笔者称之为"和谐的世界"。

将和平、发展、合作、共赢、公正、和谐确定为人类的核心价值理念，是因为在可预见的未来历史时空内，这些理念是人类普遍幸福的基本内容和基本要求，只有全人类不懈地践行这些理念，人类才能普遍过上幸福生活。

为了确保人类终极价值目标的实现和人类核心价值理念的践行，制止已经发生的、预防可能发生的对人类整体的伤害行为，还必须确立一些基本价值原则。这些原则是人类普遍幸福的基本保障，它们应当成为所有人类个体和国家以及一切人类组织必须遵循的行为准则。基本价值原则是共同价值体系的保障，在共同价值体系中具有十分重要的地位。这里对我们提出的五条基本原则的含义和理由作简要的阐述。

第一，人类利益至上原则。这条原则的基本要求是把人类整体利益看作至高无

---

① 参见习近平：《谋共同永续发展 做合作共赢伙伴——在联合国发展峰会上的讲话》，人民网，2015年9月27日。

② 江畅：《幸福与和谐》，人民出版社2005年版，第290页。

上的，当个人利益和国家利益与人类整体利益相冲突的时候，必须服从和成全人类整体利益。这是人类共同价值体系的一条根本原则，一切违反这一原则的原则和行为都是不正当的。根据这条原则，目前世界各国普遍奉行的国家利益至上的原则必须修正，各国都要将本国的利益置于人类整体利益之下。确立这条原则的依据是，既然人类已经形成了命运共同体，则人类整体利益受到伤害必然会殃及各个国家和各个个体。假如人类整个陷入战乱，世界充斥邪恶，那么就不会再有任何一个国家或任何一个个体的安宁，两次世界大战就是血的教训。这即是"覆巢之下岂有完卵"这一成语所蕴含的道理。

第二，尊重国家主权原则。在国家化的情况下人类所形成的命运共同体，其主体主要是世界上的193个国家，而非多达70亿的单个个体。当然，在终极的意义上个人是人类的主体，只是在现阶段主宰着世界命运的主要还是国家，国家还远未成为马克思意义上的自由人联合体。相对于世界整体来说，国家是独立自主的个体，是具有主权的基本共同体。国家的这种主权必须得到确实的尊重，除了世界管理组织之外，任何国家在任何情况下都不能干涉别国的主权，更不能以任何名义侵略、占领、掠夺别的国家。即使是世界管理组织对某国的干涉也必须得到国际法授权，并严格按照国际法行事。将尊重国家主权确定为人类基本价值原则，一方面是对人类已经国家化、国家具有了公认的独立自主主权这一历史的尊重，另一方面也是为了防止一些国家以种种名义别有用心地侵犯或干涉别国的事务。

第三，维护基本人权原则。作为联合国基本法之一的《世界人权宣言》规定："人人生而自由，在尊严和权利上一律平等。他们赋有理性和良心，并应以兄弟关系的精神相对待。"（第一条）"人人有资格享有本宣言所载的一切权利和自由，不分种族、肤色、性别、语言、宗教、政治或其他见解、国籍或社会出身、财产、出生或其他身份等任何区别。并且不得因一人所属的国家或领土的政治的、行政的或者国际的地位之不同而有所区别，无论该领土是独立领土、托管领土、非自治领土或者处于其他任何主权受限制的情况之下。"（第二条）"人人有权享有生命、自由和人身安全。"（第三条）"任何人不得使为奴隶或奴役；一切形式的奴隶制度和奴隶买卖，均应予以禁止。"（第四条）"任何人不得加以酷刑，或施以残忍的、不人道的或侮辱性的待遇或刑罚。"（第五条）这些条款以及其他一些条款都明确规定了人的生命、自由、平等、人身安全等基本权利，这些权利是不可剥夺、不可转让的。宣言还规定：宣言的任何条文，不得解释为默许任何国家、集团或个人有权进行任何旨在破坏本宣言所载的任何权利和自由的活动或行为。《世界人权宣言》在联合国大会通过时，除了八个国家弃权之外，没有一个国家反对。[①] 因此可以认定，

[①] 参见《世界人权宣言》全文，联合国官网，http://www.un.org/zh/universal-declaration-human-rights/index.html。

所有这些条款都得到了世界大多数国家的公认。根据《联合国宪章》和《世界人权宣言》的规定，人的基本权利比国家的主权更重要，任何国家没有权力侵犯人的基本权利，因此维护基本人权应当作为人类共同价值体系的一条基本原则。

第四，恪守和平底线原则。世界和平是人类普遍幸福的基本前提，战争和恐怖主义只会给人类带来灾难和痛苦，因此必须旗帜鲜明地维护世界和平安全，反对一切破坏世界和平安全的战争和恐怖主义以及其他个人、组织或国家行为。把和平作为人类共同价值的底线原则，是为了把一切破坏人类和平的行为视为邪恶的、不正义的，因而这条原则是任何人类行为善恶、正当不正当、正义不正义，以及有无价值的判定标准。任何人、任何国家都不得以任何名义发动其后果会破坏世界和平的战争或其他有害行为，否则其行为就是邪恶的、不正当的、不正义的，应遭到全人类和世界各国的谴责，也应受到世界管理机构的严惩。

第五，协商解决冲突原则。国家之间、国际组织之间发生某些冲突是不可避免的，但冲突只能通过和平的途径而不能诉诸其他途径解决。协商是解决冲突的主要和平途径，因此应将协商作为解决人类一切冲突的基本原则。协商的前提是对话，对话的前提是非武力的和平。根据这条原则，任何以武力或以恐怖行为等非和平、非对话、非协商途径解决冲突的行为都是不道德的。协商可以是冲突双方直接协商，也可以是通过第三方出面协商，协商的方式本身是可以协商的，而协商作为解决冲突的基本手段则是不可动摇的。

以上五条基本原则，是人类的基本价值原则，也是世界道德、世界政治的基本原则，是判定世界上的国家、组织、个人行为是善的还是恶的、正当的还是不正当的、公平正义的还是不公平正义的基本标准，任何违反这些原则的行为都应受到全人类的共同谴责并加以制止。

三、构建人类共同价值体系面临的难题和对策

在人类已经形成命运共同体的时代背景下，构建人类共同价值体系已经势在必行甚至刻不容缓。然而，构建人类共同价值体系面临着许多难题。这些难题主要涉及国家之间的关系，其中突出的有以下几个方面。

第一，经济上的不平等和贫富两极分化。由于现代化的起始时间有先有后、速度有快有慢、进展有顺利有不顺利，以及其他一些无法克服的客观原因，世界各国在经济上处于极不平等的地位，有所谓发达国家、发展中国家和最不发达国家之别（least developed country，一般缩写为 LDC、LDCs）。2015 年经过联合国认定的最不发达国家有 48 个，这些国家人均 GDP 不超过 900 美元。而与之形成对照的是，国际货币基金组织 2014 年认定的 34 个发达国家的人均 GDP 都在 10 000 美元以上。最不发达国家面临着解决温饱的问题，而且这些国家往往政局不稳，因而无暇顾及

构建人类共同价值体系，一些发达国家常常打着人权等"普世价值"的旗号干预这些国家的内政，使这些国家对所谓人类共同价值体系产生反感。

第二，政治上的多极化和彼此敌对。由于历史、文化等方面的原因，世界各国的政治制度差异很大，在经济全球化加速推进的同时，世界各国为了本国的利益或统治集团的利益，极力维护本国现行的政治制度，防止经济全球化可能导致的政治全球化。于是，形成了今天世界政治多极化的格局，而且各国在政治上彼此防范，甚至彼此攻击。在这种格局下，许多国家担心构建人类共同价值体系会威胁本国的政局和统治集团的统治，因而抵制构建人类共同价值体系。

第三，文化上的多元化和冲突。在全球化的过程中，西方国家借助自己强大的经济、政治、军事力量大搞文化和价值扩张，而非西方国家在极力抵制西方强势文化渗透和影响的同时大力弘扬本土文化，由此形成了今天世界文化多元化以及文化渗透与反渗透的格局。构建人类共同价值体系意味着要改变各国的那些有悖于人类共同价值的文化内容，而这常常是与各国极力弘扬和推销本土文化相冲突的。

第四，军事上的军国化和对外干预。今天的世界，几乎所有的国家都有自己的国防力量，世界在国家化的同时也在国家军事化。即便像日本这样的"二战"战败国也试图通过修宪使自己重获国家交战权和集体防卫权，复归"正常国家"地位，对此其他国家也无法阻止。而且，还有一些军事强国凭借自己的强大军事力量随意干涉别国内政。军国化是人类共同价值体系构建的主要因素，一些国家凭借自己的军事实力我行我素，根本不理睬什么人类共同价值。

在当代，构建人类共同价值体系的阻力主要来自以上几个方面，这些方面紧密纠缠，相互支撑，共同阻碍着人类共同价值体系的构建。今日世界这种复杂格局形成的总根源在于国家至上主义及国家利己主义。近代以来国家化过程的源头是西方近代民族国家的兴起。民族国家建立的理论依据是启蒙思想家（主要是洛克等自由主义思想家）的社会契约论。按照他们的设想，通过契约建立的国家不过是"守夜人"而不是实体，然而国家自出现之后便成了霍布斯所说的"利维坦"。国家不仅从作为国家主人的公民的"受托人"变成了公民的统治者或治理者，而且成了今天世界的主人（虽然它可能不是自己国家的主人）。当国家成为公民的统治者时，它就倾向于不断提升国家整体利益的地位，使之成为至高无上的，公民和社会组织都必须臣服于它；而当国家成为世界的主人时，由于没有世界管理机构，因而它们只行使和扩张自己的权利而不履行自己的责任和义务。于是，在与他国及世界整体的关系上，国家至上主义演变成了国家利己主义。这种国家利己主义的突出表现就是一切都从本国利益出发，不考虑他国或人类整体的利益，即使考虑也只是出于本国利益，而且在一切可能的情况下都会为了自己的利益而不惜牺牲他国或人类整体的利益。正因为今天的世界各国几乎都奉行国家至上主义和国家利己主义，人类才会发生以上所述的经济、文化、政治和军事等方面的问题，才形成了构建人类共同价值体系的诸多难以克服的障碍。国家至上主义和国家利己主义是人类共同价值的大敌，也是构建人类共同价值体系的大敌。因此，要构建人类共同价值体系，必须消除或至少淡化国家至上主义和国家利己主义。

经过几百年的发展，国家至上主义和国家利己主义已经根深蒂固，成为许多国家公民的信念，各国都用相应的法律、制度、道德、文化等来维护它，而且往往有军事力量作为强大后盾。在这种情况下，要消除国家至上主义和国家利己主义是一件非常困难的事情，但这件事情必须做，否则人类的末日就不会太远。笔者认为，要消除国家至上主义和国家利己主义这一构建人类共同价值体系的根本性障碍，最重要的是要解决以下三个问题。

第一，普遍树立人类整体利益至上的观念。这一观念的基本内涵就是人类整体利益高于国家利益，高于所有组织和个人的利益，而人类整体利益就是人类永续地健康生存和发展。在目前的情况下，可以通过以下途径宣传这一观念：一是通过联合国作出相关的决议或发表宣言，在文件中可阐明人类利益至上观念的意义、含义的和基本要求，规定相应的标识，确定所有人类个体不仅是国家的公民，同时也是世界的公民，并规定世界公民的权利和义务、责任；二是通过各种国际组织、国际会议和世界赛事（特别是奥运会）宣传人类利益至上的观念；三是建立有影响的世界媒体宣传、阐述人类利益至上观念，颂扬自古以来为人类整体利益做出贡献的思想家、科学家、艺术家、政治家等，为人类树立学习的榜样。

第二，加快建立世界管理机构的步伐。已经有许多思想家提出过建立世界管理机构的设想，爱因斯坦更是把自己的绝大部分时间、精力和心血奉献给了世界政府的建立。笔者也曾在《理论伦理学》中对建立世界政府的必要性和现实性作了较系统的阐述。① 一些学者不赞同"世界政府"这种形式，但强调建立人类共同体的必要性。例如，当代著名学者哈贝马斯主张，民族国家应勇敢地做出尝试，超越自己，形成一个具有全球行为能力的集体，而这种集体也要实现集体认同。他根据欧盟的范本提出可以建立一种具有广泛公民基础的"世界共同体"。这是一个不同于联合国那样的单纯由国家组成的国家共同体，它既包括国家，也包括各种世界组织，它不会排斥任何一个人，"因为它不允许在内部和外部存在着社会界限"②。他把所倡导建立的世界共同体称为"没有世界政府的世界内政"（Weltinnenpolitik ohne Weltregierung）。世界管理机构采取什么形式可以再行讨论，重要的是必须加快建立这种机构来管理世界，扼制日益蔓延的国家至上主义和国家利己主义，强力推进人类共同价值体系的构建。在目前的情况下，可以利用联合国及其有关组织来组织实施建立世界管理机构的工作，当然也不排除将联合国改造成世界管理机构的

---

① 参见江畅《理论伦理学》，湖北人民出版社 2000 年版，第 432 页。
② ［德］哈贝马斯：《后民族结构》，曹卫东译，上海人民出版社 2002 年版，第 120 页。

可能。

　　第三，深入研究和妥善处理人类共同价值体系与国家价值体系、个人价值体系的关系。构建人类共同价值体系，必须处理好与各国的国家价值体系和各个个人的价值体系之间的关系，这种关系处理不好就会影响人类共同价值的构建。处理好三者之间的关系，最重要的是要消除人们这样的想法，即以为要以人类共同价值体系来替代国家价值体系和个人价值体系，从而抵制人类共同价值体系的构建。如何妥善处理三者之间的关系，需要作深入的调查研究和学术探讨，但总体思路应该是这样的：人类共同价值体系是最基本的层面，而不是无所不包的。就是说，人类共同价值体系只反映和满足全人类根本的总体的需要，而不是对国家、个人的一切需要及其满足、一切活动都作出详尽无遗的规定，国家和个人在构建自己的价值体系方面有自己一定的空间。人类共同价值体系只能成为国家和个人价值体系的最基础部分，决不能成为它们的全部。试图建立一种全人类所有国家和所有个人完全同一的价值体系，那不仅是黄粱美梦，而且也是有害的。因为如果这样，世界从此就没有了个性和多样性，人类也就没有了丰富多彩的生活。

德性伦理学复兴与当代人类社会[*]

德性伦理学是一种以人的德性品质为主要研究对象的伦理学理论。它产生于古希腊，并成为西方古代社会占主导地位的伦理学理论。近代以来，为适应市场经济发展的需要，以人的行为规则为主要研究对象的规范伦理学成为了西方流行的伦理学理论，德性伦理学隐退。自20世纪50年代开始，西方出现了古典德性伦理学复兴运动。经过半个多世纪，德性伦理学研究在西方逐渐兴盛起来，并引起了世界伦理学界的普遍关注，被认为是当代世界伦理学中与功利主义（或结果主义）和道义论并列的"第三种方法"。德性伦理学复兴有伦理学理论构建的内在逻辑，但它迅速勃兴则主要是因为它的现实针对性，即它对现代文明弊端具有的明显诊疗作用。德性伦理学复兴及其理论，对于我们反思和纠正当代人类社会的深层次观念问题颇具意义。

一、规范伦理学的局限及德性伦理学的旨趣

西方近现代社会的经济基础是市场经济，西方近现代社会的政治制度和主流意识形态是完全适应市场经济建立起来的。历史事实已经证明，市场经济不仅是一种有缺陷、有弊端的经济形态，而且其规则一旦泛化就会使整个社会生活市场化、资本化，从而导致许多社会问题。资本主义作为一种社会制度而不只是一种经济制度，一味地顺应和推动市场经济发展，对它可能导致的各种直接或间接问题重视不够，因而没有对它的发展作适当的限制，没有有效地防范它的偏颇和弊端。

与近代以来资本主义制度和主流意识形态相适应，西方伦理学不再像古典思想家那样重视人的品质问题，重视"一个人应该怎样生活"的问题，而只重视人的行为问题，重视"一个人应当怎样行动"的问题。从重视作为整体的人的生活（包括人的行为）到只重视人的行为，而不关心作为整体的人的生活，这确实给人们留下了更大的自由空间。人们可以在不违反社会规则的前提下随心所欲、各行其是，这样，人们的自由就是无以复加的。

特别是后来成为主流伦理学理论的功利主义，更是将市场经济的利益最大化原则一般化为社会的基本道德原则，使人们以为只要自己的谋利行为不伤害他人利益甚至能促进他人利益的实现，就是道德的全部涵义。把经济道德原则泛化为一般道德原则的结果，是使道德放弃了对市场经济的应有限制和对它可能破坏社会生活的

---

[*] 原文发表于《社会科学报》2017年6月30日，原标题为"德性伦理学，逐渐兴盛的'第三种方法'"。

消极作用的应有防范。同时，功利主义也没有告诉人们，除了通过与他们利益共进实现自己的利益之外在道德上还应该做什么。如此，伦理学就丧失了社会的预警功能、批判功能和指导功能。

近代西方伦理学特别是功利主义的偏颇所导致的后果是众所周知的。这就是人有了自由，也有了充分谋求利益的机会和环境，但放弃了对德性、人格和实践智慧的追求和培育，放弃了对人的作为整体生活的关照，人的生活就等于物质生活，人的追求就等于利益的追求。如此一来，人成为了单向度的人，社会成为了单向度的社会，从社会获得解放和自由的个人重新受到奴役，只是这种奴役不再是来自社会经济技术力量，还来自人内在的贪欲。正是这样一些严重的消极后果极其可怕的社会效应使许多西方思想家痛定思痛，开始反思近代启蒙思想家对现代社会的谋划，反思西方现行的主流价值观和主流意识形态。20世纪50年代出现的德性伦理学复兴，就是这种反思在伦理学领域的一种表现。

在致力于复兴德性伦理学的思想家看来，西方近代以来出现的一系列严重社会问题，从伦理学的角度看，根源就在于只重视行为及其正当性问题，而不重视行为者及其德性问题。因此，他们要纠近代以来伦理学之偏，使伦理学重新回到古典伦理学所关心的"一个人应该怎样生活""一个人应该成为什么样的人"的问题上来。

二、现代德性伦理学的基本主张

德性伦理学自复兴以来形成了不尽相同的理论观点，在一些问题上还存在着分歧。但是，德性伦理学作为一个当代伦理学流派，也有一些大体上相同的基本立场和观点，它们体现了德性伦理学的理论个性。

第一，主张伦理学主要回答什么是好生活以及如何过上好生活的问题。近代以来的伦理学主要关注正当和不正当的行为，德性伦理学改变了我们关于伦理学所问的这类问题，主张伦理学应当关注什么是好生活，以及我们成为什么样的人才能过上好生活。"什么是正当行为"与"我应该怎样生活，我应该是什么样的人"是两种不同角度的问题。前一类问题涉及的只是行为选择，而后一类问题涉及的是人的完整生活，除了行为之外，还包括品质、情感、意志等。它认为，人们应该有德性地生活，成为具有德性品质之人。而且，德性伦理学不是问当下什么是正当的行为，而是问我应该是什么类型的人，以便使行为在所有时间都是正当的。

第二，强调道德的不可规则化。道义论和结果主义之类的理论依赖那些期望应用于所有情境的原则，但这些原则是僵化的，因而不能适应我们面对的所有道德情境。如果问题和情境是变化的，我们就不能期望在一种不允许有例外的刚性和固定的规则中找到它们的解决方法。在德性伦理学家看来，"我应该怎样生活"的答案不能在一个规则或多个规则中找到，伦理学不能被揽括规则体系之中，这就是"伦理学论题的不可法典性"。这样,一些德性伦理学家把他们自己看做是反理论家,拒绝那种试图囊括和组织所有实践的或伦理学问题的系统理论。

第三,将德性问题作为伦理学的中心议题。当代德性伦理学从亚里士多德对品质和德性的理解中寻求理论依据,把品质和德性作为道德的中心问题。对品质发展和情感作用的强调使德性伦理学具有一种道德心理学的解释,而这是道义论和结果主义所缺乏的。当代美国著名德性伦理学家迈克尔·斯洛特说:"一种最充分意义上的德性伦理学必须把德性概念(像'善'或'优秀')而不是义务概念(像'道德上不正当的'、'应当'、'正当'和'义务')看做是主要的,而且它必须更多地强调对行为者及其(内在)动机与品质特征的道德评价,而不是对行为和选择的评价。"在他们看来,赞成丰富的德性概念就能避免责任和义务这样的有问题的概念,因为德性判断是对整体生活的判断而不是对一种孤立行为的判断。

第四,肯定道德运气的存在。近代以来流行的规范伦理学,特别是康德的道义论,强调道德原则的普遍性,而完全否认道德运气的存在。当代英美著名伦理学家伯纳德·威廉斯和托马斯·内格尔第一次明确肯定道德运气的存在,认为成功和好生活在某种程度上会受到我们不能控制的外在因素的影响。一般来说,德性伦理学家肯定人们的德性是后天在其特殊的生活环境中形成的,因而承认道德运气的存在,无论他们是否公开宣称这一点。

第五,采取自然主义立场。真正意义的德性伦理学基本上是自然主义的,德性伦理学家一般都从人性中寻求德性的根源。虽然有的认为德性根源于人的理性,有的认为根源于人的情感,也有的认为根源于人的脆弱性和依赖性,但他们通常将德性奠基于人的自然性之上。

三、德性伦理学对当代人类观念更新的启迪

虽然许多伦理学家对德性伦理学提出了种种批评,德性伦理学的复兴仍然具有重大的学术理论意义和社会历史意义。这一运动复兴唤醒了西方社会沉睡几个世纪的德性意识,也促进了人们对近代以来流行的规范伦理学偏颇的认识。德性伦理学家还提出了许多有价值的思想理论观点,建立了不少独树一帜的学说。更为重要的是,德性伦理学为当代社会克服现代文明的缺陷及其导致的消极后果提供了一种可供选择的新方案,可以促进人类诸多根本性观念的更新和完善。其中特别值得重视的有以下四点:

一是针对将幸福理解为物质欲望满足的享乐主义,主张真正的好生活在于生活整体上的繁荣。在市场经济的资本逻辑驱使下,当代许多国家实行高工资、高福利、高消费的"三高政策",导致消费主义盛行。疯狂占有,尽情享受,及时行乐,成为人们普遍奉行的信条。针对这种享乐主义的幸福观,德性伦理学家在弘扬古典

德性思想的基础上，阐明真正的幸福或好生活是人的作为一个整体的生活（包括物质生活、精神生活等）的繁荣兴旺，而不只是物质欲望这种人的最低层次需要的满足。按照亚里士多德的看法，幸福是最高的、终极的、完善的、自足的善，因而是至善。

二是针对国家只管个人行为底线的法治主义，鼓励人们追求成为德性之人。近代以来，许多市场经济国家为了保护和促进市场经济发展，不断缩小国家对于人们控制的范围和程度，以至于国家成为只管制订和实施法律的最弱意义上的国家。国家只管人们的行为是否违规，而不管人格和品质如何，人因为缺乏应有的引导而陷入各种心理和精神的困厄之中。德性伦理学家深感这种普遍社会问题的严重性，大声疾呼德性对于人生存和幸福的意义。他们反复论证，德性有益于它们的具有者，德性使其具有者成为好人，对于人而言的好生活就是德性的生活。"好生活是对德性的报偿。"（荷斯特豪斯）

三是针对"人人为自己"的利己主义，倡导人与人之间的相互关爱。市场经济的利益最大化原则对整个社会生活的浸染和渗透，是近代以来人类社会的最突出现象。其严重后果之一是，导致利己成为人们的主要的甚至唯一的动机。每一个人都仅仅是一个自爱者，既不爱人，也没有人爱，人与人之间除了争斗就是隔膜。生活在这种缺乏真情和友爱的冷冰冰社会中的女性主义德性伦理学家，尤其感到这种环境对人性的扼杀和对人情的摧残。于是，她们要求在怎样看待道德和德性方面转变观念，转向以妇女作范例的德性，特别是关怀。在她们看来，长期以来对关怀的漠视是当今社会诸多问题的根源之一，因为"关怀是人类社会生活中的一个基本要素"，"我们每时每刻都生活在关怀之中，它是生命最真实的存在"（内尔·诺丁斯）。

四是针对个人自由权利至上的个人主义，强调社群的价值优先于个体的价值。把个人的自由权利视为至高无上的，是近代以来自西方蔓延整个世界的一种主导观念，其基点是把个人视为实体和本位、而把社群视为附属物和纯粹服务机构的个体主义。这种观念导致的现实是，个人成为了没有家庭、社区、组织、国家的孤零零的"原子"。有感于今天人生存于世的这种孤寂状态，许多德性伦理学家在亚里士多德那里受到启发，强调自我必须在诸如家庭、邻里、城邦、部落等共同体中，并通过它在这些共同体中的成员资格去发现它的道德身份。他们强调"人们即便不需要其他人的帮助，照样要追求共同的生活"（亚里士多德）；人"由于具有脆弱性和折磨，所以相应地具有依赖性"（麦金太尔）；"无论权利是否被尊重，人们已经充足地依据关怀而结合"（弗吉尼亚·赫尔德）。

主要参考文献

（一）中共中央文件、中央领导著作和讲话

《邓小平文选》第二卷，人民出版社 1994 年第 2 版。

《邓小平文选》第三卷，人民出版社 1993 年版。

《马克思恩格斯文集》2、5，人民出版社 2009 年版。

《习近平在纪念孔子诞辰 2565 周年国际学术研讨会暨国际儒学联合会第五届会员大会开幕会上的讲话》，《人民日报》，2014 年 9 月 25 日 2 版。

江泽民：《全面建设小康社会，开创中国特色社会主义事业新局面——在中国共产党第十六次全国代表大会上的报告》（2002 年）。

江泽民：《在庆祝中国共产党诞生八十周年大会上的讲话》，《人民日报》，2001 年 7 月 1 日。

胡锦涛：《高举中国特色社会主义伟大旗帜　为夺取全面建设小康社会新胜利而奋斗——在中国共产党第十七次全国代表大会上的报告》（2007 年）。

胡锦涛：《坚定不移走中国特色社会主义道路　夺取中国特色社会主义新胜利——在中国共产党第十八次全国代表大会上的报告》（2012 年）。

习近平：《迈向命运共同体　开创亚洲新未来——在博鳌亚洲论坛 2015 年年会上的主旨演讲》，《人民日报海外版》，2015 年 3 月 30 日第 2 版。

习近平：《青年要自觉践行社会主义核心价值观——在北京大学师生座谈会上的讲话》，《人民日报》，2014 年 5 月 5 日第 2 版。

习近平：《在第十二届全国人民代表大会第一次会议上的讲话》，《人民日报》，2013 年 3 月 18 日第 1 版。

习近平：《迈向命运共同体　开创亚洲新未来——在博鳌亚洲论坛 2015 年年会上的主旨演讲》，新华网，2015 年 3 月 29 日。

习近平：《在哲学社会科学工作座谈会上的讲话》，新华网，2016 年 5 月 18 日。

习近平：《在庆祝中国共产党成立 95 周年大会上的讲话》，《人民日报》，2016 年 7 月 2 日第 2 版。

习近平：《坚持依法治国和以德治国相结合》，新华社，2016 年 12 月 10 日。

习近平：《共同构建人类命运共同体——在联合国日内瓦总部的演讲》，人民网，2017 年 1 月 20 日。

云杉：《文化自觉、文化自信、文化自强》，《红旗文稿》，2010 年第 15、16、17 期。

中共中央办公厅、国务院办公厅印发：《关于进一步把社会主义核心价值观融入法治建设的指导意见》，新华网，2016 年 12 月 26 日。

《关于培育和践行社会主义核心价值观的意见》，《人民日报》，2013 年 12 月 24 日第 1 版。

《中共中央关于构建社会主义和谐社会若干重大问题的决定》,《人民日报》, 2006 年 10 月 19 日第 1 版。

《中共中央关于全面深化改革若干重大问题的决定》, 新华社, 2013 年 11 月 15 日。

《中共中央关于全面推进依法治国若干重大问题的决定》, 新华网, 2014 年 10 月 28 日。

(二) 中文译著

[德] 马克思, 恩格斯:《共产党宣言》, 中共中央编译局编译:《马克思恩格斯文集》2, 北京: 人民出版社, 2009 年。

[德] 霍克海默, 阿道尔诺:《启蒙辩证法: 哲学片断》, 渠敬东, 曹卫东译, 上海: 世纪出版集团/上海人民出版社, 2006 年。

[法] 卢梭:《社会契约论》, 北京: 商务印书馆, 1982 年。

[古希腊] 亚里士多德:《尼各马科伦理学》, 苗力田主编:《亚里士多德全集》(第八卷), 北京: 中国人民大学出版社, 1992 年。

[古希腊] 亚里士多德:《政治学》, 吴寿彭译, 北京: 商务印书馆, 1965 年。

[荷] 斯宾诺莎:《伦理学》, 贺麟译, 北京: 商务印书馆, 1958 年版。

[美] 阿伦特:《极权主义的起源》, 林骧华译, 北京: 生活·读书·新知三联书店, 2008 年。

[美] 博登海默:《法理学——法哲学及其方法》, 北京: 华夏出版社, 1987 年。

[美] 大卫·格里芬:《后现代科学》, 北京: 中央编译出版社, 1995 年。

[美] 戴维·迈尔斯:《心理学》(第 7 版), 黄希庭等译, 北京: 人民邮电出版社, 2007 年。

[美] 马尔库塞:《单向度的人: 发达工业社会意识形态研究》, 刘继译, 上海: 世纪出版集团/上海译文出版社, 2008 年。

[美] 马塞多:《自由主义美德》, 马万利译, 上海: 译林出版社, 2010 年。

[美] 马斯洛:《动机与人格》, 北京: 华夏出版社, 1987 年。

[美] 内尔·诺丁斯:《幸福与教育》, 龙新宝译, 北京: 教育科学出版社, 2009 年。

[美] 庞德:《通过法律的社会控制》, 沈宗灵译, 楼邦彦校, 北京: 商务印书馆, 1984 年。

[美] 塞缪尔·亨廷顿《文明的冲突与世界秩序的重建》(第 3 版), 周琪等译, 北京: 新华出版社, 2002 年。

[美] 桑德尔:《金钱不能买什么——金钱与公正的正面交锋》, 邓正来译, 北京: 中信出版社, 2012 年。

[美] 约翰·J.麦休尼斯:《社会学》, 风笑天等译, 北京: 中国人民大学出版社, 2009 年。

[英] 哈耶克:《自由秩序原理》上, 邓正来译, 北京: 生活·读书·新知三联书店, 1997 年。

(三) 中文著作

北京大学外国哲学史教研室:《古希腊罗马哲学》, 北京: 商务印书馆, 1961 年。

北京大学外国哲学史教研室:《十六——十八世纪西欧各国哲学》(第 2 版), 北京: 商务印书馆, 1975 年。

北京大学外国哲学史教研室：《十八世纪法国哲学》，北京：商务印书馆，1963年。

戴茂堂，周海春，江畅等：《我国主流价值文化及其构建调查》，北京：人民出版社，2014年。

冯平：《现代西方价值哲学经典》，北京：北京师范大学出版社，2009年。

冯天瑜，何晓明，周积明：《中华文化史》，上海：上海人民出版社，1990年。

冯友兰：《中国哲学简史》（第2版），北京：北京大学出版社，1996年。

高觉敷：《西方近代心理学史》，北京：人民教育出版社，1982年。

龚群：《当代中国社会价值观调查研究》，北京：北京师范大学出版社，2012年。

韩震：《社会主义核心价值观凝练研究》，北京：北京师范大学出版社，2012年。

江畅：《幸福与和谐》（第2版），北京：科学出版社，2017年。

江畅，周海春，徐瑾等：《当代中国主流价值文化及其构建》，北京：科学出版社，2017年。

江畅、张媛媛：《中国梦与中国价值》，武汉：武汉出版社，2016年。

江畅：《论当代中国价值观》，科学出版社，2016年。

江畅：《论价值观与价值文化》，科学出版社，2014年。

江畅，戴茂堂，周海春等：《我国主流价值文化及其构建研究》，北京：人民出版社，2013年。

江畅：《社会主义核心价值理念研究》，北京：北京师范大学出版社，2012年。

江畅：《德性论》，北京：人民出版社，2011年。

江畅：《比照与融通——当代中西价值哲学比较研究》，武汉：湖北人民出版社，2010年。

江畅：《教育考试公正论》，武汉：湖北人民出版社，2007年。

江畅，周鸿雁：《幸福与优雅》，北京：人民出版社，2006年。

江畅：《现代西方价值哲学》，武汉：湖北人民出版社，2003年。

江畅：《理论伦理学》，武汉：湖北人民出版社，2000年。

江畅，戴茂堂：《西方价值观念与当代中国》，武汉：湖北人民出版社，1997年。

江畅：《自主与和谐——莱布尼茨形而上学研究》，武汉：武汉大学出版社，1995年。

江畅：《现代西方价值理论研究》，西安：陕西师范大学出版社，1992年。

李德顺，孙伟平：《道德价值论》，昆明：云南人民出版社，2005年。

李德顺：《价值论》（第2版），北京：中国人民大学，2007年。

罗国杰：《道德建设论》，长沙：湖南人民出版社，1997年。

罗国杰：《伦理学》，北京：人民出版社，1989年。

彭聃龄：《普通心理学》，北京：北京师范大学出版社，2004年。

孙伟平：《价值差异与社会和谐——全球化与东亚价值观》，长沙：湖南师范大学出版社，2008年。

孙伟平：《事实与价值》，北京：中国社会科学出版社，2000年。

陶德麟，何萍：《马克思主义哲学中国化的理论与历史研究》，北京：北京师范大学出版社，2011年。

万俊人：《现代性的伦理话语》，哈尔滨：黑龙江人民出版社，2002年。

万俊人:《寻求普世伦理》,北京:北京大学出版社,2009年。

万俊人:《20世纪西方伦理学经典》(Ⅰ)(伦理学基础:原理与论理),北京:中国人民大学出版社,2004年。

尹汉宁:《社会主义历程与中国道路》,北京:中国和平出版社,2013年。

张岱年:《中国哲学大纲》,北京:中国社会科学出版社,1982。

周辅成:《西方伦理学名著选辑》(上卷),北京:商务印书馆,1964年。

周辅成:《西方伦理学名著选辑》(下卷),北京:商务印书馆,1987年。

人名术语索引

（以汉语拼音为序）

A

阿道尔诺 160
阿奎那，托马斯 225
爱因斯坦 338
安那斯，朱丽娅 303

B

百科全书派 208
柏拉图 14
布鲁诺 143

C

超越 25
陈独秀 208
传统价值观 2
传统价值观创新性发展
传统价值观创造性转化 10
传统价值体系 191
传统文化 2
创新 2
纯粹理性 227

D

达尔 68
戴维森，唐纳德 227
当代中国道德体系 62
当代中国价值观 7
当代中国文化 142
当代中国幸福观 305
道德 6

道德的人性基础 233
道德行为的心理基础 233
道德品质的心理基础 233
道德情感主义 231
道德认同
道德修养 44
道德之人 27
道义认同
德性伦理学 69
邓小平 89
邓小平理论 191
董仲舒 13
动机 64

E

恩格斯 23

F

法制 12
法治 18
冯天瑜 40
弗里德曼，托马斯 330
伏尔泰 217

G

哥白尼 143
公地悲剧 331
公民 55
公正 39
共感 229
国家至上主义 331

国家治理　59
国家治理现代化　89

H

哈贝马斯　338
哈耶克　199
好生活　53
核心价值观　2
核心价值观的道德化　264
核心价值观的政策化
核心价值观的制度化
核心价值理念　39
核心价值体系　2
胡锦涛　344
黄炎培　288
霍布斯　207
霍克海默　160

J

价值共识　63
价值文化　92
江泽民　104

K

康德　14
科学发展观　191
科学社会主义　23
孔子　5

L

老子　41
礼仪　28
李克强　313
李立三　208
里根主义　34
林肯　291

卢梭　196
陆九渊　13
伦理型文化　41
罗伯斯庇尔　217
罗尔斯　196
罗国杰　62
罗斯福新政　34
洛克　23

M

马恩社会主义　26
马尔库塞　77
马克思　4
马克思主义伦理学　62
马克思主义幸福观　300
毛泽东　32
毛泽东思想　32
美国价值观　117
孟德斯鸠　207
孟子　27
密尔，约翰　26
民主　18
民主政治　18
民族利己主义　331

N

内生论　230
尼采　120
诺丁斯　249
诺齐克　199

P

培根，弗兰西斯　207
品质　41
平等　19

Q

情感　21
情感主义伦理学　233
瞿秋白　208
全球化时代人类先进思想文化　254

R

人的全面而自由发展　24
人格　28
人类共同价值　127
人类共同价值观
人类共同价值体系　128
人类命运共同体　288
人民幸福　6
儒家道德主义　26
儒家价值观　13
儒家社会主义　34
儒学社会主义　252

S

撒切尔主义　34
塞尔，约翰　72
三纲五常　46
桑德尔　49
沙夫茨伯里　248
善治　298
社会认同　109
社会主义核心价值观　2
社会主义核心价值体系　2
社会主义价值观　11
社会主义价值体系　67
社会主义价值文化　104
实践理性　226
市场经济　18

释迦牟尼　34
斯多亚派　124
斯洛特，迈克尔　225
斯密，亚当　110
斯诺，南希　235
斯万顿，克里斯丁　302
四主德　74
苏格拉底　120
孙中山　81

T

同感　67
同情　57

W

王明　208
王阳明　13
文化自检　140
文化自信　84

X

西方价值观　110
西方价值观构建　167
西方价值文化　150
习近平　4
现代西方主流价值文化　168
向仲达　208
新文化运动　15
信念　5
幸福　6
休谟　229
荀子　41

Y

亚里士多德　74

Z

责任　6
詹姆斯，威廉　300
智慧　35
智慧之人　56
中国话语　6
中国话语权　214
中国价值观构建　8
中国梦　3
中国社会主义核心价值观　26
中国特色社会主义基础理论　252
中国特色社会主义理论　9
中华民族道德精神　41
中华民族精神　35
中华文化走出去战略　200
中西价值文化　150
周敦颐　121
朱熹　13
主流价值观　15
主流价值文化　92
资本主义价值观　100
资本主义价值体系　169
资本主义价值文化　150
自律　69
自由　19
自由人联合　24
自主　46

丛书编后记

1994年，为振兴和发展湖北大学的哲学事业，我们两个人（江畅、戴茂堂）分别从湖北大学政治教育系和《湖北大学学报》编辑部调到湖北大学哲学研究所，当时我们信心满满地想建立中国哲学的"沙湖学派"。从那时到今天，已经整整20年了。20年来，沙湖学派从小到大，从弱到强——从当时的几位老师和几位学生，到今天的几十位老师和几百位毕业生和在校生；从没有一个学位点，到今天拥有本科、硕士、博士学位点，以及博士后流动站；从没有任何重点学科到今天具有省级一级哲学重点学科；从当时单二级学科的西方哲学或伦理学研究到今天的作为一级学科的哲学研究，以及更广范围的文化研究，搭建起了湖北大学基础文科的文化发展研究平台。我们正在组织出版五本集刊（《德国哲学》、《价值论与伦理学研究》、《文化发展论丛》（中国卷、世界卷、湖北卷））和三本蓝皮书（《文化建设蓝皮书：中国文化发展报告》、《世界文化蓝皮书》、《湖北文化蓝皮书》）；正在组织有关中国、世界、湖北文化发展的学术论坛。今天，沙湖学派已经成为中国哲学和文化研究的一支重要力量。我们希望本丛书能以更突出的个性特色为沙湖学派的发展壮大、为我国哲学与文化的繁荣昌盛做出一份贡献！

在2000年开始出版的"价值论与伦理学丛书"的总序中，我们第一次明确宣告了沙湖学派的宗旨，即："以关注和研究人类（特别是中国）价值与道德问题为宗旨，以个体自主和整体和谐为旗帜，以重反思、重批判、重对话为指针，以出思想、出观点、出理论为使命，力求在哲学和伦理学上有所突破，有所创新，形成独树一帜的'沙湖学派'，以成为哲学百花园中的一簇充满生机和活力的鲜花。"我们还阐明了出版丛书的基本思路，即："从广义上理解伦理学，把道德问题作为其中的一部分并放到更广泛的价值问题中去审视和探讨，使伦理学与价值论沟通、统一起来。从哲学的高度研究伦理学，使伦理学成为幸福哲学、价值哲学、人生哲学，成为能为社会和个人观念构建、反思、更新提供一般价值原则和基本行为准则的真正意义的哲学"；"立足中国当代现实，着眼人类未来发展，借鉴现代世界文明，弘扬中国传统文化。不拘一格，广泛吸纳人类已有的一切有价值的思想理论成果，在批判、选择、综合的基础上创新，构建一种理论与应用内在一致的，具有兼容性、开放性、创新性的动态伦理学体系"。在2002年创办的《价值论与伦理学论丛》（后改名为《价值论与伦理学研究》）的发刊词中，我们又强调了这些沙湖学派的基本观念。

上述观念仍然是本丛书的基本观念，我们还会将这些观念进一步运用于文化问题的研究。文化问题的核心是价值问题,价值问题的难题是道德问题。我们将着眼于文化问题研究道德和价值问题,以解决道德问题为突破口破解价值问题和文化问题,以价值问题的研究加强道德问题与文化问题之间的关联,使道德问题、价值问题与文化问题贯通起来,融为一体。我们希望通过我们持续不解的学术探索为我国主流价值观和主流价值体系构建提供理论支持和智库服务。

江 畅

(湖北大学高等人文研究院院长、教育部"长江学者"特聘教授)

戴茂堂

(湖北大学哲学学院院长)

2014 年 10 月